단절과 이음의 해항도시 단둥

이 저서는 2008년 정부(교육부)의 재원으로 한국연구재단의 지원을 받아 수행된 연구임(NRF-2008-361-B00001).

단절과 이음의 해항도시 단둥

초판 1쇄 발행 2018년 1월 10일

편저자 ㅣ 권경선 · 최낙민
펴낸이 ㅣ 윤관백
펴낸곳 ㅣ 도서출판 선인

등 록 ㅣ 제5-77호(1998.11.4)
주 소 ㅣ 서울시 마포구 마포대로 4다길 4 곳마루 B/D 1층
전 화 ㅣ 02)718-6252/6257
팩 스 ㅣ 02)718-6253
E-mail ㅣ sunin72@chol.com
Homepage ㅣ www.suninbook.com

정가 41,000원
ISBN 979-11-6068-144-4 93300

· 잘못된 책은 바꾸어 드립니다.

[해항도시문화교섭학연구총서 15]

단절과 이음의 해항도시 단둥

권경선 · 최낙민 편저

 도서출판 선인

발 간 사 ─────────────────────────

　한국해양대학교 국제해양문제연구소는 한국연구재단의 지원을 받아 2008년부터 2018년까지 인문한국지원사업인 '해항도시 문화교섭학' 연구를 수행하고 있다. 이 연구의 개요를 간략히 소개하면 다음과 같다. 먼저, 해항도시 문화교섭 연구는 바다로 향해 열린 해항도시(seaport city)가 주된 연구대상이다. 해항도시는 해역(sea region)을 구성하는 요소로서 그 자체가 경계이면서 동시에 원심력과 구심력이 동시에 작동하는 공간으로, 배후지인 역내의 각지를 연결할 뿐만 아니라 먼 곳에 있는 역외인 해역의 거점과도 연결된 광범한 네트워크가 성립된 공간이다. 해항도시는 근대자본주의가 선도하는 지구화 훨씬 이전부터 사람, 상품, 사상 교류의 장으로서 기능해 온 유구한 역사성, 국가의 영역에 머무르지 않은 초국가적인 영역성과 개방성, 그리고 이문화의 혼교·충돌·재편이라는 혼효성의 경험과 누적을 사회적 성격으로 가진다.

　다음으로 해항도시 문화교섭 연구는 해항도시를 필드로 하여 방법론적 국가주의를 넘어 방법론적 해항도시를 지향한다. 연구필드인 해항도시를 점으로 본다면 해항도시와 해항도시를 연결시킨 바닷길은 선으로 구체화되며, 바닷길과 바닷길을 연결시킨 면은 해역이 된다. 여기서 해역은 명백히 구획된 바다를 칭하는 자연·지리적 용법과 달리 인간이 생활하는 공간, 사람·물자·정보가 이동·교류하는 장이자 사람과 문화의 혼합이 왕성하여 경계가 불분명하여, 실선이 아니라 점선으로 표현되는 열린 네트워크를 말한다. 해역과 해역은 연쇄적으로 연결된다. 해항도시 문화교섭 연구는 국가와 민족이라는 분석 단위를 넘어서, 해항도시와 해항도시가 구성하는 해역이라는 일정한 공간을 상정하고, 그 해항도시와 해역에서의 문화생성, 전파, 접촉, 변용에 주목하여 문화교섭 통째를 복안적이고 종합적인 견지에서 해명하고자 하는 시도다.

여기에 기대면, 국가 간의 관계 시점에서 도시 간 네트워크 시점으로의 전환, 지구화와 지방화를 동시에 반영하는 글로컬 분석단위의 도입과 해명, 중심과 주변의 이분법을 해체하고 정치적인 분할에 기초한 지리단위들에 대한 투과성과 다공성을 부여할 수 있다. 그리고 해항도시 문화교섭 연구는 역사, 철학, 문학 등 인문학 간의 소통뿐 아니라 사회과학과 자연과학 등 모든 학문과의 소통을 전제한다는 점에서, 모든 학문의 성과를 다 받아들인다는 의미에서 '바다' 인문학을 지향한다.

이처럼 해항도시 문화교섭 연구는 '연구필드로서의 해항도시'와 '방법론으로서의 해항도시'로 대별되며, 이는 상호 분리되면서도 밀접하게 연관된다. 연구필드로서의 해항도시는 특정 시기와 공간에 존재하는 것이며, 방법론으로서의 해항도시는 국가와 국가들의 합인 국제의 틀이 아니라 해항도시와 해역의 틀로 문화교섭을 연구하는 시각을 말한다. 이런 이유로 해항도시 문화교섭학 연구총서는 크게 두 유형으로 출간될 것이다. 하나는 해항도시 문화 교섭 연구 방법론에 관련된 담론이며, 나머지 하나는 특정 해항도시에 대한 필드연구이다. 우리는 이 총서들이 상호 연관성을 가지면서 해항도시 문화교섭 연구의 완성도를 높여가길 기대한다. 그리하여 국제해양문제연구소가 해항도시 문화교섭 연구의 학문적·사회적 확산을 도모하고 세계적 담론의 생산·소통의 산실로 자리매김하는 데 일조하리라 희망한다. 물론 연구총서 발간과 그 학문적 수준은 전적으로 이 프로젝트에 참여하는 연구자들의 역량에 달려있다. 연구·집필자들께 감사와 부탁의 말씀을 드리면서.

2018년 1월
한국해양대학교 국제해양문제연구소장
정문수

┃ 일러두기 ┃

* 외국의 지명과 인명은 국립국어원의 외국어표기법에 따라 원음으로 표기
하되, 성(省), 시(市), 구(區)와 같은 행정 단위와 만(灣), 항(港), 역(驛)은 지명
의 표기 뒤에 한 칸을 비우고 한국어 음으로 표기했다. 예) 안둥 시, 안둥 항.
단 지명의 표기 방식에 대해 별도의 설명을 덧붙인 장에서는 장의 설명에
준하여 표기했다.
* 만주(滿洲)와 관동주(關東州)는 한국에서 통용되는 한국어 음으로 표기했다.
* 만주, 둥베이 삼성 등 중국의 둥베이 지방(東北地方: 遼寧省, 吉林省, 黑龍
江省)을 가리키는 용어들은 각 연구자들이 다루는 시대적 맥락이나 관점을
존중하여 통일하지 않았다.
* 각 장마다 지명과 인명이 처음 나올 때는 괄호 안에 한자를 병기하고, 두
번째부터는 한자 병기를 생략했다.
* 일본식 약자(略字)와 중국식 간체자(簡體字)는 모두 한자 정자(正字)로 표
기했다.
* 외국문헌의 제목은 본문에서는 한글로 번역하고 괄호 안에 원전을 정자로
표기했다. 단 미주에서는 번역하지 않고 원전 만을 정자로 표기했다.
* 문헌에 사용된 중국과 일본의 연호는 모두 서기로 표기했다.

차례

들어가는 글

단절과 이음의 결절, 해항도시

권경선

I. 단절과 이음의 해항도시: 북중 국경의 도시들

중국과 북한의 국경에 위치한 단둥(丹東)은 동북아시아 국제 관계의 불확실성이 가중되는 가운데 변화의 움직임을 가장 기민하게 포착할 수 있는 지점이다. 압록강대교라는 물리적 연결고리 위에서의 움직임과 단둥 사회 안에서 이루어지는 다양한 세력 간의 접촉과 교류의 양상은 현재의 동북아시아 관계를 상징한다.

북중 국경도시가 양국 간의 관계만이 아닌 한국, 북한, 중국, 일본, 미국, 러시아가 얽혀있는 동북아시아 관계 전반을 상징할 수 있는 이유는 중국이라는 통로를 이용해 타국과 관계를 맺고 있는 북한의 특수성과 함께 동북아시아 관계의 결절로서 단둥이 가진 특징에서 기인한다. 단둥은 국가 간의 결절(국경도시)이자 내륙과 동북아시아 각지를 잇는 해륙의 결절(해항도시)로서, 근대 이래 동북아시아 관계가 직접 영향을 미치는 가운데 이(異) 세력 간의 실제적인 접촉, 갈등, 교류가 진행되어 왔다.

단둥이라는 국경도시의 성립과 발전은 접경하는 국경도시-신의주가 있기에 가능했다. 단둥과 신의주는 황해 연안의 교통 요충으로서, 근대 중국 연안 각지와 일본 연안 각지를 잇는 해로 상의 요충지, 일본에서 부산을 거쳐 대륙으로 이어지는 육로 상의 요충지로 성장하며 도시의 원형을 구축했다.

단둥과 신의주로 대표되는 황해안의 국경도시를 보다 명확하게 파악하고, 나아가 동북아시아에서 국경의 해항도시가 갖는 의미와 역할을 확인하기 위해서는, 그것과 대칭축을 이루는 동해안의 국경도시를 확인할 필요가 있다. 그러나 동해 연안에 중국의 영토가 없는 상황에서 단둥이나 신의주와 같은 연해 국경도시는 존재하지 않는다. 이와 같은 배경하에 진행되고 있는 창지투(長春, 吉林, 圖們) 및 북한 나선항을 통한 중국의 출해(出海) 논의는, 지금의 중국 영토 상황과 북중 관계를 반영하고 있는 동시에, 동북아시아 근대사의 궤적을 바탕으로 하고 있다. 나진(나선)과 투먼(圖們)은 근대 일본 제국주의가 한반도의 식민지화를 거쳐 '만주'로 세력을 확장하는 과정에서 동해안 교통의 요충 역할을 하며 성장한 지역으로, 지금의 출해 경로는 당시의 원형을 기반으로 하고 있다. 단둥과 함께 중국 북부의 대표적인 국경도시이자 이 경로의 중심에 위치한 투먼은 내륙에 위치하고 있으나 해로를 통해 들어오는 사람과 물자가 집산하며 성장한 해항도시라고도 할 수 있다.

이 책은 근현대 동북아시아 관계의 결절이자 그 역사적 축적과 변용의 결과물로서 단둥을 비롯한 북중 국경의 해항도시를 바라본다. 따라서 도시의 현상(現狀)을 통해 지금의 격변하는 관계를 확인하기보다는, 도시 형성과 변천의 역사적 맥락과 과정, 현재적 의의와 앞으로의 전망에 초점을 맞추었다.

이 책의 본론은 근대 국경도시의 정치, 경제, 사회, 문화를 다루는 '1부 근대 국경도시의 현상과 구조1-안둥', '2부 근대 국경도시의 현상

과 구조2-신의주', '3부 근대 국경도시의 사회와 문화', '4부 근대 국경
도시의 경험, 기억, 표상'과 현대를 다루는 '5부 현대 국경도시의 변용
과 가능성'으로 구성되어 있다.

 '1부 근대 국경도시의 현상과 구조1-안둥'과 '2부 근대 국경도시의
현상과 구조2-신의주'는 황해 연안의 국경도시로 상호 영향을 주고받
으며 성장한 단둥과 신의주의 형성 맥락과 과정을 살펴보았다. 근대
단둥의 정치경제 전반에 대한 개설과 함께 단둥과 신의주의 교통망,
도시공간, 산업을 고찰함으로써, 상이한 국가와 통치 체제에 속해 있
었으나 유사한 지리적, 물리적 조건과 지정학적, 지경학적 위치에서
성장한 도시들의 구조와 기능을 확인할 수 있다.

 '3부 근대 국경도시의 사회와 문화'와 '4부 근대 국경도시의 경험,
기억, 표상'은 도시의 주체인 주민의 생활과 경험에 초점을 맞추었다.
다양한 민족과 계층으로 이루어진 주민 구성은 바다를 통한 이동이
활발했던 근대 동북아 해항도시의 특징이기도 하지만, 해로 이동과
함께 육로 이동이 용이했던 국경의 해항도시에서는 이와 같은 현상이
더욱 현저했다. 근대 단둥은 현지의 중국계 주민과 함께, 만주사변 이
전의 '부속지'와 이후의 '만주국'이라는 자국 반식민지로 이주한 일본
인, 인접한 한반도에서 이주해 온 조선인이 접촉, 갈등, 교류하며 생
활하던 이민도시였다. 각기 다른 입장과 위치에 있던 주민들이 반식
민지의 지배자, 식민지가 된 조국을 떠날 수밖에 없었던 디아스포라
나 독립운동가로서 겪었던 경험을 통해 당시의 역사를 반추할 수 있
다. 4장에 수록된 조선인의 단둥과 투먼 경험을 통해서는 황해안과
동해안의 주요 국경도시에서 진행된 근대 이민의 실상과 함께 국경도
시의 유사성과 상이성을 확인할 수 있다.

 '5부 현대 국경도시의 변용과 가능성'에서는 근대사의 기반 위에서

만들어진 현대의 단둥을 고찰함으로써 근현대의 연속성과 단절성을 확인할 수 있다. 근대 이민의 현대적 변용이라 할 수 있는 단둥의 북한화교와 조선족들, 그리고 이들을 매개로 간접적으로 접촉하고 교섭하는 한국사람과 북한사람의 관계를 통해 현재의 긴장 관계 속에서도 꾸준히 지속되는 접경에서의 교류를 확인하고, 북중 국경지대를 매개로 확장되는 교통망과 권역을 통해 근대사의 궤적과 현대적 변용을 살펴볼 수 있으며, '소프트변경' 개념을 통해 현대 국경도시의 가능성과 전망을 고찰할 수 있다.

　이처럼 단둥은 중국 둥베이 지방의 끝이자 한반도와 연결되는 국경도시로서 동북아시아 근현대사의 원형과 변용을 확인할 수 있는 해항도시이다. 동북아시아 시공간의 결절인 단둥을 마무리함으로써 산둥반도의 칭다오에서 시작하여 랴오둥 반도의 다롄을 거쳐 달려온 국제공동연구『환황해권과 해항도시』가 일단락을 맺었다. 이어지는 장에서는 한국해양대학교 국제해양문제연구소의 연구진을 비롯한 한중일의 인문사회과학 연구자들이 모여 6여 년간 함께 고민하고 추진해 온 공동연구의 과정과 내용을 간략하게 정리하고, 그 한계와 앞으로의 과제를 짚어보고자 한다.

II. 환황해권 해항도시 연구의 과제: 국제공동연구 환황해권과 해항도시 회고

1. 목적과 대상

　국제공동연구『환황해권과 해항도시』는, 동북아해역의 주요 축을 이루는 환황해권의 해항도시를 둘러싼 인적·물적 이동의 양상과 그로 인한 사회문화적 변용을 연구함으로써 동북아를 둘러싼 현상(現狀)의 역사적 맥락과 구조적 원인을 규명하고, 현상(現象) 속에 드러난 접촉과 갈등의 양상을 복원하며, 그것이 오늘날에 던지는 시의성과 시사성을 모색하고자 했다. 또한 권역 내의 인적·물적 이동과 사회문화 변용에 대한 분석을 통해 관련 지식과 정보를 축적하고 연구 관점과 방법을 구축하여 여타 권역 및 해항도시와의 비교연구 기반을 마련하고자 했다.

지난 6년간의 공동연구는 환황해권 연구라는 장기 과제의 첫걸음으로, 연구 대상을 근현대 중국 북부 해항도시로 압축했다.

환황해권: 우리가 구상한 환황해권은 황해를 통한 인적·물적 이동과 그로 인한 접촉, 갈등, 교섭이 활발하던 공간, 즉 중국과 한반도의 황해 연해지역에서부터 일본 규슈와 혼슈의 태평양 연해지역들이 각각의 배후지와 외부 세계를 이으며 만들어내는 느슨한 공간이다.

근현대: 우리는 동북아 현상에 대한 시의성과 시사성을 효과적으로 모색하기 위하여, 전근대-근대-현대의 연속성과 단절성, 그리고 앞으로의 전망을 염두에 두면서 연구 대상 시기를 근현대로 압축했다.

중국 북부 해항도시: 우리는 장기 연구의 첫 대상으로 중국 북부의 해항도시 - 산둥 반도의 칭다오, 랴오둥 반도의 다롄, 한반도와 중국의 국경도시인 단둥을 선정했다. 이들 도시는 근현대 환황해권의 주요 도시이자 동북아 전역을 잇는 해로와 육로 상의 주요 결절임에도 불구하고, 여타 도시에 비해 많이 연구되지 않은 도시들이다.

2. 과정과 내용

국제공동연구『환황해권과 해항도시』는 2012년 9월부터 2018년 1월
까지 칭다오, 다롄, 단둥의 순서로 공동연구를 진행해왔다. 각 연구는
연구팀 결성→현지 공동학술조사 및 학술회의→학술대회를 이용한
중간 점검→학술지『해항도시문화교섭』기획논문→공저 출간의 순
으로 진행되었다. 그 과정을 간략하게 정리하면 다음과 같다.

국제공동연구『환황해권과 해항도시』진행 과정

연구 기간	연구 주제	연구 과정

2012.09
~
2014.05
	칭다오,
	식민도시에서
	초국적 도시로
		· 공동학술조사 및 학술회의: 칭다오(2013.02)
		
		· 학술대회: 제3회 WCMCI 국제학술대회
		  "국제공동연구 칭다오 프로젝트"(2013.04.26)
		
		· 학술지 기획논문(9호): 근대 해항도시
		  청도의 사회와 문화(2013.10)
		
		· 공저:『칭다오, 식민도시에서 초국적
		  도시로』(2014.05 / 도서출판 선인)

2013.09
~
2016.05
	다롄,
	환황해권 해항도시
	100여 년의 궤적
		· 공동학술조사 및 학술회의: 다롄,
		  뤼순(2013.11)
		
		· 학술대회: 제4회 WCMCI 국제학술대회
		  "국제공동연구 다롄 프로젝트"(2014.04.25)
		
		· 학술지 기획논문(12호): 해항도시 다롄의
		  사회와 문화(2015.04)
		
		· 공저:『다롄, 환황해권 해항도시 100여 년의
		  궤적』(2016.05 / 도서출판 선인)

2015.09 ~ 2018.01	단둥, 단절과 이음의 해항도시	· 공동학술조사 및 학술회의: 단둥, 다롄(2016.11) · 학술대회: 2017년 해양인문학 학술대회 "해항도시 사례 분석: 단둥의 역사적 형성과 문화교섭" (2017.02.07) · 학술지 기획논문(17호): 한중 국경지대의 해항도시(2017.10) · 공저: 『단둥, 단절과 이음의 해항도시』(2018.01 / 도서출판 선인)

　공동 연구를 통해 개별 도시에 대한 분석은 물론, 도시 간 유사성·상이성·관계성 고찰, 도시 간 네트워크의 고찰 등을 진행하여, 다음의 내용을 도출했다.

1) 개별 도시 분석과 도시 간 비교를 통한 유형화

　개별 도시의 역사, 정치·경제·사회·문화적 현상과 구조, 도시의 건설 과정과 공간구조를 분석하고, 다양한 민족·성별·계층의 도시 경험·기억·표상을 고찰했으며, 사례 연구와 비교 연구를 통해 도시들을 유형화했다.

　해항도시: 세 개 도시는 바다와 육지의 결절이라는 지리적 위치, 항구·철도·도로를 바탕으로 배후지와 역외 지역을 잇는 교통망의 중심이라는 물리적 기반을 바탕으로 발전한 해항도시이다. 이를 바탕으로 각 도시들은 인적·물적 이동의 유입지, 중계지, 송출지로 성장했고, 도시 내의 이질적인 집단이 정치·경제·사회·문화 제 영역에서 접촉, 갈등, 교섭하는 가운데 도시의 사회문화적 변용이 이루어졌다.

식민지도시: 제국주의 시대 세 개 도시는 제국주의 국가의 법적 식민지는 아니었으나 식민지도시의 성격을 띠고 있었다. 칭다오는 독일의 조차지(1898~1914)로 건설되어, 제1차 세계대전 기간과 그 직후 및 중일전쟁 기간 동안 일본에 점령되었고(1914~1922; 1938~1945), 그 밖의 기간에도 일본이 경제적 기반을 장악하고 있던 도시였다. 다롄은 러시아의 조차지(1898~1905)로 건설되어 러일전쟁 이후 40년 간 일본의 조차지로 실질적 식민지도시의 기능을 했다. 단둥은 러일전쟁 이후 '부속지'의 명목으로 항만과 철도 요충에 만철과 일본인거류지가 건설된 도시였으며, 일본이 장악하고 있던 '만주국'의 수립 후에는 도시 전역이 '만주국'으로 편입되었다. 교통망을 기반으로 배후지와 역외 지역의 결절 역할을 하던 해항도시의 특징은 도시 성장과 발전의 요인이 되기도 했지만, 도시를 장악하고 있던 세력이 도시와 그 배후지를 세력권으로 끌어들이는 식민의 기반이 되기도 했다.

국경도시: 해항도시는 바다를 매개로 국외와 접하는 느슨한 의미의 접경도시로 볼 수 있지만, 해항도시이면서도 육역의 국경이 맞닿아있는 일반적 의미의 국경도시로 단둥과 신의주가 있다. 이들 도시는 해륙 양 영역의 정치적 경계로서 국가 간 관계 변화의 영향, 이민족 간 접촉, 갈등, 교류의 양상 등이 보다 뚜렷하게 나타나는 도시이다.

2) 도시의 현대적 변용

중국의 대외개방과 냉전 구도의 붕괴, 국가 관계 정상화 또는 수교로 권역 내 교류가 재개되면서, 세 개 해항도시에도 새로운 현상과 구조가 나타났다. 도시 공간과 시설의 변화, 공항의 활성화와 기존 항만·철도·도로의 확충 또는 새로운 기술 도입을 통한 교통망의 변화

등 물리적 환경 변화, 교류 재개와 함께 시작된 새로운 성격의 인적·물적 이동 등 다양한 영역과 층위에서 변화가 발생했다.

동시에 그것은 기존 역사의 기반 위에서 만들어진 것으로, 도시 가로와 건축 등 물리적 환경에서부터 영유권 문제 등 국가 간 문제에서 발로한 반일 시위 같이 역사적 관계(역사 인식, 국민감정)가 사회 현상으로 드러나기도 한다. 현대의 해항도시는 근대사의 기반과 현재의 새로운 움직임이 결합하며 새로운 갈등과 가능성을 내포하고 있다.

3) 도시 간 (권역 내) 네트워크

세 개 해항도시는 동북아 근현대사의 집적지로서 정세 변화에 따른 인적·물적 이동 네트워크의 형성 과정과 변용을 확인할 수 있다. 근대의 이식민 네트워크(이민네트워크, 이민커뮤니티)의 형성, 종전 및 냉전 구도로의 돌입으로 인한 공식 네트워크의 분절, 본국으로 귀환하지 못한(않은) 이식민의 '소수자'화(조선족, 재일교포, 화교, 잔류일본인), 냉전 붕괴와 교류 재개 이후 발생한 새로운 인적 이동의 네트워크와 커뮤니티, 기존 이민자와의 관계를 확인할 수 있으며, 계급계층의 측면에서는 노동 이동의 네트워크와 그 사회적 영향력을 확인할 수 있었다. 인적·물적 이동은 문화의 이동과 이식, 변용을 수반하며, 그 사례로서 불교 등 종교 네트워크, 도시계획과 같은 지식 또는 제도의 이식과 변용을 확인했다.

3. 한계와 과제

공동연구 진행 과정에서 우리는 연구 과제와 방법에서 기인한 한계들에 봉착했다. 연구시기가 전반적으로 근대에 치우치면서 현대에 관한 고찰이 부족했으며, 특히 냉전 시대에 관한 연구가 전무한 관계로 근현대의 연속성과 단절성의 확인에 한계가 있었다. 또한 개별 도시 연구에 집중되면서 도시 간 네트워크와 관계, 배후지와의 관계에 대한 고민이 부족했다. 이와 같은 한계와 과제를 통해 우리는 향후 세 개 해항도시에 대한 연구를 심화 확장하는 동시에, 환황해권 전반과 환황해권 이외의 여타 권역으로 연구 대상을 확장할 필요성을 느꼈다.

　세 개 해항도시 연구의 심화와 확장을 위해 시공간의 연속성, 단절성, 관계성을 확인할 필요가 있다. 시간, 즉 우리의 공동연구가 놓치고 있던 전근대와 근대, 냉전 시대를 포함한 근현대의 연속성, 단절성, 관계성의 확인이 필요하다. 또한 인근 도시 간, 도시와 배후지 간의 연속성, 단절성, 관계성의 확인도 요구된다. 즉 칭다오와 옌타이(煙臺), 다롄과 잉커우(營口)와 같이 새로운 도시의 등장과 발전이 기존 도시의 침체나 쇠락으로 이어진 사례나, 단둥과 신의주와 같이 국경 도시 간의 관계에 대한 심도 있는 고찰이 요구된다. 또한 배후지와의 관계로서 칭다오와 지난(濟南), 다롄과 선양(瀋陽)과 같은 신생도시와 전통도시 또는 해항도시와 내륙도시의 관계, 철도·항만·수운 등 교통망의 변화에 따른 도시와 배후지 관계의 변화에 대한 고찰이 필요하다. 더불어 인적·물적 이동이 수반한 의식주, 종교, 사상, 지식, 제도 등 문화의 전파, 수용, 변용에 대한 연구가 심화, 확장되어야 한다.

　세 개 도시에 대한 심화 연구와 더불어 환황해권이라는 권역 연구의 심화와 확장이 요구된다. 우선 환황해권 내의 다른 도시, 지역, 국가로의 연구 확장이 필요하다. 인적·물적 이동의 양상과 사회문화 변용을 주제로 개별 도시 연구, 도시 간 연구, 네트워크 연구를 진행함으로써 환황해권의 관련 패턴을 발견하고 유형화해야 한다. 나아가 환황해권 연구에서 얻은 관점과 방법을 바탕으로 환동해권, 환(동·남)중국해권 등 인접 권역으로 연구를 확장하고, 각 권역의 유사성, 상이성, 관계성을 확인한다. 이를 통해 동북아해역의 현상에 대한 이해를 제고하고, 향후의 방향 제시와 전망의 기반을 마련할 수 있으며, 해역을 단위로 세계를 구상하고 고찰하는 방법을 모색할 수 있을 것이다.

우리는 연구 과제와 방법에서의 한계뿐만 아니라, 국제공동연구의 난점을 경험하는 동시에 그 의의를 도출했다.

국제공동연구 과정에서는 국적, 전공, 관점, 연구방법의 차이로 인해 용어 사용에서부터 현상과 구조에 대한 인식과 평가에 이르기까지 모든 연구자들의 의견과 입장이 일치되었던 것은 아니다. 예를 들어 단둥과 신의주를 유형화함에 접경(接境), 국경(國境), 변경(邊境)의 용어를 두고 계속적인 고민과 논의를 거듭해왔다. 결국 편자의 판단에 따라 국경도시로 유형화했으나, 보다 구체적이고 직접적인 이해가 달려있는 영역에서는 용어를 둘러싼 문제가 쉽게 해결되지 않을 것으로 보인다. 환황해권 연구의 황해는 이해당사국들 간에 널리 쓰이는 용어인 까닭에 큰 무리 없이 연구자들 사이에 동의를 얻을 수 있었지만, 환황해권 연구와 함께 긴요히 요구되는 환동해권 연구의 경우에는 동해라는 용어를 둘러싼 한중일 간의 이견과 국제 관계가 얽히며 연구과제의 상정 자체가 쉽지 않을 수 있으므로, 권역의 정의에서부터 보다 심도 있고 주의 깊은 고민과 논의가 축적되어야 할 것이다. 국적, 전공에 따른 입장과 견해의 차이는 용어나 사건에 대한 인식과 평가의 차이에 머물지 않고, 연구자의 활동 자체를 제한하기도 한다. 우리가 다룬 도시들이 역사적 과정과 평가에서는 물론이고 현재 상황에서도 매우 중요하고 민감한 지역이기 때문에 더욱 조심스럽게 접근할

수밖에 없었으며, 특히 국제 정세에 민감한 국경도시 단둥의 경우에
는 공동연구에 긍정적이던 현지 연구자들이 국제 관계의 변화에 따라
끝까지 함께 하지 못하는 상황이 발생하기도 했다.

그럼에도 불구하고 우리의 프로젝트는 민감한 주제와 대상에 대해
한중일의 연구자들이 서로의 입장을 고려하며 협업하여 결과물을 도
출했다는 점에서 중요한 시도라고 할 수 있으며, 도시와 권역을 보는
다양한 관점과 방법을 공유했다는 점에서 의의가 있다.

6년간의 작업을 되돌아보니 『환황해권과 해항도시』라는 큰 주제를
고찰하기에 우리의 과제는 지엽적이었고 사례 연구에 치우쳐 있었다.
공동연구의 목적이 환황해권이라는 권역-해역 전반에 대한 고찰과 해
명이 아니라, 그것을 밝혀내기 위한 첫걸음에 있었다고 하더라도 아
쉬움은 남는다. 공동연구를 함께 해 온 연구자들은 앞으로 따로 또 같
이 개인의 과제와 연구팀의 과제를 수정하며 보충해 나갈 것이다. 거
듭되는 시행착오 속에서도 나름의 체계를 구축하며 환황해권과 해항
도시를 고민해 온 우리의 작업들이, 해역이라는 관점과 방법을 통해
동북아와 세계를 재구성하고 전망할 수 있는 자그마한 토대가 될 수
있기를 바란다.

제1부
근대 국경도시의 현상과 구조1 - 안둥

1.
근대도시 단둥의 형성과 발전

장샤오강(張曉剛)

Ⅰ. 들어가며

라오닝 성(遼寧省) 동남부에 위치한 단둥(丹東)은, 북으로는 번시 (本溪) 시와 인접하고, 남으로는 다롄(大連) 시와 맞닿아있으며, 서로 는 안산(鞍山) 시, 남으로는 황해, 그리고 압록강을 사이에 두고 북한 의 신의주시와 마주하고 있는 중국의 국경도시이다. 단둥의 원래 명 칭은 안둥(安東)으로, 일찍이 당(唐) 총장(總章) 원년(668년)에 안둥도 호부(安東都護府)가 설치된 지역이었다.[1] 1618년 후금(後金) 정권이 류조변(柳條邊)을 건설하고 어업수렵 및 농경을 금지하면서 봉금(封 禁)의 땅이 되었다가, 청(淸) 광서(光緒) 2년(1876년)에 행정구역이 다 시 설치되면서 압록강변의 변경 요충지가 되었다. 청일전쟁과 러일전 쟁 기간 동안 단둥은 주요 전장 중의 하나였고, 이른바 전시 특수를 발판으로 근대도시로 급성장할 수 있었다. 변경에 위치한 지리적 조 건과 풍부한 자원을 기반으로 단둥은 중국 둥베이 지방의 주요 통상 항구가 되었으며, 중국 근대화 과정에서 중요한 역할을 했다.

II. 근대도시의 형성

19세기 후반 청조가 안둥 현(安東縣)을 설치한 배경은 나날이 첨예화하는 동북아 지역의 국제관계와 무관하지 않았다. 17세기 청조는 선조의 "용흥지지(龍興之地)"를 보호한다는 목적으로 랴오둥 지방을 금구(禁區)로 정했다. 중국 관내(關內: 山海關 이남 지역)에서 류조변 안으로 유입되는 이민을 금지하고, 백성들이 류조변 밖의 지역에서 농경하거나 벌채하는 것을 금지함으로써, 류조변 밖에 위치한 단둥은 인적이 드문 땅이 되었다. 그러나 아편전쟁 이후 계속되는 러시아 세력의 남하와 한반도를 노리는 일본의 태도로 인해 청조는 랴오둥 지방을 중시할 수밖에 없었다. 1874년 류조변의 동부를 개방하기로 결정하고, 1876년에는 안둥 현, 슈옌저우(岫巖州), 펑황팅(鳳凰廳)을 정식으로 설치했다. 이듬해에는 콴뎬 현(寬甸縣)을 설치하고, 펑황팅을 수부(首府)로 하여 안둥, 슈옌, 콴뎬의 세 개 현을 관할했다. 1903년 청조는 미국과 '중미통상항해조약(中美通商航海條約)'을 맺어 안둥을 상부(商埠: 개항장)로 개방했다. 1904년 일본과 러시아가 중국 둥베이 지방과 한반도를 분할하기 위하여 러일전쟁이라 불리는 제국주의 전쟁을 벌이면서 단둥은 전쟁의 중요한 전장이 되었다.

러일전쟁 기간 동안 일본은 단둥을 자국군의 후방 보급기지로 삼고, 시가에 일본 거리인 '야마토초(大和町)'를 만들었으며, 단둥 역 인근의 류다오거우(六道溝)와 치다오거우(七道溝)의 320여 만 평을 이른바 '부속지(附屬地)'로 강제 징발했다. 동시에 신시가건설위원회를 만들고, 신시가계획방안인 〈안둥부속지계획(安東附屬地計劃)〉를 제정했다. 〈안둥부속지계획〉은 개항장의 범위, 도로와 공공건축 및 기본적인 시정 시설 건설 등에 대한 계획으로, 2기에 걸쳐 진행되었다. 제

1기 계획은 철도(단둥 역) 동쪽에서 구시가(기존의 중국인 시가)의 경계에 이르는 '부속지' 건설이었고, 제2기 계획은 철도 서쪽의 류다오거우 일대의 건설이었다.[2]

러일전쟁 종식 후, 일본은 청조에 조약체결을 강요하여 남만주철도 주식회사를 세우고 단둥 전장산(鎭江山: 1965년 錦江山으로 개명)에서 압록강에 이르는 구역, 바강(壩崗)에서 샤오훠처다오(小火車道: 지금의 工人村街)에 이르는 구역을 일본인거류지로 획정했다. 이를 계기로 도시는 점차 구시가(지금의 元寶區 일대)와 신시가(지금의 振興區 일대)를 중심으로 성장하게 되었다. 개항과 시가 건설을 통해 단둥은 중국 둥베이 지방의 주요화물집산지이자 상업도시로 성장했지만, 동시에 제국주의 경제에 종속되는 반식민·반봉건 사회로 전화했다.

러일전쟁 종식 후인 1906년 6월 1일, 성경장군(盛京將軍) 자오얼쉰(趙尒巽)이 펑톈성성을(奉天省城)을 정식으로 개방하고, 다음해 3월 1일에 안둥과 다둥거우(大東溝)의 개항을 연이어 선포한 후, 9월 16일에는 단둥의 개항 사무를 맡는 안둥개부국(安東開埠局)이 설치되었다. 단둥의 상부 구역은 남으로는 타이핑 만(太平灣)에 이르고 동으로는 구시가의 서쪽에 이르는 약 2,000여 무(畝)의 점유면적으로 계획되었다.[3] 이후 중국 상부의 첸쥐바오제(前聚寶街), 허우쥐바오제(後聚寶街), 차이션먀오제(財神廟街), 콴뎬제(官電街), 중푸제(中富街), 싱룽제(興隆街)의 900여 무가 중국 시장으로 구획되고, 일본 부속지 치다오거우의 2,800여 무가 일본 시장으로 구획되면서 단둥은 상업의 요지이자 펑톈 성의 요부(要埠)가 되었다.[4] 동시에 구시가는 계속 확장되어 동으로는 다샤허(大沙河), 남으로는 압록강, 서로는 치다오거우, 북으로는 판다오링(盤道嶺)에 이르렀고, 시가 안은 모두 시장이 되었으며, 도로 증설과 규제 마련이 진행되었다.

1906년 단둥 개항 당시, 중국 시장과 일본 시장은 분리되어 있었다. 이전에 계획된 시장이 협소해지자 안둥 현 지사인 천이(陳藝)와 경찰 청장인 가오윈쿤(高云昆)이 안둥총상회(安東總商會) 회장인 왕젠췐 (王建權) 등과 협의하여, 상부구를 동으로는 전주파오(珍珠泡), 남으로는 압록강, 서로는 다샤허, 북으로는 펀수이링(分水嶺)에 이르는 둥 칸즈(東坎子) 구역까지 확장할 것을 기획하고, 동시에 구시가를 동으로는 다샤허, 서로는 치다오거우, 북으로는 판다오링까지 확장한 후 시장으로 지정했다.[5]

단둥은 개항 이전부터 목재 무역과 함께 잠사(蠶絲) 무역이 이루어지고 있었으나, 기술의 한계로 아직 가내수공업의 수준에 머물러 있었고 생산량과 무역액 모두 낮은 편이었다. 단둥의 개항 이후, 산둥성 등지로부터 이민이 유입되면서, 산둥의 선진적인 제사 기술이 단둥으로 이식되었다. 단둥의 양잠 면적은 해마다 늘어났고, 실의 질도 현격하게 제고되었다. 1910년 무렵이 되자 단둥은 누에 생산량이 전국 제일에 달하는 중국 제사업의 중심지가 되었으며, 둥베이 지방 각지에서 생산되는 누에의 절반 이상이 단둥에서 제사되었다. 단둥의 잠사 무역은 도시 발전의 계기가 되었다. 러일전쟁 이후 일본 국내 사주업(絲綢業)의 발전은 단둥의 잠사 무역을 추동했고, 단둥의 도시 건설은 무역 성장과 함께 빠른 발전 단계에 진입했다.

일본은 거류지를 식민지화하면서 도로와 교량을 건축했다. 둥베이 지방의 자원을 자국으로 운송하기 위하여, 일본 정부는 불평등조약인 '중일통상행선속약(中日通商行船續約)'을 체결하여 부두, 철도, 교량을 건설한 권리를 얻어냈다. 당시 일본은 안봉철도(安奉鐵道: 安東과 奉天 간 철도)의 부설을 주도하고 있었다. 안봉철도는 원래 러일전쟁 기간 동안 일본 측의 병력과 물자를 운송하기 위해 부설된 임시철도였

다. 그러나 일본 군부는 전쟁 후기의 수요 충족을 위하여 안둥 현에서
펑황청(鳳凰城) 사이의 철도를 연장하여 랴오양(遼陽)을 거쳐 펑톈에
이르게는 철도망 부설을 기획했다. 안봉철도의 준공 후, 일본 정부는
압록강철교를 건설하여 안봉철도와 조선의 경의선철도를 연결했다.
압록강철교는 1910년에 정식으로 기공하여 1911년 여름에 준공되었
다. 압록강철교의 부설과 철도의 연결을 통해 경성에서 펑톈에 이르
는 철도망이 완성되고, 1923년에는 펑톈에서 안둥과 신의주를 거쳐
부산에 도착한 후, 그곳에서 증기 연락선을 타고 일본의 시모노세키
에 도착하는 운송로가 형성되었다. 교통운수의 편리로 인해, 둥베이
지방의 자원은 조선과 일본으로 끊임없이 수송되었다. 이 과정에서
단둥의 잠사업은 한층 발전하기 시작했고, 산둥의 옌타이를 넘어 중
국 잠사업계에서 독점적인 지위를 차지했다.

청조 역시 도시 건설에 박차를 가했다. 상부 개시 초기, 청조는 샤
허전 및 다둥거우를 상부경찰구(商埠警察區)로 바꾸고, 단둥 전역을
여섯 개의 구역으로 나누었다. 1908년에는 단둥에 동변도아서(東邊道
衙署)를 세우고, 아서 앞의 길을 다오슈첸졔(道署前街: 지금의 金湯
街)라 칭하면서, 도시의 기초적인 윤곽이 구비되었다.

그러나 "이 사이 구시가 상업의 다수를 (일본) 부속지에 빼앗겼다.
부속지 강안에는 만철부두가 건설되고, 저수지와 기타 시설들이 상당
부분 완비되었다."[6] "전체 부속지의 면적은 300만 평이었으나, 상업
중심은 강변의 14만 평이었으며, 인구는 구시가와 거의 비슷했다."[7]
1915년 가로가 정연한 신시가가 완성되었다. 주택지가 55.1만 평방미
터, 상업지가 319.4만 평방미터를 점했고, 3,240가구 7,239명이 거주하
고 있었다.[8]

단둥은 상부를 통해 국가 주권의 보호 하에 민족공업이 발전할 수

있는 계기를 제공했지만, 열강의 압박과 민족공업 자체의 취약성으로 공고한 발전으로 이어지지 못했다. 그 과정에서 일본 식민자는 도시 건설에 일정한 인력과 물력을 투하했지만, 이는 단둥을 통해 수탈해 간 자원과 재부에 비하면 논할 바가 못 되었다.

Ⅲ. 중화민국 시기 단둥의 도시 계획과 도시 건설

1907년 청조는 안둥 현을 펑톈 성 치하로 귀속시켰다. 중화민국 건립 후, 펑청, 안둥, 콴뎬의 세 개 현을 펑톈 성으로 귀속시키고, 상부 구를 두 개 구로 나누어 각 구에 하나의 경찰서를 설치했다. 1914년 장쭤린(張作霖)이 정체(政體)를 개혁하여 둥베이 지역에 성(省), 도(道), 현(縣)의 3급 행정체제를 실행했다. 펑톈 성 관할 하의 동변도는 안둥, 펑청, 콴뎬 등 22개 현을 관할했는데, 안둥 현진(縣鎮) 내에 동변도의 도서(道署)가 설치되면서 단둥은 점차 동변도 지역의 정치, 경제, 문화 중심이 되었다.

1918년에는 상부의 경계를 둥콴즈로 넓히고, 1920년에는 향진(鄕鎭) 경찰 6개 구를 4개 구로 바꾸었으며, 1923년에는 구촌제(區村制)를 실행하여 상부구 외의 전 지역을 8개 구로 나누었다. 1928년 겨울, 둥베이 지방이 국민정부에 통일된 후, 이듬해 도급(道級) 행정 체제가 폐지되고 펑톈 성이 랴오닝 성으로 바뀌면서 상술한 모든 현은 랴오닝 성에 예속되었다. 그 후에도 각 현의 구획 체제는 수차례 변경되었다. 1929년에는 동변도가 폐지되고, 안둥시정주비처(安東市政籌備處)가 설치되면서 단둥 지역은 일등현(一等縣)이 되었다. 1931년 '9.18사변(만주사변)'을 계기로 일본군은 안둥과 펑청을 점령했다. 같은 해 12월

15일 일본군은 랴오닝 성을 다시 펑톈 성으로 바꾸고, 안둥, 펑청, 콴덴의 3개 현을 펑톈 성에 예속시킨 후 안둥 현을 갑류현(甲類縣)으로 지정했다. 1932년 3월 1일, 괴뢰만주국이 건립되고 안둥 현은 펑톈 성으로 예속되었다. 1934년 10월, 괴뢰만주국 정부는 둥베이 4성을 14성으로 나누었다. 신설된 안둥 성(安東省)은 안둥, 펑청, 사이마(賽馬), 콴덴 등 12개 현을 관할했으며 치소(治所)를 안둥 현성에 설치했다. 1937년 12월, 괴뢰만주국 정부는 안둥 시를 설치했다. 안둥 시는 안둥 현에서 분리되어 안둥 성에 예속되었으며, 동으로는 둥콴즈, 서로는 산다오거우(三道溝), 랑터우(浪頭), 안즈산(安子山; 安民山) 산록에 이르는 길이 24킬로미터의 구역을 관할했다. 1938년 안둥 시가 정식으로 설치되고 진탕(金湯), 위안바오(元寶), 중싱(中興), 전안(鎭安), 랑터우, 야마토(大和), 아사히(旭日) 등의 7개 구역으로 나뉘었다. 안둥 현은 신가촌제(新街村制)에 따라 쥬롄청(九連城), 탕산청(湯山城), 허션거우(河深溝), 톄지아팡션(鐵甲房身), 다둥거우, 룽왕먀오(龍王廟)의 6개 구로 나뉘었고 44개 촌을 관할했다.

1931년 9월 19일 단둥이 일본군에 점령당했을 때부터, 1945년 11월 초 중국공산당이 단둥을 접수할 때까지, 단둥의 주민은 14년에 걸친 망국의 세월을 보냈다. 이 기간 동안 일본 제국주의는 단둥 군정을 조종하여, 주민에 대한 군사 진압, 정치 압박, 경제 약탈, 사상 통제 활동을 진행하고 파쇼적인 식민 정책을 실시했다. '9.18 사변' 후 일본이 진행한 경제통제정책과 경제적 수탈은 중국 민족 상공업에 심각한 타격을 주었다. 중일전쟁 발발 후인 1938년 단둥의 중국 상호(商戶)는 1,640호로 1936년에 비해 46%가 감소했다.[9]

1945년의 일본과의 전쟁에서 승리한 후(이른바 9.3 승리), 단둥에도 인민정권이 수립했다. 안둥 성회(安東省會)는 여전히 안둥 시에 있었고, 시내에는 중싱, 전장(鎭江), 중양(中央), 진탕, 위안바오, 전안, 랑터우, 다둥거우 등의 구역이 있었으며, 각 구역 밑에는 가공소(街公所)를 두었다. 1946년 10월부터 1947년 6월까지의 국민당 통치 기간에는 행정구역에 변동이 없었으나, 1947년 6월 공산당이 접수한 후 단둥은 다시 8개 구로 나뉘어 그 아래에 가(街), 촌(村)이 설치되었으며, 1949년 랴오닝 성에 예속되었다.10)

단둥의 도시 발전과 무역 증가에 따라, 도시계획에서 단둥 항이 차지하는 의의는 날로 커졌다. 다둥거우 항의 항구(港區) 건설 공정은 2기에 걸쳐 진행될 계획이었다. 제1기 공정(1939년 착공 예정, 실제 1940년 착공)은 수용인구를 단둥 시구의 50만 명을 포함한 200만 명으로 잡고, 50제곱킬로미터의 구역에 1억 세제곱미터 용량의 수고(水庫)와 25제곱킬로미터의 공원과 녹지, 중심 광장 등을 건설하는 계획이었다.11) 1939년 계획방안이 제정된 제2기 공정은 건설 기간을 1942년부터 1946년으로 잡았으나, 1940년과 1942년 두 차례 계획방안에 대한 확충과 수정이 이루어졌다. 항구 건설 자본은 만주국과 만철이 공동으로 부담하기로 했지만, 경비 부족으로 일본의 투항 전까지 일부 항목만이 완성되었다.

이어서 단둥 시가 각 구역의 형성 과정과 변천 과정을 살펴보자.

시가 북부에 위치한 위안바오 구는 일찍이 안둥 성 정부와 랴오둥 성 정부의 주지(駐地)였으며, 단둥 구시가와 일본인 거류지 등이 있었던 근대 단둥의 중심지였다. 청 동치 연간(同治年間: 1862~1874년)에 구역 내의 다샤허와 서안의 샤허전 일대에 취락이 형성되어 시가 개발이 일찍 이루어졌으며, 그 연유로 1876년 안둥 현 수립 당시 치소가 샤허전에 설치되어 이른바 구시가를 이루었다. 위안바오 구라는 구역명은 경내에 있는 해발 181.8미터의 위안바오산으로 인해 지어진 이름으로, 일찍이 청조가 설치한 공원이 있었다. 구역 내의 신안제(新安街) 일대는 비교적 번화한 상업 중심지로 길 양쪽에 각종 상점과 음식점, 가판들이 줄지어 있었다. 바다오거우는 단둥 실크 공업의 발원지로, 1931년 발생한 제사(製絲) 노동자의 파업은 둥베이 삼성을 뒤흔들 만큼 큰 파급력을 가지고 있었다. 근대의 위안바오 구는 단둥 정치경제의 중심지이자, 기독교 예배당과 이슬람 모스크, 불교 사원 등이 세워진 사회문화의 중심지였다.

시가 남부에 위치하며 위안바오 구와 맞닿아있는 전싱 구(振興區)는 소위 일본 만철 부속지였던 치다오거우가 설치되고, 단둥 역과 단둥 항, 우정국 등이 밀집된 구역으로, 위안바오 구 일대와 함께 근대 단둥의 중심지를 이루었다. 1876년 안둥 현 관할 하에 놓인 후, 1905년 구역 내의 치다오거우 일대가 일본 조계가 되면서, 식민 개발과 함께 시가가 형성되었다. 1938년 구역 내에 야마토, 아사히, 중싱(中興)의 세 개 구가 설치되었고, 1945년에는 중양, 전장, 중싱의 세 개 구로 나누어졌으며, 1947년에는 중양과 전싱의 두 개 구로 나뉘었다가, 1956년 중양 구가 전싱 구로 편입되면서, 지금의 구역을 이루게 되었다.

위안바오 구 북쪽에 위치한 전안 구(振安區)는 동남쪽으로 시가를 감싸고 있고, 서북쪽으로는 펑청과 연접하고 있는 구역이다. 구릉지대에 속하는 전안 구의 경내에는 시가에서 가장 높은 해발 199.4미터의 우룽산(五龍山)이 있으며, 산 서록(西麓)의 우룽베이제(五龍背街)는 온천시설이 있는 요양지로 이름이 높다. 구역 내에는 풍광이 아름다운 유람지 헤이거우 댐(黑溝水庫)과, 서한(西漢) 시대의 시안핑씨엔(西安平縣) 유적지, 쥬롄청 고성 유적지, 러일전쟁 시기 일본인이 만든 압록강전적비와 러시아인이 만든 러시아 분(墳) 등의 고적이 있다.

Ⅳ. 근대 단둥의 도시 건축과 공원(園林)

단둥 도시화의 지표로 건축을 들지 않을 수 없다. 단둥의 근대 건축
물 중에서 특히 눈여겨보아야 할 것이 천주교당이다. 단둥 최초의 천
주교당은 프랑스 선교사가 세운 것으로, 위안바오 구 쯔신졔(自新街)
16호에 위치한 점유면적 200여 평방미터, 방 아홉 칸의 단층 건물이었
다. 이후 미국인 신부가 프랑스 신부의 직위를 이어받은 후, 미국에서
교당 설립 비용을 모금하여 1937년 기존의 터에 종교색이 짙은 구미
건축 풍격의 천주교당을 짓고 소학교를 설립했다. 현존하는 천주교당
은 이때 만들어진 것으로, 1940년대 말 종교 활동이 정지되었다가
1980년대 말에 다시 천주교당으로 활동을 재개했다.

압록강변에는 붉은 벽돌로 지은 중국식 이층 건물 탕얼후루(湯二虎
樓)가 있다. 탕얼후루의 건물주는 탕얼후(본명 湯玉麟)로 장쭤린(張作
霖)의 호위병이었으나, 일약 펑톈 성 동변도 진수사(鎭守使)로 승급하
여, 창바이 현(長白縣)부터 압록강 하류 유역에 이르는 아홉 개 현성
(縣城)을 관할했다. 탕얼후루는 탕얼후가 압록강변에 지은 개인 저택
으로, 1922년 가을에 시공하여 1924년 6월에 준공된 점유면적 1,800 제
곱미터, 건축면적 1,337 제곱미터의 건축물이다. 2층의 누대에서는 시
가 전역을 조감할 수 있었고, 지하실이 설치되어 있었다. 건물 건축에
소요된 인력과 물자는 민중을 수탈하거나 상무회(商務會), 조선회(艚
船會), 목파회(木把會: 목업협회), 화연(花捐: 기녀회) 등의 단체로부터
출자를 받아 충당했다. 9.18사변(만주사변) 후인 1933년 일본군이 러
허(熱河: 지금의 承德)를 진공하자 탕위린은 재산을 챙겨 도주했다.
이로써 러허는 함락되었고, 20만 대군은 둥베이 지방 최후의 땅으로
밀려나게 되었다.[12]

단둥 동북부의 진장산(錦江山)에 있는 진장산 공원은, 1905년 공원 건설 당시에는 전장산(鎭江山) 공원이라 불리다가 1965년에 지금의 이름으로 바뀌었다. 공원은 동고서저의 지세를 보이는 점유면적 91.1 헥타르, 최고 해발 136.8 미터의 진장산 산세를 따라 만들어졌다. 진장산은 곳곳에 정자가 산재하고 아름다운 풍광을 따라 구불구불한 길이 이어져있어 일찍부터 관동팔경(關東八景) 중의 으뜸이라 불리어왔다. 공원으로 개발되기 전 진장산은 들풀이 숲을 이루고 계류가 흘러 부서지는 깊은 골짜기였다. 러일전쟁으로 진장산 구역이 이른바 일본 조계에 편입된 이후, 일본의 만철이 다롄(大連), 푸순(撫順) 등지에서 벚나무, 소나무, 단풍나무 등의 수목 수천 그루를 가져와 진장산에 식목하면서 공원의 초기 형태가 만들어졌다. 같은 해 일본 승려가 이곳에 임제사(臨濟寺)를 세우고, 뒤이어 일본 신사 하치만궁(八幡宮) 등이 건설되었다. 1936년부터 공원 내에 정자(錦江亭, 三角亭 등)와 레슬링장, 연못 등이 만들어지고, 동물을 풀어 키우면서 공원 기능이 날로 완비되어 갔다.

도시가 발전하면서 오락문화에 대한 주민의 수요도 늘어났다. 이 같은 배경 하에 단둥 근대 도시 건축의 대표적인 장소가 된 곳이 극장의 일종인 쥐셴차위안(聚仙茶園)이었다. 쥐셴차위안의 옛 터는 위안바오 구 광지제(廣濟街)에 있는 광지차위안(廣濟茶園)으로, 극장이 만들어지기 시작한 1907년 무렵, 광지제 일대는 이미 매우 번화한 교역시장 골목이었다. 광지차위안은 거적으로 막을 친 초라한 소극장으로 주로 즈리방쯔(直隸梆子; 河北省 전통극의 하나)를 공연했는데, 극장 경영이 활기를 띠자 다음 해에 이층 목조 건물을 올리고 쥐셴차위안이라 불렀다. 현지에는 쥐셴차위안보다 조금 일찍 지어진 리화차위안(麗華茶園)이라는 곳이 있어서, 사람들은 습관적으로 리화차위안을

옛날 극장이라는 의미의 노희원(老戲園), 쥐셴차위안을 새로운 극장
이라는 의미의 신희원(新戲園)이라고 불렀다. 1921년 쥐셴차위안의
주인이 바뀌면서 명칭도 칭성차위안(慶升茶園)으로 바뀌었다. 1923년
에 화재로 건물이 타버리자, 벽돌과 나무를 이용하여 건축면적 350 제
곱미터, 관중 800여 명을 수용할 수 있는 이층 건물 화잉우타이(華英
舞臺)를 건축, 준공(1924년 9월)했다.

요컨대 근대 단둥의 건축과 공원은 중국과 서양, 전통과 근대가 혼
재하고 결합하는 특징을 보였다. 단둥의 도시 건축에는 중국 대다수
의 해항도시와 같이 수많은 식민 문화 요소가 남아있는 동시에, 서양
건축문화와의 경쟁과 융합 속에서도 여전히 튼튼한 생명력을 유지하
는 중국 전통 건축과 공원 문화가 남아있다. 근대도시 단둥은 도시 발
전과 시민 계층의 배양을 위한 공간적 기초를 제공하면서, 점차 단둥
의 특색을 지닌 도시 건축 문화를 형성해 갔다.

V. 나오며

근대 랴오닝 연해 지역의 개방과 발전은 제국주의 열강의 침입, 식
민지 건설 등과 연계되었다. 이글에서 살펴본 단둥은 물론 잉커우(營
口), 뤼순(旅順) 등지에도 계속해서 상부가 설치되면서, 이들 지역은
중국 둥베이지방의 무역 창구이자 자원 수탈 항구가 되었다. 단둥의
개방은 열강의 군사 점령과 조약 체결을 통한 것이었지만, 개항 이후
잠사업을 비롯한 근대 민족공업의 발전이나 단둥의 도시 계획과 상부
의 지위 등에 드러난 자주적인 권력 양상에서 근대 단둥만의 특징을
확인할 수 있다. 이것은 상부 개방 과정 중에 중국 정부가 기울인 노

력과, 제국주의와 봉건주의의 압박 아래서 중국의 민족공업이 분출한 완강한 생명력에 기인하는 것이었다.

　도시화는 이미 중국 현대화 과정의 필수불가결한 부분이 되었다. 냉전 시대 중국 공업의 중심지였던 둥베이 지방은 중국의 개혁개방 이후 여타 연해 지역과 달리 경제적으로 쇠퇴하는 양상을 보여 왔다. 21세기 들어 지역 간 격차를 해결하기 위하여 노후한 둥베이 지방을 새롭게 개발하고 발전시키려는 '둥베이노공업기지전면진흥(全面振興 東北老工業基地)'의 움직임이 이루어지고 있다. 이와 같은 새로운 개발의 흐름 속에서 곳곳에 남아있는 중국 전통의 건축문화를 어떻게 계승하고 발양할 것이며, 단둥에 온존하는 '구(舊)'와 '신(新)'의 모순을 어떻게 해결할 것인가. 전통을 보호하는 동시에 도시 발전의 새로운 방향을 어떻게 모색해 나갈 것인가. 단둥을 둘러싼 국내외 관계가 급변하는 지금, 우리는 외적 시류로 인해 간과하기 쉬운, 시급하면서도 중대한 문제에 당면해 있다.

장샤오강 | 창춘사범대학 교수

◾ 주

1) 안둥이라는 지명의 유래에 대해서는 두 가지 설이 있다. 하나는 청대 안둥 현을 설치할 때 당 안둥도호부의 옛 명칭을 차용했다는 것이고, 또 다른 하나는 조선과 접경하고 있었기 때문에 통치자가 '동방의 평안'을 기원하며 안둥이라고 명명했다는 것이다. 1965년 중국 국무원의 비준을 거쳐 안둥은 붉은 색의 동방 도시(紅色東方之城)라는 뜻의 단둥으로 개칭되었다.

2) 湯士安(1995),『東北城市規劃史』, 遼寧大學出版社, 136쪽.

3) 王革生(1994),「淸代東北商埠」,『社會科學輯刊』1994年 1期.

4)『奉天通志』62卷(2003年版影印本), 遼海出版社, 3839쪽.

5) 于雲峰(1931),『安東縣志』, 57쪽.

6) 任君寶,「安東商工述略」,『中東經濟月刊』第7卷 第6號.

7) 任君寶, 위의 글.

8) 丹東市地方志編纂委員會(1993),『丹東市志(1876—1985)』, 遼寧科學技術出版社, 6쪽.

9) 遼寧省志辦公室(2001),『遼寧省志・商業志』, 遼寧民族出版社, 256쪽.

10)『丹東市區地名志』編纂委員會(1987),『丹東市區地名志』, 測繪出版社, 6-8쪽.

11) 曲曉範著(2001),『近代東北城市的歷史變遷』, 東北師範大學出版社, 308쪽.

12) 常城主編(1987),『東北近現代史綱』, 東北師範大學出版社, 138쪽.

2.
식민지도시 안둥의 도시 건설과 공간 구조

사카노 유스케(阪野祐介)

Ⅰ. 들어가며

압록강 하류 유역의 북중 국경에 위치하고 있던 안둥(安東: 지금의 丹東)1)은, 중국 상부(商埠: 외국과의 통상도시)의 건설과 러일전쟁 직후부터 시작된 일본인 거주지 건설 및 남만주철도주식회사(南滿洲鐵道株式會社: 이하, 만철로 표기)의 도시 경영을 거쳐 만주국(滿洲國)의 도시가 되었다. 당시 안둥은 교통의 요충지였으며, 일본 식민지의 성격을 띤 도시 중에서도 결코 적지 않은 인구2)가 거주하고 있었다. 그럼에도 불구하고 지금까지 안둥의 도시 형성 프로세스 및 도시 내부 공간구조에 대해서는 충분한 검토가 이루어져 왔다고 말하기 힘들다. 따라서 이 글에서는 중국과 함께 일본이 도시 건설의 양대 축을 이루고 있었던 안둥의 도시경관 변용을 추적함으로써 도시 형성 프로세스 및 공간구조의 특성을 밝히고, 기존 연구에서 제시되었던 일본 식민지도시의 경관적 특징과 도시의 이중성에 대해 검토하고자 한다.

우선 이 글의 구체적인 과제를 보다 명확히 하기 위해 식민지도시의 형성과 공간구조를 둘러싼 대표적인 연구를 정리하고자 한다.

전후 일본에서 진행된 식민지 연구의 큰 흐름을 보자면, 전전(戰前)
과 전간(戰間) 기간에는 식민지가 확대됨에 따라 식민지 관련 연구가
왕성하게 진행되었으나, 패전과 더불어 식민지를 상실하면서 옛 식민
지에 대한 관심은 희박해졌다.[3)]

그러나 1960년대 무렵부터 일본의 대(對)아시아 무역 팽창과 궤를
같이했던 침략과 수탈의 관점에서 제국주의 연구가 활발해지기 시작
했다. 1970년대에 들어 보다 많은 자료가 발굴되고 희귀 자료의 열람
이 가능하게 되는 등 자료 환경이 개선되면서 식민지 연구도 진전되
어 개별 주제의 연구도 증가하기 시작한다. 1970년대까지의 연구들은
제국주의의 착취 및 정체성(停滯性), 지배와 저항에 대한 폭로에 주안
점이 놓였다.

1980년대에 들어 개발론적 시점이 대두하면서 식민지시대의 '개발'
과 해방 후 사회와의 연속성을 강조하는 등, 식민지 지배의 '성과'를
주장하는 연구도 등장하게 된다. 식민지의 개발 과정을 수량적으로
파악하고자 하는 개발론적 관점의 연구는, 객관적인 통계를 활용한
방법론적 의의를 지닌 동시에, 개발 과정의 진전을 근거로 식민지 지
배를 긍정적으로 포착하는 위험성을 배태하고 있었다.[4)]

단, 전후 일본 지리학계의 식민지에 대한 연구 태도는 경제사나 정
치사와는 다른 양상을 보였다. 전간기의 국책에 협력적인 태도를 보
여 왔던 지리학계에서는 전후의 오랜 기간 동안 식민지와 관련된 연
구가 터부시되어 왔기 때문이다.[5)]

1990년대에 들어 기존의 식민지 근대화 대 식민지 수탈의 이분법적
논의에 대한 비판적 검토가 이루어지고, 동시에 문화적·사회적 측면
에 대한 관심이 고양되고, 풍경론적·공간론적 접근 등과 같은 새로

운 연구 관점이 주목 받게 되었다. 그 배경에는 1980년대 구미에서 유행하고 있던 포스트콜로니얼 연구가 있었다. 2000년대 이후부터 지금에 이르기까지 식민지화에 의한 문화적 국면을 문제시하는 포스트콜로니얼 연구 및 피에르 노라(Nora, Pirre) 등의 프로젝트를 통해 활성화된 기억론 혹은 건축사학 및 지리학의 경관론 등 식민지 연구는 영역을 확대해가며 새로운 국면을 맞게 되었다.[6]

　다음으로 식민지도시 연구를 중심으로 기존의 도시계획 및 도시 형성사 연구를 정리하고자 한다. 우선 고시자와 아키라(越澤明)가 행한 제국일본의 식민지도시계획에 관한 일련의 연구를 들 수 있다. 고시자와는 만주국 도시 연구를 통해 만주의 식민지도시가 일본 도시계획의 '실험장'[7]이었다고 설명한다.[8] 이념적, 제도적, 기술적으로 선진성을 가진 도시계획이 시행되었던 만주국(외지)의 여러 도시와, 정체(停滯)된 일본(내지)의 여러 도시라는, 어떤 의미에서는 지배와 피지배의 의미가 역전된 관계에 놓여있음을 지적한 것이다. 단 고시자와의 연구에서는 도시계획이 중심이 되기 때문에, 당시 관료 및 기술자의 업적에 초점을 맞추어 도시사를 재구성하고 있는 점, 도시계획의 선진성을 강조함으로써 식민지 지배를 긍정적으로 파악할 수 있다는 점 등이 과제로 남아 있다.

　한편, 오랜 기간 동안 식민지 연구가 터부시되어 온 지리학계에서는 1985년 이후 발표된 미즈우치 도시오(水內俊雄)의 논문이 식민지 연구의 출발점이 되었다. 고시자와의 연구가 용도지역 구분(zoning), 구조물의 배치에 관심소재가 있었다고 한다면, 다롄(大連)의 도시 형성을 고찰한 미즈우치의 연구, 그 후에 진행된 윤정숙(尹正淑)의 인천 연구,[9] 타이베이를 대상으로 한 예첸장(葉倩瑋)[10]의 연구 등 지리학계의 연구에서는, 인구 형태 및 민족별 거주 분화의 해명에 초점이 맞추어지면서 도시의 이너시티(inner city) 문제를 다룬 도시 사회지리학적 접근에 의한 연구가 전개되었다. 이는 기존의 도시계획 연구에서 기술 및 제도적 측면의 상세한 실증적 분석이 진행된 것과는 달리, 지배자의 통치이념이 도시 공간에 어떻게 반영되었는가라는 관점이 충분하지 못했던 점을 반영한다.[11] 미키 마사후미(三木理史)[12]는 이민형 식민지로 여겨진 가라후토(樺太: 사할린)를 대상으로 식민지도시의 형성에 대해 검토했다. 미키는 기존 식민지도시 연구의 중심이었던 이민족 지배를 기조로 한 착취·투자형 식민지의 도시 형성과 상대적으로 관심 밖에 있었던 가라후토 등 이민형 식민지의 도시 형성을 비교함으로써, 일본 식민지에서의 제도 및 기술의 이식, 전파 과정과 그 특징을 파악할 수 있다고 주장했다.

한편 1980년대 후반 도시 공간에 대한 역사학계의 관심이 고조되면서, 나리타 류이치(成田龍一) 등을 중심으로 근대 도시사 연구가 전개되기 시작했다.[13] 나리타 등 도시 공간의 양상을 파악하려는 역사학계의 시도에서는 근대 도시의 전개를 세 개 시기로 구분하여 정리한다. 제1기는 1860~1900년 전후의 근대 도시 형성기, 제2기는 1900~1935년 무렵의 근대 도시 공간 전개기, 제3기는 1935~1950년 전후의 전시기(戰時期)이다. 나리타 등은 근대 도시사 연구의 고찰 영역으로서, 도시 형성과 동시에 '발견', '창출' 되어 온 '하층민가, 슬럼, 피차별 부락, 조선인 거주지구, 직업소개소 및 노동자 거주지, 공중위생에서 본 병원, 덧붙여 유흥가, 명소, 유곽, 공원, 박람회장, 소비 장소로서의 상점가, 번화가, 시장, 거주 장소로서의 교외주택, 아파트[14]' 등 문화적, 사회적 공간을 제시했다. 이는 공간이나 지역을 구획하는 지리학이 다루어야할 영역이었으나, 역사학자인 나리타 등의 제언이 도리어 일본 지리학계를 자극했다고 할 수 있다. 근대 도시사 연구 중에서는 하

시야 히로시(橋谷弘)가 제시한 식민지도시 형성의 세 가지 유형에 주
목할 필요가 있다.[15] 첫째, 일본의 식민지 지배와 동시에 새로운 도시
가 형성된 유형 - 부산 · 인천 · 가오슝(高雄) · 다롄 등의 항만도시와 푸
순(撫順) · 안산(鞍山) · 번시후(本溪湖) · 흥남 · 가오슝 등의 산업도시,
둘째, 기존 사회의 전통적 도시 위에 식민지도시가 형성된 유형-타이
베이 · 타이난(臺南) · 경성 · 평양 · 개성 등, 셋째, 기존의 대도시 근교
에 일본이 신시가지를 건설하여 형성된 유형 - 펑톈(奉天), 신징(新京),
하얼빈 등 만주의 도시이다. 단 하시야가 제시한 세 가지 유형의 타당
성을 검토하기 위해서라도 형태론적 탐구에 그칠 것이 아니라, 식민
지 지배라는 조건 하에 권력 지배자가 자신들의 목적 실현에 적합한
도시 공간을 어떻게 건설, 개조해왔는가, 그러한 도시 공간에서 사람
들이 어떻게 생활했는가를 명확하게 밝힐 필요가 있다.

　기존 연구의 성과와 과제를 기초로 도시연구로서 근대 식민지도시
안동의 과제를 정리해보면, ① 도시 형성의 프로세스와 형태 · 기능의
변천, ② 도시 형성 과정에서 통치 권력 및 통치 기구의 작용과 지역
조직과의 관계, ③ 도시 주민의 일상생활에 침투한 문화적 영향에 관
한 문화론적 연구, ④ 일본 식민지 지배의 특징을 묻는 비교사적 분석
의 필요성 등을 들 수 있다. 이글에서는 안동의 도시 형성 과정과 공
간구조에 관한 연구의 기초가 될 수 있도록, 도시 형성 프로세스와 형
태 · 기능의 변천을 중심으로 고찰을 진행할 것이다. 도시계획사 또는
건축사적인 관심이라고 할 수 있는 기술적 · 제도적 측면보다는, 사회
지리학적 관점, 즉 식민지도시에 나타난 이중성 및 경제적 기능, 정치
적인 정리 등에 주안점을 둘 것이다.

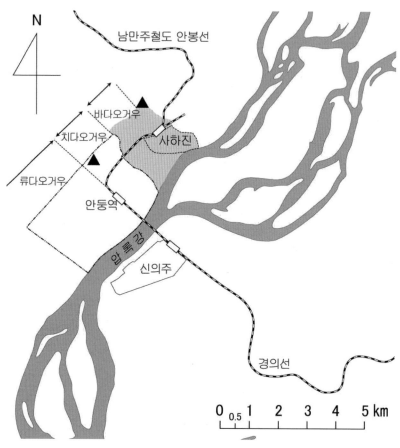

〈그림 1〉 연구 대상지 주변도

주) 지형, 선로는 1911년 당시 모습을, 시가지는 1921년 당시 모습을 나타낸다.
   이점쇄선은 안둥의 일본측 지구를, 회색의 범위는 안둥의 중국측 지구를
   나타낸다.   점선은 류다오거우(六道溝)·치다오거우(七道溝)·바다오거우
   (八道溝)·사하진(沙河鎭)의 대체적인 범위를 나타낸다.
출처) 參謀本部(1911) 「朝鮮滿洲十万分一圖遼陽十號 新義州」(1905年臨時測圖部
   測圖, 1911年陸地測量部縮圖製版), 朝鮮總督府(1921) 5万分1地形圖「新義州
   及安東」(1918年測圖, 1921年第一回修正測圖,陸地測量部印刷兼發行)

 안둥의 도시 건설이 본격화되는 것은 러일전쟁으로 이 지역을 일본

이 점령한 이후부터이다. 만주국 수립 이전까지 안둥의 도시 건설은 중국의 상부(구시가지) 건설 및 확장과 일본의 부속지(신시가지) 건설 및 확장의 두 축을 중심으로 이루어졌다. 이 시기 일본 '부속지'의 경영 주체는 군정서(1905~1906), 안둥거류민행정위원회 및 안둥거류민단(이하, 거류민단으로 표기: 1906~1923), 만철(1923~1932)로 변화했다. 안둥의 도시 형성 과정 중에서 도시기반이 형성되고 도시경관이 크게 변화한 시기는 1900년대 후반부터 1920년대 초에 걸친 군정기부터 거류민단이 경영하던 시기이다. 따라서 이글에서는 상술한 시기를 중심으로 안둥의 도시 형성 과정, 도시경관의 변천과 공간구조의 특징을 고찰한다. 아울러 이글이 다루는 범위는 〈그림 1〉에서 제시한 것처럼 압록강 우측 상단의 샤허전(沙河鎭)에서 바다오거우(八道溝)에 이르는 구시가지 혹은 중국인거주지라고 칭해진 지구와, 치다오거우(七道溝)에서 류다오거우(六道溝)에 이르는 신시가지 혹은 일본인거주지라고 칭해진 지구를 중심으로 한다.

Ⅱ. 신시가지 건설 이전의 안둥

1. 입지와 집락형성기

안둥은 백두산에 수원(水原)을 둔 압록강 하류에 위치한 북중 국경지대로서 신의주와 마주하고 있다. 〈그림 2〉에 제시한 것처럼 안둥은 제국 일본이 대만, 조선, 만주, 중국 대륙으로 영역을 확대해가는 과정 가운데, 일본 시모노세키(下關)에서 조선의 부산에 상륙하여 만주로 나아가는 교통망의 요충지로 성장해갔다. 안둥이 있는 압록강 하

류 우안(右岸) 지역을 중국이 행정적으로 통치하기 시작한 것은 1875
년에 청조가 안둥 현을 설치하면서부터이다. 안둥 현의 설치 이전, 동
변도(東邊道)라 불리던 만주 남동부의 안둥 주변 지역은 황무지로 미
개하고 도적들이 횡행하는 변외(邊外)의 땅으로 여겨졌다.16) 이러한
안둥에서 일정한 규모의 사람들이 거주하게 된 것은 함풍(咸豐) 연간
(1851~1861)이라고 알려져 있다. 나아가 동치(同治) 연간(1862~1874)의
대기근으로 산둥 성에서 농민, 어민이 이주하게 되면서 안둥에 집락
이 형성되기 시작했다. 광서(光緒) 원년인 1875년 청조는 평황청(鳳凰
城)에 도서(道署)를, 압록강 하구의 다둥거우(大東溝)에 안둥 현청을

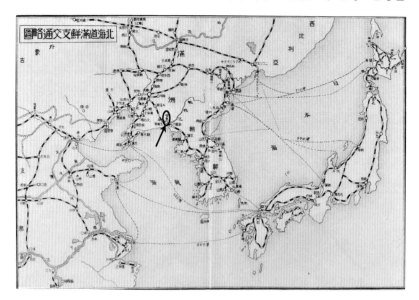

〈그림 2〉 제국일본의 교통망과 안둥

주) 화살표와 원(둘 다 필자기입)으로 표기한 부분이 '안둥'이다.
출처) 岡和田精編(1933) 『北海道から滿洲國へ』旭川商工會議所,國立國會圖書館
       디지털콜렉션.

설치하여 통치를 시작했으나 '광서 2년 샤허쯔에 현청을 새롭게 설치

하니, 오늘의 안둥(光緖二年, 改設縣治於沙河子, 今日安東)'[17]이라는 문구에서, 다음 해에 안둥 현청이 샤허쯔, 즉 샤허전으로 이전되면서 그 지역을 안둥이라고 부르게 되었음을 알 수 있다. 당시 샤허전에 대한 기록은 명확하지 않지만 〈그림 1〉에서 제시한 샤허전보다 넓은 범위를 가리키는 지명이었던 것으로 보인다.[18] 현청 이전 당시의 안둥은 '광대한 벌판'으로 가옥이 몇 채에 지나지 않는 한촌이었다. 그 후 1894년(광서 20년) 발생한 청일전쟁에서는 '병마(兵馬)의 길'로 불리는 등, 일시적으로 일본군이 점령하여 민정청(民政廳)을 둔 시기를 보내면서도 지현(知縣)에 의한 부두의 설치 및 수리사업 등을 통해 상인 이주자가 증가하고 물자의 집적지이자 상업상의 요지로 성장하기 시작했다.[19]

　부두 및 수리 사업과 관련하여 〈그림 1〉에 나타난 것처럼 안둥 부근의 강 유역에 모래톱이 많이 형성되어 있는 것을 알 수 있는데, 안둥은 압록강의 하류역에서 경사가 완만해지면서 강 흐름의 속도가 느린 지점에 위치해 있다고 말할 수 있다. 일견 하천 교통에 적합하다고 생각될 수 있겠지만, 퇴적 작용으로 인해 강바닥과 물길의 변동이 부단히 발생했다. 따라서 뱃길에 지장을 초래하는 경우도 있을 뿐만 아니라 하류역에는 해양의 간만의 영향도 크고, 배를 강변에 댈 수 있는 시간도 한정되는 등, 하천 교통의 적임지라고는 결코 말할 수 없는 토지였다.[20] 또한 하천 범람에 의한 수해다발지역이기도 하여 안둥 현 설치 이후인 1885년과 1888년에도 압록강의 대범람이 있었다고 전해지는 등[21] 잦은 수해로 고통 당해온 토지였다고 말할 수 있다. 이러한 수해다발의 저습지대로서 평야부도 협소한 입지환경이 오랜 동안 안둥의 집락 형성을 방해한 이유의 하나로 생각된다.

2. 청일전쟁부터 군정시대로

20세기에 들어오자 청일전쟁 종결 이후에도 완전히 사라지지 않고 지속되고 있던 동북아시아(주로 조선에서 만주까지의 지역)의 이권을 둘러싼 제국 간의 전화가 다시금 확대되게 된다. 1904년부터 1905년에 걸쳐 러일전쟁이 일어났다. 러일전쟁이 발발하기 한 해 전 안둥에는 러시아군이 진주해 있었지만, 1904년 5월의 전투로 일본군이 안둥을 점령했다. 그 후에도 일본군은 펑황청·펑톈 방면으로 북진을 계속하면서 안둥은 "군의 병참기지로서 후방 연락상 주요한 지점이 되었고, 철도 대부대가 다시금 이 지역에 주둔하자 곧바로 안둥과 펑톈 사이의 간이철도 부설에 착수"²²)했다. "명은 압록강 강변에서 쥬렌청(九連城)을 쌓아 고려와 접해 있었"²³)던 것처럼, 일찍이 중국과 조선을 잇는 연결 경로는 안둥에서 약 10km 상류에 있는 쥬렌청과 의주(義州)로 이곳이 중국과 조선의 결절지였다. 하지만 산둥 이민의 유입으로 집락이 형성되고 일본군이 점령함에 따라 병참기지라는 군사적 목적 하에 철도가 부설되자, 안둥은 서서히 교통의 요충지가 되고 압록강 하류역에서 중심성을 띠게 되었다. 오늘날 안둥은 중국과 북한을 잇는 중요 지점이 되어 있지만, 교통의 요충지가 된 것은 20세기에 들어와서였다.

러일전쟁을 계기로 일본이 군정시대를 맞이하면서 안둥에서는 도시건설이 시작된다. 전술한 것처럼 1904년 5월에 육군보병소좌 마쓰우라 간이(松浦寬威)가 군정관으로서 부임하여 군정서가 개설되게 되자, 안둥-펑톈간의 군용 간이철도 부설에 착수했다. 일본군의 점령 직후 안둥으로 일본인의 자유도항이 허가되면서 인구는 급증하여 1904년 10월에는 1300명에 도달했다. 마쓰우라의 후임으로 군정관이 된 보병

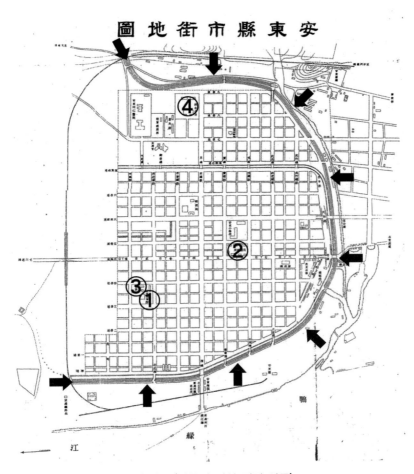

圖 地 街 市 縣 東 安

〈그림 3〉 '거류지 건설 전의 안둥'

주) 묘사된 시설 등으로부터 이 지도는 1904년 10월부터 1905년 사이의 안둥을
그린 지도라고 생각된다. 그림 안의 번호(필자 기입)는 이하와 같다. ①야마
토도오리 ②군정서 ③헌병대 ④안둥병원 ⑤안둥현청 ⑥관제묘 ⑦학당 ⑧시
장 ⑨서하진 정거장 ⑩철일보 정거장 ⑪'신시가지 건설중'.
출처) 茶木(1920), 앞의 책, 國立國會圖書館 디지털콜렉션.

소좌 오하라 다케요시(大原武慶)는 안둥에서 '일본인 발전'을 획책하
고 급증하는 일본인들에게 주택을 공급하기 위하여 토지의 가격인하

를 시행하였다.[24] 이것이 안둥에서의 최초 일본인 집주지구다. 거류
지건설 이전의 안둥의 모습을 나타낸 〈그림 3〉을 보면 샤허전역의 남
서방향으로 '야마토초(大和町)'라고 기입된 지구를 확인할 수 있다. 같
은 지도로부터 일본 측의 시설로서 군정서 및 헌병대와 안둥병원이
중국인 지구 내에 설치되어 있음을 알 수 있다. 일본인 거주지로서의
야마토초라는 거주지구가 격리되는 듯이 설정되면서도 일본인의 생
활공간과 중국인의 생활공간이 동일 지역 내에 혼재해 있었다. 중국
측의 시설 및 가구(街區)의 모습을 보면 지도 중심부에 '안둥현청'이
있고, 그 동쪽으로 시가지 형성과 적어도 17개의 가구(街區)명을 확인
할 수 있다. 주요시설로서는 바다오거우의 골짜기, 천후궁 거리부근
산복의 관제묘(關帝廟), 평야부에서는 학당, 시장 및 샤허전 정거장과
철일보(鐵一浦) 정거장 등을 확인할 수 있다. 또한 산 쪽의 산기슭을
중심으로 가옥이 입지하고 있음을 엿볼 수 있다.

한편, 중국인 거주지 남서쪽의 내부 구성을 보면 '유원지'와 '큰길
(大通)'이라고 기재된 '신시가지 설계중'의 가구(街區)가 그려져 있는
외에 공백지가 펼쳐져 있다. 일본군 점령 직후의 안둥은 "황량한 강촌
산향, 산기슭 부근에 드물게 중국인 가옥이 존재하고 수수가 자라고
있을 뿐"이고 "지금의 신시가지 일대 주변은 사람 자취가 매우 드물고
불과 농민의 가옥 4, 5개만이 흩어져 있을 뿐"[25]이었다. 이 지역은 류
다오거우 및 치다오거우라고 불려진 지구로서 향후 일본이 신시가지
건설용지로 이용한 지역이다. 안둥 최초의 일본인 지구인 야마토초
(大和町)가 입지된 토지는 지형적으로 보면 장래 발전을 꾀하기에는
협소했다. 그렇기에 군정서는 중국 측 관리인인 지현과 신시가지를
둘러싸고 교섭을 벌였다. 1905년 7월에 오오하라(大原)를 이어 사이토
스에지로(齋藤季治郎) 보병중좌가 군정관으로서 책임을 맡게 되고 같

은 해 9월에 류다오거우와 치다오거우의 토지 319만여 평[26]을 중국인 토지 소유자로부터 매수하기에 이르렀다. 토지의 매수는 모두 철도용지 명목으로 진행되었지만 그 중 169만평을 군정서 용지로 하고, 나머지 150만여 평이 철도감부 관리 하에 놓였다. 이렇게 하여 신시가지 건설용지를 획득하자 군정관 사이토를 위원장으로 하여 설치된 시가 설계위원회가 신시가지 건설계획을 입안하면서, 일본에 의한 본격적인 도시건설에 착수하게 된다.[27]

Ⅲ. 군정부터 거류민단 경영기에서의 안둥의 시가지 형성

1. 제방, 도로, 하수도

안둥의 시가지건설에서 최대 현안은 수해대책이었다. 구체적인 수해대책 중 하나가 〈그림 4〉(1909)에 제시된 것처럼 신시가를 둘러싸고 설치된 제방이다. 상술한대로 안둥현의 관청(縣衙) 설치 후에도 1885년과 1888년에 대규모 수해에 의한 시가의 범람 등 피해가 전해진 것처럼 안둥은 "아직도 저습"지로 일본군 상륙 이전부터 자주 '퇴토'가 쌓여져 왔다.[28] 1906년 4월 사이토의 후임으로서 보병중좌 다카야마 기미미치(高山公通)가 군정관으로 임명되자, 사이토 계획안에 기초하여 도로준비와 함께 압록강 수해대책으로서 방수제 구축에도 착수한다.[29] 이 제안에 따라 "일본인 시가만은 완전히 수해를 피할 수 있게" 되었다.[30] 새롭게 조성된 시가지에는 샤허전에 설치되어 있던 일본인

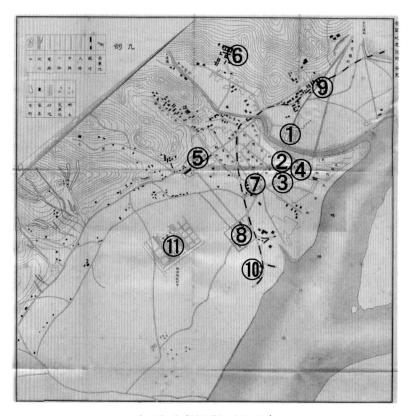

〈그림 4〉 '안둥현 시가지도'

주) 화살표(필자 기입)는 제방을 나타낸다. 지도 안의 번호(필자 기호)는 이하
   와 같다. ①영사관 ②거류 민단 관공서 ③경찰서 ④압록강 채목공사 총국
출처) 南滿洲鐵道株式會社(1909), 『南滿洲鐵道案內』, 國立國會圖書館 디지털콜렉션.

마을 야마토초가 이전하여, 중국인지구와 일본인지구의 분화가 좀 더
명확하게 진행되어 간다. 방수제 구축 이후에도 1914년 8월과 1915년
7월에 압록강 범람에 의한 대홍수의 침해가 발생했지만, 1914년의 피
해 상황은 "신시가의 강 연안 일대는 5촌(寸) 내지 2척(尺)의 침수"에
그치는 반면에, "구시가 방면의 침수는 한 층 심하게 시가의 거의 절

반이 잠김"으로서 "배와 뗏목에 의존하지 않으면 교통이 불가능한 상태"였다. 1915년의 대홍수에서는 구시가, 에기시도오리(江岸通)에 더해 류다오거우 부속지 일대도 '참사'를 겪었음이 전해진다. 이처럼 일본에 의한 신시가지에 한해서 말하면, "무상(無上)의 금성철벽(金城鐵壁)"[31]의 제방효과가 컸던 반면, 중국인 지구측의 피해는 막대했고 중일 두 지구간의 거주환경에 차이가 생겼음을 알 수 있다. 단 일본인 지구인 신시가지 내의 도로재건·수리 및 배수(하수도) 문제가 새롭게 발생하여 거류민단 관공서의 설치 후에도 좀처럼 해결되지 않았다.

안둥신시가의 가로는 군정시대에 형성된 압록강에 대해 평행으로 뻗어 있는 '도오리(通)' 14개와 압록강에 대해 수직으로 뻗어 있는 '절(筋)' 10개로 구성된 가로망이 기초가 되었다. 가로명과 가로명의 배치는 〈표 1〉과 〈그림 5〉에 나타나 있다. 이 도로들은 군정서가 폐지되고 거류민단이 설치된 후에도 오랜 시간 동안 "가구(街區)를 구획하여 통로를 설치할" 정도로 시가도로로서는 "말할 수 없을 정도로 불편하고 정비가 되어 있지 않다"[32]라고 한다. 하수도에 관해서도 동일하다. 거류민 행정위원회 시대인 1907년에 이치바도오리(市場通) 및 교바시스지(京橋筋)라는 안둥의 이른바 중심가에 대한 개축이 시행되었다. 그 외에 "일반도로의 하수도는 당연히 불완전하여 특히 하수도에 대해서는 도로의 양측에 홈을 파서 겨우 빗물, 오수를 흘려보냈지만 도처에는 노면의 붕괴로 매몰됐기에 항상 준설을 필요로 하고 또한 홈이 깊은 곳의 경사가 일정하지 않기 때문에 악수가 이곳 저곳에 정체되어 여름에는 비정상적인 악취가 나는 등 외관상 미를 훼손시킬 뿐 아니라 위생적으로도 위험"이 극도의 상황이었던 것이다.[33] 이때문에 도로 및 하수도의 재건·수리는 시민에게 "수년간 숙제이자 현안"이었던 것이다.[34] 1907년에 중심가에서의 도로와 하수도 재건·수리가 일어

〈표 1〉 안둥신시가지 가로명 일람

No.	방향	가로명(1920)	가로명(1930)
1	동서	濱通	東江岸通
2	동서	一番通	一番通
3	동서	二番通	二番通
4	동서	三番通	三番通
5	동서	四番通	四番通
6	동서	市場通	市場通
7	동서	五番通	五番通
8	동서	大和橋通	大和橋通
9	동서	六番通	六番通
10	동서	堀割南通	堀割通
11	동서	堀割北通	
12	동서	七番通	七番通
13	동서	八番通	八番通
14	동서	九番通	九番通
A	남북	×	驛前筋
B	남북	先町	堀川筋
C	남북	車橋筋	車橋筋
D	남북	浪花橋筋	東橋筋
E	남북	吾妻橋筋	御幸橋筋
F	남북	京橋筋	京橋筋
G	남북	寶橋筋	寶橋筋
H	남북	戎橋筋	戎橋筋
I	남북	此花橋筋	此花橋筋
J	남북	吳竹橋筋	吳竹橋筋
K	남북	土手筋	×

주)No.1~14및 A~K는 그림 5와 대응하고 있다.
출처) 茶木(1920), 앞의 책, 8~9쪽,및 陸地測量部 (1930), 앞의 지도.

났던 점으로부터 볼 때, 신시가지가 건설되고 일본인 거주가 진행되었던 당초부터의 문제였음을 알 수 있다.

신시가지 내의 전면적인 도로 하수도 재건·수리공사가 실현되는 것은 신시가 건설이 시작되어 야마토초가 이전해오고 7년 후인 1913년이다. 1910년 안둥거류민 행정위원회는 관계 관청인 외무성(영사관)

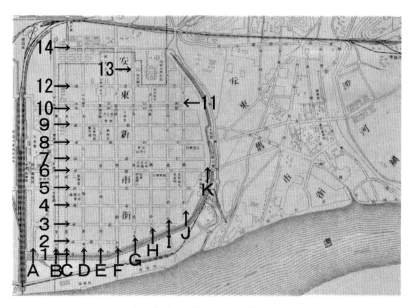

〈그림 5〉 신시가지 도로망지도

주) 지도 내의 1~14 및 A~K는 표 1과 대응한다(필자기입).
출처) 南滿洲鐵道株式會社(1917), 『南滿洲鐵道旅行案內』, 國立國會圖書館 디지털
   콜렉션.

및 육군성에 도로 하수설비에 관하여 청원했다. 하지만 재원을 정부
조성금으로 할 것인가, 민단채(民團債)에 할 것인가, 아니면 만철위탁
사업으로 할 것인가에 대한 교섭이 길어져, 1913년이 돼서야 민단책
의 인하를 받고 재건·수리공사가 결정되었다. 재원 규모의 문제 때
문에 도로하수도의 재건·수리는 1913년과 1914년 2년에 나눠서 실시
되었다. 재건·수리공사 개요로서는 우선 신시가지내의 도로와 하수
도를 각각 4종으로 분류해 시공했다. 도로는 축이 13간(약 23.4m), 8간
(14.4m), 4간(7.2m), 2간(3.6m)의 4종이다. 하수도 재건·수리는 빗물
도랑의 축조로서 도랑의 구조는 석조, 목조, 목통, 토관의 4종으로, 도

로재건 · 수리구역 중 2간축 도로 이외에는 전부 석조하수도가 설치되었고, 2간축 도로에는 목통이 설치되었다. 그 외 제방 밖으로 연결배수로로서 시가지 남쪽의 하마도오리(濱通) 쪽에는 목조하수도가 설치되었고, 동쪽의 도테스지(土手筋) 쪽에는 토관이 내장되었다.[35]

이상, 안둥에서의 도시기반 준비로서 수해대책으로서의 축제(築堤) 및 교통위생과 관련된 도로 및 하수도의 설치 · 재건 · 수리공사에 대해 고찰했다. 다음으로 이러한 토목사업이 수행된 도시 공간상에 설치된 도시 시설로서 관공청시설 중에 관공서, 군대 및 경찰에 대해서 살펴보자.

2. 관공서, 군대, 경찰

일본군이 안둥을 점령한 이후, 일본 측의 통치기관은 군정부, 영사관(안둥거류민 행정위원회), 민단, 만철로 변천된다. 러일전쟁중인 1904년 5월 일본은 점령과 동시에 안둥에 군정을 주둔시켰다. 군정서가 설치된 곳은 이미 중국인에 의해 시가지형성이 진척된 곳이었고, 신시가지 형성 후에 '구시가'라고 칭해졌던 지구내의 흥륭가(興隆街)에 설치되었다(〈그림 3〉 참조). 군정서에 의한 시가지형성은 상술한 바대로다. 그 후 1906년 5월에 안둥현 일본영사관이 개설되자 중일 간에 절충안이 논의되어 '구시가'로부터 군정서의 철퇴 및 중국으로의 반환이 결정되었다.[36] 같은 해 10월에 군정서가 폐지되고 영사관이 행정 및 사법사부를 군정서로부터 이어받지만, 행정에 관해서는 영사관령에 따라 보조기관으로서의 안둥거류민 행정위원회를 설치하여 거류민의 선거를 통해 선출된 자를 위원으로 임명하고 철도부속자를 제외한 거류민단구역을 자치하도록 했다.[37] 영사관은 5번도오리 6초

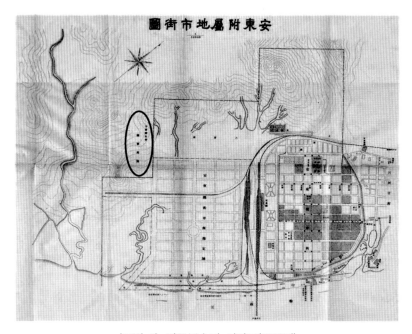

〈그림 6〉 안둥부속지 시가도(1912년)

주) 타원(필자기입)에 둘러싸인 부분이 '수비대병사(兵舍) 육군용지' 기재부분.
출처) 南滿洲鐵道株式會社(1912), 『南滿洲鐵道案內』, 國立國會圖書館 디지털콜
렉션.

메에 개관하고 그 후 3번도오리 2초메로 이전한다(〈그림 4〉 참조).

1907년 8월 1일에 공포된 외무성고시 제 18호에 따라 텐진(天律),
상하이(上海), 한커우(漢口), 뉴좡(牛莊)과 더불어 안둥은 같은 해 9월
1일부터 거류민단법에 기초하여 거류민단이 설치되었다. 그 구역은
"안둥현 신시가 및 북쪽 소사하(小沙河)로부터 남쪽은 우다오거우에
이르고, 동쪽은 압록강 강변에서 서쪽은 산정상 분수선에 이르는 지
역. 단 철도용지를 제외한 곳"[38]이다. 이리하여 거류민 행정위원회의
업무를 계승하여 5번도오리 5초메에 있던 거류민 행정위원회관공서

도 거류민단관공서로 개칭되었덦다. 하지만 다음해인 1907년 7월에는
거류민 행정위원회로부터 이어받은 관공서로서 이용해왔던 건물이
"구조 및 건축이 좁고 조악하여 해외 거류민의 공공관공서로서 체면
을" 훼손하는 건물로서 관공서를 이전하자는 건의가 들어왔다. 그리
하여 이치바도오리 6초메 4번지 및 5번도오리 6초메 3번지(〈그림 4〉
참조)에 오오쿠라쿠미(大倉組)가 소유하고 있던 서양풍의 2층 가옥 구
입이 결정되어 수선가공후 8월 31일에 이전이 관료되었다.39)
다음으로 식민지도시를 특징짓는 요소의 하나로서 군대·군사시설 및
치안유지를 위한 경찰에 대해 살펴보자. 안둥은 러일전쟁 시에 일본군의
병참기지가 되어 전쟁 중부터 군정서에 의해 도시건설이 진행되어 온
경위가 있다. 상술한 대로 군대 주둔지로서의 기능을 기점으로 도시
형성이 시작되었다. 『안둥거류민단 10년사』에 따르면 "병참사량부는
지금의 흥룽가의 서남단에, 운송부 정박소는 신사이시가 한 귀퉁이에
설치했지만, 특히 강변 부근은 습지가 많고 갈대가 많이 자라서 군대
화물을 육지로 보내는 운송할 때의 고난은 실로 예상을 초월하는
것"40)이다. 〈그림 3〉에서 흥룽가에 인접한 장소에 '군정서'와 '헌병대'
문자를 확인할 수 있다. 또한 신사이(新茱)시가에 선박 정박소를 설치
했다. 정확한 위치는 명확하지 않지만 철도 정거장이 인접하도록 설
치되었고, 후에는 해관이 놓여져 정박소의 설치위치로 추측된다. 이
렇게 하여 강 연안에는 습지대가 펼쳐지는 등 예상 밖의 곤란한 자연
환경임에도 간이철도가 부설됨에 따라 군사용 물자의 하역과 내륙부
의 각 부대로의 보급기지로서 정비되게 된다. 안둥에는 당초 '53부대
의 일부'가 수비임무를 위해 주둔하고, 위안바오산 산록에 가설 병사
(兵舍)를 설치한 듯하다.41) 〈그림 6〉을 보면 만철부속지의 서쪽으로 '수
비대 병사(兵舍) 육군용지'라고 기재된 부지를 확인할 수 있다. 또한

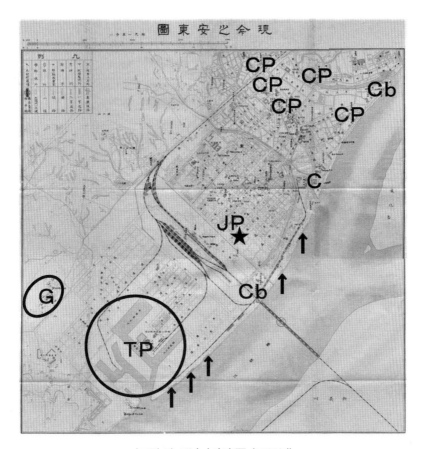

〈그림 7〉 現今之安東圖 (1920년)

주) 알파벳, 원, 화살표, ★는 전부 필자기입. G : 수비대, JP : 일본측경찰, CP :
중국측경찰, LP : 집하소, TP : 저목지(貯木池), C : 해관(海關), Cb : 해관지점,
★ : 영사관.
출처) 茶木(1920), 앞의 책, 國立國會圖書館 디지털콜렉션.

1920년 발행된 〈그림 7〉에는 '수비대'라는 문자와 건물이 그려져 있다.
안둥에 주둔한 수비대의 임무는 '만주 동변(東邊)'의 수비와 안봉선(安
奉線) 선로 및 열차의 확보였다.[42]

당초 안둥의 경찰서는 영사관에 설치되어 있었지만(〈그림 4〉 및 〈그림 6〉 참조), 그 후 사무가 늘어남에 따라 이치바도오리 2초메로 신축 이전되었다(〈그림 7〉 참조). 이 경찰서는 1906년 개관되어 "관동 도감부경무부, 경추서, 일본영사경찰"을 겸하고 있었다.[43] 관할구역은 안둥시가, 초하구(草河口) 이남의 만철선로 및 안둥 현을 포함한 안둥 영사관 관 구내의 10현이었다. 한편, 중국 측의 경찰은 안둥경찰청 외 지방경찰(제1, 제2), 수상경찰, 철로순찰국의 3경찰이 설치되어 있었 다. 안둥이 개방되던 당초는 일본인 교관을 임용하여 중국인 경관의 양성도 경비 삭감에 따라 폐지되었다.[44] 3경찰 중 지방경찰은 안둥의 중국인거리(구시가·샤허전)의 경비, 수상경찰은 압록강·운하유역의 목업 확보와 표류목을 정리하는 임무가 부여되었다. 철로순찰국은 후 술할 안둥선의 광궤화(廣軌化) 시기에 창설된 것이지만, 철도 연선(沿線)은 부속지로서 만철의 소관이었기 때문에 『안둥지』에 "우리 일본 의 승인을 경유하지 않고 해당기관을 설치하여 지금은 연선부근의 경 무를 시행한다는 명목으로 아직도 계속되고 있"[45]으며, 중국 일본 양 국이 서로 경계하고 있음을 알 수 있다.

3. 안봉선 광궤화, 압록강 가교, 안둥 부두

다음으로 제국 일본의 영역확대에서 중요한 사업 중 하나였던 교통 망 정비의 관점에서 안둥의 도시 형성 양상을 추적해보자. 안둥에 군 정서를 설치하자 곧바로 일본군은 군사운송을 목적으로 안둥-펑텐 사 이의 간이철도 부설에 착수했다. 러일전쟁 후의 러일간의 협력에 따 라 일본은 남만주 및 동부 내몽고를 일본의 세력범위로 두고 세력거 점의 확대를 목표로 철도부속지에서의 도시건설과 경영에 주력해 갔다.46) 1907년 4월 1일에 만철이 창업되자 야전철도 제리부(提理部)로부터 철도 및 수반사무를 이어받아 안둥에는 안둥현 사무소가 설치되었다.

주지하듯이 만철의 사업내용은 광범위한데, 남만주철도주식회사편(1919)『남만주철도주식회사 10년사』의 '목차'에 게재되어 있는 항목을 확인해보면 철도업뿐만 아니라 해운업, 항만 및 부두, 광산업, 안산(鞍山)공장, 공업, 전기, 가스, 여관, 간접사업(다롄기선주식회사, 만주일일신문사 등에 대한 출자), 지방사업(부속지 행정, 토지 및 건물, 시가 경영, 위생시설, 교육시설, 경비시설, 산업시설, 상공시설), 조사사업(중앙시험소, 지질연구소, 경제 및 구습(舊習) 조사. 동아경제조사국, 만주 역사지리조사)로 되어 있다. 이처럼 철도업무에 그치지 않고 식민지개척과 식민지도시의 건설·경영자체도 주요한 사업의 하나였다고 말할 수 있다. 제국 일본의 국책회사로서 철도부속지에서의 도시건설과 그 경영을 책임진 만철은 만주각지에서 도시를 건설해 간다.

만철에 의한 식민지경영·도시건설의 특징 중 하나로 "식민지경영의 거점으로서 도시건설을 스스로 행정기관 및 지주(地主)로서의 입장"47)에서 행했다는 점을 들 수 있다. 안둥도 안둥현 사무소가 설치되면서 부속지에 관하여 "토목교육위생에 필요한 시설을 위한 것이 되고, 경찰행정 이외의 일반 행정사무를 취급하기 시작"48)했다. 단 안둥의 경우는 상술한 대로 거류민단 구역이 설정되어 있었기 때문에 1923년에 거류민단구역의 관리가 거류민단에서 만철로 이전되기까지 안둥현의 모든 구역이 만철아래서 최초부터 도시건설과 경영이 이루어졌던 셈이다. 그렇다고 해도 후술할 저목지(貯木池)의 개설과정에서도 보이듯이 거류민단 경영기에서도 도시의 건설·경영에 만철이 큰 영향력을 가지고 있었다는 것을 부정할 수 없다.

한편, 만철에 의한 안둥에서의 부속지 개발을 살펴보면 안둥의 시가지 발전에 큰 영향력을 미친 사업으로서 안봉선의 광궤화(廣軌化)와 압록강 가교(架橋)를 들 수 있다. 1905년 12월 22일 '청일만주선후협약(日淸滿州善後協約)부속조약 제6조'[49]에 의해 군용의 간이철도를 '각국 상공업의교통기관'으로 재건·수리하여 일본이 계속 경영하게 되었다. 만철에 따르면 "영구적인 평화교통기관이 될 성질을 구비하기"에 이르렀다.[50] 1906년 8월 1일에 3년 이내에 표준궤간으로 재건·수리하도록 정부에서 명령이 내려지고 철도업무를 이어받은 만철은 1909년 8월에 안봉선 광궤화 공사에 착수했다.[51] 같은 해 9월에는 조선총독부에 의해 조선철도와 안봉선을 접속시키기 위한 압록강철교 가설 공사에 착수했다.[52] 약 2년 후인 1911년 10월 하순에 두 공사는 준공되어 11월 1일에 압록강의 신의주측 강연안에서는 가교낙성식이, 안동측에서는 안봉선 광궤철도개통식이 각각 거행되었다.[53] 그 후 1917년 9월 1일부터 조선철도의 경영을 위임받아 만주 및 조선의 교통체계를 일원적으로 관리하게 되었다. "수륙교통의 편의상 경의(京義)철도의 종점을 신의주에 두고 펑톈과 통하는 철도 기점을 안동현에 두니 두 지역이 일본인의 시가지로서 더욱 발전의 희망을 지니"[54]게 되었다고 여겨진 안동은 이 안봉선 광궤화 및 압록강 가교에 의해 제국 일본의 영역확장이라는 야망을 실현하기 위한 교통의 요충지로서의 지위를 강고히 해갔다고 할 수 있다. 또한 식민지도시로서의 기본적인 도시기반이 형성되는 계기가 되었던 것이다.

그러면 이 두 철도관련 사업이 계기가 된 안동의 시가지형성의 양상을 지도에서 확인해보자. 안봉선 재건·수리 이전 안동의 철도선의 모습을 〈그림 3〉에서 확인하면, 샤허전역에서 이어진 선로가 중국인 거리 중앙을 통과하여 압록강 연안으로 연장되어 있고, 그 기점/종점역은 '철일보 정거장'으로 되어 있다. 이 정거장은 전술한대로 러일전쟁시의 일본군의 물자를 하역하기 위한 지역에 인접한 장소였다. 광궤화 재건·수리공사 후인 1912년의 지도인 〈그림 6〉을 보면 안봉선의 선로는 큰 폭으로 교체가 일어났음을 알 수 있다. 군정서에 의해 새롭게 건설된 시가지를 끼고 도는 듯이 산기슭을 사이에 두고 선로가 깔리고, 안둥 역이 '안둥현 시가'라고 기재된 시가지의 남서쪽에 놓여져 있음이 확인된다. 만철은 철일보 정거장을 1907년 4월에 안둥현 하급소로서 경영을 개시하고 같은 해 6월에 안둥 역으로 개칭했다. 넓은 궤간으로 개통한 후는 안둥현역을 시장거리의 서쪽으로 신축 이전시키고 1912년 6월에 안둥 역이라고 개칭하기에 이르렀다.55) 이에 따라 그 때까지 샤허전역 앞에 설치되어 있던 만철 안둥현사무소는 안둥역 앞으로 이전하여, 안둥 역이 안둥에서의 만철의 업무관리상 중심적인 장소가 되어간다. 한편, 일찍이 군용철도역으로서 물자의 발착장이었던 샤허전역은, 중국인 '상인의 화물운송' 및 '승강역'이 되었다.56)

한편, 만철은 철도노선의 재건·수리와 정비를 완료하자, 압록강 연안의 부두 정비에도 착수한다. 1912년 3월, 구(舊)철일보 정거장에 다롄 부두사무소 안둥지부를 설치하여 선박·철도화물을 취급하기 시작한다. 부두정비로서 압록강 연안의 호안(護岸)축조와 5개소의 자재운반소를 설치했다.57) 〈그림 7〉에서 그 5개의 자재운반소를 확인할 수 있다. 『남만주철도주식회사 10년사』에 따르면 "메이지 44년도부터 다이쇼 원년도에 걸쳐서 압록강 연안 26정(町)정도 호안을 축조하여 철제 부잔교(浮棧橋) 한 개를 설치" "우다오거우(五道溝) 얕은 여울 및 철교 밑을 준설"58)하여 기선의 취항·정박을 위한 정비를 행했다. 단 1914년에 부두출장소를 폐지하고 영업과에 안둥근무원을 두고, 부두사업도 안둥 역장 관리하에 두었다. 이것은 압록강 가교로 인해 많은 물자운송이 선박에서 철도로 이동했기 때문일 것이다.

4. 목재, 채목공사(採木公司), 저목지(貯木池)

이러한 안둥 역 및 압록강철교, 부두 등 교통관련 시설과 함께 안둥의 도시경관을 특징짓는 또 하나의 요소로서 안둥의 주요산업의 하나이기도 한 목재 · 제재업의 전개와 관련된 저목지를 들 수 있다. "안둥 부두의 생명은 목재에 있다"[59]는 말처럼 전 절의 부두 정비 역시 목재 · 제재업의 발전을 주시한 사업이었다. 압록강 상류에서 채벌된 목

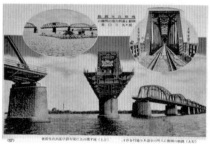

〈그림 8〉 관광리플렛 표지 및 사진집에 기재된 압록강철교와 뗏목

출처) 左 : 안둥호텔(1926), 『安東案內』 필자소장,
右上 : 南滿洲鐵道株式會社社長室情報課(1927), 『滿洲寫眞帖 昭和2年版』
國立國會圖書館 디지털 컬렉션,
右下 : 松村好文堂(1937), 『全滿洲名勝寫眞帖』 國立國會圖書館 디지털콜렉션.

재가 뗏목으로 만들어져 안둥까지 운반되는 모습은 압록강철교와 함께 당시 안둥과 신의주를 대표하는 풍경이 되었다(〈그림 8〉 참조). 압록강 상류역은 일찍이 중국과 조선 사이에 '4금(四禁)'(1. 삼림벌목, 2. 광산개발, 3. 수렵어렵, 4. 농업목축업)[60] 지역으로 여겨졌으나 Ⅱ의 1에서 서술한 것처럼 산둥 이민이 유입되면서 4금은 소실되고, 삼림을 벌목하여 뗏목으로 만들어 판매하는 현상이 나타났다고 한다.[61] 압록강 상류역에서 채목사업의 조직화가 진행된 것은 1875년 "청조 광서(光緒) 초년이 되어 다둥거우(大東溝)에 저목소를 설치"하고 청조와 목재상에 의해 관민 합동으로 '목식공사(木植公司)'가 설치된 무렵부터였다. 그 후 러시아의 남진정책에 따른 삼림회사가 설립된다.[62]

일본에 의한 안둥에서의 목재·제재업의 전개는, 우선 1904년 5월 일본군이 안둥을 점령했을 때 안둥의 하류에 위치한 용암포에 있던 러시아인이 경영하던 제재장(製材場)을 오쿠라쿠미가 "계승조업(繼承操業)"[63]한 것에서부터 시작된다. 오쿠라쿠미는 대사하자(大沙河子)에도 공장을 설치하여 오로지 군용재의 제조를 담당하고 있었다.[64] 그 때문에 러일전쟁 후에는 경기가 침체되고 오쿠라쿠미의 공장은 대사하자만이 되었다. 한편, '만주에 관한 청일조약(滿洲に關する日淸条約)[65] 부속 협약 제 10조의 규정'[66]에 기초하여 1908년 5월 14일에 청일 합동의 재목회사 설립이 결정되자, 같은 해 9월 11일 펑톈에서 청일 양국의 정부위원에 의해 합동사업으로서 성립하게 되었고 압록강 채목공사가 설치되었다. 동일 공사 총국이 신시가 8번도오리에 개설되어[67](〈그림 4〉 참조), 목재 벌채를 시작으로 벌채자금 대부, 목재의 판매, 표목관리, 저목, 기탁보관 등의 사업을 전개하고 압록강 유역의 목재를 관리하게 되었다.[68] 채목공사 창립과 함께 목재 공급량이 증가하고 안정을 꾀하기 위한 대규모 집적 저축시설의 설치계획이 힘을

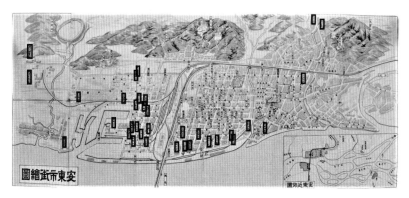

〈그림 9〉『안둥안내』에 묘사된 공업지대

주) 굵은 사각선(필자기입) 강조부분이 공업시설을 나타낸다.
출처) 안둥호텔(1926), 앞의 책.

얻었다. 1908년에 안둥거류민회는 류다오거우의 만철부속지를 대여받아 수로공사를 시공하고 일대 저목지를 설치한다는 계획을 세워, 다롄의 만철본사에서 승낙을 얻어 임시 거류민회에서 계약서안을 결의했다.69) 그 계약서안에 따르면 저목재의 경영은 거유민단의 사업이라는 것이 명기되어 있다. 단 사업내용상, 압록강 채목공사의 요구에 의해 거류민단과 채목공사의 공동경영 등으로의 변경이 있었던 것으로 보인다.70) 1909년이 되자 채목공사로부터 단독경영의 제안과 더불어, 공사비 확보의 난제, 사업내용의 어려움 때문에 거류민단은 채목공사로 경영권을 위임하게 되었다. 동시에 만철과 거류민단의 계약은 해제되고, 새롭게 만철과 채목공사 간에 차지(借地)계약을 맺게 되었다.71) 이리하여 〈그림 7〉에서 볼 수 있듯이 안둥 역의 남서방면의 류다오거우에는 일대 저목지가 설치되어 새롭게 철도인입선이 놓였다. 〈그림 9〉에 나타나 있듯이 류다오거우에는 압록강재목무한공사72)를 비롯해 재목업 등 각종공업이 늘어선 공업지대가 형성되게 되었다.

이처럼 교통망의 정비와 재목지의 설치는, 안둥이 거대한 목재 집적장으로서의 도시기능을 부여받으면서 안둥의 도시경관의 특색을 산출했다.

　이상, 이 항에서는 군정기부터 거류민단 시기를 중심으로 안둥의 도시 형성, 특히 도시 공간의 형성에 큰 영향을 끼친 토목사업의 전개부터 고찰했다. 이렇게 하여 도시의 근간이 형성된 도시의 공간구조는 어떤 특징을 보이는가를 다음 항에서 살펴볼 것이다. 도시경관을 실마리로 삼아 한편으로는 상공업의 입지로부터 경제적 기능에 대하여, 다른 한편으로는 행정시설 및 신사, 군대, 공원 등 권력 장치의 입지로부터 식민지도시에서 작동하는 정치적 논리에 대해서 분석하고자 한다. 그 다음으로 식민지 안둥의 도시 형성과정과 공간구조의 특징에 대해서 '이중성73)'을 키워드로 하여 고찰하고자 한다.

Ⅳ. 도시경관에 나타난 안둥의 경제적 기능과 정치적 원리

1. 경제적 기능: 상업

　안둥경제에서 전환점의 하나로 안둥 개항을 들 수 있다. 러일전쟁 후인 1906년 10월, 중국 측 지방행정관인 도대(道臺)는 아문(관공서)을 안둥으로 이전하여 안둥상부(商埠), 경찰국을 설치하여 안둥은 압록강 하류역의 정치적 · 경제적 중심지가 되어 갔다. 지명사전에 "광서 29년 중미통상조약(中美通商条約) 및 중일통상항해조약정정(日通商

航海条約訂定), 통상항을 개설"[74]이라고 기재되어 있듯이 1903년에 결
성된 조약에 기초하여 1907년 3월에 해관이 설치되면서 안동은 개항
장(조약항)이 되었다. 해관이 설치된 장소는 신시가와 구시가를 가르
는 소하천(小河川)과 압록강이 합류하는 지점의 구시가지측이다(〈그
림 7〉에 「C」 표기). 철도노선 및 철교, 부두를 비롯하여 도시의 인프
라 정비와 더불어 해항장으로서 제도적으로도 개방되면서 중국인 상
인 간 및 중국 한국간의 상거래부터 다국간의 상업·무역활동의 장으
로서 안동은 정비되어 갔다.

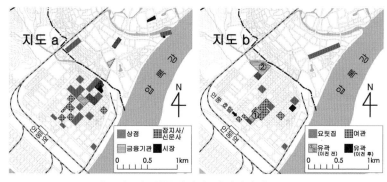

〈그림 10〉 안동에서의 상업시설의 분포

주) 등고선은 10m씩이다.
출처) 陸地測量部(1930), 「1万分1地形圖製版用原圖 新義州及安東」(著作權所收者 :
　　　朝鮮總督府, 1917年測圖, 1930年第2回修正測圖), 및 茶木(1920), 앞의 책,
　　　12~18쪽.

　　그렇다면 이러한 상황에서의 안동 도시내부에는 상업시설이 어떠한
분포를 보였는가를 우선 살펴보자. 일반적으로 도시 내부의 구조로서
그 중심에는 관공청 및 상업시설이 집적한 '중심업무지구'가 형성되지
만 안동의 경우는 어떨까? 〈그림 10〉은 주로 『안동지』(1920)에 기재된
각종 상업관련시설의 분포역을 나타낸 것으로 〈그림 10-a〉는 상점, 금

융기관, 통신사, 시장의 입지를, 〈그림 10-b〉는 여관, 요리점, 유곽의
입지를 나타낸 것이다. 단 『안둥지』에서 확인할 수 있는 각 시설의 주
소에 관해서는 번지까지 알 수 없기에, 각 시설의 입지는 점이 아닌
해당하는 지구의 가구(街區) 단위에서 표시했기 때문에 분포역으로
하는 편이 더 정확하다. 한편, 〈그림 10-a〉를 보면 신시가지에서는 압
록강에 대하여 평행방향은 3번도오리로부터 6번도오리에 걸쳐서, 수
직방향에서는 사키마치(先町)-호리카와스지(堀川筋)로부터 도테스지
(土手筋)에 걸친 범위로 확대되고 있다. 호리카와도오리부터 산쪽 방
향은 만철관련 시설이 주로 점하고 있는 지구로서, 상업시설이 집중
하는 지구는 거류민단이 시정을 담당하고 있던 지구와 중첩된다. 그
지구의 중심점에 해당하는, 즉 1904년 8월에 개설된 이치바로부터 연
장된 이치바도오리와 교바시스지~에비스바시스지(5, 6초메)가 교차
하는 지점에 은행이 줄지어선 금융가가 형성되었다. 이 금융가에 인
접하면서 역방면으로 이어지는 지구에는 신문사 등 매스컴거리가 형
성되어 있고, 이치바도오리와 오번도오리, 야마토바시도오리가 중심
업무지구가 되었다. 구시가지에 관해서는 나중에 상세하게 설명하겠
지만, 수공업지구에 인접한 중부가(中富街), 산록의 현공서가 설치된
현전가(懸前街), 시장에 인접한 강변의 동첨두가(東尖頭街)의 3지구
에서 상점의 입지를 확인할 수 있다. 이들 3지구는 전부 일본에 의한
신시가 건설이 있기 이전부터 시가지가 형성되고 있던 장소였다. 금
융기관은 나중에 설명하겠지만 관공청가가 입지하는 지구에 2기관,
중부가에 1기관을 확인할 수 있다. 이 인접한 2지구가 구시가의 중심
업무지구가 되었다고 할 수 있다.

　다음으로 〈그림 10-b〉에 나타난 요리점, 여관, 유곽에 대해서 살펴
보자. 이것들은 일본 본국에서도 큰 이익을 산출하는 산업이 되어 있

던 카가이(花街)·유곽과 관련된 시설로서, 그 분포로부터 도시 내부의 이른바 여흥공간을 파악할 수 있다. 여기서 일본의 카가이·유곽이란 무엇인가를 가토(加藤75))의 성과에 기초하여 확인해두자. 가토에 따르면 카가이와 유곽은 동의어가 아니라 일반적으로 게이샤가 있는 카가이, 창기가 있는 유곽으로 나눠서 생각할 수 있다. 단 일본의 카가이로 여겨지는 거리에 적기는 하지만 창기가 있는 경우를 생각한다면, 반대로 유곽이라고 여겨진 거리에도 적지만 게이샤가 있는 경우도 있고, 〈그림 11〉에 나타나 있듯이 양자는 완전히 분리되었다라고 하기에는 어렵다. 카가이는 게이샤와 오키야(置屋), 요리점, 요정, 대좌부(貸座敷 : 돈을 받고 빌려주는 방)76), 여관 등이 집적되어 성립해 있었다. 한편, 유곽의 경우는 대좌부의 영업수 및 면허지로서 파악되어 명확한 경계선을 가진 구획으로서 나타난다. 카가이·유곽은 막대한 이익을 산출하는 산업으로서 성립되었고 도시개발의 수단으로서 이용되었다. 또한 규제·단속의 대상이 되는 영역인 까닭에 '도시의 통치에 관한 사상'을 강하게 반영하는 공간이기도 했다. 일반적으로 에도 문화와의 연속성에서만 파악되기 쉽상인 카가이·유곽은 실은 근대 도시 형성의 과정 중에 산출된 장소이자 '근대의 소산'이었던 것이다. 이러한 유곽을 하시야(橋谷)는 일본의 식민지도시의 특징 중하나로 거론하고 있다. 또한 일본 국내에서의 공창제도를 그대로 식민지도시에 도입한 점, 덧붙여 일본 본국에서 이주해 온 일본인 게이샤·창기가 많이 살고 있는 점이 일본의 식민지도시에서의 유곽의 특징이라고 할 수 있다.77)

그러면, 안동의 경우는 어떠할까? 우선 신시가에 관해 카가이의 구성요소인 요리점, 여관의 입지로부터 살펴보자. 요리점이 입지하는 지구는 신시가 내에 6개소가 있다. 한편, 여관은 이치바도오리의 히가시

바시스지(東橋筋)와 타카라바시
스지(寶橋筋)에 입지해 있음을 알
수 있다. 이들 입지의 특징은 '유
곽 이전 문제'로부터 해결할 수
있다. 안둥에서의 유곽은 1904년
11월에 '유원지 설치 지정'이 이
루어져 "을종(乙種)음식점의 명칭
하에 허가를 받고, 조합조직을 명
해 영업"이 시작되었다. 당시 지

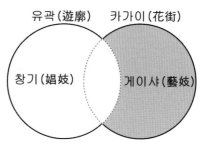

〈그림 11〉 카가이(花街)와 유곽의
개념도
출처) 加藤政洋(2005), 앞의 책, 8쪽.

정구역은 신시가를 건설하기 이전인 관계로 "일면 풀밭과 밭이 있는
곳에 각각 자신이 토지를 정비하여 가옥을 건축"한 것이었다. 최전성
기에는 영업 45건, 종업여성 800여명 정도까지 성장해 있었지만, 러일
전쟁 후 군인들의 퇴출로 인해 1905년 봄 무렵에는 "급속한 파산 폐점
자 속출"이 되었다. 1906년에 신시가지 건설과 더불어 '유원지' 이전구
역이 설정되어 "기존 유원지에서 대석 영업을 하던 자 중 해당업을 지
속시키려는 자는 이번년도 12월말까지 신유원지로 이전해야 한다"고
군정명령의 통보가 있었다[78]. 안둥 역 앞에 '야마토바시도오리 오번도
오리 1초메 내지 3초메'(〈그림 10-b〉 ①)에 카가이·유곽이 펼쳐져 있
었는데, 신시가지의 건설·발전과 더불어 "위치가 부적절"하여 "호리와
리기타도오리 북쪽 구번도오리 사이 789초메"(10-b ②)로의 이전이 통
달되었다.[79] 이 장소는 안둥의 현관문이 되는 역으로부터 떨어진 안둥
병원의 '뒤쪽'에 해당한다. 한편, 여기서 주목할 점은 "구 유원지역 내
에 있는 대석업자"중 "요리점으로 전업하는 자는 이전"의 필요가 없다
는 점, 또한 "각종 게이샤 및 어린 기생의 기숙"도 인정되었다는 점이
다.[80] 즉 게이샤를 중심으로 하는 협의의 카가이로서의 거리가 아니

라, 창기를 중심으로 하는 유곽만 이전했다는 것을 의미한다. 식민지
도시 안동에서도 본국과 동일하게 카가이와 유곽의 분리가 진행되어
가는 양상이 보인다. 1908년에는 새롭게 이전한 지역 역시 유곽 설치
에 "적당한 위치가 아니"라고 여겨지고, 심지어 "시가 번화의 중심지가
될 시장부근의 음식점에는 다수의 매춘부가 있고, 야음이 횡행하여 풍
기를 문란케 해 안동시의 체면을 구기기"에 대석공창의 설치에 따라
사창(私娼)단속의 강화와 전멸을 꾀하고, 이번도오리, 삼번도오리의 7
초메에서 '대석 영업'을 허가하게 되었다. 이렇게 하여 안동에서 모든
'대석업자'는 이전의 안봉선의 종착점이자 제재공장이 입지하는 강변
지구와도 인접하는 장소로 이전하여 유곽이 형성되기에 이르렀다. 또
한 두 번의 유곽 이전을 통해 요리점이 신시가지 내에 흩어지게 되었
다고 생각된다. 그 후 안동 역 앞에는 서양식의 근대적인 안동호텔이
설치되는 한편, 유곽이 제도적뿐 아니라 거리 '뒷쪽'으로 공간적으로도
통제되어 단속, 관리 대상이 되어 간 점은, 일본의 식민지도시 형성뿐
아니라 일본의 근대 도시 형성과 동일한 양상을 보인다고 할 수 있을
것이다.

    단, 유곽은 일본인 거리뿐 아니라 중국인 거리에도 존재했다. 〈표 2〉
는 1917년 안동에서 여관·요리점·대석수를 표시한 것이다. 여관, 요
리점, 대석수는 전부 중국인 경영이 압도적으로 많다는 것을 알 수 있
다. 단 〈표 3〉의 특종 귀녀수를 보면 게이샤와 작부의 비율만 다를 뿐,
일본인과 중국인의 합계인수에서는 그렇게 큰 차이는 없다고 할 수 있
다. 이로부터 영업규모와 관련하여서는, 중국인이 경영하는 여관·대
석이 소규모이고 일본인이 경영하는 곳은 비교적 큰규모였음을 짐작
할 수 있다. 한편, 〈표 4〉에 제시된 것처럼 인구규모에서는 중국인 거
주자가 압도적으로 많았음을 감안한다면, 카가이·유곽에 종사하는 일

본인의 비율이 얼마나 높았는지를 알 수 있다. 이처럼 일본인 공창제
도를 그대로 가져와 일본 본국과 동일하게 일본인 창기에 의한 유곽이
형성되었다는 점에서, 안둥에서의 유곽 역시 일본의 식민지도시의 특
징 중 하나라고 말할 수 있다.

〈표 2〉 안둥에서의 여관 · 음식점 · 대석(貸席) 수(1917년)

단위: 호

종별 \ 국적	일본	조선	지나	합계
여관	7	-	75	82
하숙집	6	26	-	32
요리점	8	-	35	43
음식점	29	15	162	206
대석	21	7	174	202
합계	71	48	446	565

주) 국적은 사업주의 국적이다.
출처) 茶木(1920), 앞의 책, 27쪽.

〈표 3〉 안둥에서의 특수 부녀 수 (1917년)

단위: 명

종별 \ 국적	일본	조선	지나	합계
게이샤및 어린게이샤	133	1	32	166
작부(창녀)	80	19	241	340
나카이(仲居)	32	-	-	32
합계	245	20	273	538

출처) 茶木(1920), 앞의 책, 26~27쪽.

<표4> 안둥의 인구(1917년)

단위: 명

년 〳 국적	일본	조선	지나	합계
1917년말	7254	1574	48624	166

주) 인구는 안둥민단거류관내, 만철부속지안둥구관내, 시나경찰청관내의
합계이다.
출처) 茶木(1920), 앞의 책, 29~37쪽.

2. 경제적 기능: 공업

<표 5> 해방 전 안둥 공업

No.	중국측		일본측	
	업종	사업자 수 (호)	업종	사업자 수 (호)
1	靴鞄舖 (巾着靴屋)	28	木材製材業	11
2	繩麻舖 (蔬繩及苧麻商)	20	豆粕製造業	1
3	染房 (染物屋)	19	鉄工業	5
4	香局 (線沈香製造所)	2	醸造業	5
5	紙局 (製紙所)	1	煉瓦製造業	4
6	鑛糸房 (製糸場)	2	畳製造業	10
7	孰皮舖 (皮鞣屋)	4	家具類製造業	7
8	銅器舖 (飾屋)	6	表具師	2
9	銀局 (銀細工飾物所)	12	精米業	4
10	銀爐 (馬蹄銀改鋳新鋳銀細工所)	4	染物悉皆洗濯業	6
11	馬鞍舖 (馬具屋)	5	靴屋	3
12	瓦匠 (瓦屋職)	21	鍼力細工	7
13	木匠 (木工)	30	自転車業	2
14	裁縫舖 (仕立屋)	29	三味線業	2
15	刻字舖 (印刷師)	10	桶業	1

16	襪子舖 （足袋屋）	9	提灯業	2
17			印刷業	3
18			仕立業	17
19			石灰製造業	2
20			塗物業	2
21			金属鍍金時計業	6
22			焼酎業	1
23			綿打業	3
24			紙函業	2
	합계	202	합계	108

출처) 茶木(1920), 앞의 책, 314~330쪽.

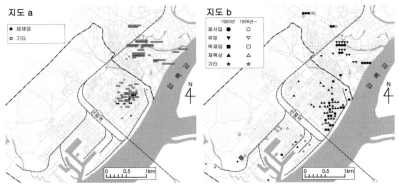

〈그림 12〉 안동에서의 공업시설의 분포

주) 등고선은 10m씩이다.
출처) 陸地測量部(1930), 앞의 지도, 및 茶木(1920), 앞의 책, 314~33쪽, 345~347쪽, 371~373쪽.

　다음으로, 식민지도시 안동의 공업에 관해 살펴보자. 우선 〈표 5〉에 개방 이전의 공업 상황으로 업종일람을 제시했지만, 개방 이전의 안동에서의 공업에 관하여 『안동지』는 "수공업에 속하는" 것이 중심으로 "제사제유(製絲製油) 이외의 공업은 매우 소규모로 세인의 주목

을 받을 만한 곳"이 아니고 일본 측에 관해서도 "겨우 제재업, 요업 외
에 아무것도 보이는 것"이 없다고 전한다. 중일 양시가와 더불어 대부
분의 업종이 개방 이전에서는 근대적인 기계공업이 아닌 소규모에서
의 수공업이 주류였던 것 같다. 확인가능한 사업자수는 중국 측에서
16업종 202사업자(그 중 3사업자는 소재지 불명), 일본 측에서 24업종
108사업자(그 중 7사업자는 소재지 불명)다. 안둥개방 이전의 공업의

〈표 6〉해방 후 안둥 공업(중국측)

업종	1911년8월		1917년8월	
	호수	생산고(円)	호수	생산고(円)
靴屋	28	132,000	14	75,000
廃縄業	20	20,000	15	18,000
染物業	19	181,000	13	167,000
綿香屋	3	20,000	2	17,000
紙製業	1	6,000	-	-
柞蚕糸製造	2	75,000	34	3,572,000
鞣皮屋	4	2,000	3	1,500
銅器屋	6	12,000	6	13,000
銀細工屋	12	11,500	12	14,500
銀爐	4	510,000	3	330,000
馬具屋	2	1,700	3	2,000
鍛冶屋	2	6,000	12	42,000
上器屋	3	2,400	2	1,700
煉瓦屋	7	12,000	7	12,500
石灰屋	2	3,000	2	3,000
油房	9	520,000	14	4,500,000
織布業	-	-	6	700,000
絹紬機場	1	5,000	2	20,000
杳下製造	-	-	7	25,000
醸造業	1	3,500	2	7,000
鋳物業	1	2,000	1	5,000
기타	31	12,000	65	37,000

출처) 茶木(1920), 앞의 책, 345~347쪽.

〈표 7〉 해방 후 안둥 공업(일본측)

업종	1911년8월		1917년8월	
	호수	생산고 (円)	호수	생산고 (円)
製材業	10	523,400	26	2,700,000
豆粕製造業	1	500,000	1	700,000
鉄工業	5	43,000	4	300,000
釀造業	6	300,000	4	350,000
煉瓦及瓦製造業	4	42,000	6	120,000
木工業	7	12,000	7	100,000
柞蚕業	-	-	2	400,000
精米業	4	36,000	6	900,000
造船業	-	-	1	500,000

출처) 茶木(1920), 앞의 책, 345쪽.

분포적 특징을 탐색하기 위해 〈그림 12-a〉에 나타난 1906년 이전의 안둥에서의 각종 공업시설의 입지와 시설수를 살펴보자. 우선 중국 측 시가지에서는 공업시설이 위안바오산 산록의 천후궁거리부터 재신묘가(財神廟街), 훙룽가를 거쳐 강기슭으로 이어지는 오래된 시가지 형성지구에 집중해있음을 알 수 있다. 일본 측의 신시가를 살펴보면 4번도오리의 교하시스지(京橋筋)부터 고노하나바시스지(此花橋筋)까지의 범위에 집중해 있지만, 그 입지는 〈그림 10-a〉와 유사하다는 것을 알 수 있다. 개방 당시는 아직 상업지구와 공업지구가 공간적으로 완전히 분리된 상태가 아니었음을 알 수 있다. 또한 중국 측의 업자가 모두 구시가에 있는 데 비해 일본 측 업자 중 적어도 목재제재업, 양조업, 연화제조업, 석탄제조업, 금속도금시계업, 소주업에 관해서는 각 1호씩 중국 측의 구시가에도 입지하고 있었다는 점이 주목된다.

개방 후의 안둥에서의 가장 큰 변화는 공업의 기계화 및 대규모 공장의 등장이며, 그 변화와 영향은 도시경관에도 여실히 드러난다. 〈표 6〉에는 개방 후인 1911년 8월과 1917년 11월의 중국 측 공업의 변화를

표시했다.[81] 중국 측에서 크게 발전한 업종으로서 주목되는 것은 양
잠제조와 유방(油房)이다. 양잠제조는 사업자수를 보면 2업자에서 34
업자로, 생산액도 7만 5천엔에서 357만 2천엔으로 급증해 있다. 양잠
제조와 관련된 직포(織布)업 및 견주기장(絹紬機場), 양말제조 등 직
유(織維)관련도 새롭게 산업이 생기거나 증가하고 있다. 원래 양잠업
은 안둥성과 관동주 해성(海城)방면에서 융성했지만 안둥에서는 산둥
이민의 정주와 함께 농업의 부업으로서 전개되어 온 것이었다. 이러
한 것이 1904년에는 도대(道臺)가 산업장려정책의 일환으로서 위안바
오산 산록에 실공장을 설치함으로써 근대적인 기계제사(製絲)업으로
성장했다.[82] 개방 이전의 양잠사업에 관해 광사장(鑛絲場)·제사상
(製絲場)으로서 확인할 수 있는 것은 천후궁가와 바다오거우에 각 1
개소에 불과했지만, 〈그림 12-b〉에 제시한 것처럼 1920년이후에는 천
후궁가에 3개소, 바다오거우에 6개소, 대규모 실공장이 설치되어 공업
화의 진전이 이루어졌다.

　　유방(油房)의 경우 사업자수는 9개에서 14개로 증가했는데, 생산액
에서는 52만엔에서 450만엔으로 큰 폭으로 증가했다. 유방이란 두유
를 착유하고 콩깻묵을 생산하는 공장으로 다롄을 비롯하여 중국 동북
부의 전통산업 중 하나다. 안둥에서는 1860년 무렵부터 시작되어 1905
년 이후에는 안둥에서 비료용으로 콩깻묵 유출이 시작되었다.[83] 기존
유방의 중심지였던 영구(營口)와 다롄 점령 후의 집중정책에 의해 관
동주 중심지로 성장한 다롄과 함께 당시 안둥은 대두, 콩깻묵의 3대
집적지의 하나였다.[84] 아쉽게도 개방 이전 유방의 상세한 분포는 불
명확하지만, 〈그림 12-b〉에 나타난 개방 후 분포에 대해서 살펴보면,
1920년에　전취보가(前聚寶街),　후취보가(後聚寶街),　중부가(中富街),
흥륭가, 현전가(縣前街)로 확인할 수 있다. 여기서 양잠제조업과 유방

<표 8> 안동에서의 목재상 조합원 일람

No.	회사명 · 옥호(屋號)	소재지
1	三井物産株式会社安東縣出張所	四番通4丁目
2	株式会社山下製材所	江岸
3	鴨緑江製材無限公司	六道溝
4	合名会社石材商店	市場通2丁目
5	東亜木材株式会社	一番通
6	安東挽材合資会社	江岸通
7	加来材木店	江岸
8	大二商会安東支店	一番通5丁目
9	浦元材木店	江岸
10	宮下木材株式会社安東縣出張所	六道溝
11	安東木材合名会社	一番通4丁目
12	荒川洋行	二番通4丁目
13	採公桟	市場通8丁目
14	唐津材木店	江岸
15	川崎材木店	四番通7丁目
16	三省洋行	市場通7丁目
17	北澤材木店	三番通6丁目
18	大六製材所	六道溝
19	山口組	六番通1丁目
20	山形材木店	江岸通2丁目
21	金指材木店	二番通5丁目
22	吉井材木店	江岸通
23	荒川商会	六番通7丁目
24	濱谷材木店	一番通5丁目
25	合名会社安東木摺製材所	一番通3丁目
26	守永材木店	六道溝
27	布袋商会	四番通4丁目
28	篠原材木店	二番通4丁目
29	小林材木店出張所	三番通5丁目
30	三合公司安東縣出張所	三番通4丁目
31	五通材木店	一番通2丁目

32	村木洋行木材部	大和橋通7丁目
33	近藤木材店	三番通6丁目
34	奥村組出張所	五番通2丁目
35	木材商会出張所	一番通5丁目
36	村上商店	二番通3丁目
37	橋下材木店	二番通3丁目
38	三浦材木店	一番通3丁目
39	合資会社南満洲製材公司	六道溝敷島通
40	鈴木材木店	一番通3丁目
41	合名会社鈴木商店安東縣出張所	四番通3丁目
42	戊申洋行安東縣出張所	三番通6丁目
43	東洋燐寸株式会社安東縣出張所	六道溝
44	竹下材木店	濱通4丁目
45	田中材木店	一番通3丁目

출처) 茶木(1920), 앞의 책, 371~373쪽.

의 공간적 관계를 간단히 서술하자면, 좀 더 전통적인 유방이 안봉선 보다도 평야쪽에 분포하고 있는 것에 비해, 양잠제조는 산 사이의 청 후궁가 및 바다오거우에 공장이 분포하는 공간적 분화가 보인다.

한편, 일본 측의 해방 후 공장의 상황에 대해서는 〈표 7〉에 해방 후 에 성장한 업종을 표시했다. 앞서 서술했지만 이 표로부터 제재업이 사업자수, 생산액 양면에서 그 숫자가 압도적으로 많으며 안둥 제일 의 산업이었음을 알 수 있다. 개방 이전의 목재제재업은 10사업소를 확인할 수 있지만, 그 입지는 〈그림 12-a〉에 나타난 대로 주로 삼번도 오리, 사번도오리, 이치바도오리 등 상업시설과 혼재하는 듯이 시가 지내부에 보인다. 하지만, 해방 후 목재제재업의 입지에 변화가 보인 다. 〈그림 12-b〉를 보면 우선 1920년의 단계에서 압록강 하안의 강변 도오리부터 1번도오리에 집중해 있음을 알 수 있다. 또한 안둥 역 남 쪽에 최대 규모의 제재공장인 압록강제재무한공사의 공장과 저목지가 설치되었고, 1912년에는 류다오거우의 신시가지 서쪽 외연부에대규모의 안둥요업주식회사의 공장이 개설된다. 〈그림 9〉에 나타나 있듯이 늦어도 1926년까지는 제재공장을 비롯해 방적공장과 성냥공장, 철공장, 제사공장, 화약공장 등이 설치되어 류다오거우(六道溝) 신시가지는 공업지구로서 발전해가게 되었다. 그렇다면 안둥 역 북동부의 일본쪽 시가지 내부에 있던 제재업자는 어떻게 되었을까? 〈그림 12-b〉와 〈표 8〉의 재목상조합 일람에 나타난 것처럼 중심시가지 내부의 제재공장수가 감소했음을 알 수 있다. 재목상(경우에 따라서는 소규모 제재장이 딸려 있음)도 제재공장과 비교하면 상업 지구측에도 입지를 확인할 수 있지만 제재공장에 인접한 지구에 많이 분포하고 있다고 할 수 있다. 이처럼 개방 후의 안둥에서는 안둥 역 북동부의 시가지를 상업지구, 압록강 강변지대 및 류다오거우를 공업지구로 하는 공간적인 분화가 진행되었음을 알 수 있다.

〈표 9〉 안둥에서의 행정시설 일람(1920년)

No.	시설명	국가	소재지
1	東邊道尹公署	중국	道署街
2	安東縣知事公署	중국	縣前街
3	安東警察廳	중국	中富街
4	第一警察署	중국	永安後街
5	第二警察署	중국	自新街
6	鴨渾兩江水上警察局	중국	新柳街
7	安奉鐵路巡警總局	중국	官電街
8	安東海關監督公署	중국	興隆街
9	安東海關	중국	永安街
10	沙河稅捐徵收局	중국	永安後街
11	安東地方審判廳	중국	興隆街

12	安東地方檢察廳	중국	興隆街
13	中國郵務局	중국	興隆街
14	中國電報局	중국	官電街
15	奉天漁業保護局	중국	永安街
16	安東縣勸学所	중국	縣前街
17	南路巡防步第五營	중국	道署街
18	安東商務總會	중국	財神廟街
19	安東憲兵分遣所	중국	—
20	安東緝私製驗局長	중국	—
21	安東平民工藝廠	중국	八道溝
22	木業保護事務所	중국	新柳街
23	回民團	중국	官電街
24	在安東日本領事館	일본	四番通1丁目
25	安東領事館警察署	일본	市場通1丁目
26	關東都督府關東警察署	일본	市場通1丁目
27	安東縣郵便局	일본	大和橋通4丁目
28	郵便局舊市街出張所	일본	興隆街
29	安東縣郵便局舊市街電信取扱所	일본	官電街
30	安東居留民團役所	일본	市場通6丁目
31	安東商業会議所	일본	大和橋通3丁目
32	安東商業陳列館	일본	大和橋通3丁目
33	安東憲兵分隊	일본	七番通4丁目
34	安東縣守備隊	일본	六道溝
35	官有財産管理會	일본	市場通6丁目
36	日本赤十字社安東委員支部	일본	五番通2丁目
37	帝国在郷軍人會安東縣分會	일본	七番通3丁目
38	滿鐵會社安東地方事務所	일본	安東駅構内

출처) 茶木(1920), 앞의 책, 9~11쪽.

안동의 상공업 입지와 그 변천을 살펴보면, 안동 개방 이후는 계획
성을 지닌 용도지역구분(zoning)이 명확히 드러난 도시경관이 등장하

게 되었다. 단 이러한 도시 공간 내부의 토지이용의 변화는 식민지주의/제국주의적인 경제적 착취를 기획한 일본 측의 도시 형성에만 나타난 것이 아니라 그에 대항하는 듯이 중국 측에도 공업의 근대화에 따른 공장의 대규모화 등에서 도시경관에 변화를 보이고 있다.

3. 정치적 논리

〈표 10〉 안둥에서의 종교시설 일람(1920년)

No.	시설명	소재지	국가
1	安東神社	七番通3·4丁目	일본
2	御岳神社	七番通3·4丁目	일본
3	安東八幡宮	安東公園	일본
4	稲荷神社	遊園地	일본
5	天理教會	三番通3丁目	일본
6	金光教會	五番通6丁目	일본
7	東本願寺	堀割北通7丁目	일본
8	西本願寺	七番通6丁目	일본
9	安東寺	鎮江山	일본
10	臨濟寺	鎮江山	일본
11	法華寺	六番通3丁目	일본
12	高野山	堀割南通6丁目	일본
13	相音寺	堀割南通4丁目	일본
14	安東日本基督教會	六番通4丁目	일본
15	天后宮	元寶山／六道溝	중국
16	江神廟	永安街／大沙河子	중국
17	財神廟	財神廟街	중국
18	火神廟	元寶山	중국
19	藥王廟	元寶山	중국
20	城隍神	七道溝	중국
21	清眞寺	新柳街／八番通9丁目	중국(회족)
22	基督教	元寶山	중국
23	天主教會	自新街	중국

출처) 茶木(1920), 앞의 책, 18쪽, 117~123쪽.

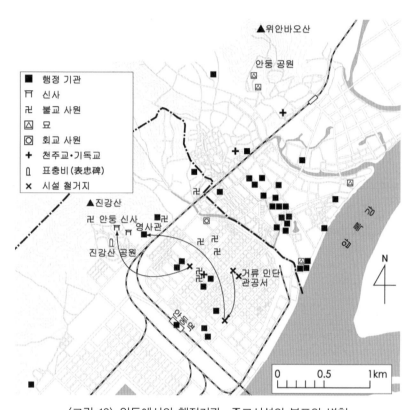

범례:
- ■ 행정 기관
- 冊 신사
- 卍 불교 사원
- △ 묘
- ◎ 회교 사원
- ✛ 천주교·기독교
- 且 표충비(表忠碑)
- ✕ 시설 철거지

〈그림 13〉 안둥에서의 행정기관 · 종교시설의 분포와 변천

주) 등고선은 10m씩이다.
출처) 陸地測量部(1930), 앞의 지도, 및 茶木(1920), 앞의 책, 9~11쪽, 18쪽, 117~123쪽.

　전항에서는 일본의 식민지주의 · 제국주의하에서의 도시 형성을 경제적 기능의 측면에서 고찰했다. 다음으로 제국주의, 식민지주의가 생산하는 도시경관에서 보이는 정치적 논리의 측면에서 도시 형성의 프로세스를 고찰하기 위해 영사관을 비롯한 행정기관과 신사, 공원, 기념비 등의 입지와 변천을 분석하겠다. 〈표 9〉와 〈표 10〉은 각각 1920년의 행정시설과 종교시설의 일람을, 〈그림 13〉은 1920년 및 1930년의 행정시설, 종교시설, 기념비의 분포와 변천을 나타낸 것이다. 통치 권력과 관련된 각종 행정시설, 일본의 식민지도시의 경관을 특징짓는 신사, 공적인 기억의 장소의 출현과 관련된 기념비 들은 일본의 식민지도시의 경관에 나타난 정치적 논리를 고찰하기에 중요한 경관요소이다. 중국 측의 동향 역시 식민지도시의 경관을 고찰하기 위한 중요한 대상이지만, 이 글에서는 원고분량의 관계도 있기에 일본 측의 동향을 중심으로 고찰을 진행하겠다.

우선, 통치 권력과 관련된 행정시설에 관해서는 이미 Ⅲ의 2에서 개설 당초의 군정서 및 민단관공서, 영사관, 군대, 각종 경찰의 개략에 대해 서술했지만, 그 외 관공서도 포함해 〈그림 13〉에서 이것들의 입지와 변천에 대해서 확인해 두자. 1920년부터 1930년에 걸쳐서 중국 측의 행정시설의 입지에 큰 변동은 보이지 않고 관전가(官電街)로부터 도서가(道署街)에 걸쳐서 관공청가가 형성되었고, 압록강 강변부의 일본 측 시가지와의 경계에 위치하는 해관가에는 이름대로 해관과 세무서 등 세관업무지구가 형성되어 있다. 한편, 일본 측의 행정시설을 보면 안둥의 남서부쪽 교외의 수비대, 호리와리도오리 북측의 헌병부대와 제국 재향군인회 안둥현분회, 역 앞의 경찰서, 야마토바시도오리와 접한 우편국과 상업회의소 등 관공청이 분산되어 입지하고 있다는 특징이 보인다. 여기서 주목해야 할 것은 영사관의 입지와 그 변천이다. 1906년 당시의 영사관은 구 민단관공서와 도로를 사이에 두고 대면하여 위치해 있었지만, 안둥 역 가까이의 삼번도오리 2초메로 신축 이전한다. 더욱이 1923년부터 만철경영시대가 되자 전장산(鎭江山)공원에 인접하는 형태로 전장산 산복으로 이전하게 된다. 공원을 포함하여 영사관이 이전한 전장산 일대는, 안둥에서 제국 지배권력이 가시화된 공간으로서 정비되어간다. 전장산 공원의 정비는 일본에 의한 안둥점령과 거의 때를 같이 하여 시작된다. 고씨가 '제국의 풍경'을 발견한 것처럼,[85] 전장산 공원의 탄생 자체가 제국 지배권력의 가시화와 관계되어 있다. 전장산은 원래는 이름 없는 민둥산이었지만, 임제종의 승려인 호소노 난가쿠(細野南岳)가 1905년 4월에 당시의 군정관 오하라(大原) 소좌의 허가를 얻어 군의 지원하에 사원건립지로 등산로를 만들고 5월에는 본당을 건립하여 '전장산'이라고 명명된 것으로부터 시작되었다. 전장산에서의 최초의 공원 정비는 나무심기였다. 그 일환으로 '야마토민족안주의 땅'이 되도록 '요시노 벚나무 50그루'가 시범으로 식수되었다.[86] 1907년에 만철안둥경리계(후에 안둥사무소)가 설치되자 만철은 업무의 일환으로서 전장산 공원의 정비계획을 추진해간다. 1916년에 제 1기 공사가 시작되어, "공원입구에 광장을 설치하고 나무를 심고, 골짜기물을 끌어와 연못물을 만들고, 분수, 도로, 다리, 벤치, 사아(四阿) 등의 시설"[87]이 설치되었다. 1929년에는 조직표를 동원하여 '다롄신문'이 주최한 '만주팔경' 이벤트에서 제 1위를 획득하면서 폭넓게 '만주의 대표적 풍경'으로 자리매김해갔다.[88] 1939년 시점에서 "요시노 벚나무 2750그루, 보탄 벚나무 500그루, 조선 산벚나무 700그루, 소나무 1만5500 그루 등"이 심어져 만주 제일의 산림공원이 되었다.[89] 이렇게 하여 일본의 내셔널 상징이 되는 '벚꽃'이 전장산 공원의 경관을 구성하는 중요한 요소의 하나가 되었다.

또한 공원 내에 건립된 표충비도 중요한 구성요소다. 표충비란 러일전쟁 전병사자의 유해를 제사지내는 납골당이 있는 석탑이다. 러일전쟁 때 전병사자의 사체는 화장되어 유족에게 보내졌지만 남겨진 유해는 러일전쟁 후에 각 관계부대가 각각 보관하고 있었다. 그 후 1906년 10월에 안둥현 구 시가 샤허전 산쪽 청룡도(靑龍頭)에 비를 세우고

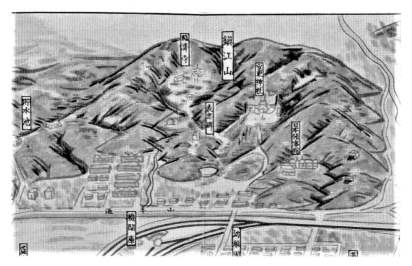

〈그림 14〉 조감도에 그려진 진강산(鎭江山)
출처) 안둥호텔(1926), 의 책의 부분 확대도.

매장되었지만, 일본인 거주지가 신시가로 이동함으로써 "일본인 참배객이 불편을 느끼는 일"도 적지 않고 1910년 6월에 육군경리부에 의해 전장산에 충효비가 건립되게 되었다.[90] 표충비 이전 겁립 때 장교 12명, 하사이하 1079명의 유해가 합사되었다.[91] 같은 해 9월 5일에 여순에서 제사위원장으로서 호시노(星野) 도독부 참모장을 비롯해 오노(大野)주계정 등 장교가 참석한 가운데 '이회식(移灰式)'이 거행되어, 거류지에서는 각호 국기 게양이 시행되었다.[92] 이리하여 전장산은 러일전쟁에서의 전몰자를 국가의 '영령'으로서 제사지내는 '성지'가 되어간다.

1923년에는 일본의 식민지도시의 특징의 하나로 여겨지는 신사 이전도 보인다. 식민지에서의 신사의 건립은 식민자인 일본인 사회의 정신적 지주로서 중요시 되었을 뿐만 아니라 식민지 지배의 상징으로서도 기능하고 있었다.[93] 안둥에는 1905년에 구 군정서에 요배소(遙

拜所)로서 건립된 안둥신사가 있다. 1910년에는 거류민단의 협의 결과, 호리와리도오리·칠번도오리 사이의 3·4초메를 용지로 하여 신전과 사무소가 신축되었다. 제신은 아마테라스오미카미로, 신사의 격은 관국폐사(官國弊社)는 아니지만 신찬폐백공진지정신사(神饌幣帛料供進指定神社)가 되었고, 지방행정으로부터의 공물, 공납금이 인정되었다. 또한 안둥의 경영이 만철에 위임된 1923년에 "안둥에서의 진수신(鎮守神)으로, 실로 시민숭배의 중심"인 안둥신사는 전장산 공원안으로 이전된다.

이리하여 전장산 공원일대는 벚나무, 표충비, 안둥신사, 영사관으로부터 제국 지배권력이 가시회되는 상징적 공간으로서 정비·재편되어 갔던 것이다(〈그림 14〉). 벚나무, 표충비, 안둥신사, 영사관의 전장산 공원일대는 "안둥시가를 한눈에 부감하고, 강을 사이에 두고 신의주 및 그 주변 뿐만 아니라 멀리는 백마산 일대"까지 조망할 수 있는 장소에 위치해 있는 곳으로, 일본인에게는 일본의 영토 확장을 확인하는 장소이며, 또한 식민지배권력을 보여주는 과시의 무대였다. 한편으로 안둥의 도시 내부에서의 생활자에게 권력자의 존재를 항상 의식시킴으로써 권력과시로서의 시선의 교차와는 또 다른 지배자(일본인)와 피지배자(중국인/조선인)의 보다/보여지다 관계, 즉 감시 장치로서의 기능을 부여받았던 것은 아닐까? 전장산 공원일대의 정비는 일본 측의 지구를 안둥의 도시 공간 내부로 중심화하는 한편, 중국 측의 지구를 주변화해 가는 과정이었다. 이는 당시 작성 간행된 지도에서 일본 측의 시가지를 중심에 정밀히 그리는 반면, 중국 측의 지구는 간략화되거나 지도의 주변으로 밀려나고, 혹은 공백지화되는 것으로 표현되었다.

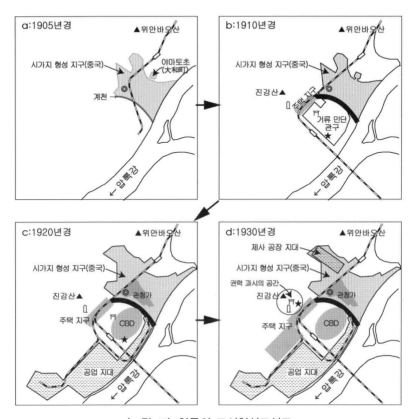

〈그림 15〉 안둥의 도시형성모식도

주) a: 중일 양국의 거주역, 행정기관 소재지가 동일 공간 내에서 혼재해 있는 상태.
b: 일본측의 신시가지가 건설되어 중일 양국의 공간적 분리가 생긴다. 일본
측은 거류 민단 관구 내에 상업과 공업이 혼재해 있는 상태. c: 철도망 정비
와 공업화의 진전에 의해 일본측에서는 CBD, 공업지대, 주택 지구와 도시내
부의 용도지역 구분(zoning)이 명확해진다. 중국측도 관청가가 형성되어 그
것을 경계로 일본과 인접한 구역에서 계획적인 도로망의 정비가 진행된다.
d: 일본측에서는 진공산을 중심으로 한 권력 과시의 공간이 형성된다. 중국
측에서는 원보산 서쪽 산기슭에 대규모 제사업(製絲業) 지대가 형성된다. 아
울러 ◎은 안둥현청, ★는 영사관, 굵은 선은 제방을 나타낸다.

V. 식민지도시 안둥의 공간구조

　지금까지 1904년부터 시작된 일본에 의한 안둥의 도시 형성 프로세스와 도시경관에 나타난 경제적 기능 및 정치적 논리에 대하여 고찰을 진행했다. 이 항에서는 식민지도시 안둥의 공간구조의 특징에 대해서 기존 연구 성과에서 지적되어 온 근대 식민지도시의 "이중성"에 주목하면서 고찰하고자 한다.

　〈그림 15〉는 1905년 무렵부터 1930년의 안둥의 공간구조와 그 변천을 제시한 것이다. 도시의 발전 프로세스를 정리하자면, 우선 일본에 의해 신시가지가 형성되기 이전의 〈그림 15-a〉의 1905년 무렵의 안둥에서는 전술한 대로 야마토초라는 일본인 거주지가 설정되어 완전한 잡거상태는 아니었지만 중국인 거주지와 일본인거주지가 동일공간 내에 혼재해 있었음을 알 수 있었다. 그 후 신시가지가 건설되기 시작되고 안둥 항 개방, 거류민단에 의한 도시경영기가 되면서, 그 과정에서 중국인 거주지구와 일본인 거주지구 사이에는 수해대책으로서의 제방이 축조되는 등 공간적 분리가 생긴다. 단 중일의 시가지간의 완전한 단절을 의미하는 것은 아니었다고 생각된다. 만주에서의 중국인 거리와 일본인 거리의 연결성에 대해서는 코시자와(越沢)가 다음과 같이 지적하고 있다. "만철은 도시계획에서 부속지와 기존의 중국인 거리와의 연결에 주의를 기울이고 있다. (중략) 창춘에서도 부속지의 성내를 연결하는 간선도로가 중시되고 있다. 당시 만철부속지는 이른바 중국영토 내에 떠오른 대륙의 독도로서, 중국인과의 연결을 끊는 듯한 도시계획을 실행했다면 부속지는 발달하지 않고 시세는 쇠퇴하여, 만철의 도시경영은 성립될 수 없었음에 틀림없다."[94]

　그렇다면 당시의 일본 측, 중국 측 각각의 지구의 공간구조 특징을

〈그림 15-b〉에서 제시한 1910년 무렵의 안둥의 도시 공간을 기초로 설명하겠다. 이 무렵 일본 측의 시가지구는 수해대책이 이루어져 정돈된 사각형의 도로망이 설정되었고 시가지의 기초가 정비되자 "다음으로 병원, 전염병, 격리병사(隔離病舍), 소학교, 공원 등의 설치가 점차로 완성되어 대체로 시가지의 면모를 구비하기에"[95] 이르렀다. 이럼 도시의 근대화의 상징이라고는 해도 식민지 권력통치와 깊게 관련된 영역인 서양의 의학 및 공중위생의 도입, 교육시설 등이 설치되어 간다. 일본시가지 내부는 크게 만철부속지와 거류민단지구로 구분되어 만철부속지에는 관사 외에 안둥병원 및 학교, 채목공사와 사택 등의 입지가 보인다. 만철부속지와 인접하여 전장산 공원의 정비도 진행된다. 거류민단지구는 영사관을 비롯하여 각종 행정시설의 입지가 보이는 한편, 상업과 공업이 미분화 상태에서 혼재해 있는 특징이 보인다. 또한 신시가지와 떨어진 교외에는 수비대 병사(兵舍)가 설치되었다. 한편, 중국 측에서도 안둥개방과 동시에 경제적 발전이 기대되는 중에 "시가지 도로 재건·수리의 공사를 개시하여 우리 신시가지와 연결시켜 지구의 개선"을 꾀했다.[96] 상공업에 관해서는 일본시가지와 동일하게 기존의 시가지와 동일공간 내에 혼재해 있었다. 그 후 1920년 무렵까지는 개방 후 공업화의 진전에 따라 일본 측, 중국 측의 양지구에서 상공업의 공간적 분화가 현저해진다. 〈그림 15-c〉에서 제시된 것처럼 1920년 무렵의 안둥에서는 압록강 강변지대와 안둥 역 남서부에 공업지구가 형성되어 안둥 역 북동쪽의 시가지 내륙부는 CBD(중심업무지구)가 되었다. 또한 중국 측에서도 주로 양잠업의 근대화가 진행되고 위안바오산의 서쪽에 공장지구가 형성되는 공간적 분화가 보이게 된다.

덧붙여 1920년대 중반부터 1930년에는 전장산 공원 일대가 정치적 상징공간으로서 정비되게 되고, 여기에 정치적(신사 및 영사관), 경제적(교통망과 공업지구), 문화적(벚나무 식수)으로 지배적·참략적 정책이 구현화된 일본의 제국주의·식민지주의하의 도시로서의 안둥은 어느 정도의 완성을 맞게 되었다고 할 수 있을 것이다. 〈그림 15-d〉에 제시된 1930년 무렵의 안둥의 도시 공간을 살펴보면, 일본 측은 크게 상업지구, 공업지구, 주로 만철 및 채목공사의 사택이 나란히 늘어선 주택지구, 그리고 정치적 상징공간으로서의 전장산 공원으로 분류되는 도시 공간이 형성되었고, 중국 측에서는 CBD, 해관, 유방이 늘어선 전통적 상공업혼재지구, 근대적인 대규모 제사업(製絲業)지구, 묘를 중심으로 한 공원으로 구성된 시가지공간이 형성되기에 이르렀다. 모두에 언급했던 하시야(橋谷)의 제 3유형에 비춰보면, 안둥은 '제 3유형'의 '기존의 도시와 식민지도시의 병존'으로 볼 수 있다. 이 타입의 도시는 만주국의 도시에서 많이 보이는 유형으로, 펑톈(심양) 및 신경(창춘)과 비교하면 규모는 다르지만 "완전한 식민지가 아니었던 만주에서는 중국 측의 도시 형성이 병행되어 계속되었"[97]으므로 완충지대로서의 개항장을 사이에 두고 중심을 두 개 가진 도시구조를 특징으로 하고 있다. 단 하시야가 지적했듯이 '만주국'을 건국한 후에는 일본이 주도하는 본격적인 도시건설이 착수되어 도시 공간 내부에서도 새로운 양상을 보이게 되는데,[98] 이러한 현상은 안둥에서도 만철로 안둥의 시정이 위임될 무렵부터 서서히 보이기 시작했다.

그렇다면 이러한 도시 공간구조를 가진 안둥에서의 식민지도시의 이중성에 대해서 고찰하고자 한다. 식민지도시의 이중성에 대해서는 앞서 거론한 이이즈카(飯塚)에 의한 인도에서의 식민지도시의 고찰에서도 지적되었듯이, 한 편으로는 식민지도시에 도입된 서양근대적 위생관념에 기초하여 현지인(피지배자)과 식민자(지배자)의 거주지구의 격리되었다는 점이다. 인도의 경우 영국인 거주지구와 인도인 거주지구 사이에는 녹지대가 완충지대로서 철치 되었지만, 그것은 위생적 관념에 따른 이유가 컸다. 단 여기서 중요한 점은 이러한 공간적 분리가 정치적 지배-피지배의 관계와 경제적인 계층·계급이 중층적으로 관련되고 있다는 점일 것이다. 안둥의 도시 공간에서 주목할 것은 일본 측의 신시가지 건설과정에서 신시가지에서의 수해대책을 목적으로서 설치된 제방이다. 이 제방으로 일본 측 시가지는 수해의 피해가 없어졌으며 안정된 시가지 경영을 실현시키는 데 일조했다.

하지만 이 제방이 지닌 의미는 수해대책으로서만 기능하지 않았다는 점이다. "지나인 시가와 내지인 시가지 사이"[99]는 "일본인 시가만은 안전하게 수해를 방지하기 위한"[100] 제방과 "그 바깥의 호리와리 방수로를 경계"[101]로 했듯이 계획적인 민족별 거주분화에 의한 도시 공간의 형성이 보인다. 이러한 계획적인 공간적 분화의 풍경에는 하나는 위생관념, 또 하나는 당시의 일본의 민족차별을 산출한 사회적 관념을 포함한 중국인에 대한 응시가 있었다고 할 수 있다. 위생관념 자체도 어떠한 민족관과 결부되어 있었다. 예를 들면 일본 측의 시가지 건설이 진전되면서 "안둥 현에서의 위생 상태는 최초 너무나도 불량했지만, 수도 정화 시설 및 하수로가 완성됨에 따라" "점점 양호"[102] 해져 갔다. 또한 "시민의 위생사상도 근래 들어 향상되어 전염병의 예방 등 충분한 주의를 주자 지나인 거리와의 접촉이 불편을 느끼지 않는 경우는 없는"[103] 상태이고 "지나 측의 위생기관은 매우 준비가 안 된"[104] 상태로, 중국 측의 후진성을 지적하는 것이다.

이처럼 안둥의 도시 형성 프로세스로부터 읽어낼 수 있는 이중성을 가진 도시 공간을 생산하는 제국주의적 정치이론이란, 다시 말해 물리적인 격리 및 지구를 구획하는 도시건설사업의 배경에는 경제적인 수탈논리와 함께 도시의 효율성과는 별도로, 문명-미개(야만), 근대-전

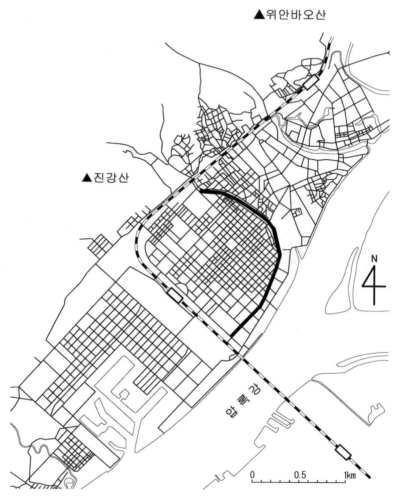

<그림 16> 1930년 무렵의 안둥 가로 패턴

주) 굵은 선은 제방을 나타낸다.
출처) 陸地測量部(1930) 앞의 지도.

근대, 위생적-비위생적, 중심-주변을 구축하는 오리엔탈리즘적 타자표
상이 반영되어 있다고 할 수 있다.

이는 제방 및 병원, 하수도뿐만이 아니다. 예를 들어 가로(街路) 패턴이 그렇다. 근대 도시에서 가로망은 그 도시의 기본 디자인이며, 설계자(도시건설의 주체)의 도시건설 이념이 표현된 것이라고 할 수 있다. 예컨대 안둥의 경우는 〈그림 16〉과 같은 가로 패턴을 보인다. 도로의 상황에 관하여 일본인은 "지나 시가는 구획이 일본인 시가처럼 질서정연하지 않고, 도로 상태가 매우 불완전"[105]이라고 여겨졌던 것이다. 이는 정돈된 가로 패턴을 보이는 일본 측에 대하여 무질서하고 자연발생적인 혼잡한 도로망의 중국인거리라는 대비를 통해, 서양과 비서양, 문명과 비문명, 근대와 전근대라는 이항대립적인 인식이 여실히 드러나 있는 것이다. 즉 여기에는 안둥 나아가서는 중국이 뒤쳐진 곳이라는 당시의 일본인의 응시가 있음을 알 수 있다. 그럼에도 불구하고 복잡한 도로망은 중국인 거리가 지닌 자신들의 영역성을 산출하고 있다고 생각되며, 군사력을 가지고 침입해 온 새로운 거주자에 대한 저항의 공간을 나타낸다고 파악할 수 있지 않을까?

VI. 나오며

이상, 식민지도시 안둥의 형성 프로세스와 도시 공간구조의 특징에 대한 고찰을 진행했다. 끝으로 이 글의 한계와 앞으로의 과제에 대해 서술하고자 한다. 개별사례로서는 유곽 및 공창제도와 같은 도시 공간과 젠더 문제, "쿨리(苦力) 숙박소" 등 도시 공간과 노동의 문제, 위생관련시설에 관한 보다 상세한 고찰, 학교 및 도서관 등 교육시설에 관한 고찰, 일상생활과 저항의 공간, 역전광장, 소비 공간 등 다뤄야 할 대상이 많지만, 이론적 부분에 대해서만 언급해 둔다.

안둥의 공간구조에 관한 고찰 배경에는 시카고학파에 의해 제시된 도시 공간모델[106]이 있으며, 분석과정에서는 전술한 하시야의 세 가지 유형을 염두에 두었다. 또한 이 글의 주요 자료인 지도는 과거의 양상을 현재에 전해주는 귀중한 자료가 되며, 토지 이용의 변화 등 지도화를 통해 드러나는 도시의 모습도 있다. 이처럼 모델화 및 지도화는 지역 및 장소의 특징 파악에 유익한 시점을 제공해 주지만, 주의해야 할 부분도 있다. 즉 모델화와 지도화가 어떤 측면에서는 사회의 실태를 단순화하고 고정화하는 한계가 있다는 점이다. 모델화와 지도화는 어떤 사실을 명확히 하는 동시에, 또 다른 실태를 가리기도 한다. 이 한계와 과제를 극복하고 제국주의, 식민지주의 하에서의 공간의 생산과정을 파악하기 위하여, 지배와 피지배 측면이 가지는 각각의 다양성을 파악하고 일상생활의 실태에 보다 가깝게 다가가는 연구가 요구된다.

상술한 이론적 과제와 더불어, 1930년 이후 안둥의 도시 형성 과정 역시 과제로서 남겨져 있다. 만주국 수립 후의 도시, 일본의 패전 후 중화인민공화국이라는 사회주의국가의 도시로서 안둥에 어떠한 변화가 일어나고 어떠한 부분이 유지되었는가라는, 다시 말해 정치 체제의 변화와 도시 공간 사이에 어떤 관계를 발견할 수 있는가라는 문제이다. 오랜 시간 지속되어 온 일본 제국주의의 식민지 수탈론과 식민지 근대화론은, 지금의 아시아, 특히 동아시아 국가들의 경제 발전 배경으로서 전전(戰前)과 전후(戰後) 관계의 연속으로 볼 것인가 단절로 볼 것인가라는 논의와도 관련되어 있다. 이 부분 역시 중요한 향후 과제라 할 것이다.

사카노 유스케 | 나가사키대학 객원연구원

▣ 주

1) 이 글은 근대 제국 일본에 의한 식민지 지배와 도시 형성 프로세스를 다루는 논고이므로 자료 인용 시에는 현대 일본사회에서는 차별적인 지명 및 국명일지라도 당시 자료에 기재된 용어 그대로를 사용하기로 한다.

2) 1940년 당시 안둥의 인구규모는 319,961명으로서, 일본의 식민지도시 중 7위에 해당했다. 안둥보다 큰 인구규모를 가졌던 도시는 펑톈(1,135,801명), 경성(935,464명), 하얼빈(681,882명), 다롄(661,354명), 창춘(489,917명), 타이베이(326,407명)의 순이었다. 水內俊雄(1985),「植民地都市大連の都市形成――1899~1945年――」,『人文地理』37-5, 53쪽.

3) 金子文夫(編)(1993),「戰後日本植民地研究史」, 大江志乃夫他編,『岩波講座近代日本と植民地 4 統合と支配の論理』, 岩波書店, 290쪽.

4) 金子(1993), 앞의 책, 292쪽; 橋谷弘(2014),「朝鮮植民地都市史研究の步み」,『朝鮮史研究會論文集』52, 29~37쪽.

5) 三木理史(2010),「日本における植民地理學の展開と植民地研究」,『歷史地理學』52-5, 31쪽.

6) 좀 더 상세하고 광범위한 식민지 연구, 식민지도시연구의 과제와 전망에 대해서는, 김백영(2009),『지배와 공간 식민지도시 경성과 제국 일본』, 문학과 지성사, 서장 및 제 1장~제 3장을 참조하길 바란다.

7) 越澤明(2002),『滿州國の首都計劃』, 筑摩書房, 183쪽.

8) 일본의 식민지도시를 도시계획의 '실험장'이라는 관점에서 본 연구로는 지리학에서는 澁谷鎭明(1995),「都市計劃の實驗場としての植民地」, 荒山正彦・大城直樹編著,『空間から場所へ――地理學的想像力の探求』, 古今書院이 있다.

9) 尹正淑(1987),「仁川における民族別居住地分離に關する研究」,『人文地理』39-3, 87~101쪽.

10) 葉倩瑋(1994),「日本植民地時代における台北の都市計劃：統治政策と都市空間構造の變化」,『經濟地理學年報』40-3, 38~55쪽.

11) 식민지도시 내 민족별 거주분화에 대한 관심은 일본의 식민지도시 뿐만 아니라, 영국의 식민지였던 인도의 도시 형성을 다룬 이이즈카(飯塚)의 연구 등에도 드러난다. 飯塚キヨ(1985),『植民地都市の空間形成』, 大明堂.

12) 三木理史(1999),「移住型植民地樺太と豊原の市街地形成」,『人文地理』51-3, 3쪽.

13) 成田龍一編(1993),『近代日本の軌跡 9 都市と民衆』, 吉川弘文館.

14) 水內俊雄(1994),「近代都市史研究と地理學」,『經濟地理學年報』40-1, 14쪽.

15) 橋谷弘(2004),『帝國日本と植民地都市』, 吉川弘文館.

16) 佐藤正二郎編(1917),『安東縣及新義州』, 圖書普及會, 33쪽.

17) 안둥의 항목 전문은 이하와 같다. "安東 An-dong〔今縣名〕在遼寧鳳城縣東南
百二十里, 古高句麗征服北方蠻族, 始築城於鴨綠江中°(即今黔定島°)名日來
遠, 作來遠城曲° 遼因之° 金升置來遠州, 後廢° 明築九連城於鴨綠江濱, 與高麗
相峙‧, 在今治北二十五里° 清初因之, 光緖二年, 改設縣治於沙河子, 命日安東,
屬盛京省鳳凰廳, 以在奉天省極東境故名° 民國三年六月, 劃爲奉天邊道治°
國民政府成立, 廢道, 十八年一月, 改奉天省爲遼寧, 縣屬遼寧省政府° 安奉鐵路
起點于此, 隔鴨綠江與朝鮮義州相對, 有鐵路可達釜山° 光緖二十九年中美通商
約, 及中日通商航海條約訂定, 開作通商港". 劉鈞仁原著, 塩英哲編著, 森鹿三‧
劉俊南監修(1980＝復刻版), 『中國歷史地名大辭典 第2卷』, 凌雲書房, 487쪽.

18) 南滿州鐵道株式會社(1917), 『南滿洲鐵道旅行案內』, 南滿州鐵道株式會社, 157쪽;
劉(1980), 앞의 책, 487쪽.

19) 佐藤(1917), 앞의 책, 34쪽; 安東居留民團法實施十週年記念會(1919), 『安東居留
民團十年史』, 7~8쪽; 茶木淸太郎(1920), 『安東誌』, 安東縣商業會議所, 1~3쪽.

20) 佐藤(1917), 앞의 책, 5~6쪽.

21) 佐藤(1917), 앞의 책, 34쪽.

22) 安東居留民團法實施十週年記念會(1919), 앞의 책, 10~11쪽.

23) 劉(1980), 487쪽

24) 佐藤(1917), 앞의 책, 36쪽; 安東居留民團法實施十週年記念會(1919), 앞의 책, 12쪽.

25) 安東居留民團法實施十週年記念會(1919), 앞의 책, 11쪽.

26) 『安東縣及新義州』에 따르면 1905(明治38)년 9월에, 치다오거우와 류다오거우의
토지 325만평을 중국인 토지소유자에게서 매수하여, 시가건설위원회를 조직,
계획안 골자를 입안한 후, 류다오거우에 86만 4천평을 매수했다고 한다. 佐藤
(1917), 앞의 책, 37쪽.

27) 安東居留民團法實施十週年記念會(1919), 앞의 책, 12~13쪽.

28) 佐藤(1917), 앞의 책, 34쪽.

29) 安東居留民團法實施十週年記念會(1919), 앞의 책, 13쪽.

30) 佐藤(1917), 앞의 책, 37쪽.

31) 安東居留民團法實施十週年記念會(1919), 앞의 책, 288쪽.

32) 安東居留民團法實施十週年記念會(1919), 위의 책, 285쪽.

33) 安東居留民團法實施十週年記念會(1919), 위의 책, 267쪽.

34) 安東居留民團法實施十週年記念會(1919), 위의 책, 119쪽.

35) 安東居留民團法實施十週年記念會(1919), 위의 책, 119~120쪽.

36) 佐藤(1917), 앞의 책, 35쪽.

37) 佐藤(1917), 위의 책, 38쪽.

38) 安東居留民團法實施十週年記念會(1919), 앞의 책, 39쪽.

39) 安東居留民團法實施十週年記念會(1919), 위의 책, 50쪽.

40) 安東居留民團法實施十週年記念會(1919), 위의 책, 11쪽.

41) 茶木(1920), 앞의 책, 75쪽.『安東縣及新義州』에서는「滿洲獨立守備隊第六大隊」로 되어 있다. 佐藤(1917), 앞의 책, 44쪽.

42) 佐藤(1917), 위의 책, 47쪽.

43) 佐藤(1917), 위의 책, 43쪽.

44) 茶木(1920), 앞의 책, 75쪽.

45) 茶木(1920), 위의 책, 76쪽.

46) 越澤(2002), 앞의 책, 56쪽.

47) 越澤(2002), 위의 책, 61쪽.

48) 安東居留民團法實施十週年記念會(1919), 앞의 책, 40쪽.

49) 일본어에서의 정식명칭은「滿洲に關する條約」이다. 國立公文書館アジア歷史資料館 JACAR : A03020693900.

50) 南滿州鐵道株式會社(1917), 앞의 책, 159쪽.

51) 南滿州鐵道株式會社(1917), 위의 책, 159~160쪽.

52) 佐藤(1917), 앞의 책, 38쪽.

53) 佐藤(1917), 위의 책, 27쪽.

54) 佐藤(1917), 위의 책, 26쪽.

55) 茶木(1920), 앞의 책, 143쪽.

56) 茶木(1920), 위의 책, 144쪽.

57) 茶木(1920), 위의 책, 143쪽.

58) 南滿州鐵道株式會社(1919),『南滿州鐵道株式會社十年史』, 453쪽.

59) 南滿州鐵道株式會社(1919), 위의 책, 453쪽.

60) 佐藤(1917), 앞의 책, 6~7쪽.

61) 佐藤(1917), 위의 책, 7~8쪽.

62) 茶木(1920), 앞의 책, 353쪽.

63) 茶木(1920), 위의 책, 347쪽.

64) 茶木(1920), 위의 책, 347쪽. 맞은편 산기슭의 신의주에서는 오바야시구미(大林組)가 제재업을 창업·경영하고 있었다.

65) 주 49와 동일하게「滿洲に關する條約」를 가리킨다.

66) 佐藤(1917), 앞의 책, 63쪽.

67) 安東居留民團法實施十週年記念會(1919), 앞의 책, 51쪽.

68) 佐藤(1917), 앞의 책, 63~64쪽.

69) 安東居留民團法實施十週年記念會(1919), 앞의 책, 51~52쪽.

70) 安東居留民團法實施十週年記念會(1919), 위의 책, 52쪽.

71) 安東居留民團法實施十週年記念會(1919), 위의 책, 69쪽.

72) 채목공사는 당초 목재의 벌채·판매·보관뿐만 아니라, 제재업을 계획하고 있었다. 러일전쟁 후에 수요가 진정되면서 단독 공장 설립을 보류했지만, 1915년에 오쿠라쿠미와 압록강제재무한공사를 설립하면서 제재업을 공동경영했다. 茶木(1920), 앞의 책, 348쪽.

73) 예컨대 이이즈카(飯塚)는 인도의 도시를 대상으로 하여, 인도인 지구의 격리 등에 의한 거주분화로부터 식민지도시사회의 이중구조를 지적하고 있다. 또한 하시야(橋谷)는 동일하게 식민지기 조선의 서울을 대상으로 식민지도시의 이중성을 지적하고 있다. 飯塚(1985), 앞의 책 및 橋谷(2004), 앞의 책을 참고하길 바란다.

74) 劉(1980), 앞의 책, 487쪽.

75) 加藤政洋(2005)『花街—異空間の都市史』朝日新聞社.

76) 게이샤란 '노래·무용·샤미센 등의 기예를 가지고 연회에 흥을 돋우는 것을 직업으로 한 여성'이다. 창기란 '공적으로 영업을 허가받은 창부. 공창'. 오키야(置屋)란 '게이샤를 데리고 있으면서 요구에 응해 요리야, 대합차실, 대석, 여관 등에 게이샤를 파견하는 가게'. 요리야란 '객실을 설치하여 손님의 주문에 응하여 요리를 내는 것을 본업으로 하는 가게. 손님은 게이샤를 초대하여 유흥할 수도 있지만, 지역에 따라서는 금지되어 있는 곳도 있다. 대합차실이란, '객실을 설치하여 손님이 게이샤를 불러 유흥하는 가게'. 대석이란 '객실을 설치하여 손님이 게이샤나 창기를 불러 유흥하는 가게'. 대좌부(貸座敷)란 '창기가 생활하면서 방을 빌리는 것을 표면적으로 내세워서 영업하는 가게. 대좌부의 영업이 허가된 지구가 유곽'이다. 이상, 加藤(2005), 앞의 책, 권말의 1-2쪽을 참조.

77) 橋谷(2004), 앞의 책, 94~102쪽.

78) 安東居留民團法實施十週年記念會(1919), 앞의 책, 93쪽.

79) 茶木(1920), 앞의 책, 26쪽.

80) 安東居留民團法實施十週年記念會(1919), 앞의 책, 94쪽.

81) 〈표 4〉에 나타난 개방전의 업종수와 〈표 5〉 및 〈표 6〉에서 다루고 있는 개방후의 업종수를 비교해보면, 특히 일본 측에 관해서는 큰 차이가 보인다. 이는 개방 이전에 보였던 업종이 개방후에 완전히 도태되었다기보다도, 원래 자료인『안둥지』(1920)이 개방후에 생긴 업종이나 주목되는 업종을 선택했다고 이해해야만 할 것이다. 또한 개방 이전의 중일의 업종 안에는 일상생활에 관련된 업종이 많으며『안둥지』에서는 소개되지 않았지만 소규모 수공업으로서의 상업 구내에 감소되면서도 계속 존속했다고 생각하는 편이 타당할 것이다.

82) 茶木(1920), 앞의 책, 379쪽.

83) 茶木(1920), 앞의 책, 391~392쪽.

84) 茶木(1920), 앞의 책, 406쪽.

85) 高媛(2012)), 「帝國の風景—滿洲における櫻の名所「鎭江山公園」の誕生」 Journal of global media studies, 11, 11~23쪽.

86) 關東局文書課編(1937)『關東局施政三十年業績調査資料』, 713쪽.

87) 高(2012), 앞의 책, 13쪽.

88) 상세한 내용은 高(2012), 앞의 책, 15~17쪽을 참조하길 바란다.

89) 高(2012), 앞의 책, 14쪽.

90) 安東居留民團法實施十週年記念會(1919), 앞의 책, 96~97쪽.

91) 安東居留民團法實施十週年記念會(1919), 앞의 책, 97쪽. 덧붙여 1934년에는 장교, 하사를 합쳐3129명의 유해가 합사되었다고 한다(南滿州鐵道株式會社(1934)『安東』滿鐵鐵道部營業課).

92) 安東居留民團法實施十週年記念會(1919), 앞의 책, 97쪽.

93) 橋谷(2004), 앞의 책, 89쪽.

94) 越澤(2002), 앞의 책, 81쪽.

95) 佐藤(1917), 앞의 책, 37~38쪽.

96) 佐藤(1917), 앞의 책, 35쪽.

97) 橋谷(2004), 앞의 책, 42쪽.

98) 橋谷(2004), 앞의 책, 42쪽.

99) 佐藤(1917), 앞의 책, 41쪽.

100) 佐藤(1917), 앞의 책, 37쪽.

101) 佐藤(1917), 앞의 책, 41쪽.

102) 佐藤(1917), 앞의 책, 59쪽.

103) 茶木(1920), 앞의 책, 79쪽.

104) 茶木(1920), 앞의 책, 95쪽.

105) 佐藤(1917), 앞의 책, 41쪽.

106) 시카고학파의 작업은 근대 도시의 탄생에 수반된 새로운 신분제 및 빈부의 차등 사회적 모순을 해소하기 위해 수행되었던 것으로 이 글과 관련된 가장 유명한 연구성과로서는 버제스의 동심원지대모델이 있는데 이 모델로부터 '사회적 거리는 지리적(물리적) 거리에 반영된다'는 것을 제시했다. 山口覺(2006)「シカゴ學派都市社會學—近代都市研究の始まり—」(加藤政洋・大城直樹編著『都市空間の地理學』ミネルヴァ書房,4~16쪽)을 참조.

3.
근대 해항도시 안둥의 산업구조

권경선

I. 들어가며: 일본 제국주의와 중국 북부 해항도시

이 글은 20세기 전반 안둥(安東: 지금의 丹東)의 산업을 분석함으로써 근대 해항도시 안둥의 산업기반과 산업구조 및 성격을 파악하고, 환황해권 내 해항도시 칭다오, 다롄과 비교 고찰하고자 한다.

먼저 앞선 국제공동연구 시리즈에서 진행한 다롄과 칭다오의 연구 결과를 간략히 정리해보면 다음과 같다. 랴오둥 반도(遼東半島)의 다롄은 일본 관동주(關東州) 조차지의 중심도시였고, 산둥 반도(山東半島)의 칭다오는 제1차 세계대전 및 중일전쟁 기간에는 일본군에 점령되고 전간(戰間)의 비점령 상태에서도 일본이 항만·철도·세관·광산의 경영권과 상공업 전반에 막강한 영향력을 미치고 있던 일본 제국주의의 비공식적 식민지도시였다. 두 도시 간에는 산업기반과 산업구조, 일본 제국주의 확장 과정에서의 역할이라는 측면에서 다음과 같은 유사성을 발견할 수 있었다.[1]

먼저 일본은 각 도시에 대한 법적 기반을 바탕으로 산업의 물리적 기반과 제도적 기반을 장악함으로써 도시 산업 장악의 근간을 마련했다. 산업의 물리적 기반은 배후지와 역외 지역(특히 일본 제국주의 세력권)을 잇는 교통망과 그 요충에 위치한 도심(시가지)이었다. 도시와 배후지를 잇는 철도망과, 도시와 역외 지역을 잇는 해운망이 결합하고 교차하면서 이들 도시를 중심으로 하는 교통망이 구축되었다. 그리고 교통망의 요충에 상업행정구역, 공업구역, 주택지 등 구역 기능이 분명한 도심을 건설하고 정치경제기구와 일본의 회사 및 공장을 집중시켜 물리적 기반을 장악했다. 무역 촉진을 위한 관세 및 화물 운임 상의 특혜, 공업 진흥을 위한 용지 불하 특혜와 보조금, 일본계 금융기관의 금융 장악은 산업 성장을 촉진하는 동시에 일본이 산업을 장악하는 제도적 기반이 되었다.

다음으로 두 도시의 산업 발전은 1차 산업을 도심 외곽과 배후지에 의존하고, 공업과 교통운수업 및 상업무역의 2차·3차 산업에 집중하는 형태로 이루어졌다. 교통운수업은 배후지와 역외 지역을 잇는 교통망을 바탕으로 한 대규모 여객 및 물자 수송이 주가 되었다. 도시와 배후지 간 수송은 일본의 영향력이 크게 작용하던 철도회사들(南滿洲鐵道株式會社; 膠濟鐵道)이 독점했다. 도시와 역외 지역을 잇는 해운에서는 중국(연안 수송 중심)과 구미 각국의 해운업도 꾸준한 비중을 차지했으나 1차 대전을 거치며 일본 편중이 심화되어갔다. 무역은 배후지 원료 및 그 가공품의 수이출(輸移出: 해외로의 수출과 중국 국내 각지로의 이출)과 외국산 상품 혹은 중국 국내산 상품의 수이입(輸移入: 해외로부터의 수입과 중국 국내 각지로부터의 이입) 및 유통이 주가 되었다. 무역상대국의 규모에서는 1차 대전 이후 일본의 점유율이 높아지며 중국과 일본이 경합하는 가운데, 일본의 비중이 계속적으로 증대하는 경향이 보였다. 배후지 원료의 가공을 주로 하

던 공업은 주요 공산품이 주요 수출품으로 유통되면서 교통운수
업, 상업무역과 밀접한 관련을 맺고 있었다. 공업 부문에서도 1차
대전 이후 일본 자본의 규모와 비중이 급격하게 증가하며 일본 편
중이 가속화되는 경향을 보였다.

요컨대 일본 제국주의의 확장에서 다롄과 칭다오는 배후지와 역외
지역을 잇는 산업경제의 요충이었다. 1차 대전을 거치며 도시 산업
전반에 대한 일본의 영향력이 강화되면서 산업구조의 일본 편중이 심
화되었고, 이것은 나아가 도시의 배후지 경제와 일본 제국주의 경제
의 관계 정도를 심화하고 배후지를 일본의 원료 공급지이자 상품 시
장이라는 종속적 경제구조 속에 포섭하는 역할을 했다.

이 글은 상술한 다롄과 칭다오의 분석틀을 이용하여 안둥의 산업구
조를 분석하고자 한다. 안둥의 산업에 관한 한중일의 연구는, 대개 안
둥의 개항 및 일본 부속지 건설을 계기로 한 철도망의 구축과 산업 발
전의 관계 또는 과정에 집중하거나, 주요 산업이었던 목재업, 작잠업
(柞蠶業)에 천착한 연구가 주를 이룬다.[2] 이 글의 관점은 일본 제국주
의와의 관계에 집중하여 안둥의 산업화 과정과 구조를 파악해 온 기
존의 관점과 유사하다. 단 이 글에서는 일부 업종에 집중되거나 개략
적으로 분석되던 안둥의 산업 전반을 각 산업 간 관계에 유의하여 고
찰함으로써, 칭다오와 다롄 분석에서 발견했던 흐름, 즉 배후지와 외부를
잇는 도시의 결절적 위치와 역할이 산업 형성 및 발전의 배경이 되었고,
일본이 산업기반을 장악하고 산업 전반에 영향력을 미치면서 도시 및 배
후지 경제를 제국주의 경제구조 속으로 포섭했음을 확인하고자 한다.

이 글에서 다루는 안둥은 당시 안둥 현(安東縣) 내의 중국 상부(商
埠)와 일본 부속지가 건설된 도심(지금의 단둥 역과 大沙河 부근의 압
록강안 일대)을 가리킨다. 일본 제국주의는 안둥의 일본민단거류지와

만철 부속지라는 한정된 부속지를 중심으로 세력 기반을 마련하고, 이를 근거로 배후지로의 침투를 심화했다. 안둥의 분석은 도시 사례 연구의 의의를 지니는 동시에, 일본 제국주의의 법적 기반이 다른 두 도시, 즉 다롄 및 칭다오와의 비교, 만주라는 동일한 배후지를 둔 다롄과의 비교를 통해 일본 제국주의와 중국 북부 해항도시의 관계를 밝히는 작업으로서의 의의를 가질 수 있을 것이다.

　본론에서는 안둥에 중국 개부국(開埠局)이 설치되고 일본 부속지의 개발이 본격화되는 1906년부터 이른바 만주사변으로 안둥이 '만주국(滿洲國)'에 편입되기 전까지를 중심으로,[3] 안둥의 교통운수업, 무역, 공업의 기반과 내역 및 구조를 밝히고, 앞선 두 도시의 그것과 간단히 비교하도록 한다. 본론의 분석에서는 일본의 입장과 정보 전달에 편중된 남만주철도주식회사(이하 만철)와 안둥 일본상업회의소(상공회의소)의 자료를 주로 사용함으로써, 중국 자본의 내역과 역할에 대한 면밀한 분석에 한계가 있었음을 밝혀둔다.

Ⅱ. 안둥의 교통운수업과 그 특징

　안둥의 산업 근간은 원료생산지이자 상품시장으로서 만주라는 넓은 배후지의 존재와, 강(압록강) · 바다(황해) · 국경(조선)에 연한 삼연(三沿) 도시로서의 지리적 · 지형적 조건, 그리고 그것을 바탕으로 대내외를 이으며 구축된 교통망이었다고 할 수 있다. 안둥의 교통망은 압록강 수로, 황해를 통한 해로, 만철 안봉선(安奉線: 안둥과 奉天을 잇는 철도)과 조선총독부철도 경의선(京義線)을 잇는 육로 철도망을 중심으로 구축되었다. 이번 장에서는 당시 안둥 교통망의 구조와 그

것을 바탕으로 전개된 교통운수업의 상황을 분석함으로써, 교통운수업의 실질과 특성을 파악하는 동시에 다음 장에서 살펴볼 무역과 공업의 물리적 기반을 고찰한다.

1. 하운

압록강 수로를 이용한 하운은 개항 이전부터 안둥의 주요한 교통운수방식이었다. 안둥의 중국 상인들은 압록강과 훈강(渾江)의 하운을 이용하여 양 강 유역 각지와 장쑤(江蘇), 산둥(山東), 허베이(河北) 등 중국 연안 각지의 무역을 매개할 수 있었다. 안둥의 상인들은 양 강 유역의 목재와 주변 지역에서 생산되는 대두 및 그 가공품, 잡곡과 작잠 고치, 약재 등을 수로를 통해 안둥에 집하한 후 상하이(上海), 즈푸(芝罘: 지금의 煙臺), 잉커우(營口), 톈진(天津) 등지에 판매하고, 이들 지역으로부터 대량의 면사포, 식염, 설탕, 등유, 종이, 일용잡화 등을 수입하여 안둥 및 양 강 유역 각지에 판매했다.[4]

양 강 유역과 중국 연안 간의 교역에는 유속이 급하고 수심이 얕은 압록강의 특성으로 인해 안둥을 기점으로 각각 다른 종류의 선박이 이용되었다. 압록강 유역 각지와 안둥 사이에는 선체가 작은 내하(內河) 정크가 주로 이용되었고, 안둥과 중국 연안 각지 사이에는 규모가 비교적 큰 외양(外洋) 정크와 기선이 이용되었다.[5]

안둥과 양 강 유역 간 하운에는 조선(艚船), 창구(廠口), 첨취자(尖嘴子) 등의 배가 이용되었다. 안둥에서 양 강 유역 각지로 운송되는 화물은 안둥에서 양 강 유역을 거슬러 오르는 상항(上航) 화물과 양 강 유역에서 안둥으로 보내지는 하항(下航) 화물로 나눌 수 있었다. 상항 화물은 면사포를 비롯하여 소금, 밀가루, 석유, 성냥이 주를 이루었고, 사탕, 염건어, 차, 초, 도기 등도 상당량 운반되었다. 하항 화물 중에는 목재(압록강재)가 가장 많았으나 전량 유벌(流筏) 처리되었고, 배를 이용한 화물로는 콩깻묵(豆粕)과 콩기름(豆油), 잡곡, 작잠고치, 술, 마(麻), 잎담배 등이 주를 이루었다.[6]

하운의 발달에 따라 안둥에는 항업공회(航業公會), 조선회(艚船會) 등의 조직이 결성되어 업계를 주도했다. 주요 하운 선박이었던 조선의 선호(船戶)들은 선박 파손이나 화물 적사와 관련된 사고 및 분쟁, 지현공서(知縣公署)의 위탁사무 등을 처리하기 위하여 안둥압혼양강조선회(安東鴨渾兩江艚船會), 안둥압혼양강조선연합보총회(安東鴨渾兩江艚船聯合保總會)와 같은 조직을 결성하여 활동했다.[7]

단 압록강은 하계와 동계에 걸친 반 년 동안 선박의 항행이 제한되었다. 강우량이 많은 7월과 8월에는 홍수로 인해, 12월부터 3월 사이에는 결빙으로 인해 항행이 불가했으며, 결빙기와 해빙기를 전후한 열흘 동안에는 유빙으로 인해 항행에 어려움이 있었다.[8] 개항 후 해운과 철도 육운이 급속히 발전하는 상황에서도, 계절성에 큰 영향을 받는 압록강 하운의 발전은 제한적일 수밖에 없었다.

2. 해운

황해를 거쳐 안둥에 입항하려는 선박들은 압록강 하구를 거슬러 올라야했다. 그러나 기술한 바와 같이 압록강은 유속이 빠르고 수심시안이 얕아 대형 선박의 항행이 곤란했으므로, 기선 등은 압록강 하구 서안의 다둥거우(大東溝: 지금의 東港)나 산다오랑터우(三道浪頭: 지금의 浪頭鎭)에 정박하여 화물을 적사했다.[9]

안둥 항에 개설된 항로는 톈진, 친황다오(秦皇島), 잉커우, 다롄, 뤼순(旅順), 즈푸, 룽커우(龍口), 웨이하이웨이(威海衛), 칭다오, 상하이, 한커우(漢口), 산터우(汕頭), 홍콩 등 중국 연안 각지와, 시모노세키(下關), 모지(門司), 고베(神戶), 오사카(大阪) 등 일본 연안, 조선(인천) 연안에 집중되어 있었다. 안둥 항과 이들 지역을 오가는 선박은 일본적, 중국적, 영국적 선박이 주를 이루고 있었다. 안둥 항 출입 선박의 국적별 화물량을 보면, 1920년대에는 일본적 선박이 과반에서 절반 가까이를 차지하다가, 1930년대 초에는 중국의 관세율 개정과 만주사변 등 정치경제적 변화로 인해 중국적 선박이 일본적 선박을 상회하기도 했으나, 만주국 수립 이후 다시 일본적 선박의 비중이 증가하는 양상을 보였다.[10]

안둥의 해운업은 압록강 유역 산품의 중국 연안 이출과 중국 연안 각지의 산품 혹은 수입품을 안둥으로 이입하는 연안 수송과, 일본을 비롯한 외국 각지로의 잡곡 수출, 잡화 수입을 주로 하는 대외 수송이 중심이 되었다.

연안 수송은 다시 정크 수송과 기선 수송으로 나눌 수 있었다. 1920년대 후반 안둥의 정크 수송은 화물 수송 및 관련 대리업에 종사하는 20여 개의 업체(船店)를 매개로 상하이, 산둥 각지 및 랴오둥(遼東) 각지와 이루어졌다.[11] 상하이로부터의 주요 이입품은 면포와 죽류(竹類)였고 주요 이출품은 콩기름이었으며, 산둥 및 랴오둥 각지의 주요 이입품은 도기(陶器), 주요 이출품은 목재, 콩류, 고량, 조 등 잡곡이었다.[12]

안둥의 대표적인 이출품인 압록강재와 작잠 고치의 연안 수송에서는 외국적 해운, 특히 일본 해운이 강세를 보였다. 1928년에 발간된 만철 자료에 따르면, 당시 압록강재의 연안 수송을 장악한 것은 일본 자본의 다롄기선(大連汽船)과 정기공사(政記公司)였다. 다롄기선은 안둥, 다롄, 톈진을 잇는 정기 항로에 사선(社船)을 배선하여 월 2회

운항하고, 그 밖의 연안 각지와도 부정기 항로를 개설했다. 당시 다롄기선의 안둥 항 출입 선박 톤수는 안둥 항 총톤수(1927년 580,980톤 기준)의 10%가 넘는 연 7만 여 톤에 이르렀다. 정기공사는 중국인 명의였으나 실질적으로는 일본의 영향력이 크게 작용하고 있던 회사였다. 정기공사는 소유 선박 및 용선을 이용하여 안둥과 톈진, 즈푸, 웨이하이웨이, 칭다오, 룽커우, 시커우(西口) 등 산둥, 허베이 각지와의 해운에 종사했다. 그밖에 상하이 방면 항로에 영국의 태고양행(太古洋行: Butterfield & Swire)이 종사하고 있었다.[13]

같은 시기 일본 연안과의 교역에 집중되어 있던 안둥의 대외 수송업은 일본 자본의 조선우선(朝鮮郵船)과 오사카상선(大阪商船)이 장악하고 있었다. 당시 조선우선과 오사카상선의 안둥 항 출입 선박 연평균 톤수는 각각 40척 6만 톤 내외, 20척 3만 톤 내외로, 1927년을 기준으로 했을 둥 항 출입 선박 총톤수의 15% 이상을 차지하고 있었다.[14]

3. 철도

안둥의 육로 교통 방식에는 철도와 마차, 자동차가 있었으나, 여객 화물의 수송 범위와 규모, 시간과 비용 면에서 가장 큰 영향력을 가진 것은 철도였다.

러일전쟁 당시 안둥과 펑톈(奉天: 지금의 瀋陽) 사이에 군용 경편철도를 부설한 일본은, 전쟁 승리 후에 안둥과 펑톈 사이의 안봉선 철도와 철도 부속지를 정식 접수하고(만철 관할), 중국을 압박하여 안봉선의 표준궤 개축과 압록강 대안의 신의주와 이어지는 압록강철교의 가설을 진행했다. 1911년 11월 안봉선 전선이 개통되고 압록강철교를 통해 조선의 경의선과 연결되면서, 일본 제국주의는 본국과 식민지

조선, 만주를 잇는 일대 교통망을 구축하게 되었다.[15]

　철도 교통망의 확충으로 안둥은 조선과 만주를 잇는 요충이 되었고, 이것은 안둥의 화물 수송량과 무역구조에도 큰 영향을 미쳤다. 〈그림 1〉은 1910년대 후반부터 1930년대 전반까지 안둥 해관의 무역액을 운수방식별로 나타낸 것으로, 철도를 중심으로 한 육로 무역이 기선 중심의 해로 무역을 크게 상회하고 있었음을 알 수 있다.[16]

〈그림 1〉 안둥 해관 무역액 운수방식별 추이 (단위: 海關兩)

　철도와 안둥 무역의 관계는 수송 화물의 내역에서도 드러났다. 1910년대부터 1930년대까지 안둥 역을 발착하거나 통과했던 주요 화물은 대두를 비롯한 각종 콩류, 조, 고량, 콩깻묵, 옥수수, 쌀, 목재, 석탄, 견사, 면사포 및 면제품, 밀가루, 사탕, 주류, 생과, 염건어, 시멘트, 종이, 마대 등으로 안둥의 주요 수출입품이었다.[17]

　1920년대와 1930년대 초의 안둥 역 발착 화물량 및 통과 화물량을 분석해보면, 조선을 출발지 혹은 최종 목적지로 한 화물이 전체의 86~88%를 차지하고 있었다. 안둥 역을 거쳐 조선으로 들어간 화물은 조, 콩깻묵, 목재, 석탄 및 코크스, 고량, 콩류가 많았고, 조선에서 철도를 통해 안둥 역에 도착하거나 안둥 역을 통과하여 만주 각지로 운송된 화물로는 목재, 시멘트 및 석회, 신탄, 사탕이 주를 이루었다. 일본에서 조선철도를 거쳐 안둥으로 들어온 화물은 면사포가 대부분을 차지하는 가운데, 과일류도 상당량을 차지했다. 안둥 역과 조선철도를 거쳐 일본으로 발송된 화물은 목재, 콩류, 견사가 주를 이루었다.[18] 안둥의 철도 화물 내역과 발착지는 다음 장에서 살펴볼 안둥 무역 전반과 궤를 같이 하고 있었으며, 당시 안둥 무역에서 철도망이 가진 중요성을 가늠해볼 수 있다.

안둥의 교통운수업은 지역의 지리적, 지형적 특성이 반영된 교통망을 기반으로 발전했다. 안둥은 해로와 육로를 중심으로 배후지와 역외 지역(국가)을 잇는 교통망의 결절이자 중추라는 점에서는 칭다오, 다롄과 유사성을 띠고 있었으나, 배후지 물자 수송의 중요한 통로로서 압록강의 존재, 대안의 조선과 철도로 이어진 국경도시라는 점에서 두 도시들과는 다른 특징을 띠고 있었다. 즉 안둥의 교통운수업은 배후지와 안둥 간의 철도 수송, 안둥과 역외 지역 간 해운뿐만 아니라, 배후지와 안둥 간의 하운, 안둥과 역외 지역 간 철도 수송을 포함하는 보다 복합적인 양상을 띠고 있었다. 이러한 안둥의 교통망과 교통운수업의 특징은 이를 근간으로 이루어지던 무역과 공업의 구조와 양상에서 보다 뚜렷하게 드러났다.

Ⅲ. 안둥의 무역과 그 특징

배후지산 원료 및 그 가공품의 수이출과 역외 지역 상품의 수이입을 주로 하는 안둥의 무역은, 안둥의 도시 발전 과정과 일본의 안둥 경제 잠식 과정에서 중추적인 역할을 했다. 안둥의 무역은 세연총국(税捐總局)[19]이 관할하던 정크 수송 무역과 안둥 해관(安東海關)이 관할하던 무역으로 이루어져 있었다. 이번 장에서는 각각의 무역을 정크 무역과 해관 무역으로 분류하여, 상대적으로 무역 규모가 작고 관련 자료의 입수가 어려웠던 정크 무역을 간단히 정리한 후, 해관 자료를 바탕으로 해관 무역을 분석하고자 한다.

1. 정크 무역

압록강 유역 각지와 중국 연안 각지를 잇는 안둥의 정크 무역은 19세기 후반 산둥 이민이 도래하고 안둥 현이 설치될 무렵부터 보이기 시작했다. 압록강 및 혼강 유역 각지와 안둥의 거래는 앞서 교통운수업 부분에서 살펴보았으므로, 여기서는 만철 조사 자료를 바탕으로 안둥과 중국 연안 각지의 무역 상황을 간단하게 정리하겠다.

개항 직전인 1904~1905년 무렵 안둥 정크 무역의 주요 거래지는 즈푸를 비롯한 산둥 각지와 톈진, 진저우(錦州), 상하이 등 발해 및 황해 연안의 도시들이었다. 당시 안둥의 정크 무역액은 이입액이 약 2,531,031량(兩), 이출액이 약 2,439,646량이었다. 주요 이입품으로는 양자강 인근과 인도, 일본 등지에서 생산된 면사포가 절반가량을 차지하는 가운데, 밀가루, 사탕, 쌀, 석유, 종이, 담배, 비누, 성냥 등으로 구성되었고, 주요 이출품은 대두(40%), 작잠 고치(25%), 작잠사(21%),

콩깻묵과 옥수수 등으로 구성되었다.[20]

1920년대 전반 안둥의 정크 무역액은 500~600만 해관량(海關兩)으로, 이출액이 과반을 차지했던 것으로 추정된다.[21] 같은 시기 안둥 해관 자료에 기록된 중국 연안 무역액은 1,000~2,000 해관량 정도였으므로, 당시 중국 연안 무역에서 정크 무역이 차지한 비중은 크게는 삼분의 일에서 작게는 오분의 일 정도였던 것으로 추정할 수 있다. 이 시기 안둥의 주요 이입품은 중국 각지에서 생산되거나 일본과 구미 각지에서 중국 연안 각지로 수입되어 재이출된 면사포 등 생활필수품이었고, 주요 이출품은 목재, 콩류 및 그 가공품, 작잠 고치, 잡곡 등이었다.[22]

2. 해관 무역

1) 해관 무역의 기반

안둥의 대외무역이 본격적으로 이루어지기 시작한 것은 개항 이후부터였다. 개항과 함께 중국 상부와 일본 부속지를 중심으로 도시의 형태가 만들어지고 배후지와 역외지역을 잇는 교통망이 확충되었으며, 대외무역을 관장하는 해관이 설치되고 무역 확대를 위한 제도적 장치들이 마련되었다.

안둥의 대외무역 관리체계는 1907년 안둥 해관이 설치되면서 갖추어졌다. 안둥 해관은 중국 상부 구역의 옌장지에(沿江街)에 본관(本關)을 두고 기선 정박항인 압록강 하구의 다둥거우와 산다오랑터우에 각각 지관(支關)과 출장소를 설치하여, 선박의 입출항과 하역, 해운 화물과 철도 화물에 대한 통관 수속을 관할했다.[23]

안둥 해관 무역의 관리 주체는 중국이었으나, 무역의 물리적 기반이 되는 교통운수망과 제도적 기반은 일본이 장악하고 있었다. 2장에서 살펴본 것처럼 일본은 일본, 조선, 만주 간 무역 확대를 위한 철도와 기선 항로 중심의 교통운수망을 구축했고, 동시에 이들 지역 간 무역 확대를 위한 제도적 장치를 마련했다. 그 대표적인 것이 조선만주 간 국경육로무역의 감세 조치('鮮滿國境通過鐵道貨物關稅輕減措置')와 삼선연락운임(三線連絡運賃)이었다.[24]

국경육로무역의 감세 조치는, 철도를 이용하여 만주에서 안둥과 신의주를 통과하여 조선 각지로 향하거나 신의주와 안둥을 통과하여 만주로 들어오는 유세(有稅) 화물에 대해 해관 수출입세의 삼분의 일을 감면해주는 것으로, 1913년 5월 일본특명전권공사(伊集院彦吉)와 중국 해관 총세무사(F.A.Aglen) 사이에 체결되어 1930년까지 이어졌다.[25]

1914년 5월부터 실시된 삼선연락운임 역시 안둥 무역 확대의 제도적 기반이 되었다. 해당 제도는 일본발 만주행 화물 중 면사, 면포, 기타 면제품, 쌀, 마대, 모자, 맥주, 염간어, 생과, 곤포, 도자기, 등(藤)제품 등에 대해 일본철도원(日本鐵道院)의 일본철도, 조선철도, 만철 안봉선을 이용하여 수송할 시에 운임의 3할을 할인해주는 내용이었다. 단순 운임 면에서 해로 무역에 비해 경쟁력이 약한 육로 무역을 운임 특례를 통해 강화한 배경에는, 일본철도원과 육로 무역의 주요 상대국이자 중계지인 조선의 조선총독부, 조선철도 등의 움직임이 있었다. 일본-조선-만주(안봉선)를 중심으로 세력 확장을 도모하는 움직임은, 일본-다롄-만주(만철 본선)를 중심으로 세를 확장하려는 만철 및 다롄 내 일본 재계와의 경합을 야기했다. 이 제도는 원래 1916년 4월 말을 기한으로 하고 있었으나, 제도의 존치 및 할인 화물의 확대를 요구하는 조선총독부 및 조선철도 측과, 제도의 철회를 요구하는 만철 및 다롄 일본 재계의 대결 구도 속에서 일시적 철회와 재개를 반복하며 안동 무역 확대에 영향을 미쳤다.[26]

2) 해관 무역의 연혁

안동의 개항과 함께 일본이 교통망과 제도 등 무역 기반을 장악하면서 안동의 무역구조는 급격하게 일본 종속적 성격을 띠게 되었다. 해관 설치 이후 완만한 증가세를 보이던 무역총액은, 국경육로무역 감세 조치와 운임 할인 등 무역 확대를 위한 제도들이 마련되고, 1차 대전이 발발하면서 큰 폭으로 증가했다. 이 시기 무역총액의 증가는 감세 조치와 전쟁특수로 인해 수출 부문에서 콩깻묵과 조의 조선 및 일본으로의 수출이 크게 늘어나는 동시에, 수입 부문에서는 중국 연안 각지를 거쳐 들어오던 구미 각국 및 그 식민지의 상품 수입이 감소하고 일본 상품의 수입이 급증하는 가운데 이루어졌다. 즉 1차 대전은 배후지와 중국 연안 각지를 이으며 진행되던 기존의 안동 무역을 일본과 조선에 집중시키면서 일본 제국주의 경제구조로의 포섭을 가속화하고 공고히 하는 계기가 되었다고 할 수 있다.

1920년대 안동의 무역은 1910년대에 비해 총액의 규모가 커진 가운데, 큰 폭의 부침(浮沈)을 반복하고 있었다. 수입 부문을 보면, 1920년대 중반 무렵에는 전후 불황과 배일(排日) 사상의 확산, 중국 지방정부의 일화(日貨) 배척 압박 등으로 대일(對日) 수입이 정체와 감소의 양상을 보이면서 수입총액의 정체와 감소로 이어지다가, 1920년대 후반에 들어 대일 수입이 증가하는 가운데 수입총액 역시 증가하는 양상을 보였다. 수출 부문에서는 1920년대 중반 이후 대일 수출이 정체하는 가운데 대조선(對朝鮮) 수출이 늘어나면서 수출총액의 변동을

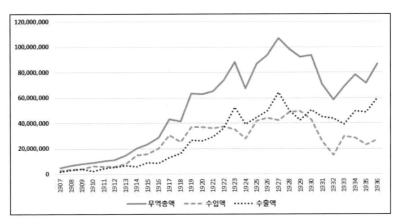

〈그림 2〉 안둥 해관 무역액 추이

좌우한 것으로 보인다.

반복되는 부침 속에서도 규모를 유지하고 있던 안둥의 무역총액은 1930년대 초반 급격한 감소세를 보인다. 그 배경에는 관세와 관련한 일련의 변화가 있었다. 먼저 1930년 5월에 중일관세협정이 맺어지면서 같은 해 9월 16일부터 국경육로무역 감세 조치가 철폐되었다. 1931년 1월에는 중국이 관세자주권에 의거하여 관세율을 개정하면서 외국 상품 특히 일본 상품의 만주 수출이 거의 봉쇄되는 상황에 이르렀다. 이와 같은 변화는 안둥 무역의 상당부분을 차지하던 대일 수입에 타격을 주면서 무역총액의 급감을 추동했다.[27]

이 시기 대일 무역의 침체를 타파하는 계기가 된 것이 곧이어 발생한 만주사변이었다. '만주국'의 수립으로 일본 상품의 만주 수출이 용이해지고, '만주국'의 세제 개정과 엔(円) 환율의 하락으로 일본 상품이 경쟁력을 가지게 되면서 대일 수입의 급증과 무역총액 전반의 회복을 이끌었다.[28]

3) 해관 무역의 내역

안둥의 해관 무역은 배후지 원료 및 그 가공품을 주로 하는 수출, 일본 등 외국의 공산품을 주로 하는 수입의 양상을 보이고 있었다.

주요 수출품은 대두, 콩깻묵, 조, 목재, 작잠사 등 만주산 농산품 및 그 가공품과 석탄 등 지하자원이 주를 이루고 있었다. 이러한 경향은 '만주국' 수립 이후에도 이어져, 1930년대 중반의 주요 수출품목 역시 대두, 콩깻묵, 고량, 조, 옥수수, 목재 및 작잠사 등이 차지했다. 주요 수입품은 면사포가 가장 큰 비중을 차지하는 가운데, 사탕, 수산물, 주류, 석유 등이 주를 이루었다.

핵심 수입품인 면사포는 1910년대 전반의 국경육로무역 특례로 일본 상품의 수입이 주를 이루다가, 1930년의 특례 철폐와 세율 개정으로 인해 일시적으로 중국 상품에 밀렸으나, '만주국' 수립 이후 다시 격증하며 대일무역을 주도했다. 1930년대 중반에는 면사포와 수산물, 밀가루, 사탕 등 기존의 수입품목과 함께 목재와 시멘트의 수입이 증가했는데, 이는 '만주국' 수립 후 각지에서 토목건축사업이 진행되면서 관련 품목의 수요가 늘어난 결과로 보인다.[29]

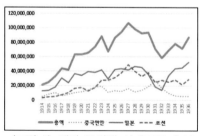

〈그림 3〉 해관 무역액 상대국별 추이

〈그림 4〉 대일본 수출입 추이

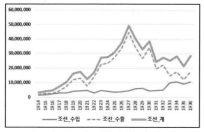

〈그림 5〉 대조선 수출입 추이

〈그림 6〉 중국 연안 이출입 추이

　주요 무역 상대국(지역)을 보면, 시기에 따라 차이가 있으나 전반적으로 일본 및 조선과의 무역이 큰 비중을 차지하는 가운데, 대조선 무역은 수출, 대일 무역은 수입을 중심으로 이루어지고 있었다. 수출과 수입이 각각 조선과 일본이라는 특정 국가에 편중되는 현상은 관련 자료의 확인이 가능한 1914년부터 1936년까지 지속적으로 나타났다. 안둥의 대조선 수출은 1910년대 후반부터 두드러지면서 1920년대 초의 일시적 감소 이후에는 조의 대량 수출을 발판으로 수출총액 전반을 좌우할 만큼 큰 비중을 차지했다. 수입에서는 1931~1932년을 제외하고 일본이 절대적인 비중을 차지하며 안둥 수입총액 전반에 영향을 미쳤다.

　이러한 무역구조의 편중성은 수출입품과 상대국(지역)의 관계 속에서 보다 상세하게 파악할 수 있다. 이를 위해 해당기간 동안 안둥의 무역총액이 절정에 달했던 1927년을 중심으로 주요 수출입품목과 무역 상대국(지역)의 관계를 무역 규모와 무역 방식(수송 방식), 품목별 비중으로 나누어 살펴보도록 하겠다.[30]

　1927년은 1920년대 중반 동안 지속되던 출초(出超) 현상이 정점에 달한 시기였다. 해당 연도의 주요 수출국은 조선(약 69%), 중국 연안 각지(약 15.5%), 일본(약 15%)으로, 대조선 수출이 7할 가까이를 차지하고 있었다. 대외(중국 연안 제외) 수출품으로는 조와 콩깻묵 등 배후지 만주산 농산물과 그 가공품이 70% 가까이를 차지하고 있었으며, 국가별로는 대조선 수출품의 81%(대개 육로 수출), 대일 수출품의 14%(대개 해로 수출)를 차지하고 있었다.

만주산 농산물과 가공품이 조선으로 대량 수출된 배경에는 산미증식계획이 있었다. 즉 식민지 조선의 쌀 생산량을 늘리고 그것을 수탈하여 자국의 식량문제를 해결하려는 일본 제국주의의 움직임 아래, 쌀 증산을 위한 비료용 콩깻묵의 수입과 대체 식량으로서 조 등 잡곡의 수입이 급증하면서 대조선 수출액이 정점에 달한 것이었다.[31]

그밖에 대외 수출품의 약 15%를 점하고 있던 작잠 고치 및 작잠사 제품은 대일 육로 수출이 거의 전량을 차지했고, 약 13%를 차지하던 목재·연료·종이류의 수출은 대조선 육로 수출이 90% 이상을 점하고 있었다.

같은 시기 주요 수입국은 일본(약 74%), 조선(약 10%), 기타 각국 및 지역(다롄, 영국과 독일을 비롯한 구미 각국과 그 식민지로 약 14% 차지)으로 대일 수입이 과반을 차지하고 있었다. 주요 수입품은 면제품, 사탕, 수산물, 주류, 과일 등이었다. 수입총액의 7할 이상을 차지하고 있던 면제품은 거의 전량을 일본에서 수입하여 조선철도를 거쳐 수송했다. 이어서 수입총액의 약 3.4%를 차지하던 사탕은 조선에서 육로로 수입하거나(약 78%), 해로를 통해 홍콩에서 수입했다(약 18%). 수산물과 과일은 대개 조선에서 육로로 수입했고, 주류는 주로 일본에서 수입하여 조선철도를 거쳐 수송했다.

중국 연안 각지와의 무역은 조선, 일본과의 무역액보다는 적었으나 해관 무역총액의 약 15%라는 적지 않은 비중을 차지했으며, 해관 무역에 포함되지 않은 정크 무역을 고려하면 그 비중은 보다 컸을 것으로 여겨진다.

　중국 연안 각지와의 무역은 조선, 일본과의 무역과는 달리 해로를 중심으로 이루어졌다. 주요 이출 지역과 품목을 살펴보면, 상하이가 약 35%, 산터우가 약 32%, 톈진이 약 14%를 차지했고, 산터우와 상하이를 중심으로 콩깻묵과 콩류, 상하이를 중심으로 작잠 고치 및 작잠사 제품, 톈진을 중심으로 목재, 연료, 종이류가 이출되었다.

　이입에서는 상하이가 절대적인 비중(약 85%)을 차지했고, 이어서 즈푸와 기타 각지로부터 이입이 이루어졌다. 이입품으로는 면제품 및 직물류가 가장 큰 비중을 차지하는 가운데, 밀가루를 비롯한 식품류, 초, 고무, 석유, 비누 등 생활필수품의 이입이 두드러졌다.

　안둥의 무역은 수로, 육로, 해로의 결절이자 조선과 접경한 국경도시로서 안둥의 지리적 기반과, 안봉선 광궤 개축과 압록강철교 부설을 통한 철도망의 확충 및 항로 개설 등 교통망과 관련된 물리적 기반, 관세 및 운임 특례 등 제도적 기반을 바탕으로 성장했다.

　그러나 안둥 무역의 물리적, 제도적 기반의 많은 부분이 정치경제적 세력 확장을 추구하는 일본 제국주의의 의도에 따라 구축되면서, 안둥의 무역구조는 도시와 그 배후지 경제구조의 일본 종속화를 추동하는 역할을 하게 되었다. 안둥 무역의 주요 상대국(지역)은 일본, 조선, 중국 연안 각지로서, 특히 제국주의 본국인 일본 및 그 식민지 조선과의 무역 비중이 과반을 점하고 있었다. 수출 부문에서는 배후지 만주산 원료 및 그 가공품의 조선 유통이 두드러지고, 수입 부문에서는 면제품을 비롯한 일본산 공업품의 유통이 강세를 보이는 구조를 통해, 안둥의 무역은 일본 제국주의의 원료 공급지이자 상품 시장으로서 배후지 만주를 위치시키는 가운데 성장하고 있었음을 알 수 있다.

　무역 방식에서 안둥은 칭다오, 다롄과는 달리 철도를 통한 육로 무역의 비중이 큰 특징을 띠고 있었다. 만철 안봉선, 압록강철교, 조선 철도를 잇는 육로 무역은 안둥을 매개로 한 만주와 조선 사이의 주요한 무역방식이었다. 이 시기 조선과 만주 간 무역은 무역 규모와 구조 상에서의 중요성뿐 만 아니라, 조선의 산미증식계획과 만주산 조 및 콩깻묵의 수출 관계에서 확인할 수 있었던 것처럼 제국주의 식량시스템의 모순을 완화하는 방법이자 구조로서의 성격을 띠기도 했다. 더불어 육로 무역은 만주와 일본 간 주요한 무역 방식의 하나로서, 감세 조치와 운임 할인을 둘러싼 다롄과의 경쟁 사례에서처럼 일본 제국주의 내 관련 세력의 의도와 세력 간 경합의 면모를 반영하고 있었다.

Ⅳ. 안둥의 공업과 그 특징

안둥의 공업은 배후지와 역외 지역을 잇는 교통망을 근간으로, 배후지로부터 원료를 공급받아 도시 내에서 가공하여 다시 역외 지역과 배후지로 유통하는 과정 속에서 성장했다. 이번 장에서는 해당 시기 안둥의 공업 개황을 개략적으로 정리하고, 주요 공업이었던 제재업(製材業), 유방업(油房業), 작잠 제사업(製絲業)의 연혁과 내역을 살펴보겠다.

1. 공업 개황

안둥의 공업은 배후지 원료의 가공을 중심으로 이루어졌다. 개항 전 안둥의 중국계 공업은 배후지의 작잠을 이용한 제사(製絲), 대두를 콩깻묵과 콩기름으로 가공하는 유방, 제화(製靴), 염물(染物), 선향(線

香) 제조, 요업, 철공업 등을 중심으로 이루어졌으나, 제사와 유방을
제외하고는 대개 소규모 수공업 수준에 지나지 않았다. 일본인이 경
영하는 공장도 소수의 제재업과 요업 정도에 그쳤다.[32]

안동의 공업은 개항 이후 본격적으로 발전하기 시작했다. 철도와
해운항로를 통한 교통망이 확충되고 시가지 건설과 정비가 이루어지
면서, 산둥 등 중국 각지의 중국 자본과 일본을 비롯한 외국 자본이
유입되기 시작했다. 새로운 기업과 업종이 들어오고 공업에 대한 투
자가 적극적으로 이루어지면서 안동은 점차 공업도시의 양상을 띠기
시작했다. 기존의 제재와 작잠 제사, 유방에 대한 투자액이 크게 늘어
나고, 정미(精米), 주물, 유리 제조, 양조업 종사자들이 등장하며 안동
의 공업화를 주도했다. 중국계 공업에서는 모자 제조, 직포(織布), 제
분 등 새로운 사업이 등장했고, 일본계 공업에서는 증가하는 일본인
인구의 수요에 맞춘 다다미 제조, 가구 제조, 제화, 양조업 등이 크게
증가했다.[33]

상술한 바와 같이 만주산 목재, 대두, 작잠을 가공하는 제재업, 유
방업, 제사업은 안동의 대표적인 공업이었다. 안동의 공업 자본은 민
족별로 주력 업종을 달리하고 있었는데, 작잠 제사업과 유방업은 중
국계 자본이, 제재업은 일본계 자본이 강세를 보이고 있었다. 이는 각
공업에 투하된 자본금과 생산액 추이에서 확인할 수 있다. 1925년 당
시 안동의 제재업은 일본계 자본이 독점한 가운데 21개 공장에 자본
금 3,465,000엔(円)이 투하되고 3,249,998엔의 생산액을 올리고 있었다.
같은 시기 유방업에서는 26개 공장에 금 300,000원(圓), 은 591,000량
(兩), 소양(小洋) 186,000원(元)이 투하되어, 콩깻묵 3,818,685매(枚), 콩
기름 19,093,300근(斤)을 생산했다. 작잠 제사 부문은 48개 공장에 금
250,000엔, 은 791,600량이 투하되어 3,443,023량의 생산액을 올렸다.[34]

만주사변 직전 안둥의 제재업, 유방업, 작잠 제사업은 은가(銀價) 하락과 정치경제적 변화 속에서 부침을 겪었으나, '만주국' 수립 후에는 중국 물품에 대한 고율의 수입세 부과, 은가의 점등(漸騰)과 내륙 토목건축업의 진전으로 점차 경기를 회복했다. 1936년의 공업 자본금을 살펴보면, 작잠 제사·양말·염색업 분야와 유방업의 자본금이 각각 '만주국' 국폐 1,197,100원(圓)과 650,000원으로 국폐 자본총액(2,466,130원)의 약 75%를 차지하고 있었고, 제재 및 성냥 제조업의 자본금이 1,500,000엔으로 일본 금(金) 자본총액(10,406,000엔)의 약 14%를 차지하며 단일 업종으로는 가장 큰 비중을 점하고 있었다. 이 시기에는 기존의 주요 공업과 함께 청주 양조, 고무 공업도 크게 발전했으나, 배후지 농산품의 가공이 주가 되는 공업 형태는 계속 유지되었다.[35]

2. 안둥의 주요 공업

1) 제재업(製材業)

(1) 안둥 제재업의 연혁

압록강 유역의 목재업은 광서(光緖) 초기 청 정부와 현지 임목상(林木商)들이 공동출자하여 목식공사(木植公司)를 설립하면서부터 조직적으로 이루어지기 시작했다. 이후 남진 정책을 펴던 러시아의 삼림회사 경영, 러일전쟁 당시 일본 육군의 목재창 운영, 1908년 중일 합판 압록강채목공사(鴨綠江採木公司)의 설립을 거치며, 목재업은 압록강 유역 각지와 안둥의 주요산업으로 자리 잡았다.[36]

제재업은 압록강 유역의 풍부한 삼림자원과 목재업의 발전을 바탕

으로 한 안둥의 대표적인 공업이었다. 안둥의 제재업은 러일전쟁 시
기 일본의 오쿠라구미(大倉組)가 제재업에 착수하면서부터 본격화되
었다고 할 수 있다. 오쿠라구미는 러일전쟁 초기인 1904년 5월 조선
용암포(龍巖浦)에 있던 러시아의 제재장을 접수하여 오쿠라구미제재
소 제1공장을 건설하고, 안둥의 다샤허(大沙河) 부근과 신의주에도 공
장을 건설했다. 오쿠라구미 공장은 초기에는 군용재 만을 생산하다가
일반 수요재의 생산으로 전환하며 늘어나는 제재 수요에 대응했다.[37]

　전후 호황기 동안 안둥과 신의주에는 다수의 제재공장이 세워졌으
나, 불황이 닥치면서 제재업계도 구조조정에 들어갔다. 안둥에 세워
진 이륭양행(怡隆洋行)의 공장은 화재로 전소했고, 신의주에 세워진
오바야시구미(大林組)의 공장은 조선통감부 영림창(營林廠)에 매수되
었다. 오쿠라구미도 용암포 공장을 폐지하고 다샤허 공장에 매진하다
가, 1913년 2월에 자본금 금 20만 엔의 주식회사 안둥 현 오쿠라제재
소(株式會社安東縣大倉製材所)를 설립했다.[38]

　불황에 빠진 안둥 제재업의 전기가 된 것은 1차 대전이었다. 전쟁
중의 선박 부족과 물자 수요의 격증으로 화물 운임과 물가가 오르자,
가격 면에서 경쟁력이 있는 압록강재에 대한 수요가 높아지면서 안둥
의 제재 사업은 미증유의 호황을 누리게 되었다. 전쟁 특수를 계기로
일본 자본의 제재공장들이 다수 건설되면서 안둥 제재업에 대한 일본
자본의 독점이 공고화되었다. 당시 안둥의 대표적인 제재공장은 압록
강제재무한공사(鴨綠江製材無限公司)로, 오쿠라제재소와 압록강채목
공사가 자본금 금 50만 엔을 공동출자하여 1915년에 설립한 것이었다. 해
당 공사는 표면적으로는 중일 합판의 조직 형태를 갖추고 있었으나, 실
질적으로는 오쿠라구미를 비롯한 일본 자본이 장악하고 있었다.[39] 1919
년에는 오쿠라구미를 대주주로 하는 압록강제지주식회사(鴨綠江製紙株

式會社)가 설립되어 일본 자본 독점의 제지공업 기반이 마련되었다.[40]

1919년에 최대 호황을 맞은 안둥의 제재업은 전후 불황과 함께 다시 부진에 빠졌다. 압록강 상류의 벌목량 감소와 비적(匪賊)의 횡행은 목재의 유벌(流筏) 감소로 이어졌다. 자재난의 심화와 더불어 안둥 제재의 최대 수입국인 조선의 수요가 격감하고 신의주 방면에서 생산되는 조선재와의 경쟁이 격화되면서 1920년대 안둥의 제재업계는 부침을 반복했다.[41]

전쟁은 다시금 불황 타파의 계기가 되었다. 만주사변과 '만주국'의 수립으로 토목건축사업이 활발해지고 제재 수요가 늘어나면서 제재업 경기도 점차 회복되었다. 1934년에는 '만주국'의 관세 개정으로 목재 수출세가 철폐되고 채산성이 높아지면서 제재 수출에 대한 기대가 상승했다. 그러나 '만주국'의 임정(林政) 개혁에 따라 집단 벌채가 진행되고 유벌 목재가 감소하는 가운데, 안둥의 제재공장들도 1935년 12월 압록강제재합동주식회사(鴨綠江製材合同株式會社)로 통합되어 '만주국'의 통제 하에 놓이게 되었다.[42]

(2) 안둥 제재업의 내역: 생산 공장과 판로

〈표 1〉 안둥 제재공장 내역

연도 구분	1920	1925	1930	1933	1936
공장 수	30	21	20	20	1
자본금(円)	9,447,000	불명	불명	불명	불명
생산량(尺締)	1,420,088	304,249	220,669	568,599	339,583
생산액(圓)	불명	3,249,998	2,007,298	6,002,563	2,720,000

· 출처: 1920년, 南滿洲鐵道株式會社興業部商工課(1927), 『南滿洲主要都市と其背後地. 第1輯第1卷. 安東に於ける商工業の現勢』, 293~294쪽; 1925년, 1930년, 1933년, 1936년, 安東商工會議所(1937), 『安東經濟事情』, 36~37쪽.

〈표 1〉은 1920~1930년대 안둥 제재공장의 내역을 나타낸 것이다. 1920년 30개에 달했던 공장 수는 이후 20개 정도의 규모를 유지하다가 1935년 말에는 압록강제재합동주식회사로 통합되었다. 생산량 역시 1920년에 정점을 찍은 후 계속적으로 감소하다가 '만주국' 수립 후인 1933년에는 회복세를 보였다.

안둥의 대표적인 제재공장인 압록강제재무한공사는 만철 부속지인 안둥 류다오거우(六道溝)에 본공장을 두고, 지린(吉林)에 분공장을 두었다. 해당 공사는 대자본을 바탕으로 한 최신식의 공장 설비를 갖추었을 뿐만 아니라, 안둥 본공장 구내에는 압록강과 이어지는 넓은 면적의 저목지(貯木池)와 안봉선과 연결되는 철도 선로가 부설되어 원료 공급 및 생산품 수송에 큰 편의를 제공받고 있었다. 해당 공사의 생산액은 1920년 약 150만 엔, 1925년 약 126만 엔, 1930년 약 43만 엔, 1932년 약 55만 엔으로, 제재업 경기의 부침과 궤를 같이 하고 있었으나, 같은 시기 안둥 제재공장 중 가장 높은 생산액을 내고 있었다. 또한 해당 공사는 안둥 동종업계 내에서 가장 많은 종업원을 고용하고 있었다. 호황기에 비해 생산량이 크게 감소한 1924년 무렵 안둥 본공장에서는 일본인 직원 70명, 조선인 직공정부(職工定夫) 15명, 중국인 직원과 직공 및 기타 종업원 1,350명을 고용하고 있었다.[43]

안둥 목재(원목과 제재)의 판매를 담당한 재목상(材木商)들은 생산 주체와 마찬가지로 일본 자본이 독식하고 있었다. 안둥의 재목상은 미쓰이물산(三井産物)과 같은 대형 종합무역상사부터 중소규모의 종합무역상, 전업 목재상, 압록강제재무한공사와 같이 생산과 판매를 겸하는 제재업자들로 구성되었다. 안둥의 목재는 대개 중국 연안의 톈진, 즈푸, 칭다오, 상하이 및 만주 각지(다롄 및 뤼순, 잉커우, 펑톈, 푸순, 안산 등)와 조선, 일본에 판매되었다. 원목은 톈진으로의 이출이 가장 많은 가운데, 푸순과 펑톈 등 만주 일대, 즈푸와 칭다오를 비롯한 산둥 각지의 순으로 이출되었다. 제재의 경우, 조선으로의 수출이 3할에서 6할을 차지했고, 푸순, 펑톈, 다롄뤼순 등 만주 각지로의 이출이 뒤를 이었다.[44]

2) 유방업(油房業)

대두의 원산지인 만주는 대두를 콩깻묵과 콩기름으로 가공하는 유방업이 발달한 지역이었다. 19세기 후반 잉커우를 중심으로 이루어지던 유방업과 산품 수출은, 20세기 초 일본이 특별운임제도 등을 활용해 대두의 집하를 다롄으로 집중시키면서 다롄을 중심으로 발달하게 되었다. 안둥은 비록 다롄과 잉커우의 규모에는 미치지 못했으나 이들 도시와 함께 만주의 주요 유방업 지대이자 수출 지대를 구성했다.[45]

안둥의 유방업은 개항 이전부터 존재했으나 개항 후, 특히 1차 대전 이후 자본 투하가 급증하면서 주요 공업으로 자리매김했다. 안둥의 유방업계는 일본 자본의 승기유방(陞記油房: 1909년 설립, 자본금 30만 엔)을 제외하고는 모두 중국 자본으로 이루어져있었다. 1차 대전을 계기로 급격하게 증가한 유방업 생산량은 1920년대 전반까지 증가세를 보이다가 1920년대 중반부터 감소와 정체를 거듭했다. '만주국' 수립 후에는 비료 유안(硫安)의 보급으로 콩깻묵의 수요가 줄어드는 가운데, 대두 생산지에서 발생한 자연재해와 비적 피해로 원료의 확보가 어려워지면서 유방업계의 불경기는 계속되었다.[46]

콩깻묵과 콩기름은 조선과 일본, 중국의 산터우와 상하이 등지로 유통되었다. 1927년의 수이출량을 보면, 콩깻묵(10,720,255 해관량)은 조선(약 48%), 산터우(약 29%), 일본(약 11%), 상하이(약 8.6%)로 수이

출되었고, 콩기름(15,634 해관량)은 조선(약 75%)과 상하이(약 16%)로
수이출되었다. 1930년 무렵 콩깻묵의 수이출량은 줄었으나 주요 수출
지와 비중은 1927년과 동일했고, 콩기름은 상하이로의 이출량이 크게
증가(177,251 해관량)하면서 상하이의 비중 역시 커졌으나, 조선으로
도 기존의 규모를 상회하는 수출이 이루어졌다. '만주국' 수립 이후,
콩깻묵은 조선, 일본, 중국 남부 연안으로 유통되었고, 콩기름은 상하
이를 중심으로 유통되었다.[47]

〈표 2〉 안둥의 유방 공장 내역

	공장 수	자본금	생산량
1907	8	불명	콩깻묵 347,200枚 콩기름 1,736,000斤
1912	15	불명	콩깻묵 1,432,010枚 콩기름 6,494,250斤
1917	중국 자본 14 일본 자본 1	불명	콩깻묵 3,141,400枚 콩기름 15,707,150斤
1923	중국 자본 25 일본 자본 1	金 300,000圓 銀 591,000兩 小洋 186,000元	콩깻묵 5,716,000枚 콩기름 27,436,800斤
1925	중국 자본 25 일본 자본 1	金 300,000圓 銀 351,000兩	콩깻묵 3,818,685枚 콩기름 19,093,300斤
1930	중국 자본 19 일본 자본 1	金 300,000圓 銀 351,000兩	콩깻묵 4,042,500枚 콩기름 19,943,500斤
1936	중국 자본 20	452,500國幣圓	콩깻묵 1,276,076枚 콩기름 6,924,699斤
	일본 자본 1	300,000圓	콩깻묵 154,229枚 콩기름 721,689斤

· 출처: 1907년과 1912년의 수치는 南滿洲鐵道株式會社興業部商工課(1927), 『南滿
洲主要都市と其背後地. 第1輯第1卷』, 287쪽. 1917년의 수치는 安東縣商業會議
所(1920), 『安東誌』, 396~397쪽. 1923년, 1925년, 1930년도 수치는 安東商業會議
所, 『統計年報』 및 安東商工會議所, 『統計年報』의 각 연도 통계표. 1936년 수치
는 安東商工會議所(1937), 『安東經濟事情』, 42~43쪽.

3) 작잠 제사업

압록강 유역의 삼림 자원은 작잠 제사업의 원료가 되기도 했다. 안둥과 압록강 유역의 작잠 제사업은 예로부터 작잠 제사의 경험이 있던 산둥 출신 이민들이 유입되면서 활발해졌다. 19세기 후반까지 안둥의 제사업은 농가 부업의 성격을 띠고 있었다. 현지의 작잠 제사업이 규모와 설비를 갖추게 된 것은 러일전쟁 무렵 압록강 유역과 그 인접 지역을 관장하던 청의 동변도대(東邊道臺)가 산업 장려의 목적으로 위안바오산(元寶山) 산록에 공장(七裏絲廠)을 설립하면서부터였다. 이후 안둥에 들어온 일본 상인들이 작잠업과 작잠 제사업에 주목하면서, 안둥의 작잠사가 일본에 소개되고 수출용 제사업도 점차 발전하기 시작했다.[48]

<표 3> 안둥 해관 작잠사 수이출 추이 (단위: 海關兩)

	1917	1920	1923	1925	1928
일본	1,014,307	3,292,044	8,593,520	7,469,113	4,006,662
조선	4,921	1,861	2,990	3,445	8,189
중국	409,810	631,290	1,760,950	699,409	374,352
합계	1,429,038	3,925,195	10,357,460	8,171,967	4,389,203

· 출처: 安東商工會議所b(1930), 『安東の柞蠶業』, 56~57쪽.

1차 대전은 안둥 제사업에도 큰 전기가 되었다. 1916~1917년 무렵부터 생사(生絲)의 가격이 앙등하면서 작잠사의 수요가 증가하자 안둥 내에 많은 제사공장이 건설되었다. 안둥의 제사업은 중국 자본이 강세를 보이고 있었으나, 후지가스방적(富士瓦斯紡績) 안둥 지점과 같이 일본 자본의 대공장도 있었다.[49] 안둥 제사업의 호황은 지속되어 1920년대 전반에는 60개가 넘는 공장이 건설되고 투하 자본도 크게 증가했으나, 중반 이래 공장 수와 자본금 모두 감소세를 보였다. 한편 생산액은 1920년대 후반까지 증가세를 보이다가 1930년대에 접어들며 감소하기 시작했는데, '만주국' 수립 이후에도 생사업계 전반의 불황과 인견(人絹)의 발전에 따라 조업을 단축하거나 휴업하는 공장이 발생했다.50)

안둥 및 그 주변 지역에서 생산된 작잠사는 일본과 중국 연안 각지로 유통되었다. 대일 수출은 견방적이 활발했던 후쿠이(福井) 현, 기후(岐阜) 현, 교토(京都)를 중심으로 이루어졌고, 중국 내에서는 상하이를 비롯하여 즈푸와 룽커우 등 대안의 산둥 반도로 이출되었다.51)

안둥의 공업은 배후지에서 생산되는 원료의 가공을 중심으로 이루어졌다. 주요 공업인 제재, 유방, 작잠 제사는 배후지에서 생산된 목재, 대두, 작잠 등의 원료를 압록강 유벌과 하운, 마차, 철도 등 다양한 교통망을 이용하여 안둥으로 운반한 후 가공하고 육로와 해로를 통해 대내외로 수이출하는 과정, 요컨대 배후지 원료의 공급과 대외 유통을 전제로 하는 구조 속에서 전개되었다. 따라서 공산품의 주요 유통지인 중국 연안 각지와 조선, 일본의 수요 변동과, 관세와 전쟁 등 국제 관계를 둘러싼 정치경제적 변동은 공업계 전반의 부침을 좌우했다. 특히 1차 대전 이후 조선 및 일본으로의 수출 비중이 늘어나는 가운데 안둥 공업계는 일본 제국주의 경제구조로의 편입을 가속화했다.

V. 나오며: 일본 제국주의와 중국 북부 해항도시의 산업구조

본론에서 분석한 안둥의 산업구조를 바탕으로, 안둥, 다롄, 칭다오의 유사성과 상이성을 일본 제국주의와의 관계에 유의하며 간략히 정리하면 다음과 같다.

일본 제국주의는 각 도시에 대한 자국의 법적 지위를 바탕으로 자국에 유리한 도시 기반을 구축하며 산업경제에 대한 영향력을 심화해 갔다. 즉, 도시 내적으로는 지리적 요충에 구역 기능이 분명한 시가지를 건설하여 정치경제기구와 회사 및 공장, 일본인 인구를 집중시키고, 외적으로는 철도항만의 교통망을 기반으로 배후지와 제국주의 세력권을 물리적으로 연결하고, 수출입 무역과 공업품의 생산 및 유통 과정, 금융 부문에 대한 영향력을 강화하면서 도시의 산업경제에 막강한 영향력을 발휘할 수 있었다.

세 개 도시의 산업기반은 배후지와 역외 지역을 잇는 도시의 결절적 성격을 바탕으로 형성된 것이었고, 따라서 산업의 내역과 구조면에서도 외부와의 관계성이 돌출되었다. 주요 산업인 교통운수업은 배후지와 역외 각지를 매개하는 여객화물 수송이 주를 이루었고, 상업 무역에서는 배후지 생산 원료 및 그 가공품의 국내외 수이출과 공산품의 수이입 유통이 큰 비중을 차지했으며, 주요 공업은 배후지 생산 원료의 가공과 수출을 통해 이익을 창출하는 업종에 집중되었다. 산업화 과정에서 일본의 산업기반 장악과 대규모 자본 투하는 산업구조의 일본 편중을 가속화했고, 나아가 도시 배후지를 일본의 원료 공급지이자 상품 시장이라는 종속적 경제구조 속으로 포섭하는 역할을 했다.

세 개 도시의 산업구조 사이에는 차이점도 있었다. 칭다오와 다롄의 전반적인 산업 경향이 중국 세력과 일본 세력의 경합에서 점차 일본으로 편중되어 간 것과 달리, 안둥의 산업은 중일 경합에서 일본과 조선으로의 편중이 두드러졌다. 대외 수송에서 철도 육로 수송의 큰 비중과 조선에 편중된 수출구조는 국경도시로서 안둥의 특성에서 기

인한 것이라 할 수 있다. 이것은 조선과 접경하는 안둥의 지리적 조건
과 함께, 제국주의 본국 일본-식민지 조선-만주를 이어 제국주의의 연
속적이고 포괄적 확장을 기도한 일본의 물리적(교통망), 제도적(관세
와 운임) 조치가 함께 작용하며 만들어진 것이다. 일본, 조선, 만주(안
둥) 간의 다변적이고 복합적인 관계는, 안둥의 대외 교통망과 운수업
의 내역, 무역구조, 주요 공업 원료의 수급과 가공, 유통 과정과 같은
각 산업의 양상에서 뿐만 아니라, 조와 콩깻묵의 대조선 수출에서 드
러난 제국주의 식량시스템과의 관계 등에서도 확인이 가능하다. 국경
도시로서 안둥의 특성은 일본 제국주의 세력권 내에서 다변적 관계를
구축하는 기반이 된 동시에, 도시의 세력 범위를 인근 지역과 일본 세
력권 내로 한정시킴으로써 제국주의 경제로의 종속을 심화하는 요인
이 되기도 했다.

　마지막으로 각 해항도시 간의 관계성을 언급하면서 이 글의 한계와
과제를 정리하고자 한다. 이 글은 안둥의 산업구조를 산업 기반, 연
혁, 내역을 중심으로 정리하고, 다롄과 칭다오의 분석에서 도출한 일
반적 경향과 거칠게 비교한 것이다. 따라서 보다 심도 있고 유의미한
고찰을 위해서는 각 도시 산업구조의 보다 정치한 비교와 함께, 도시
경제 주체의 활동 및 대내외적 관계성을 파악할 필요가 있다.

　먼저 도시 내적 관계의 규명이 필요하다. 다롄과 칭다오에서는 도
시의 산업구조와 그 식민성이 주민의 생업과 노동자 구성 등 현지 주
민의 사회경제생활에 심대한 영향을 미쳤다는 점과, 생업을 둘러싼
현지 주민의 마찰과 위기의식이 사회 갈등을 조성하고 나아가 현상
타개를 위한 관(官)의 움직임을 요구하거나 지지하는 사회적 토양을
만들었음을 확인할 수 있었다. 이 글에서 확인한 안둥의 산업구조와
그 특징을 바탕으로, 일본 상업회의소·상공회의소, 중국 총상회 등

안둥 주요 경제단체의 활동과 일반 주민 수준에서의 경제 활동을 분석하고 민족계층 간의 관계를 확인함으로써, 경제 활동을 둘러싼 도시 구성원의 행위와 그 사회적 영향력을 파악할 필요가 있다.

다음으로 각 도시 간 관계에 대한 고찰이 필요하다. 일본 제국주의의 영향력이 강했다고 하지만, 세 개 도시의 산업화는 통일된 제국주의 기구의 지휘 하에 일관된 계획과 방향성을 가지고 전개된 것이 아니라, 도시 내 다양한 주체의 활동과 각 도시 간 경쟁협력 관계 속에서 부침과 재편을 반복하며 이루어졌다. 그 대표적인 예가 배후지 만주에 대한 경제적 우위를 놓고 계속적인 경쟁 관계에 있었던 안둥과 다롄의 관계이다. 비록 정치경제기구의 집중도와 도시 규모 및 산업 규모에서는 다롄이 안둥을 압도하고 있었으나, 안둥의 성장은 다롄 일본인 사회의 위기의식과 경쟁의식을 조성했다. 본론의 무역 부분에서 살펴본 것처럼, 1910년대 안봉선과 조선철도의 연결, 안둥 국경육로무역의 감세 조치와 운임 특례 등을 둘러싼 다롄과 안둥의 경쟁은 지역 내 관민의 경쟁뿐만 아니라, 관동주 정부와 조선총독부, 만철과 조선철도 등 제국주의 내 세력 경쟁의 양상을 보이며, 도시 사회의 재편에서부터 대만주 정책과 방침에 대한 일본 제국주의 세력 간 경합으로 이어졌다.

이 글에서 확인한 안둥의 산업구조를 바탕으로 안둥 도시 내부에서 이루어진 경제 주체들의 활동과 관계성을 고찰하고, 경쟁과 협력을 거듭하던 도시들과의 관계성을 밝힘으로써, 근대 환황해권의 주요 정치경제 세력이었던 일본 제국주의와 중국 북부 해항도시 관계의 일면을 포착할 수 있을 것이다.

권경선 | 한국해양대학교 국제해양문제연구소 전임연구원

▣ 주

1) 관련 연구들은 다음에 수록되어 있다. 구지영·권경선·최낙민 편(2014), 『칭다오, 식민도시에서 초국적도시로』, 선인; 구지영·권경선(2014), 「칭다오 일본인 사회의 접촉과 갈등에 관한 통시적 연구」, 『코기토』 76, 127~159쪽; 권경선·구지영 편저(2016), 『다롄, 환황해권 해항도시 100여 년의 궤적』, 선인.

2) 한국의 연구는 신의주와 접경한 국경도시로서 안둥의 위치에 주목하며, 철도를 통해 일본, 조선, 만주를 잇는 연결고리로서 도시의 성격을 고찰했다. 손승회와 이은자의 연구는 안봉철도(安奉鐵道)와 압록강철교 가설을 통한 교통망 확충과 도시 산업의 성장, 한중일 이주민 사회의 갈등과 교류를 다루었다. 김지환의 연구는 일본이 후발자본주의 국가로서 만주시장을 장악하려는 의도 하에 일본조선-만주를 잇는 교통망과 관련 제도를 구축했음을 규명했다. 손승회(2011), 「근대 한중관계사상의 교통로와 거점: 만철과 안둥을 중심으로」, 『한중관계사상의 교통로와 거점』, 동북아역사재단, 281~320쪽.; 이은자(2014), 『중일전쟁 이전 시기 중국의 국경도시 安東의 이주민-교류와 갈등의 이중주』, 중국근현대사연구 62, 95-127쪽; 김지환(2013), 「安奉鐵道 부설과 중국동북지역 신유통망의 형성」, 『中國史硏究』 87, 311~339쪽. 신의주 관련 연구를 통해서도 당시 안둥의 산업 및 사회구조와 도시 간 관계를 확인할 수 있다. 이은자, 오미일(2013), 「1920-1930년대 국경도시 신의주의 華工과 사회적 공간」, 『史叢』 79, 319~358쪽; 이미경(2016), 『일제하 新義州 木材業界의 변동과 木材商組合의 활동(1900~1936)』, 서울대학교 석사학위논문. 중국의 연구는 청의 자발적 상부 개방을 도시 건설과 산업 발전의 주요한 계기로 두되, 발전 과정에서 일본 제국주의의 일정한 역할을 논하는 동시에 그 식민성에 대한 비판을 견지하고 있다. 도시 건설과 교통망의 구축, 산업 발전의 관계를 논한 중국 학계의 연구로는 다음이 있다. 魏琳娜(2007), 『自開商埠與丹東城市近代化硏究(1903—1931)』, 東北師範大學 碩士學位論文; 賈小壯(2015), 『開埠通商與安東小商埠城市社會變遷硏究(1906-1931)』, 吉林大學 博士學位論文; 江沛, 程斯宇(2014), 『安奉鐵路與近代安東城市興起(1904—1931)』, 社會科學輯刊 2014(5), 147~154쪽. 주요 산업과 관련된 연구로는 다음을 참조할 수 있다. 姜麗(2007), 『鴨綠江流域森林資源與安東縣木材中心市場的形成(1876—1928)』, 東北師範大學 碩士學位論文.; 張玉清(2010), 『論丹東絲綢在東方絲路交往中的歷史地位和作用』, 延邊大學 碩士學位論文; 羅越(2011), 『近代安東地區蠶絲産業硏究』, 東北師範大學 碩士學位論文. 일본의 연구는 주요 산업을 둘러싼 일본의 대외 관계, 일본 자본의 성격에 관한 연구가 주를 이룬다. 塚瀬進(1990), 「日中合弁鴨緑江採木公司の分析—中國東北地域における日本資本による林業支配の特質」, 『アジア経済』 31(10), 37~56쪽; 菅野直樹(2000), 「鴨緑江採木公司と日本の満州進出--森林資源をめぐる対外関係の変遷」, 『國史學』 172, 45~76쪽 ; 永井 リサ(1999), 「日本帝國主義下における辺境開発: 安東の柞蠶製糸業を例として」, 『史

學雜誌』108(12).

3) 1930년 안둥 현 정부가 편찬한『安東縣誌』는 안둥의 개항을 1903년 청과 미국이 체결한『中美續議通商行船條約』속 청의 자발적인 통상개항 규정에서 찾았고, 중국 내 다수의 연구들이 이 견해를 따르고 있다. 필자는 개부국(開埠局)의 설치로 중국 상부가 정식으로 열리고, 러일전쟁 당시 일본군정서와 안둥 지현(知縣) 간에 협약한 일본 부속지의 건설이 본격적으로 진행되기 시작한 1906년을 안둥의 개항 시점으로 잡아 분석한다. 안둥의 개부 과정 및 일본 부속지 건설 과정에 대해서는 다음을 참고할 것. 王介公(1931),『安東縣誌. 卷一』, 18~25쪽.

4) 安東商工會議所(1937),『安東經濟事情』, 3쪽. 압록강과 혼강 하운의 주요 거점으로는 寬甸, 鳳城, 桓仁, 通化, 輯安, 臨江, 長白, 岫巖, 莊河 등이 있었다.

5) 1930년대 초 압록강 하구의 大東溝에서 三道浪頭 사이에는 만조 시 1,300톤 규모의 기선이 항행할 수 있었고, 三道浪頭에서 礪子溝까지는 200~300석(石) 규모의 범선이 항행할 수 있었다. 王介公(1931), 앞의 책, 61쪽. 해당시기 안둥을 비롯한 중국 각지의 정크 수송 및 무역에 관해서는 다음 자료를 참고할 수 있다. 南滿洲 鐵道株式會社庶務部調査課(1927),『支那の戎克と南滿の三港』.

6) 상동.

7) 광서 3년(1877)에 설립된 安東鴨渾兩江艚船會는 興東後街에 위치했다. 1927년의 자료에 따르면, 당시 조선회의 회장은 何禮로, 휘하 會計室과 文牘室에 17~18명의 사무원이 배속되어 업무를 담당하고 있었으며, 사무 일체를 중국 총상회(總商會)가 감독하고 있었다. 조선회의 수입원은 선표(船票) 1매 당 봉소양표(奉小洋票) 2.4원(元), 연표(捐票) 1매 당 봉소양표 5.51원, 입회금 소양(小洋) 0.6원, 조선회 깃발 0.3원(연 1회 갱신)으로 구성되었다. 安東鴨渾兩江艚船聯合保總會는 조선회와 동일한 회장 아래 12~13명의 사무원을 두고 있었으며, 압록강을 항행하는 선박(大艚子, 小尖嘴)으로부터 운임 100원 당 5~10원을 징수 적립하여 손해보상으로 충당했다. 조직의 연 수입은 평균 2만 원 내외였고, 조직 깃발은 무료로 제공했다. 南滿洲鐵道株式會社庶務部調査課(1927), 위의 책, 83~84쪽.

8) 김지환(2013), 앞의 논문, 316쪽. 압록강 하운의 계절성은 운임에도 영향을 미쳐, 추계의 운임이 춘하계의 운임에 비해 두 배 가량 비쌌다. 안둥과 양 강 유역 사이의 주요 상하항 화물과 춘하계 100근(斤) 당 운임은 다음과 같다. 지명(주요 상항 화물, 상항 운임/ 주요 하항 화물, 하항 운임). 長甸河口(밀가루·쌀·면포·사탕·술, 3.5角/ 콩깻묵·콩기름, 2.5角), 蒲石河(安平·잡화, 5角/ 콩기름·콩깻묵·옥수수, 4角), 石柱子溝(밀가루·쌀, 8角/ 봉밀·마·신탄, 6角), 冷水泉子(술·사탕, 1元/ 콩깻묵, 7角), 通溝(잡화, 1元2角/ 봉밀·마, 9角), 帽兒山(잡화, 2元7角/ 콩깻묵·콩기름·옥수수, 1元8角). 南滿洲鐵道株式會社庶務部調査課(1927), 앞의 책, 84~85쪽.

9) 安東商工會議所(1937), 앞의 책, 3쪽.

10) 安東商工會議所(1928),『統計年報. 昭和二年度』, 125~126쪽; 安東商工會議所(1933),

『統計年報. 昭和七年度』, 143~144쪽. 이를 다시 대외 수송과 중국 연안 수송으로 나누어 분석해보면, 대외 수송에서는 일본적 선박의 수송량이 절대적 비중을 차지하는 한편, 연안 수송에서는 중국적 선박과 일본적 선박이 경합을 벌이거나 중국적 선박이 강세를 보이기도 했다.

11) 안둥의 선점은 정크 해운 및 화객 대리 업무와 함께, 잡화점을 겸영하거나 유방(油房)의 대판(代辦)을 겸업하는 경우가 대부분이었다. 주요 선점으로는 永遠棧, 興盛棧, 長豊棧, 成泰棧, 天聚興, 福慶棧, 恒成利와 상하이에 본점을 둔 中興和, 中和棧, 同順泰, 雙合義 등이 있었다. 南滿洲鐵道株式會社庶務部調查課(1927), 앞의 책, 75~80쪽.

12) 南滿洲鐵道株式會社庶務部調查課(1927), 위의 책, 74쪽.

13) 南滿洲鐵道株式會社(1928), 『南滿三港海運事情』, 132~133쪽.

14) 안둥 내 조선우선과 오사카상선의 업무는 각각 내국통운주식회사(內國通運株式會社) 안둥 지점과 국제운수주식회사(國際運輸株式會社) 안둥 지점이 대리하고 있었다. 상동.

15) 安東商工會議所(1937), 앞의 책, 3쪽. 안봉선의 개통과 그로 인한 안둥의 사회경제적 변화에 대해서는 다음 논문을 참고할 것. 손승회(2011), 앞의 논문.

16) 이 글에 삽입된 그림은 별도의 표기가 없는 한 다음 자료에 실린 해당연도의 해관 통계를 참고로 제작한 것이다. 1907~1913년. 安東縣商業會議所(1920), 『安東誌』; 1914~1917년. 安東商業會議所a(1924), 『統計年報. 大正十二年度』; 1918~1925년. 安東商工會議所(1928), 『統計年報. 昭和二年度』; 1926~1932년. 安東商工會議所(1933), 『統計年報. 昭和七年度』; 1933~1937년. 安東商工公會(1939), 『統計年報. 康德四年. 下編』. 참고 자료 중 1933년 이후의 무역액은 '만주국' 국폐원(國幣圓)으로 표기되어 있으나, 1.56 국폐원을 1 해관량으로 환산하여 정리했다. 해관량과 국폐원의 환산율은 安東商工会議所(1935), 『安東商工会議所統計年報. 昭和九年度. 下編』, 「安東税關輸出入品價額十箇年比較表」, 4쪽 참고.

17) 安東商工會議所(1937), 앞의 책, 5~6쪽.

18) 안둥 역 발착 및 통과 화물의 발착지, 수량, 종류는 安東商業會議所, 『統計年報』, 1923~1926년도판과 安東商工會議所, 『統計年報』, 1927~1932년도판 「運輸」 부문의 〈安東驛發送貨物數量表〉, 〈安東驛到着貨物數量表〉, 〈安東驛通過貨物數量表〉를 분석한 것이다.

19) 안둥 개항 이전부터 안둥과 중국 연안의 상하이, 즈푸, 잉커우, 톈진 등의 통상항에서 수이입되는 화물은 모두 관습적으로 沙河稅捐總局의 감독을 받았다. 안둥이 개항하고 해관이 설치된 후에도 정크 무역의 상관(常關) 사무는 세연총국이 계속 관할하여 이출입세, 선세(船稅), 목세(木稅), 우마세(牛馬稅) 등을 징수했다. 南滿洲鐵道株式會社興業部商工課(1927), 『南滿洲主要都市と其背後地. 第1輯 第1卷. 安東に於ける商工業の現勢』, 106~107쪽.

20) 安東縣商業會議所(1920), 앞의 책, 199~217쪽.

21) 1920~1925년 안둥 해관을 통한 연안 무역액이 가장 많았던 때는 1923년의 19,063,612 해관량이었고, 가장 적었던 때는 1924년의 10,544,738 해관량이었다. 安東商工會議所(1928), 앞의 책, 1~2쪽; 安東商工會議所(1933), 앞의 책, 1~2쪽.

22) 南滿洲鐵道株式會社興業部商工課(1927), 앞의 책, 106~112쪽.

23) 南滿洲鐵道株式會社興業部商工課(1927), 위의 책, 48~52쪽.

24) 국경무역 감세 조치와 삼선연락운임의 성립 과정과 그 내용, 영향력에 관해서는 다음 연구에 잘 정리되어 있다. 김지환(2013), 앞의 논문.

25) 南滿洲鐵道株式會社興業部商工課(1927), 위의 책, 56~57쪽.

26) 柳澤遊(1999), 『日本人の植民地經驗 : 大連日本人商工業者の歷史』, 靑木書店, 94~96쪽; 김지환(2013), 앞의 논문.

27) 安東商工會議所(1937), 앞의 책, 16~17쪽.

28) 安東商工會議所(1937), 위의 책, 17쪽.

29) 安東商工會議所(1937), 앞의 책, 18~23쪽.

30) 관련 통계는 安東商工會議所(1928), 앞의 책, 7~122쪽을 참고했다.

31) 荒木一視는 만주와 조선 사이의 조 무역을 통해 일본, 조선, 만주를 잇는 일본 제국주의의 식량공급시스템을 분석했다. 荒木一視(2016), 「新義州稅關資料からみた戰間期の朝鮮・滿洲間粟貿易-日本の食料供給システムの一斷面-」, 『人文地理』 第68卷 第1號, 44~65쪽.

32) 安東縣商業會議所(1920), 앞의 책, 314쪽.

33) 安東縣商業會議所(1920), 위의 책, 314~331쪽.

34) 安東商業會議所(1926), 『統計年報. 大正十四年度』, 68~74쪽. 1920년대 안둥 공장의 업종별 및 민족별 분류, 상호와 소재지, 자본금, 생산량에 관해서는 安東商業會議所b(1924), 『安東工場一覽(大正十二年末現在)』을 참고할 것.

35) 安東商工會議所(1937), 앞의 책, 33~35쪽.

36) 安東縣商業會議所(1920), 앞의 책, 351~355쪽

37) 安東縣商業會議所(1920), 위의 책, 347쪽.

38) 安東縣商業會議所(1920), 위의 책, 346~355쪽; 鴨綠江製材無限公司(1924), 『鴨綠江製材無限公司沿革史』, 2~10쪽.

39) 압록강제재무한공사의 출자자는 압록강채목공사(이사장 村田重治, 錢鏷)와 오쿠라 기하치로(大倉喜八郎)였고, 주요 임원인 감사역(監査役)은 아키타목재주식회사(秋田木材株式會社) 사장인 井坂直幹와 압록강채목공사 탁지과장(度支課長)인 近藤錦太郞이 맡아, 자금과 관리 면에서 일본이 실질을 장악하고 있었다고 할 수 있다. 鴨綠江製材無限公司(1924), 위의 책, 17~21쪽.

40) 1930년대 중반 압록강제지주식회사의 대주주는 전체 주식(100,000주)의 절반 이

상인 51,600주를 보유하고 있던 오쿠라구미와 23,400주를 보유하고 있던 王子證券會社 등 일본 자본(가)으로 이루어져 있었다. 동 회사의 조직, 자산, 부채, 수입, 지출에 대해서는 다음을 참고할 것. 南滿洲鐵道株式會社經濟調査會(1936), 『滿洲會社考課表集成. 工業編』, 60~63쪽.

41) 안동 목재업계(만주재)와 신의주 목재업계(조선재)의 경쟁과 그 정치사회적 의의에 대해서는 다음 논문에 잘 정리되어 있다. 이미경(2016), 『일제하 新義州 木材業界의 변동과 木材商組合의 활동(1900~1936)』, 서울대학교 석사학위논문.

42) 安東商工會議所(1937), 앞의 책, 36~41쪽.

43) 鴨綠江製材無限公司(1924), 앞의 책, 26쪽.

44) 安東商業會議所a(1924), 앞의 책, 56~57쪽; 安東商工會議所(1933), 앞의 책, 201~202쪽. 대조선 수출 비중은 1915년 63.7%, 1920년 26.1%, 1925년 62.5%, 1930년 38.8%, 1932년 34%를 차지했다.

45) 콩깻묵의 수출이 폭발적으로 증가한 1917년 무렵 만주 수이출 콩깻묵의 85% 이상(다롄 62%, 잉커우 14%, 안동 9.3%)이 이들 세 해항도시에서 처리되어, 삼분의 일 가량은 산터우(65.5%), 샤먼(廈門), 항저우, 상하이 등 중국 남부 각지로 이출되고, 삼분의 이 가량은 일본(89.2%)과 러시아, 조선으로 수출되었다. 安東縣商業會議所(1920), 앞의 책, 396~397쪽.

46) 安東商工會議所(1937), 앞의 책, 43쪽.

47) 安東商工會議所(1928), 앞의 책; 安東商工會議所(1931), 『統計年報. 昭和五年度』; 安東商工會議所(1937), 앞의 책, 43쪽.

48) 安東商工會議所(1930), 『安東の柞蠶業』, 40쪽.

49) 후지가스방적 안동 공장은 누에고치 부스러기(屑絲)를 원료로 하는 안동 유일의 작잠 방적 공장이었다. 1920년대 중반에는 일본인 11명, 조선인 436명, 중국인 324명의 직공을 고용하고 있었으며, 생산품은 주로 인도, 중국 남부, 미국 등지에 수출되었다. 滿洲鐵道株式會社興業部商工課(1927), 앞의 책, 284~285쪽; 安東商工會議所(1937), 앞의 책, 48쪽.

50) 安東商工會議所(1937), 앞의 책, 47쪽.

51) 安東商工會議所(1930), 앞의 책, 56~57쪽; 安東商工會議所(1937), 앞의 책, 47쪽.

2부
근대 국경도시의 현상과 구조2 - 신의주

4.
전근대 국경도시 의주 지역의
교통로 변화와 의미

김강식

Ⅰ. 들어가며

전근대시기에 대표적인 국경도시였던 의주(義州)는 나라의 관문이
자 창구였다.[1] 조선후기에 의주는 요동반도와 한반도가 이어진 지리
적 특성 때문에 사신이 오가는 직로(直路)에 위치하였으며, 국경 방어
의 요충지였다. 아울러 의주는 청나라와의 중강무역(中江貿易)으로
국제 무역도시로서의 위상을 가졌다.[2] 한편으로 의주에 압록강 하류
의 비옥한 삼각주가 분포되어 농업에도 유리한 조건을 가지고 있었으
며, 압록강을 통해서 서해안과 내륙을 연계할 수 있는 해운의 기착지
였다.

조선후기까지 중국으로 통하는 교통은 주로 도로를 이용한 육상교
통이었지만, 근대 이전에 육상교통은 크게 발달하지 못했다. 특히 우
리나라는 산과 하천이 많을 뿐만 아니라 이를 극복하기 위한 교통수

단도 크게 발달하지 못하였기 때문에 육상교통이 아주 제한적이었다. 비록 전국 각지에 도로가 개설되어 있었지만, 역로(驛路)와 파발(擺撥)이 중심이었기 때문에 육상교통은 주로 행정적·군사적 도로로만 이용되었다.[3)]

하지만 근대 이후 철도가 등장하여 육로교통에는 많은 변화가 나타났다. 한반도는 1876년의 개항 이후 지정학적인 조건 때문에 일찍부터 열강의 각축장이 되었다. 이 과정에서 철도 부설 문제도 중요한 현안으로 부각되었다. 대한제국은 독자적인 철도 부설을 추진하였지만, 일본이 대부분의 철도 건설을 주도하였다. 이 가운데서도 일본이 건설한 경의선(京義線)은 일본이 한반도를 넘어 만주를 장악하는데 큰 기여를 하였다. 그런 점에서 철도는 교통수단을 넘어 제국주의 팽창의 상징이 되었다.[4)]

이런 변화 속에서 조선후기에 압록강 유역에서 육상교통의 중심지로서 국경도시의 역할을 했던 의주는 철도가 등장한 이후 기능을 상실해 나갔다. 대신 압록강 하류의 신의주(新義州)가 제국도시로서 새로운 중심지가 되었다. 이때 신의주에는 항구도 개항하여 중국의 단둥(丹东, 安東)과 연결되었으며, 국내·국외로 무역품을 실어 나르는 교역항의 역할을 해 나갔다. 신의주가 제국도시로 성장하는데 결정적인 역할을 한 것은 경의선과 압록강철교의 부설이었다.[5)] 이제 신의주는 만주의 봉춘철도(奉春鐵道)와 연결되어 한반도를 넘어 동북아시아로 나아가는 교통 요충지가 되었다.

본고에서는 조선시대의 국경도시 의주에서 일제강점 초기의 제국도시 신의주로의 변화 과정을 교통로의 변화를 중심으로 그 의미를 살펴보고자 한다. 먼저 조선후기에 의주가 육로와 해로에서 어떤 위치에 있었는지를 살펴보고, 대한제국기 이후에 있었던 경의선 부설,

용천과 신의주의 개항, 압록강철교의 부설을 통해서 제국도시 신의주가 등장하게 된 배경과 과정을 살펴보고자 한다.

Ⅱ. 조선후기의 교통로

1. 육로

조선후기에 전국의 주 도로망은 8도 6대로였다. 6대로는 의주 제1로, 경흥 제2로, 평해 제3로, 동래 제4로, 제주 제5로, 강화 제6로였다.[6] 이 6대로는 경성에서 서북쪽으로 의주에 이르는 제1로, 경성에서 동북쪽으로 경흥에 이르는 제2로, 경성에서 동쪽으로 평해에 이르는 제3로, 경성에서 동남쪽으로 동래에 이르는 제4로, 경성에서 서남쪽으로 제주에 이르는 제5로, 경성에서 서북쪽으로 강화에 이르는 제6로였다.[7] 그런데 이 6대로 가운데 의주 제1로가 가장 중요하였으며, 다양한 기능을 가지고 있었다. 그런 모습을 간략하게 정리하면 다음과 같다.

첫째, 의주 제1로는 침입로로 사용되었다.[8] 병자호란 때 의주 제1로는 청나라의 침입로가 되었다. 1627년(天聰 원년) 정월 후금(後金)의 태종은 대패륵아민(大貝勒阿敏) 등에게 3만 명의 대군을 거느리고 조선을 정벌하게 했다. 후금군은 한윤(韓潤)을 향도로 삼아 압록강을 건너서 13일 의주를 공격하였다. 나라의 관문이자 국방의 요충인 의주에는 적의 침공을 막을 아무런 대책도 세우지 않았고 군수품도 마련하지 않은 상태에서 습격을 받았다. 후금군은 의주를 점령한 후 일부 군사를 남겨서 지키게 하고, 일부의 병력으로 철산의 모문룡(毛文

龍)을 공격하였으나 그가 가도(假島, 身彌島)로 도망감으로써 잡지 못했다.9)

후금군의 주력은 정주를 거쳐 곽산에 이르렀으며, 17일 능한산성을 공격하였다. 후금군은 계속 남하하여 20일 청천강을 건너 안주성10) 아래에 진을 치고 있다가 21일 새벽에 공격하기 시작하였다. 후금군은 24일에 평양에 진주하였고, 25일 황주가 함락되었다. 이어서 후금군은 한성으로 줄곧 쳐내려왔다.

이러한 침입로에 위치한 평안도에는 조선후기에 병마방어사 2명을 창성과 강계에 배치하되 각각 부사(府使)가 겸하도록 했으며, 수군방어사 2명을 선천과 삼화에 두어 역시 부사가 겸하도록 하였다.11) 평안도에는 압록강 연안 일대의 관방은 물론 북방족의 침입 노정이 평안도에 집중되어 있었으므로 국경 방어와 적로를 차단하는데 주안점을 두었다. 실제 북방족이 우리나라로 침략해 들어올 때 고려시대는 흥화진(의주)로부터였으며, 조선시대의 정묘·병자호란 때에도 역시 의주로부터 들어와 서로를 거쳐 침략해 왔다.

병자호란 전까지 적로 차단을 위해서 청천강·안주 중심의 관방이 모색되었으며, 적침의 관문인 의주에 1634년(인조 12)에 청북방어사(淸北防禦使)를 두었다.12) 이때 청과의 국제관계가 나빠져서 임경업(林慶業)을 부윤 겸 청북방어사로 임명하여 백마산성을 중심으로 지키게 했다.13) 그러나 병자호란 후에 이를 혁파하고, 1641년에 양서전운사(兩西轉運使)를 두었다. 전운사는 병자호란 때 청과의 약조에 의하여 그들이 원병(援兵)을 청할 때 이에 응해야 된다고14) 했다. 북방족을 방어하기 위하여 설치되었던 방어사가 오히려 전운사가 되어서, 방어해야 했던 적을 위하여 군량을 조달했다. 이에 관서 지방에서 제일 먼저 설치되었던 의주 방어영은 법제화되지 못하고 혁파되었다.15)

둘째, 의주 제1로는 사행로(使行路)로 사용되었다. 조선후기에 조선과 청 사이의 사행로는 1637년(인조 15), 1645년(인조 23), 1665년(현종 6), 1679년(숙종 5) 네 차례 변경되었는데,[16] 이 사행로는 1876년 개항 때까지 변경되지 않았다. 대청 사행이나 무역과 관련하여 주목되는 곳은 압록강-진강성-탕참-책문까지의 110리이다. 한편 조공의 길도 세 차례 변화가 있었지만, 한성-개성-안주-의주-구련성-탕참-책문-봉황성-진동보-진이보-연산관[17]-첨수참-요동까지는 동일하였다.

1644년 청의 입관(入關) 이후 청과 조선의 관계는 대등한 관계라고는 할 수 없지만, 교역과 그 밖의 특수한 경우를 제외하고는 대부분 사행의 내왕에 의하여 제기되고 처리되는 조공관계(朝貢關係)였다.[18] 청대에 청과 조선과의 관계는 전형적 조공관계와 준조공관계로 구분할 수 있다. 조선의 사대사행은 대체로 동지사(冬至使)·별사(別使)·내자행(賚咨行)·역행(曆行)의 네 가지로 나눌 수 있는데, 성절사와 역행만은 매년 정기로 파송되었다고 한다.[19]

청대의 공로(貢路)는 명대와 큰 차이 없이 주로 육로를 이용하였다.[20] 이는 해로에 비하여 편리하고 단거리여서 시일이 훨씬 단축되었기 때문이다. 사행로의 왕환노정(往還路程)은 육로가 2,049리로서 28일정이었다. 통과지점은 한성-평양-의주-압록강-구련성(진강성)-봉황성-성경(반양)-산해관-북경이었다. 해로는 5,660리였는데, 그 가운데 육로 1,900리, 해로 3,760리였다. 통과지점은 한성-선천-선사포(또는 안주 노강진)-철산-개도-등주-명경이었다.

반면 청의 대조선 사행은 청의 조선에 대한 적극적인 간섭을 뜻하는 것으로, 연평균 1차 정도의 조칙(詔勅)을 받았다. 이 조칙의 2/3는 칙사에 의한 것이며, 나머지 1/3은 조선 연행사절에 순부(順付)된 것이었다. 청나라 초에는 빈도가 많았지만, 건륭(乾隆) 후기에는 순부의 경우까지 합쳐서 30년간에 6차밖에 없었다. 이 때의 칙사는 특별한 명칭이 없었으며, 그들의 임무는 조선의 연행사행의 그것과 상관된 것이었다고 한다.[21]

한편 청나라로 가는 사행이 의주에서 압록강을 건너기 전에 정관(正官) 이하 사행의 인원·마필·세폐·여비 기타 물품의 적재량을 국왕에게 보고하는데, 이것을 도강장(渡江狀)이라 한다. 사행이 조선 정부에 보고한 뒤 압록강을 건너 110리 길인 책문으로 향하면, 입책(入柵) 1일 전에 사행 목적과 정관의 명단 및 인마수를 기록한 입책보단(入柵報單)을 청나라 역관을 시켜서 수문인(守門人)을 통해서 봉황성장에게 보고하였는데, 이것이 책문보고였다. 다음날 봉황성장이 책문 밖에 나와 영접하여 보단에 의거해서 수를 헤아리고 입문(入門)시켰다.[22] 이렇게 의주는 청나라 국경으로 들어가는 최후의 관문이었으며, 압록강의 수로로 이용되었다.

셋째, 의주 제1로는 지속적으로 무역로로 사용되었다. 청나라와의 무역은 매년 북경(燕京)을 왕래한 부연사행(赴燕使行)에 따라간 역관(譯官)들이[23] 주도해 왔지만, 17세기 후반부터는 사상(私商)들이 사행 원역들과 결탁하거나 경·외관아에 청탁하는 방법으로 가담하게 되었다. 아울러 국가의 일방적인 탄압과 금령에도 불구하고, 사상의 밀무역이 행해졌으며 조선후기에 이를수록 활동은 더욱 활발하였다고 한다.[24]

무역로의 이용이라는 측면에서 보면, 1720년(숙종 46)경에 대청무역에 커다란 변화가 일어났다. 청·일 양국 사이에 직교역이 활발해졌다. 초기부터 해금(海禁)을 엄격히 실시하여 외국과의 무역을 봉쇄해 왔던 청나라가 1684년(숙종 10)에 해금령을 해제하였다. 이에 1685년부터 복주(福州)·하문(廈門)의 상선들이 일본의 나가사키[長崎]로 도

항하기 시작하였으며, 1689년에는 청이 나가사키에 상관(商館)을 설치
하였다.25) 이에 조선후기에 조·청 사이에 이루어지던 육로무역이
청·일의 중개무역으로 확대되고 무역 형태와 내용에도 커다란 변화
를 가져왔기 때문이었다.

하지만 조·청 양국의 상고(商賈)들은 조선후기에 지속적으로 일정
하게 지방 관원의 비호를 받으면서 비합법적인 국경무역을 계속해서
감행하였다. 1733년(영조 9) 평안감사 권이진(權以鎭)이 압록강변의
사정을 염탐한 뒤 보고한 내용을 간추려 보면 사정을 잘 알 수 있다.

> 江界郡과 渭原郡의 조·청 국경지대 중 高山鎭과 伐登鎭의 압록강 건너에 있
> 는 細洞·九郎哈洞·古道水洞·秋洞·坴軒洞·屯洞·皇帝城坪 등지에는 청인의
> 이주자가 날로 증가하여 많은 곳은 16~17호에 300~400명에 달하며, 이들의 창고
> 에는 淸貨가 충만해 있다. 이 지역의 主胡인 山西人 李登四와 瀋陽人 王三平 및
> 唐 또는 湯이란 성을 가진 자 등 3명은 모두 萬金大賈들로서 범법했거나 사업에
> 실패하여 도망온 자들이다. 이들의 수하에는 조선에서 도망한 자 3~4명씩을 두
> 어 양국 간에 밀무역을 실현하기 위한 정보교환과 문서의 처리를 맡기고 있었
> 다. 그들은 조선상인들로부터 물화를 구입하여 심양 등지에 가서 팔고 있는데,
> 양국 상인들 간에는 물화를 교역하기 위해 매일같이 왕래하는 실정이다.26)

이렇게 중국으로 들어가는 길목이었던 의주와 그 주변 사람들은 모
두 밀무역으로 생업을 삼게 될 정도로 밀무역은 심각하였다.

이러한 폐단을 시정하기 위해서 조선 정부는 1754년(영조 30)에 만
상(灣商)에게만 연복무역, 곧 책문후시(柵門後市)를 허가하였지만, 이
것은 사실상 국내의 사상들에게도 대청무역로를 열어준 것이었다.27)
후시는 개시(開市)에 대칭되는 개념으로서 사상의 밀무역 활동에서
그 명칭이 유래되었는데, 후기에는 그것이 공인되기도 하였다. 후시

무역은 전형적인 잠상(潛商) 무역을 말하며, 잠상은 대청무역의 주체였다. 대청무역의 중심지는 중강개시였지만, 이 가운데 책문무역이 가장 성행하였다. 책문은 의주에서 120리 떨어진 곳이고, 봉황성 남쪽에 위치한 청의 관문이었다.[28] 원래 봉황성 동쪽 5리 가량 되는 곳에 있었으나, 17세기 말에 봉황성 내의 인구가 증가하여 경지와 목축지를 넓힘에 따라 다른 곳으로 옮기게 되었다. 책문이라는 명칭은 목책을 쌓은 데서 유래되었다.

이렇게 책문무역이 발달해 나가자 의주민의 교류는 상인의 활동에서 적극적으로 나타났으며, 무역의 증가로 의주부는 시가지와 민가가 그득하게 비늘같이 즐비해 있어 변경의 웅대한 도회가 되어 나갔다.

2. 해로

조선후기에 국경도시 의주에서 해로와 관련하여 주목되는 것은 압록강, 가도, 불법 해로 등이다. 첫째, 압록강은 국제하천으로 역할을 하였다. 국제하천은 연안국 사이에 교통 무역 등 여러 사항에서 이해관계가 상충된다. 압록강의 하중도의 귀속문제와 함께, 경계선 책정에 따른 문제점이 제기되기도 하였다. 특히 압록강 하구에는 40여 개의 도서가 있는데, 이들 도서의 귀속은 분쟁의 소지가 있었다. 압록강은 백두산 천지 부근에서 발원한 가장 긴 강으로 중국의 동북지방과 국경을 이룬다.

『신증동국여지승람』에 "압록강의 물빛이 오리머리 빛처럼 푸른 색깔을 하고 있다"고 하여 압록(鴨綠)이라 이름을 붙였다고[29] 한다. 압록강의 하류에 위치한 의주에는 비교적 넓은 평야가 펼쳐져 곡창지대를 이룬다. 압록강 하구에는 삼각주가 발달하였고 강 연안은 인삼 재배가 성행하였다. 의주를 끼고 있는 압록강의 삼도인 어적도, 검동도, 위화도는 삼각주로서 상류에서 내려온 양질의 부유물이 퇴적한 지형이라 농사에 유리한 조건을 가진 곳이었다고 한다.[30]

일찍부터 조선은 이곳을 유지하기 위해서 1470년(성종 1)에 의주 삼도의 경작을 백성들이 꺼려하는 데 대해 적극적인 대안으로 강을 건너 책을 설치하여 수호를 엄하게 하고, 그곳에 주민을 상주시킬 것을 건의하였다. 같은 해에 다시 「義州三島起耕事目」을 만들어 보냈다.[31]

1. 잉박선을 많이 만들어서 강 건너는 것을 편하게 할 것.
1. 전에 보낸 연대에 목책을 설치하는 도면을 자세히 상고하여 견실하게 배치하고, 때에 임하여 재주 있고 용맹한 감사, 정병을 나누어 정해서 마른 양식과 병기를 많이 싸 가지고 밤낮으로 요망하여 만일 적변이 있으면 혹은 신기전을 방포하거나, 혹은 기를 쓰거나, 혹은 각을 불어서 변을 알릴 것.
1. 재주 있고 용맹한 무사를 뽑아서 널리 체탐을 행할 것.
1. 미리 농민의 장정을 뽑아서 농기를 갖추게 하고 때에 임하여 절도사가 수호군을 거느리고 강을 건너 목책, 연대, 체탐에 대한 여러 일을 포치하여 끝낸 뒤에 농민을 건너게 한다. 농민은 모두 대오를 지어가면서 요란하지 못하게 하고, 매일 새벽에 무사한 것을 보고케 하고, 군사를 내어 요해처를 나누어 지키되, 해가 뜬 뒤에 농민을 내보내어 경종하게 하고, 해가 지기 전에 농민을 목책에 들어가게 하여 항상 적을 보는 것같이 하여 경솔히 하지 말고 소홀히 하지 말 것.
1. 날을 정하여 기경하되 끝나면 곧 돌아오고, 날을 정하여 제초하되 제초가 끝나면 곧 돌아오는데, 머뭇거리지도 말고 몰아치지도 말 것.
1. 농민에게 권하여 일러서 서로서로 도와서 경작할 것.
1. 많이 개간하는 것을 힘쓰지 말고 백성의 정원에 따라서 힘을 헤아려 많거나 적게 할 것.
1. 술을 마시지 말고, 사냥을 하지 말고, 날로 근엄을 새롭게 할 것.
1. 성에 돌아올 때에는 먼저 농민이 건넌 뒤에 군사들이 건널 것.

    1. 관둔전은 힘을 헤아려 많거나 적게 하여 백성들에게 폐해가 미치지 않게
       할 것.

  이러한 사목의 마련으로 섬의 출입과 섬에서 경작할 때, 군대의 경
호를 철저히 받아 비교적 안전하게 경작할 수 있었다. 아울러 농사철
이 다가오면 삼도 경작을 하기 전에 인근 창성과 삭주 사람들을 요동
지방으로 보내 적의 종적을 염탐하게 하였으며, 서도의 소속 당번 甲
士는 모두 의주에 가서 농민을 방호하였다. 그럼에도 불구하고 삼도
를 경작하는 백성들은 강을 건너 왕래하는 것을 수고롭게 여길 뿐 아
니라, 또 적의 침입을 두려워하여 대부분 삼도 경작을 기피하였다.
1532년(중종 27)에는 명나라 사람들이 위화도와 원직도에 들어와 개
간하고 살았는데, 조선에서 중국의 요동도사와 교섭하여 이들을 쇄환
할 것을 요구하였다.32) 결국 섬에 거주했던 명인들은 소환되었으며,
그들이 살았던 집이 모두 소각된 후에도 다시 은밀히 잠입했다. 연산
군대에는 강변을 간척하여 영토를 확정하자는 의견이 나오기 했다.
  이처럼 압록강은 하류에 오면 강의 지류가 의주와 적강으로 나뉘
고, 강 사이에 탄자도, 어적도, 위화도, 금동도 등 4섬이 끼어 있었기
때문에 남쪽인 의주 쪽으로 흐르는 강의 지류를 막아 4섬을 내륙으로
만들기도 하였다. 의주 지역의 삼도 경영은 농경뿐 아니라 그것을 보
호하기 위한 시설을 확충하는 과정에서 국경 완충지 역할을 했다. 의
주 유역의 삼도 경영은 방비하는 데 많은 어려움이 있었지만, 경제성
때문에 군대의 보호를 받으며 지속적으로 이어졌다.
  조선시대에 압록강의 유로(流路)는 다음과 같이 변화가 많았다.33)
당시의 기록을 살펴보면 안동(安東, 丹東)과 신의주 사이를 지난 압록
강은 광성면 유초도를 끼고 삼도랑두를 지나 삼교천과 합쳐 황초평 상

단의 암초로부터 다시 두 지류가 된다. 서류하는 서강은 황초평과 안민산 사이를 지나 황초평 하단에서 동강의 일부와 합쳐 신척평을 지나 마안도와 대동구와의 중간을 거쳐 바다로 흐른다. 그 동류인 동강은 용천군 양서면을 지나 용암포와 황초평과의 중간을 흘러가 두모포에 이르러 두 지류가 된다. 그 서류하는 물은 서강에 합치고 동류는 신도와 다사도 사이를 지나 바다로 들어간다.

그러나 압록강구의 강류는 그 변화가 무상하다. 고로(古老)의 말에 의하면 유초도는 1915년 이전의 홍수로 진흙이 생겨 황초평과 신도와는 허리띠처럼 연접하여 수로는 황초평 상단의 암초로부터 동서로 나뉘어져 쌍방이 모두 병선을 통과시켰는데, 1884년(고종 21)경부터 황초평의 진흙이 차츰 확대되어 이 황초평의 서쪽 유역은 만조를 이용하지 않으면 소증기선도 통과하지 못한다.

동강은 1890년경 이전에는 용암포 서쪽에 경동이 있었는데, 홍수로 하루밤에 심연이 되어 1904년 러·일전쟁 때 러시아는 이 경동 자리에 함선을 띄우고, 용암포를 요항으로 하여 군항축성 계획을 하였으며, 같은 해에 일본군은 이곳을 점령하여 강구로부터 안동현에 이르는 항로를 따라 다사도에서 동강을 따라 비로소 용암포에 함선을 입항시켰다.

그러나 1916년부터 경동이 있던 곳에서 다시 진흙이 생겨 한때 함선을 정박했던 요항은 그 모습을 찾아볼 수 없게 되어 일대가 갈대 벌로 변했다. 또 삼교천구 서망동에서 중성동에 이르는 약 20리에 걸친 양전(良田) 약 1천 정보는 1923년경까지는 한국 제일의 미전(美田)으로 그 가격이 최고였는데, 2년 후에 점차 값이 떨어져 서망동, 북성동, 신성동, 견일동, 남흥동, 신화리 등이 거의 전멸하고, 강안은 양서면 북평동에서 백암동에 이르는 강의 깊이도 또한 깊어져서, 지금 함선의 항로는 옛 양전이 있던 곳을 통하고 있다. 이와 동시에 황초평 상류와 양서면과의 중간에 진흙이 생겨 동태평이라는 섬이 생겨 민간인에게 대부하여 개간 주거민이 40호, 인구 150명에 달하고 있다.

이처럼 압록강의 강중항로는 때때로 변천이 무상하나 대체로 옛날부터 두 수로였는데, 현재에 있어서도 전술한 두 항로를 이용하는데 불과하다. 그 서류를 서수도, 동류를 동수도라고 칭한다. 의주군 관마도·구리도의 서안에서 구리도와 어적도 사이를 지나 의주 구룡포에 이르러 중강으로 나와 검동·위화 두 도의 서안을 지나 안동(단둥)에 이르러 유초도 상단에서 삼도랑두로 향하고, 유초도 하단에서 양서면 서안을 거쳐 황초평 하단으로 나와 방향을 서로 돌려 서강에 들어서 대동구와 마(안)도와의 중간을 지나서 바다로 들어가는 길이 최심항로이다. 황초평 이하를 서수도라 칭한다. 해양에서 들어오는 기선은 이 항로를 통과하여 삼도랑두, 신의주 또는 안동현에 이르는 것이다. 동수도는 황초평 하단에서 신척평(서중주)과 두모포 사이로 들어가서 동중주와 문박도 사이를 지나 수운도에서 바다로 빠져 나간다. 이것을 서수도에 비하면 수심이 좀 얕은 곳이 있다.

그런데 문제는 압록강 하류 강중에는 대소 수십여 개의 섬이 산재하고 있다는 점이다. 이 중에는 한국 영역 내에 있는 것, 중국령이 된 것, 한중 양국 간에 그 소속이 係爭 중인 것들이 있다. 따라서 하천도서의 소속은 압록강에 있어서의 한중 국경선 획정과 밀접한 관계에 있는 것이다.[34] 압록강 하류 하천 도서를 예거하면 마시태, 중강태, 장도, 수구도, 검동도, 위화도, 신도, 황초평 등 60여 개의 섬이 있다. 사주와 섬이 홍수로 인하여 하루 밤에 그 자취를 감추기도 하고, 변형되어 새로운 섬의 모습이 나타나기도 한다. 그와 같은 현상은 강류의 유로 변동에서 유래한 것이어서 『신증동국여지승람』과 『대동여지도』

를 비교하여 보아도 그 변화를 알 수 있다.

또 하나의 예로 일본공사관기록문서 압록강경영 (4)의 「鴨綠江水域視察報告書」에 의하면, 위화도 바로 하류에 彌勒島가 제법 크게 나와 있어 1903년에는 麻田洞에서 新義州 강안 일대가 미륵도였지 않나 추정된다. 그런데 1926년도 조선총독부 제작 5만분의 1 지도에는 도서의 흔적조차 없다. 그렇다면 20여 년간에 강중 도서에 큰 변화가 생겼다는[35] 것을 보여주는 것이다. 이러한 현상은 그에 수반되는 국경문제를 발생시키고 있다.

이에 압록강의 국경도시 의주에서는 범월(犯越)이 문제가 되었다.[36] 병자호란 이후 국경 지역의 군사력 강화는 사실상 어려웠고 범월 등을 감시하는 파수지역이 되었다.[37] 국경지역은 유민들의 월경(越境)이 빈번하여 외교적 마찰을 불러일으키는 곳이다. 월경은 범월이라고 칭하였는데, 국경을 넘는 죄를 범했다는 뜻이다. 즉 조선인이 무단으로 중국 영역으로 잠입하거나 반대로 이민족이 조선으로 잠입해 들어오는 것을 말한다. 의주를 시작으로 국경을 따라 구축된 성은 북방민의 침입을 막는 군사적 목적과 함께 일반인의 사적인 왕래를 제한하기 위한 것이었다.

의주는 조선의 최북단에 위치한 큰 도시로 겨울이 되면 압록강이 얼기 때문에 조선과 청은 하나의 땅으로 연결되었다. 겨울철이 아니더라도 압록강 내에는 여러 섬이 있어 강을 모두 건너지 않아도 육지를 밟을 수 있어 상호 월경하는 사례가 많았다. 조선과 청은 서로 국경을 명시하고 범월에 대해 엄격히 규제하였지만, 민의 국경인식은 위정자와는 많은 차이가 있었다. 두 나라 사이의 경계는 엄격하게 구분된 것이 아니라 압록강의 유량과 결빙 등으로 언제든지 변할 수 있었기 때문에 조선인과 청인의 경계넘기가 가능했다. 민간 차원의 교류와 무역이 활성화 되면서 경계는 통제물이 아닌 오히려 넘어가야 하는 대상이었다.

이처럼 청과 조선이 압록강 하류에서 경계를 함께하면서 양국에서는 이른바 월경, 즉 경계를 넘나드는 사람이 적지 않았다. 대부분의 경우 채삼(採蔘)으로 이익을 취하고자 하는 경우가 많았다.[38] 그러나 18세기 중기 이후에는 채삼 목적의 월경이 줄어들고 대신 인근 지대의 청국인들과 교역을 진행하는 형태가 상대적으로 많았다. 19세기는 청국으로 들어가 생활하는 사람들이 나타나는 형태의 범월이 나타났다. 이러한 이주 현상은 1860년대 이후 대규모로 나타나며, 결국 간도(間島) 이주와 연결되는 북방이주로 인식될 수 있다.

둘째, 가도(假島)는 병자호란 때 모문룡(毛文龍)이 명나라 군사를 거느리고 웅거한 지역이다. 이 때문에 조·명의 군사들이 인근 해로를 자주 이용하였다.

의주부윤이 장계하기를, 廣寧 어사가 유격과 毛文龍을 보내어 鎭江을 항복받도록 하니, 진강 사람들이 서로 내응하여 署佟·養員의 부자 형제를 죽였고, 守堡官은 內丁 70여 명을 베었습니다라고 하였다. 모문룡은 남쪽 지방의 사람이다. 遼陽城이 함락될 때 탈출하여 旅順 어귀에서 바다를 통해 동쪽으로 나와 의주 주위에 기거하면서 견제의 계책을 하였다. 처음에는 세력이 고단하고 미약하였으나, 椵島로 들어가 웅거하면서 세력이 날로 확장되어 奴賊들이 동쪽을 걱정하지 않을 수 없게 되었다. 얼마 뒤, 그는 요동의 백성 2~3십만 명을 구제한다는 명목으로 중국 조정을 속여 해마다 帑銀 20만 냥을 끌어내었다. 그러나 암암리에 환관 魏忠賢의 무리들과 결탁하여 포장도 풀어보지 않은 채 內帑으로 들여보내고, 가도에 필요한 식량은 우리나라에 부담시켰다. 그들은 거짓으로 첩보를 올리고 심지어는 毛大將傳을 지어 전벌의 공적을 떠들어댔다. 외로운 섬에서 칩거하면서 위세부리는 것만 일삼았으나 功賞은 더해져 벼슬이 後軍都督에 이르렀다. 무진년에 이르러, 經略 袁崇煥이 명을 받고 산해관을 나와 그 정상을 알고는 雙島로 불러내어 베어버렸다. 그 뒤 원숭환도 죄를 받았는데, 이 일이 꼬투리가 되었다고 한다.[39]

조선은 가도에서 사상(私商)을 금하였다. 모문룡이 오래도록 가도를 점거하고 있으면서 우리나라와의 무역을 허락하자, 상고(商賈)들이 서로 몰래 장사를 하였으므로 인삼 값이 날로 치솟았다. 이에 호조에서 양서(兩西)의 감사 및 관향사(管餉使)와 용천·철산 등 고을에 명령하여 관문과 나루터를 기찰하여 몰래 들어오지 못하도록 하였다.[40] 그래도 계속 가도에서 상행위가 계속되자, 중강개시(中江開市)에 서울의 상고들이 들어가는 사람이 없었다. 이에 산원(算員)을 차출하여 지지(紙地)·호초(胡椒)·단목(丹木)·청포(靑布) 등의 물품을 가지고 개시하는 곳으로 가서 은냥과 바꾸게 하고, 돌아올 적에는 가도에 들러서 그 은냥으로 청포를 바꾸어 가지고 오게 하여 호차에게 증여할 용품을 마련하게 하였다.[41]

이렇게 조처해도 모문룡이 가도 안에 객상(客商)을 거주케 하여 1년의 세수가 수만금에 이르렀다. 우리나라의 경우는 은이나 삼을 가지고 가서 물화를 무역하는 서울과 지방의 상인들이 이루 헤아릴 수 없이 가도에 운집하는데도, 관에서는 한 푼도 수세를 하지 못하고 있었다. 이에 풍력이 있는 문관을 가려 접반사의 종사관이라 이름하고, 진두의 요충지에 관을 설치하여 상세(商稅)의 징수를 감독하게 하되 조항을 엄격히 만들어 착실히 거행하게 했다. 또 장사꾼들로 하여금 해조의 증명서를 가지고 반드시 수세관의 허락을 얻은 뒤에 들어가도록 하면, 잠상(潛商)의 무리들이 난입하는 폐단도 없어지도록 조처했다.[42]

한편 가도에는 중국의 선박도 내왕하고 있었다. 한 예로 평안병사 유림(柳琳)이 당선(唐船) 30여 척이 가도 앞바다에 와서 정박하자 연

유를 묻자, 장(張)·마(馬) 태감(太監)과 두 장수가 배를 거느리고 왔
으며, 한 태감은 서울로 갈 것이고, 한 태감은 전마(戰馬)를 사려고 왔
다. 또 두 태감이 뒤이어 당도할 것이라고[43] 했다.

셋째, 조선후기에도 서해에는 불법 해로를 사용하는 사람들이 계속
있었다. 해로는 주로 밀무역의 루트로 이용되었다.

제주목사 盧錠이 비밀히 치계하기를, "5월 25일 표류한 漢人 沈三·郭十·蔡
龍·楊仁 등 머리를 깎은 자 22명과 머리를 깎지 않은 자 43명이, 중국옷을 입
거나 혹은 오랑캐 옷, 혹은 왜인 옷을 입고 있었는데, 旌義縣 경내에 도착하여
배가 파손되었습니다. 스스로 말하기를 '본래 명나라 廣東·福建·浙江 등지의
사람들로 청인이 南京을 차지한 뒤에 광동 등 여러 省이 청나라에 항복하였으
므로 바다 밖 香山島에 도망 나와 장사하면서 살아왔다. 5월 1일 향산도에서
배를 출발시켜 일본의 長崎로 향해 가다가 태풍을 만나 표류되어 이곳에 도착
하였다'고 하였습니다. 향산도란 지금 어느 省에 속하였느냐고 물으니 대답하
기를 '香澳은 광동의 바다 밖 큰 산인데, 靑黎國에 인접하고 있다'라고 하였습
니다. 어떤 사람이 주관하느냐고 물으니, 대답하기를 '본래 南蠻의 땅으로 남
만 사람 甲必丹이 주관하였다. 그 뒤 점점 약해졌으므로 명나라의 유민들이 많
이 들어가 살았는데, 大樊國에서 遊擊 柯貴를 보내어 주관하였다. 대번국은 隆
武 때에 鄭成功이라는 자에게 나라의 성씨를 하사하고 鎭國大將軍에 봉하여 청
나라 군사와 싸우게 하였는데 청인이 여러 번 패하였다. 얼마 안 되어 그가 죽자
그의 아들 鄭錦舍가 계승하여 仁德將軍에 봉해져 대번국에 도망해 들어갔는데,
무리가 수십만 명이 있었다. 그 땅은 福建省 바다 밖 천여 리에 있는데, 永曆君
때에는 貴州의 옛 蜀 땅에 있다. 우리들은 여러 나라로 다니며 장사를 하고 있으
므로 머리를 깎기도 하고 혹은 깎지 않기도 한다. 장기로 가기를 원한다.[44]

더욱이 제주 한 섬은 남쪽 바다 가운데 외부와 차단되어 있어서, 무
릇 行商하는 중국 선박으로 해외 제국에 왕래하는 자들이 대부분 제주
를 지나서 가다가 해풍을 만나 해안에 정박한 채 며칠씩 발이 묶이는

경우가 흔한데, 그곳을 지키는 신하가 그 난처함을 염려하여 그때마다
돌아가도록 내보내고 있었다. 그런데 우선 수로(水路)를 뚫으라는 것이
혹시라도 불리하게 되어 청인(淸人)의 지역에 표박(漂泊)하게 되면, 반
드시 의심과 힐난이 벌어져 무사하던 중에 화를 돋울 것이다. 그래서
중국 조정에 통문(通文)하는 글의 경우에도 제주목사의 문자를 쓰되 다
만 '조정의 명령을 받들어 우선 통로(通路)를 만든다.'는 뜻만을 언급하
고, 그 밖에 행인을 고르는 일과 그곳에 도착하여 중국의 사정을 탐지하
는 등의 일은 모두 제주목사가 생각하여 적절하게 처치하게 하였다.[45]

　1869년에는 중국배가 강화도까지 내왕하고 있었다. 황해감사 조석여
(曺錫輿)이 초도진(椒島鎭) 이현포(泥峴浦)에는 항상 중국배가 왕래하
는 요충지로서 노략질을 막아내기 어렵다. 초지진은 바닷가를 방비하
는 요충지로서 가장 긴요한 곳인데, 군병의 숫자와 무비(武備)를 강화
해야 한다고 요청하고 있다. 이를 위한 비용은 관세청의 세전(稅錢) 가
운데 해마다 2,000냥을 획송(劃送)하여 마련하도록 하였다.[46]

Ⅲ. 개항~일제 초기의 교통로

1. 육로

　조선후기 이래로 청나라와의 무역은 지속되었으며, 의주부에 관세
청이 설치되었다. 이때까지 의주부는 육로교통의 중심지여서 많은 물
품들이 이곳을 통과하고 있었다. 조선후기에 의주부의 관세청(管稅廳)
은 1814년(순조 14) 의주부윤 오한원(吳翰源)이 창설하였다. 관세청은
처음에는 의주 상인[灣商]의 책임 아래 모세(帽稅)·포삼세(包蔘稅)·

후시세(後市稅) 등의 무역품에 부과하는 상세(商稅)를 거두어 사행에 필요한 공용을 담당하도록 하였다.[47]

그러나 의주부의 관세청은 19세기 중반 탈세 행위로 재정이 크게 악화되었다. 관세청을 담당하는 의주 상인의 힘으로는 각 아문(衙門)·궁방(宮房)·영읍(營邑)의 탈세와 탈법을 막을 수가 없었기 때문이었다. 이에 조선 정부는 1854년(철종 5)「灣府管稅廳捄弊節目」을 반포하여 무역세를 철저하게 거두려 하였는데,[48] 이곳에 중앙 정부에서 임명한 감세관(監稅官)이 파견되었다. 감세관 파견의 효과로 관세청 수입이 증가했으며, 잉여분을 중앙 정부의 재정으로 활용할 수 있었다. 대원군 집권기에도 중앙 정부의 경상비와 군비 증강 등 시급을 요하는 용도에 관세청의 수입이 사용되었다.

의주부의 관세청은 홍삼 무역의 규모가 늘어나고 그에 따른 세입이 증가하자, 관세청의 비중도 커져서 호조(戶曹)의 외고(外庫)라고 인식되었다. 1866년(고종 3)에는 병인사옥(丙寅邪獄)과 병인양요(丙寅洋擾) 등 대내외적으로 불안한 정국이 지속되어 많은 재원이 필요했다. 이해 10월 11일 의정부는 책문(柵門)에서 수입되는 물품뿐만 아니라 북경에서 수입되는 물품에도 동일하게 과세하자고 요청했다.

議政府가 이뢰기를, 의주부에 管稅廳을 처음 설치했던 때에 유독 柵貨에 대해서만 세금을 부과하고, 北貨의 물품에 대해서는 거론하지 않는데, 무슨 이유에서 그런 것인지 모르겠지만 법의 뜻으로 헤아려볼 때 차별을 두어서는 안 된다고 생각됩니다. 그러므로 앞으로 曆門부터 시작해서 北貨를 의주부에서 하나하나 마련한 다음 별도로 성책하여 본부에 보고하며, 세금을 거두는 것은 한결같이 책화의 예에 따라 하고, 관세청으로 하여금 일일이 대조하여 숨기거나 빠지는 폐단이 없게 하십시오.[49]

그리고 감독 책임을 의주부의 관세청에 맡겼다. 연이어 포삼 1만 5천 근을 증액하여 강화도 진무영에 1만근, 송영(松營)에 3천근, 옹진영(甕津營)에 2천 근씩의 포삼세를 나누어 주었다. 1869년(고종 6)에는 동래부의 왜인 접대 비용, 군비 등에 관세를 이용하였다. 1874년(고종 11)에는 관세청의 관세를 늘리기 위해 의주의 상세(商稅)로서 전에 양목(洋木)과 유철(鍮鐵)에 대한 세금이 있었으나 淸錢을 혁파하여 세입이 줄어들어 관세청의 형편이 나빠지자, 양목은 원래 서양 물품이라 하여 금지하였지만, 지금은 광동(廣東)의 직조물이 되었으므로 금지할 필요가 없다고[50] 하여 관세를 부과하였다. 1881년에는 의주부의 관세청이 쇠약해져 허다한 응하(應下)를 채우지 못하자, 원포삼(元包蔘) 외에 3,000근(斤)을 더 정하여 채우게 하는 특별한 조처를 취하였다.[51]

1880년대의 청국과 일본은 대한무역의 경제적 조건에서 보면 다 같이 중개무역이었다. 청국과 일본은 아직 근대 공장공업의 발달을 보지 못하였다. 따라서 조선과의 무역에서는 자기나라의 수공업품이나 토산물 이외에는 모두 서구 상품을 갖고 조선에 진출한 것이다. 이러한 조건 하에서는 양국의 경쟁은 정치 정세에 크게 좌우되게 마련이었다. 1880년대에 이르면 조선은 자국의 요구와 필요에 따라 청에 통상을 제기하였다.[52] 즉 종래 변경지방에 설치된 개시무역은 지방민의 부담을 가중시켜 유민을 낳은 요인이 되었던 반면에, 조선 민중의 경제적 욕구는 사상의 밀무역 활동을 통하여 충족되고 있었다. 따라서 변민의 부담을 덜고 밀무역 활동을 합법화하기 위해서는 양국 간의 통제를 해제하고, 육로에서의 자유로운 내왕과 통상을 허용해야 할 필요가 있었다.

한편 한말에 통상논의가 마무리되기 전에 임오사변이 일어났으며,

마침 청에 파견되었던 김윤식(金允植)·어윤중(魚允中) 두 사람이 자
청하여 청의 파병을 교섭하여 마침내 그것이 실현되었다. 청의 파병
은 대조선 적극책을 추진하는 계기가 되었고, 이후 조선은 외교·재
정·군사에 걸쳐 청의 감시 감독을 받게 되었다. 임오사변을 계기로
일본 세력을 견제하였음은 물론 조선 내에서 청·일이 각축을 빚게
하는 터전을 마련하였다. 이와 같은 정치정세의 변동으로 한국과의
무역 관계에 있어서도 일본의 약화, 청국의 강화라는 상태를 초래하
게 되었다.

　1880년대 초에 이르면 조선과의 무역에서 일본의 독점적 지위는 무
너지고 만다. 1882년 5월에 조선은 미국과 통상조약을 체결했고, 동년
8월에는 청국과의 사이에도「朝淸商民水陸貿易章程」이 조인됨으로써
조·청 사이의 무역관계가 정상화되었다. 이어 조선정부는 영국과 독
일을 비롯하여 러시아, 이태리, 프랑스 등 서구 제국과도 동일한 내용
의 통상조약을 체결했다. 뿐만 아니라 부산·인천·원산의 개항에 이
어 1883년에는 서울을 외국상인에게 개시하였고, 1906년에는 용암포,
1910년에는 신의주 등 조선의 주요도시는 거의 모두가 외국상인에게 개
방되었다. 이렇게 해서 조선의 대외무역은 더욱 활발해졌고 국내 상
업망도 따라서 확대되어 갔다.[53]

　그런데 청은 조·청 사이에 체결된 장정을 근대 국제법적인 세계질
서에 기초한 조약과는 근본적으로 다른 성질의 것으로 규정하고 있었
다. 이것이 문제였다. 조선과 청측의 협상 결과 체결된「조청상민수
륙무역장정」의 내용을 요약하면 다음과 같다.[54]

　　前文 : 조선이 속방임과 淸商의 특혜규정.
　　이 상민수륙무역장정은 중국이 속방을 우대하는 뜻에서 상정한 것이고 각

국과 더불어 일체 균점하는 예에 있지 않다. 제1조는 商務委員의 파견 및 兩國派員의 처우, 북양대신과 조선국왕이 대등한 위치임을 규정. 제2조는 조선 내에서의 청 상무위원의 치외법권 인정, 제3조는 遭難救護 및 평안·황해도와 山東·奉天 연안지방에서의 어채 허용, 제4조는 북경과 漢城·楊花津에서의 開棧貿易을 허용하되 양국 상민의 內地采辦 금지. 단 내지채판 및 遊歷이 필요할 경우 지방관의 執照를 받을 것, 제5조는 柵門·義州·琿春·會寧에서의 개시, 제6조는 홍삼무역과 세칙규정, 제7조는 招商局輪船 운항 및 청 병선의 조선연해 왕래·정박, 제8조는 장정의 수정은 북양대신과 조선국왕의 咨文으로 결정.

이 「조청상민수륙무역장정」에는 육로통상, 즉 변경 개시의 개편에 대해서는 현지답사한 후에 상정하는 것으로 되었다. 이에 따라 1883년에 「奉天與朝鮮邊民交易章程」과 「吉林朝鮮商民隨時貿易章程」이 체결됨으로써 육로통상의 상세한 문제들이 규정되었다.55) 그러나 「조청상민수륙무역장정」은 전문에 청과 조선이 종주국과 속방 관계라고 규정함으로써 조선정부의 비준조차 요구되지 않는 일방적인 것이었다.56) 그렇지만 이 무역장정은 종래 사상의 밀무역 활동을 합법적으로 유도하고 일반민의 자유로운 왕래와 통상을 공인함으로써 조청 사이의 통상관계의 근대화를 시도하였다는 점에서 중요한 의미를 갖는다고 생각한다. 이로부터 일본의 무역독점시대는 끝나고 청일의 쟁패 시대가 열리게 되었다. 아울러 의주의 육로교통도 활용이 여전히 지속되었다.

2. 철로

개항 이후 한반도에서는 교통로의 급격한 변화가 나타난다. 철도는 근대 육상운송 수단 가운데 하나로 선진 제국의 근대화과정에서 산업 발달을 뒷받침한 중요한 사회간접자본이다. 재정이 부실한 조선정부는 철도부설에 소극적일 수밖에 없었다. 그러나 적어도 철도의 중요성을 인식하고 있었기 때문에 철도부설의 자주성과 독자성을 수호하려 했다. 결국 한반도의 철도부설사업은 경제적·정치적 이권을 확보하려는 청나라와 일본 및 러시아를 포함한 서구열강의 각축전 속에서 전개되었다. 한반도의 철도부설권은 한반도의 지정학적 특수성으로 인해 아시아를 포함한 서양열강들의 관심사로 떠올랐다.[57]

조선에서 철도부설권을 획득하기 위해 가장 빠르게 움직인 나라는 일본이었다. 한반도와 중국에서 군사행위를 염두에 두고 있던 일본으로서는 군대와 군수물자의 선편 운반이 해상권과 관련해 곤란하므로 부산에서 서울까지 육상교통로를 확보하는 것이 무엇보다도 중요하다고 생각했다.

한반도에서의 일본과 서구열강들의 세력이 균형을 이룬 상태에서 고종은 대한제국을 선포하고 자주권 수호를 위해 각종 이권 양여를 중단할 것을 천명했으나 이 정책을 적극적으로 유지하지는 못했다. 경인철도부설권이 미국인 모스(James R. Morse)에게, 경의철도부설권이 프랑스의 피브릴상사 대표인 그릴(Grille)에게 양여되었다. 프랑스인 그릴이 경의선부설권을 획득하게 된 데에는 러시아공사의 적극적인 개입이 크게 작용했다.[58] 당시 러시아는 시베리아철도부설에 총력을 기울이고 있어 이를 매수할 여지가 없었을 뿐만 아니라 부동항을 요동반도에 건설하기로 청나라와 조약을 체결했기 때문에 굳이 한반도 철도부설에 관심을 가질 필요가 없어진 상황이었다. 그러므로 주한러시아공사는 일본을 배제하고 러시아가 영향력을 행사할 수 있는 그를 적극적으로 추천했다. 그릴은 경의선부설권을 획득해놓고도 부설사업을 전개하지 않았다.

그런데 1898년 이토 히로부미(伊藤博文)가 한성을 방문하여 철도부설에 관한 일본의 우선권을 강력히 주장하여, 경부철도합동조약을 체결하게 함으로써 경부선부설권은 일본으로 이양되었다. 이처럼 개항 이후 한반도의 철도부설권은 미국·프랑스·일본에 양도되었다. 그러나 1904년에 이르면 모두 일본으로 집중되었다.[59]

경의선부설권을 환수한 조선정부는 자주적으로 경의선을 부설하기 위해 많은 노력을 기울였다.[60] 민간에서는 정부관료와 민간인이 철도회사들을 설립했으며 철로를 부설하는 데에 필요한 기술인력 양성을 위한 철도학교들이 세워졌다.

그러나 경의선부설권은 1904년 러일전쟁 전인 2월에 체결된 한일의정서에 의거하여, 일본군이 3월 경의선 부설을 강행함에 따라 강점당하고 말았다. 군용으로 경의선을 부설하기 시작한 일본은 단지 13개월 만에 무려 528km의 철도를 부설하는 속성 공사를 시행했다. 경의선은 1905년 4월 28일 서울 용산-신의주 사이에 군용철도로 운행을 개시했고, 1906년 청천강과 재령강 교량이 준공되어 전 선로가 개통되었다. 한반도의 철도는 궤폭 4피트 8인치 반의 표준궤가 채택되었다. 한반도의 철도는 만주 및 중국 대륙과 시베리아철도를 연결하기 위해서 표준궤로 채택했다.

경의선 철도는 군용철도로 전쟁기간 중에 부설되었으므로 부지 수용의 규모와 수용방법에 있어 더욱 약탈적이었다.[61] 일제는 경의선 부설에 착수하면서 필요한 地段에 대해서는 개인의 건축물을 훼철 이전하는 데 대한 배상만을 지급하고, 토지에 대해서는 그 소유주 여하를 불문하고 일체 보상없이 수용하여 사용한다는 방침을 세웠다.[62]

한일의정서에 의해 일본은 군사전략상 필요한 지점을 때에 따라 수용할 수 있도록 하였으므로, 경의선·마산선을 군용철도로 지정함으로써 부설에 필요한 부지를 군용목적의 철도용지로 수용할 수 있었다. 일본군이 매수하려던 군용 철도용지는 경의선·마산선·경원선을 포함해 1,795만 평에 달하였는데, 신의주정거장은 105만 평이었다.[63] 일본 측은 최종적으로 각 정거장 당 15,892평을 확보하였으며, 용산은 50만 평, 평양은 35만 평, 신의주는 62만 평을 확보하였다.

철로의 부설은 운송수단의 획기적인 변화였다. 경의선의 부설로 주목받은 도시가 신의주였다. 신의주는 경의선의 최북단으로서 발전하기 시작하였지만, 일본 제국주의의 만한경영(滿韓經營)이라는 기치 아래 신의주는 중국으로 향하는 관문이었다. 일제가 압록강철교를 부설하였던 이유도 안동에서 심양과 대련으로 이어지는 교통로의 완성과 이를 통한 무역과 상권의 장악이었다. 일제는 관세 징수를 면제시키고 화물의 수송을 편리하게 하며 나아가 중국은 물론 러시아까지 일본 상품의 진출을 꾀하고자 하였다. 이것의 실현을 위하여 일제가 시행한 것이 압록강철교 가설이었다.[64]

일제는 대륙침략과 관련하여 몇 가지 중요한 정책을 실시하였다.[65] 이 가운데 남만주철도주식회사의 설립은 자본력의 확보와 토지 및 교통 확보를 단숨에 해결하는 중요한 계기가 되었다. 하지만 일제의 만주개방정책도 영국을 비롯한 열강들의 견제를 받게 되었다. 일제의 만주개방은 군사점령과 군사시설 보호를 내세워 시장의 독점을 꾀하였기 때문에 자국 상인에 대한 특권부여가 자연스럽게 행해졌다. 이에 대하여 영국과 미국은 일제에 강한 압력을 가하였으나 오히려 일제는 청국에 외교적 압력을 가하여 특권을 인정받으려 하였다. 1905년 12월에 체결된 만주선후조약이 그 결과물이었다.

1905년 12월 만주선후조약을 체결하면서 만주와 대한제국 국경무역에 관해서 상호간 최혜국 대우를 해 줌으로써 일제의 배타적 이익은 더욱 확고하게 실현되어 갔다. 나아가 일제는 청국 정부에 양국 합동의 목재회사를 설립하여 압록강 유역의 삼림 채벌에 필요한 이익을 균분할 것 등을 요구하기에 이르렀다.[66] 이러한 상황 속에서 일제는 상공업 및 무역을 증진시키기 위해 철도 등 교통과 통신시설이 신설 및 확충 사업을 전개하였으며, 이러한 사업을 완비하는 것이 대륙침략정책을 실행하는 첩경이라고 인식하였다.

일제는 경의선을 연장해 만주와 연결시키기 위해 압록강철교 건설과 신의주의 대안인 안동에서 봉천(지금의 심양)까지 철도를 건설하여 한반도로부터 만주의 중심으로 철도를 연장하는 야심찬 계획을 완성하였다. 1906년 3월 이미 신의주에는 진남포세관출장소가 설치되었다. 일제가 압록강철교를 부설하려고 계획한 것은 이미 1907년부터였다. 여기에는 만주에 진출한 상인들의 적극적인 요구가 있었다. 즉 육로 확보가 물류 비용 면에서 경쟁력을 지니기 때문에 상인들은 금융기관의 설치와 함께 압록강철교 건설을 강력하게 주장하였던 것이다. 이에 따라 일제는 1909년 건설에 착수하여 2년 뒤 1911년 압록강철교를 완성하였다.[67]

철도는 일제에 군사 · 정치 · 경제적 토대를 확고히 심어 주었으며, 독점적 이윤을 보장하고 식민지적 약탈을 가능하게 한 주요 수단이었다. 신의주는 한반도 종단철도의 북쪽 종착역이었으며, 1911년 압록강철교의 완성으로 대륙으로 통하는 중요 지점이 되었다. 철도의 부설과 함께 신의주는 국경무역의 새로운 중심이 될 수밖에 없는 지정학적 위치였다.[68]

신의주는 경의선이 개통되자 교통의 요지였다. 육로는 만주와 연결되어 유럽 대륙을 잇는 경의선의 종착역이며 대륙으로 나가는 출발역이었다. 일제 초기에 신의주의 경쟁력 있는 산업은 목재업이었다. 백두산의 풍부한 목재와 압록강의 수운은 신의주를 목재업의 메카로 성장시켰다.[69] 신의주의 목재업은 러일전쟁 당시 일제의 군용철도재 보급을 위해 제재공장을 설치하면서 본격적으로 발전하였다.

3. 해로

개항 이후 의주는 1899년 5월 1일, 용암포는 1904년 2월 25일 개항장이 되었다. 조선후기에 해로에서도 청 어민이 대거 출동하여 조선 연안에서 불법 조업을 전개하면서 갖가지 폐단을 빚었다. 조선은 어민 보호와 함께 해상 밀무역을 방지할 필요성에서 협정을 반드시 풀어야만 하였다. 게다가 일본과의 접촉이 잦아짐에 따라 스스로의 낙후성을 절실히 느끼게 되었으며, 일본 세력의 팽창을 견제할 목적에도 통항권이 요구되었다. 이러한 요구와 함께 사행왕래에 따르는 폐단을 시정하기 위하여 조공무역 문제를 아울러 제기하였다. 이것은 구제도에 대한 커다란 변혁을 시도하였다는 점에서 의의를 찾을 수 있다.

1880년대 초에 이르면 조선과의 무역에서 일본의 독점적 지위는 무너지고 만다. 1882년 5월에 조선은 미국과 통상조약을 체결했고 동년 8월에는 청국과의 사이에도 「朝淸商民水陸貿易章程」이 조인됨으로써 조·청 간의 무역관계가 정상화되었다.[70] 이어 조선정부는 영국과 독일을 비롯하여 러시아, 이태리, 프랑스 등 서구제국과도 동일한 내용의 통상조약을 체결했다. 뿐만 아니라 부산·인천·원산의 개항에 이어 1883년에는 서울을 외국상인에게 개시하였고, 1906년에는 용암포, 1908년에는 청진, 1910년에는 신의주 등 조선의 주요 도시는 거의 모두가 외국상인에게 개방되었다.

개항 이후 압록강 유역의 해로는 두 측면으로 진행되었다. 러시아에 의한 용암포항 개항과 일본에 의한 신의주 개항이다.[71] 첫째, 용암포항 개항이다. 러시아는 압록강을 건너 거리가 먼 백마산성에까지 세력을 뻗쳐 벌목사업을 벌였고, 용암포에 병참기지구축을 위한 작업과 의주지역의 토지 매입을 추진하였다. 이러한 러시아의 불법적인 토지 매입과 병참기지 건설 행위에 위협을 느낀 일본 측은 수차에 걸쳐 조선정부에 그 불법행위를 저지토록 강요하였다. 물론 조선정부 측도 러시아의 용암포 진출을 비난하고 그들의 철수를 촉구하였다.

러시아는 자신들의 행위를 합법적이라고 주장하였으며, 이러한 행동을 조선정부로부터 인정받아 합법적으로 병참기지화하려는 조처로 용암포 조차 계획을 세워 조선정부와 정식 교섭하기에 이르렀다. 러시아 측의 강요로 1903년 7월 20일에 용암포 조차 계약이 체결되었으나, 일본을 비롯한 열강의 압력에 의해 조선정부는 용암포 조차 계약의 파기의 뜻을 표명하였으며 이 계약의 인준을 거부하였다.[72] 러시아의 용암포 점령이 강화·확장됨에 따라 일본은 이에 강경히 대응하여 만한(滿韓) 국경지대에서의 러·일의 긴장이 고조되었다. 이런 가운데 일본과 러시아는 최후 교섭에 착수하였으나 성공하지 못하였고 1904년 2월 10일 일본이 러시아에 선전포고를 함으로써 러일전쟁이 시작되었다.

러시아의 팽창정책은 동아시아 지역수준에서는 영국, 한반도라는 국지적 수준에서는 일본과 경쟁관계를 재연시켰다.[73] 한반도를 둘러싼 러·일 간의 각축은 로바노프-야마가타협약(1896.6), 로젠-니시협약(1898.4) 등을 통해 조선의 독립을 명목상으로 인정하면서 실제로는 공동관리에 합의하는 방향으로 진행되었다. 러시아에 의한 1896년 압

록강 유역 목재이권, 1900년 마산포사건, 1903년 5월의 용암포사건 등
이 일어났다.[74)

　반면에 의화단 사건으로 출병한 러시아는 만주를 점령하였다. 이에
일본과 영국은 영일동맹을 체결하여 러시아의 만주철수를 요구하였
지만, 러시아는 청에 강요하여 만주환부조약(1902. 4. 8)을 체결한 후
시일만 지연시키고 있었다. 일·영·미의 압력으로 청이 이를 거부하
자 러시아는 본국 및 시베리아로부터 병력을 증강하고 봉황성과 안동
현 일대를 지배하였으며, 여순의 요새를 강화하고 함대를 극동에 증
파시켰다. 8월에 극동총독부를 설치하여 알렉세예프 대장을 극동초독
을 임명하였다.[75)

　만주의 군사적 점령은 이 지역 중국인들을 러시아로부터 등을 돌리
게 할 것이며, 열강도 동일한 조치를 취할 것이며, 특히 일본이 조선
을 점령할 것이었다. 이것은 러시아가 안보상 취약한 동아시아 지역
에서 중국이라는 약한 이웃 대신 일본이라는 강력한 세력과 대치하게
될 것임을 의미하였으며, 이 결과 러시아는 거대한 군사비를 지출해
야 하는 상황을 맞게 되었다.

　1902년 7월의 여순회의 후에도 러시아는 만주에서 철병을 이행하지
않았다. 러시아는 조선에서 용암포사건을 유발했다. 러시아는 조선정
부와 벌목 계약이란 명목으로 러시아군을 벌목공으로, 병기를 벌목장
비로 가장하여 압록강을 건너 한반도로 진주시키고 조선정부에 용암
포의 조차(租借)를 요구했다. 러시아는 결국 조선정부를 강압하여
1903년 8월 23일 용암포 조차에 성공했다. 이때 일본은 영국의 지원
아래 조선정부에 대해 러시아가 용암포를 조차하면 일본의 권익을 옹
호하기 위하여 정당한 조치를 취할 것이라고 경고하면서, 러시아를
견제하는데 적합한 의주의 개항을 요구했다.[76)

이보다 앞서 인천 등 개항장에 거점을 둔 일본인 운송업자들은 주로 연안 항해에 종사하면서 조선선원의 활동을 위협하였다. 그 중 대표적인 것이 인천거류 일본상인 호리 히사타로(堀久太郞)가 설립한 호리(堀)商會였다.[77] 호리상회는 개항장뿐 아니라 불개항장도 항행하면서 조선의 항권을 유린하였는데, 그 방법은 조선인을 매수하여 그 명의를 빌리거나 조선인과 동업하는 것이었다. 이 회사는 1902년 4월에는 鄭在洪의 裕盛泰社 명의로 부산-원산-북관 사이에 기선을 운항하고, 이듬해 7월 그 기선으로 인천-의주 사이 항로(南浦·安州 경유)를 열었다.

1903년 러시아가 조선정부의 묵인 아래 용암포에서 기선을 운항하는 가운데 그 해 9월 요시카와 사타로(吉川佐太郞)가 진남포-용암포 사이의 항로를 개설하였다.[78] 일본정부는 이 항로가 의주 개방에 대비하여 중요하다고 인식하고 있었으므로, 기선운항을 위해 일반 해도에 해군의 비밀도 중에서 필요한 항로를 표시해 주는 편의를 제공하였다. 그런데 화가포환(和歌浦丸)으로는 용암포 상류의 압록강까지 항행할 수 없었으므로, 일본정부는 노무라 츠타요시(野村傳吉)가 임대하고 있던 정부기선 철도환(鐵道丸)을 회수하여 요시카와에게 수선비를 부담시키는 대신 2년간 무료 대여하고 보조금도 지급하였다. 화가포환은 러일전쟁 때 징발되었다가 1904년 6월에 해제되어 진남포-용암포-안동현 사이에서 운항되었다.

이러한 상황에서 러시아는 만주에서 세력 확대를 꾀하는 한편 용암포의 조차를 요구하였다. 일본의 항의에도 불구하고 조선은 러시아와 용암포조차협정(1903. 8. 23)을 맺게 되었다. 일본은 러시아의 용암포조차 문제처리에 있어서 러시아와 직접교섭을 피하고, 조선정부에 외교적인 압력을 행사하여 간접적으로 러시아의 진출을 저지하는 한편,

러시아와 직접교섭을 추진한다는 구상이었다. 이는 러시아의 관심이 용암포에 집중되어 있는 틈을 이용하여, 만주문제에 관한 한 직접 러시아와 교섭함으로써 그들과 타협한다는 것이었다.[79] 이후에 일본이 삼림이권을 획득할 수 있었던 것은 러일전쟁을 승리로 이끌면서였다.

조선에서는 의정부찬정 외부대신임시서리 이하영(李夏榮)이 상소하여, 현재 외교의 정무에서 무엇이든 긴중하지 않은 일이 없지만 불리한 국면을 유리하게 이끌고 위태로운 형세를 안정시키는 방법은 오직 용암포를 개항하는 한 가지 사안에 달려 있다고 했다. 그리고 우리나라에 이롭고 편안한 계책이란 즉시 개항을 실시하는 것뿐이라 하였다.[80]

1903년 러시아의 용암포조차 후 일본의 하야시 곤스케(林權助)는 용암포를 러시아의 조차지로 인정하는 것은 부당하며, 모든 나라가 균점할 수 있는 개항장으로 개설하라고 조선정부에 강력히 항의하였다.

앞서 本年 8月 14日에 日本公使 林權助가 外部로 照會하여 지난 7月 20日에 森林監理 趙性協이 「러시아」森林會社에 龍岩浦租借 및 森林伐採를 特許하는 契約을 協定하여 調印한 것에 對해 日本政府에서는 「러시아」의 行爲를 違法으로 認定하고 該 契約에 對한 韓國政府의 是認에 同意할 수 없다 하고 該 契約의 卽時破棄를 要請하여 옴에 外部大臣 李道宰가 照覆하여 龍岩浦租借契約은 契約期間까지 暫定的인 것이라고 通報하였는데, 그 後 日本公使가 다시 照會하여 龍岩浦租借契約의 破棄與否를 確示해 주도록 要望하여 옴에 外部大臣이 照覆하여 該 契約을 破棄한 것이 아니라 一部 疎漏한 곳이 있어 改訂할 것이라고 解明한 바 다시 日本公使는 該 契約의 破棄를 勸告하여 왔다. 그리고 韓國政府에서 아직 調印하지 않은 龍岩浦租借에 關한 新契約에 對해서도 그 後 繼續 外部에 照會하여 韓國政府에서 拒絶할 것을 要求하기도 하고, 調印을 强行할 時에는 日本政府에서도 對應策을 講究할 것이라고 警告하기도 하며, 또한 龍岩浦借契强行時의 應酬實行을 通告하는 日本政府의 訓令을 呈示하기도 하였다. 그런데 이 날 日本公使가 또 外部로 照會하여 龍岩浦開港案을 閣議에서

議決할 때 龍岩浦租借案을 함께 議決할 境遇 廢棄할 것을 强勸하여 오다.[81]

그렇지만 러시아는 9월 중순부터 용암포의 뒷산인 용암산에 포대(砲臺)를 구축하고 석탄 및 탄약을 적재한 선박을 입항시켰으며, 용암포에서 약 10리 정도 하류에 위치한 두류포(斗流浦)에 망루를 건설하는 등 노골적인 군사기지화정책을 강행하였다.[82]

용암포를 둘러싸고 러시아와 일본은 날카롭게 대립하였고, 이것은 러일전쟁 발발의 한 요인으로 작용하였다. 1904년 3월 23일 외부대신 임시서리 겸 의정부참정 조병식(趙秉式)이 의정부의 의결과 황제의 재가를 받아 용암포를 통상구안(通商口岸)으로 선언하였다.[83] 그 결과 용암포는 러시아의 조차지가 아니라 개항지로 변하게 되었다. 그러나 용암포는 간만의 차가 심하고 얕은 수심으로 만조 시에도 대형선박의 입항이 어려워 수출입 항구로서보다는 어항으로 발전하였다.

이어서 「개항취체규칙」 전문 37조이 공포되었는데, 8월 1일부터 시행되었다. 이 규칙에 의한 용암포항 개항의 항계는 다음과 같다.

> 龍岩浦港은 獅子島 250呎 山頂으로부터 加次島 頂上으로 그은 一線, 加次島 頂上으로부터 구르미島 頂上으로 그은 一線, 구르미島 頂上으로부터 細島 頂上을 經하여 延長한 一線 및 龍化山 山頂으로부터 西微北 4分의 3 北으로 그은 一線 以內[84]

일본은 2월 6일 러시아와 국교단절을 선언하고, 2월 8일 여순을 포격함으로써 러일전쟁이 발발하였다. 일본이 러일전쟁 승리 후 한일의정서가 체결되었다.

光武 4년 北靑事變 후 러시아(俄國)는 滿洲 일대에 군사를 체류시킨 채 기한이 되도록 철수하지 않았다. 비록 일본·영국 양국이 동맹으로 그에 대응하고 미국도 항의하였으나 러시아는 응하지 않다가 7년 4월에 이르러 군사를 출동시켜 멋대로 우리나라 龍巖浦를 차지하였다. 일본은 半島의 존망이 그 안위와 관계된다고 여겨 몇 달을 절충하였으나 해결이 나지 않았다. 러시아가 도리어 군사 장비를 增修하자, 올해 2월 6일에 이르러서는 두 나라 사이의 국교가 단절되었다. 9일 일본 함대가 러시아함을 공격하여 인천에서 2척을 격파하자 러시아함은 퇴각하다가 인천항에서 자폭 침몰하였다. 10일 일본이 러시아에 선전포고를 하였다. 12일 러시아 公使 파블로프[巴禹路厚; A. Pavloff]가 서울을 떠나 귀국하였다. 이에 이르러 국면은 일변하였고 본 조약이 체결되었다.[85] 러시아의 용암포 조차는 러일전쟁에서 일본이 승리함으로써 본래의 목표를 달성하지 못하고 말았다.

둘째, 신의주항의 개항이다. 1910년(隆熙 4) 7월 17일에 신의주를 개항하였다.

日本外務大臣이 在英日本公使에게 訓令하여 日本이 韓國을 倂合하게 되는 不得已한 事情 및 倂合 後 韓國과 列國과의 條約이 當然히 消滅되지만, 日本政府는 列國의 經濟上의 利害를 重視하여 다음의 3個項을 列國에 宣言할 豫定임을 英國外相에 內談하게 하다. 1. 朝鮮과 外國 間의 輸出入貨物과 朝鮮開港에 入港하는 外國船舶에 對하여는 當分間 輸出入稅와 噸稅를 現在대로 두고 日本關稅法을 適用하지 않으며, 또 朝鮮과 日本 間에 出入하는 貨物과 朝鮮開港에 入港하는 日本船舶에도 右와 同率의 課稅를 한다. 2. 從來의 韓國開港場은 馬山을 除外하고 依然 開港하며, 새로 新義州를 또 開港하다. 3. 朝鮮開港間 및 朝鮮開港과 日本開港間의 沿岸貿易은 當分間 外國船舶에도 許한다.[86]

이렇게 신의주는 개항장이 아닌 개항을 하게 되었다.[87] 이어서 개항취체규칙(開港取締規則) 전문 37조가 공포되었는데, 8월 1일부터 시행되었다. 이 규칙에 의한 신의주항의 항계는 다음과 같다.

新義州港은 下端洞(海圖의 威化洞에 該當) 目標로부터 北微西 2分의 1 西의 對岸 小沙河川口 右岸으로 그은 一線 및 海州河(新義州로부터 下流 약 1里되는 데 있음) 川口 目標로부터 北西微北 2分의 1 北으로 그은 一線 以內 但 麻田江을 包含치 아니함.[88]

한편 신의주항은 개항 후 대중국 수출입항으로 기능을 하였다. 1909년 식민지 조선의 무역액은 수입액 36,649천 원, 수출액 15,649천 원, 총 52,288천 원이었다.[89] 이 가운데 중국과의 무역액은 수출 4,473천 원, 수입 3,203천 원, 합계 7,681천 원으로 전체 무역액의 약 12% 이상을 차지하였다. 한편 1909년 신의주항의 수출입액은 수입 833,274원, 수출 923,878원으로 합계 1,757,152원이었다.[90] 하지만 압록강철교 가설 이후 일본으로부터 직접 신의주를 통과하여 만주로 가는 철도화물, 통과화물이 크게 증가하면서 신의주의 지정학적 위치는 매우 중요하게 인식되었다.[91] 신의주를 통한 무역의 중요성이 컸음을 알 수 있다. 전통적으로 한반도와 대륙의 무역통로는 의주였다. 그런데 경의선이 부설된 이후 철도를 중심으로 한 상권이 형성되면서 신의주가 번성하기 시작하였다.[92]

특히 신의주항이 개항되고 나서 초기의 신의주항을 통한 수출·입 현황을 보여주는 자료가 남아 있다. 이 자료는 사료적 의미가 있어서 그대로 제시하면 다음과 같다. 앞뒤 시기의 자료가 없어서 변화상을 살피기에는 한계가 있지만, 이를 그대로 인용한다. 1911년 신의주항의 수출 무역액은 지난달에 비해 약 37,000원이 감소되었다. 그 원인은 옥촉서(玉蜀黍)와 소가죽 수출의 감소에 있으며, 일본으로의 콩 유출액은 지난달에 비해 17,000원이 증가되었다. 수입 무역액은 지난달보다 24,000원의 증가를 보였다.[93] 신의주의 상거래는 주로 압록강 연안과 안동을 비롯한 만주를 아우르는 비교적 광범위한 지역에서 이루어졌다. 1906년 초 관세사무가 개시되면서 당시 무역액은 불과 26만 원에 지나지 않았다. 수출입 총액을 보면 1915년에는 4백 50만원, 1929년에는 6천 5백만여 원에 달하였다.

이달 중 신의주항 수출무역 상황은 전월에 비하여 64,000원, 즉 6할이 늘어났다. 이는 주로 쌀, 우피(牛皮), 목재 및 종이가 늘어났다. 쌀은 46,800여 원을 수출하여 전월에 비하여 25,700여 원이 증가되었고 우피는 32,000여 원 수출로 전월에 비하여 20,000여 원이 증가되었고 목재 및 판은 수출 총계수가 27,000개로 그 가액은 전월에 비하여 8,800여 원이 증출되었다. 수입무역 상황은 전월에 비하여 30,000여 원의 증가를 보이고 있다. 이는 주로 겨우살이용 물품의 매입 계절인데다가 목재 수입이 증가되었기 때문이다.[94]

이달 중 신의주항 무역 상황은 수출무역이 작년 동기에 비하여 40,000여 원의 증가를 보이고 있으나 지난 달에 비하여 25,000원이 감소되고 있으며 수출부진품은 米·豆·木材·紙 등이다. 수입무역은 지난 달에 비하면 일본 등에서의 수입에서 약 20,000원이 감소된 반면 수입에서 동액이 증가되어 결과 총액에서는 거의 지난 달과 비슷하다. 일본 등지에서의 수입에서 감소된 것은 주로 일본인 소용 잡화물로 지난 달에 매입의 일단락을 짓고 있기 때문이며, 수입에서 증가된 것은 주로 한국인 소용잡화류의 매입 계절이기 때문이다.[95]

이달 중 신의주항 무역 개황은 다음과 같다. 수출무역액은 86,794원으로 지난달보다 약 60,000원이 감퇴되었고 이를 작년 동기에 비하면 약 4,000원이 증가되었다. 지난달보다 감소품목은 주로 콩·소가죽·소·목재 등이다. 수입무역에 있어서는 계절물의 매입이 지난달의 일단락을 짓고 있어 지난달에 비하여 34,000여 원의 감소를 보이며, 그

감퇴 품목은 밀가루·광목류·석냥 등을 제외한 물품이다.[96]

이달 신의주항의 무역 개황은 수출액 77,396원, 수입액 72,761원으로서 수출에는 생우·선어 등이 감소하였고, 쌀·잡곡·우피 등이 현저히 증가하여 전월에 비해 약 20,000원이 증가하였고, 전년 동기에 비하면 약 3,700원이 감소하였다. 수입에는 한청인 수요화물이 순조롭게 입화했으나, 일인 수요품인 잡화의 수입이 계절상 감소하여 결국 전월에 비해서 약 17,000원이 감소했으나 전년 동기에 비하면 40,060원이 증가하였다.[97]

이달 신의주항의 무역 개황은 수출액 77,622원, 수입액 86,527원으로서 수출은 전월에 비해 약 19,000원, 전년 동월에 비하면 38,000여 원이 증가하였다. 전월에 비해 증가한 것은 주로 우피의 증가에 기인되며, 전년 동월에 비해 증가한 것은 주로 곡류·우피 등의 증가에 기인된다. 이달의 수출 쌀은 전부 당 항구 부근산으로서 진남포와 기타 지방산품의 수출은 전부 없다. 종래 당항 수출미는 동삼성의 개발과 그 운수기관의 발달로 여러 해 증가하였고, 월말 당항 부근의 저축미는 약 60,000여 석에 달하며, 이는 가까이 관세 철폐 후의 고가보류와 안동 수입업자의 시세 하락을 예측한 매입 중지에 의한 것이다. 수입에 있어서는 전월에 비해 38,000여 원이 증가하였는데 이는 주로 목재 및 소포우편의 수입증가에 기인된다.[98]

이상에서 살펴본 것처럼 신의주항을 통해서 지속적으로 수출·수입이 진행되었으며, 계절별·상품별로 변화가 있었음을 알 수 있다. 신의주는 철로를 통해서 유통이 일반화되었지만, 항구를 통해서도 유통이 있었음을 확인할 수 있다. 이런 점에서 일제 시기에 신의주는 육로와 해로교통의 결절점으로서 발전해 나갈 수 있었다. 그러나 만주에 일본 제국주의가 진출하면서 단둥(安東)이 중요 항구로 성장하면서 신의주항은 가능이 축소되었다.

IV. 나오며

전근대의 국경도시 의주는 국경의 관문으로 상징되었지만, 교류도 공존하였다. 조선후기에 의주는 유사시에는 전쟁터가 되지만, 무사할 때에는 물화교역의 장이 되면서 전쟁과 교류가 교차하는 현장이었다. 아울러 국경으로서의 의주와 이를 기반으로 한 의주 사람들의 이문화 접촉과 경험은 경계지에 존재하는 사람들의 문화 수용과 경계 넘기를 통해서 역동성의 한 단면을 보여주는 곳이었다.

조선후기에 의주에는 청나라와 연결되는 교통로로 육로와 해로가 있었다. 육로는 전근대시기에 계속 이어진 사행로로서 교통로였는데, 그 기능은 다양하였다. 의주로 통하는 육로는 조선 6대로 가운데 제1 로였는데, 침략로와 사행로 및 무역로의 기능을 하였다. 조선후기에 의주 인근의 해로는 압록강의 수로, 가도, 서해의 항로를 이용한 불법 무역로가 있었다. 이 해로를 통해서 지속적인 밀무역 등이 행해졌다.

그런데 개항 이후에 의주의 교통로에도 큰 변화가 일어났다. 압록 강 하류의 국경도시였던 의주를 대신하여 신의주가 새롭게 부각된 것 이다. 이러한 변화는 무엇보다도 경의선 철도의 부설, 신의주항의 개 발로 나타난 현상이었다. 사실 이보다 먼저 의주 지역에서는 러시아 가 용암포를 개발하고 일대를 장악하면서 변화를 선도했지만, 일본이 러일전쟁에 승리하면서 일단락되었다.

처음에 신의주는 육로의 철도와 해로의 항구가 동시에 개발되었다. 이 가운데 보다 중요한 것은 일본 제국주의에 의한 경의선 철도의 부설이었다. 신의주는 육로와 해운이라는 지리적 특징을 가졌지만, 곧 경제권의 발달을 둘러싸고 맞은편의 중국의 단둥(安東)과 첨예하게 대립하게 되었다. 이 과정에서 신의주의 해로는 기능을 상실해 나갔다.

경의선의 완성은 운송과 물류에서 획기적인 변화를 가져왔지만, 보다 큰 변화는 1911년 압록강철교 부설이었다. 압록강철교의 부설은 일본 제국주의가 중국과 한반도에 대하여 자국 상품의 경제력을 제고시키는 방향을 잡아주었으며, 경의선이 만주의 봉춘철도와 연결되면서 일본 제국주의가 한반도를 넘어 대륙으로 진출할 수 있는 기반을 제공하였다. 이러한 변화를 가능하게 한 것이 근대 교통수단인 철도의 건설에서 출발하였다는 사실이 중요하다. 때문에 전근대 국경도시 의주는 제국도시 신의주로 발전의 축을 넘겨 줄 수밖에 없게 되었다. 교통로의 변화는 시대의 변화상을 반영하였는데, 근대적 운송수단인 철도가 변화를 선도하였다고 말할 수 있다.

김강식 ┃ 한국해양대학교 국제해양문제연구소 인문한국(HK) 교수

■ 주

1) 김종원(1995), 「정묘·병자호란」, 『한국사』 29, 국사편찬위원회.

2) 국사편찬위원회(2017), 『거상, 전국 상권을 장악하다』, 두산동아.

3) 최완기(1997), 「운수업의 발달」, 『한국사』 33, 국사편찬위원회.

4) 윤상원(2017), 『동아시아의 전쟁과 철도』, 선인.

5) 김종혁(2017), 『일제시기 한국 철도망의 확산과 지역구조의 변동』, 선인.

6) 신경준, 『道路考』 권1, 八道六大路所屬諸邑目.

7) 류명환(2014), 「義州路 道程 기록 계통 연구」, 『韓國古地圖硏究』 6-1, 한국고지도 연구학회; 류명환(2010), 「신경준의 『道路考』 중 「四沿路」 분석」, 『문화역사지리』 22-3, 한국문화역사지리학회.

8) 고승희(2006), 「조선후기 평안도 지역 도로 방어체계의 정비」, 『한국문화』 38, 서울 대 규장각한국문화연구원.

9) 『인조실록』; 5년 정월 을유; 『인조실록』; 5년 4월 정유.

10) 안주는 전략상으로 중요한 곳이었다. 이에 南以興이 인조에게 군사 수만 명을 양성하여 지킨다면 싸울 때 효험이 나타날 것이다라고 하였던 지역이다(『인조 실록』; 2년 3월 무진).

11) 『續大典』 兵曹 外官職.

12) 『輿地圖書』 下, 平安道 義州.

13) 『인조실록』 11년 정월 30일.

14) 전운사(轉運使)는 약조에 의하여 청의 요구가 있으면 군대를 파견할 수밖에 없 었는데, 이들의 군량을 조달하고 수송하는 책임자였다.

15) 車勇杰(1980), 「兩江地帶의 關防體制 硏究試論-18세기 以後의 鎭堡와 江灘把守 의 配置를 中心으로-」, 『軍史』 창간호, 115~121쪽.

16) 全海宗(1980), 『韓中關係史 硏究』, 一潮閣, 1970, 63~64쪽.

17) 연산관(連山關)은 1480년대 이전 명나라로 들어가는 책문이 설치된 지역이다. 이후 책문이 봉황성(鳳凰城)으로 이전되었지만, 고지도에는 연산관이 자주 표시 되어 있다.

18) 全海宗(1980), 『韓中關係史 硏究』, 一潮閣, 1970, 63~64쪽; 崔韶子, 「淸朝의 對朝 鮮政策 -康熙年間을 中心으로-」, 『明淸史硏究』 5, 1996, 21~44쪽.

19) 全海宗(1970), 『韓中關係史 硏究』, 一潮閣, 64~65쪽.

20) 최소자(1997), 「호란 후 대청관계의 수립」, 『한국사』 32, 국사편찬위원회, 387쪽.

21) 全海宗(1970), 『韓中關係史 硏究』, 一潮閣, 75~76쪽.

22) 『通文館志』 권3, 事大 渡江狀.

23) 『통문관지』 권3, 事大 赴京使行.

24) 정성일(2002), 「조선후기의 경제」, 『한국사』 33, 국사편찬위원회, 438~443쪽.

25) 『승정원일기』 318책, 숙종 12년 9월 21일.

26) 『영조실록』 9년 7월 13일.

27) 『萬機要覽』 財用編 5, 柵門後市.

28) 『통문관지』 권3, 事大 中原進貢路程.

29) 『新增東國輿地勝覽』 권53, 평안도 의주목, 山川.

30) 차인배(2007), 「조선의 북문, 의주」, 『소통과 교류의 땅 신의주』, 236쪽.

31) 『성종실록』 1년 2월 22일.

32) 『중종실록』 27년 11월 12일.

33) 신경준, 『도로고』 권4, 海路; 『新增東國輿地勝覽』 권53, 평안도 의주목, 山川;
    1925년 7월 28~8월 10일, 朝鮮總督府, 「鴨綠江下流國疆調查報告」, 『韓』 권1, No.5,
    No.6, No.7.

34) 김호춘(1992), 「古珥島 · 薪島를 圍繞한 朝淸國境係爭」, 『국사관논총』 32, 국사
    편찬위원회, 153~154쪽.

35) 김호춘(1992), 위의 논문, 국사편찬위원회, 154쪽.

36) 이화자(2007), 『조청국경문제연구』, 집문당, 173~210쪽.

37) 이철성(2009), 「조선후기 鴨綠江과 柵門 사이 封禁 地帶에 대한 역사지리적 인식」,
    『東北亞歷史論叢』 23, 동북아역사재단, 281쪽.

38) 『同文彙考』 疆界 사료, 동북아연구재단(2008).

39) 『광해군일기』 13년 7월 26일.

40) 『인조실록』 2년 11월 2일.

41) 『인조실록』 6년 2월 4일.

42) 『인조실록』 6년 12월 21일.

43) 『인조실록』 12년 윤8월 29일.

44) 『현종실록』 11년 7월 11일.

45) 『현종개수실록』 13년 12월 5일.

46) 『고종실록』 6년 9월 5일.

47) 『龍彎誌』 觀海條; 『승정원일기』 2531책, 철종 3년 7월 14일.

48) 『비변사등록』 241책, 철종 5년 8월 14일.

49) 『고종실록』 3년 10월 11일.

50) 『승정원일기』 2401책, 고종 11년 5월 5일.

51) 『고종실록』 18년 8월 22일.

52) 김종원(1999), 『근세 동아시아 관계사 연구』, 혜안, 306~315쪽.

53) 조기준(1983), 「開港後의 國內經濟」, 『한국사』 16, 국사편찬위원회, 668쪽.

54) 윤한택(2017), 『근대동아시아 외교문서 해제 15 : 중국편』, 선인, 473~478쪽; 朝鮮中國商民水陸貿易章程(1882. 8).

55) 秋月望(1991), 「朝中間の三貿易章程の締結經緯」, 『朝鮮學報』 115, 106쪽.

56) 李炳天(1985), 『開港期 外國商人의 侵入과 韓國商人의 對應』, 서울대 박사학위논문, 제1장.

57) 金元洙(1987), 「義州 開市를 둘러싼 露日의 角逐; 開戰要因으로서의 開市問題」, 『論文集』 20, 서울교육대학, 774~776쪽.

58) 노태천(2002), 「신문화운동」, 『한국사』 46, 국사편찬위원회, 260~263쪽.

59) 노태천(2002), 「근대 과학기술」, 『한국사』 46, 국사편찬위원회, 264~266쪽.

60) 박만규(1982), 「한말 일제의 철도부설 지배와 한국인 동향」, 『한국사론』 8, 서울대 국사학과, 247~300쪽.

61) 金正起(1983), 「西路電線(仁川-漢城-義州)의 架設과 反淸意識의 形成」, 『金哲埈博士 華甲紀念史學論叢』; 송지연(1997), 「러일전쟁이후 일제의 軍用地 收用과 한국민의 저항-서울(용산), 평양, 의주를 중심으로-」, 『이대사원』 30, 이대사학회, 66~97쪽.

62) 朴萬圭(1982), 「한말 일제의 철도 부설·지배와 한국인 동향」, 『한국사론』, 263~264쪽.

63) 『朝鮮鐵道史』(1929), 제1권, 482~488쪽.

64) 南滿洲鐵道株式會社(1913), 『南滿洲鐵道安奉線槪要』.

65) 정재정(1999), 『일제침략과 한국철도』, 서울대출판부, 370~376쪽.

66) 이수열(2017), 「식민지 시기 신의주의 일본 제지업」, 『해항도시문화교섭학』 17, 76~83쪽.

67) 『朝鮮鐵道史』(1929), 제1권, 457~461쪽.

68) 김주용(2007), 「일제강점기 경제신도시 신의주」, 『소통과 교류의 땅 신의주』, 혜안, 307~308쪽.

69) 이수열, 위의 논문, 76~79쪽.

70) 김종원(1974), 『한국사』 16, 국사편찬위원회, 167~189쪽.

71) 손정목(1982), 『한국개항기 도시변화과정연구』, 일지사, 367~381쪽.

72) 『일본외교문서』 권36, 문서번호 499호, 8월 28일.

73) 노주석(2009), 『(제정러시아 외교문서로 읽는)대한제국 비사』, 한국학술정보.

74) 金元洙(1987), 「露日戰爭의 原因에 대한 再檢討-龍岩浦事件과 義州開市를 중심으로-」, 한양대 대학원 박사학위논문; 金元洙(1999), 「露日戰爭의 발단과 義州 개방 문제」, 『韓日關係史研究』 11, 한일관계사학회.

75) 박종효(2015), 『한·러 관계사』, 선인, 327~353쪽.

76) 『일본외교문서』 권36, 1책, 5월 22일자, 문서번호 409호.

77) 나애자(1998), 『한국근대해운사연구』, 138~141쪽.

78) 『駐韓日本公使館記錄』 19, 往電 제113호, 汽船和歌浦丸韓人名義就航件(1903년 8월 22일), 17~21쪽.

79) 金元洙(1986), 「龍岩浦 사건과 일본의 對應」, 『露日戰爭前後 日本의 韓國侵略』, 일조각, 106~107쪽.

80) 『승정원일기』 3184책, 고종 40년 10월 9일.

81) 『舊韓國外交文書』 第6卷 日案 7496號 光武 7年 8月 14日; 『日本外交文書』 第36卷 第1册 479號 明治 36年 8月 9日.

82) 孫禎睦(1977), 「龍岩浦開港·義州開市와 新義州·淸津開市」, 『서울산업대 論文集』 11, 375~378쪽.

83) 『고종실록』, 41년 3월 23일.

84) 『일제침략하 한국36년사』 3권, 「朝鮮總督府官報」 1915.7.21.

85) 『고종실록』, 41년 2월 23일.

86) 『日本外交文書』 第43卷, 第1册 552號, 明治 43年 7月 17日.

87) 손정목(1982), 위의 책, 일지사, 390~396쪽.

88) 『일제침략하 한국36년사』 3권, 「朝鮮總督府官報」 1915.7.21.

89) 조기준(1981), 「開港과 國際貿易」, 『한국사』 16, 국사편찬위원회, 673~675쪽.

90) 和田孝志(1911), 『新義州史』, 島田叢文館, 15~20쪽.

91) 和田孝志(1911), 위의 책, 30~39쪽.

92) 김주용(2007), 위의 논문, 307쪽.

93) 「조선총독부관보」 1911.8.2.

94) 『일제침략하 한국36년사』 1권, 1911년 9월중·9월말, 「조선총독부관보」 1911.10.30.

95) 「조선총독부관보」 1911.11.30.

96) 「조선총독부관보」 1911.12.22.

97) 「조선총독부관보」 1912.2.26.

98) 「조선총독부관보」 1912.4.29.

5.
식민지 시기 신의주의 일본 제지업

이수열

I. 들어가며

1920년 신의주부 도키와초(常盤町)에서 태어나 신의주소학교와 신
의주중학교를 졸업한 뒤 일본으로 건너간 후루야마 고마오(古山高麗
雄)는 아시아태평양전쟁 중 남방작전에 동원되어 마닐라, 쿠알라룸푸
르, 프놈펜, 사이공을 전전한 뒤 라오스에서 패전을 맞이했다. 이후
전후 일본 사회에서 편집인으로 활동하던 후루야마는 1969년 에토 준
(江藤淳)의 권유로 문단에 데뷔해 1970년 제63회 아쿠타가와상을 수
상하는 등, 신의주 출신의 문인으로서는 거의 유일하게 '성공'을 거둔
식민 2세 출신 작가였다. 그가 1972년에 발표한 소설『小さな市街圖』[1)]
는 신의주에서 유년기를 보낸 주인공 요시오카 히사하루(吉岡久治)가
동향 출신의 일본인들의 도움을 받아 신의주 시가 지도를 그리는 내
용으로, 이름(高麗雄)에도 각인되어 있는 자신의 출자에 천착하며 전
후 일본 사회에 대한 위화감과 그 속에서의 식민 2세들의 삶을 이야
기한 작품이었다.

소설 속에 그려진 신의주는 당시 여느 식민지도시의 모습과 유사했다. 인구 5만의 신의주는 평안북도 도청 소재지로, 조선 북부에서 평양 다음으로 큰 도시였다. 신의주는 일본인 마을, 조선인 마을, 중국인(물론 당시에는 支那人이라고 불렸다) 마을로 나뉘어 있었는데, 압록강 강변 일대에 일본인 마을이, 도시 남쪽에 조선인 마을이, 그리고 그 중간에 중국인 마을이 있었다.[2] 세관 거리가 콘크리트로 포장되고 도키와초에 가로등이 세워져 신의주는 제법 도시다운 면모를 갖추게 되었지만, 이 같은 도시 인프라는 주로 일본인 신가지에만 해당되는 일이었다.[3] 또 인구의 20퍼센트를 차지하는 일본인은 60퍼센트를 점하는 조선인들과 같은 공간에서 생활하면서도 "조선어 따위는 몰라도 상관이 없었다. 왜냐하면 조선인이 모두 일본어를 알고 있었기 때문이었다."[4] 신의주에서 일본인의 지배민족으로서의 위상은 소설 속에 등장하는, 환락가 사쿠라초(櫻町)의 일본 여관에서 일하는 중국인 요리사, 양복점을 경영하다 마을을 떠난 백계 러시아인, 인력거꾼의 대부분을 차지하는 중국인, 군고구마를 파는 조선인, 단밤 장사를 하는 중국인, 국경을 드나드는 조선인 밀수단[5] 등을 통해서도 어느 정도 가늠할 수 있다. 이에 비해 압록강 목재를 관장하는 영림서(營林署)의 관사는 다음과 같은 모습을 하고 있었다.

> 영림서 관사는 마을 안에 있으면서도 한적하고 인적이 드문 장소에 있었다. (중략) 영림서 관사는 어느 집도 넓은 부지에 울타리를 치고 있었다. 집은 문에서 깊숙이 떨어진 곳에 세워져 있었고, 그 뒤로는 식물원이 있었다. 문과 현관 사이에는 커다란 나무가 가지를 늘어뜨리고 있어, 어느 집도 숲속의 고급주택 같은 느낌이었다.[6]

후술하는 것처럼 신의주는 "나무의 도시(木都)"[7]였다. 목재는 신의주 "경제계의 생명을 쥐고"[8] 있었고, 일본의 자본 투자와 공장 설립은 "영림창(營林廠)[9]의 관영 벌목 및 제재산업과 궤를 같이"[10] 했다. 그러나 후루야마의 소설이 말해주고 있듯이 조선인이나 중국인들은 그러한 "일본인들의 성장에 가로막혀 신의주의 목재업 발전이 낳은 수익으로부터 철저히 배제"[11]당한 채 존재하고 있었다. 주거 공간의 구별, 차별적 임금 제도, 일본인 마을에 집중된 도시 인프라, 일상생활에서 실감하는 민족적 위계질서 등은 신의주가 여느 식민지도시와 다를 바가 없었다는 사실을 말해주고 있다. "신의주 생명의 원천"[12]인 목재를 관장하는 영림서 관사는 식민지도시의 정점에 위치하는 권력의 위상을 상징하는 건축물이었던 것이다.

1938년 신의주상공회의소가 발간한 『新義州商工案內』는 신의주를 "국경의 雄都", "제국 동아 진출의 현관", "신흥 상공도시"[13] 등으로 묘사하고 있다. 이 같은 신의주 표상은 근대 일본에서 흔히 볼 수 있는 상투 문구로, 『滿洲新聞』 통신기자 와다 다카시(和田孝志)가 1911년에 펴낸 『新義州史』도 "신의주의 진가"를 청나라와 마주한 국경도시, 유럽과 아시아를 잇는 교통의 요충지, 압록강 유역의 부원 등에서 찾고 있다.[14] 차이가 있다면 1938년 시점에서 출간된 전자의 책에는 '일만(日滿)블록' 구축이라는 시대적 요청을 의식하며 신의주의 독자적 존재 의의를 대외에 선명하려는 신의주 경제 단체의 의지가 녹아들어 있는 점일 것이다. 책에서 강조하는 "선만(鮮滿) 산업 무역의 중추"[15]는 그러한 상공회의소의 염원이 담긴 또 하나의 신의주 표상이었다.

신의주가 대륙 진출의 관문이 된 것은, 다시 말해 조선시대를 통해 국경도시로서 기능했던 의주의 역할을 신의주가 대신하게 된 것은 일본 대륙정책의 결과 내지 산물이었다. 손정목의 말처럼 만약 경의선이 국경까지를 "종점으로 생각했다면 義州를 종점으로 하는 데 주저함이 없었을 것"[16]이다. 실제로 한국 민간인들이 세운 대한철도회사는 한성-개성-평양-의주를 잇는 경의철도를 부설키로 하고, 한성-개성 간 공사가 진행 중에 있었다. 그러나 러일전쟁 후 일본은 안봉선(安奉線) 개축[17]과 연동하여 안둥(安東)-펑톈(奉天)으로 연결되는 경의선의 종점을 신의주로 결정했다. 가옥 10여 호가 산재하는 "모래벌판"[18]에 일본 식민지 역사상 "특필할만한 시가"[19]가 만들어지기 시작한 것은 바로 이 때였다.

신의주는 20세기 동아시아에서 벌어진 열강의 세력다툼과 일본의 대륙정책의 결과로 탄생한 식민지도시였다. 건축사 연구자 니시자와 야스히코(西澤泰彦)는 이러한 출자를 가진 동아시아의 근대 도시들을 "20세기 도시"라고 명명한 바 있다. 니시자와는 다롄(大連)이 경험한 제국주의 역사를 염두에 두며 이렇게 말했다.

> (다롄이 경험한: 인용자) 100년은 동아시아 20세기의 역사 그 자체로서, 말하자면 다롄은 20세기와 함께 걸어온 도시라고 말할 수 있다. 이런 점은 다롄뿐만 아니라 제정러시아의 극동 지배 거점이었던 하얼빈이나, 달니(다롄의 러시아 지배 시기 이름: 인용자)와 같은 해에 조차되어 도시 건설이 시작된 칭다오(青島)도 마찬가지이다. 이러한 도시들은 제국주의 최대의 유물임과 동시에 동아시아 100년의 역사를 말해주는 최대의 산 증인이기도 하다. 이런 도시를 '20세기 도시'라고 부르고자 한다.[20]

'만주' 지배를 둘러싼 열강의 각축 속에서 일본의 대륙진출의 거점으로 탄생한 신의주를 '20세기 도시'의 하나로 포함시키는 데는 그다지 무리가 따르지 않을 것이다. 이 논문은 '20세기 도시'의 관점에서 식민지 시기 신의주에서 전개된 일본 제지업을 사례로 들어 동아시아의 근대와 제국주의에 대해 생각하는 것을 목적으로 한다. 이를 위해 이하에서는 먼저 신의주 탄생과 압록강 유역 산림자원의 관계를 이야기한 뒤, 식민지에 대한 적극적인 자본 수출뿐만 아니라 총독부 경제 정책에도 깊숙이 개입한 왕자제지(王子製紙)의 역사를 통해 식민지 산업화의 실태와 의미를 살펴볼 것이다.[21]

Ⅱ. 신의주의 탄생과 발전: 목재와 철도

신의주는 목재도시로서 태어나 국경무역의 중심 도시로서 발전해 간 도시였다. 이 장에서는 신의주 탄생의 주된 이유인 압록강 유역 산림자원과 그것을 둘러싼 일본과 러시아의 대립을 개관한 뒤, 신의주 경제 발전에 결정적 역할을 담당한 철도망의 완성을 그 이면에 존재했던 일본 국내의 두 가지 대륙정책의 보완·경합 관계를 통해 살펴보고자 한다.

1. 목재도시 신의주

앞서 소개한 후루야마의 소설 속에는 주인공 요시오카의 아버지의 직업이 "製材所 만년 평사원"[22]으로 되어 있다. 실제 직업이 내과소아과 개업의[23]이었음에도 불구하고 작가가 이런 설정을 한 이유는 신의주가 바로 목재의 도시였다는 점을 드러내기 위해서였을 것이다. 의주로부터 12킬로미터, 압록강 입구에서 약 30킬로미터 떨어진 지점에 위치하는 신의주는 20세기 초에 이르기까지 "가옥도 몇 채 없는 모래땅"[24]에 불과했다. 이러한 곳이 한반도 종단철도의 종점이 되고 곧 이

어 조선과 '만주'를 연결하는 국경무역의 중심으로 발전하게 되는 것
은 신의주가 압록강 산 목재의 발송지였다는 지리적 여건에서 비롯된
일이었다.

압록강 유역의 산림은 러일전쟁의 "도화선"[25]이 될 정도로 중요한
자원이었다. 최병택에 따르면 영림서 관할 임야는 214만 정보로, 이는
조선 내 전체 임야 면적의 13퍼센트에 불과했지만 그 면적의 90퍼센
트 이상이 성림지, 즉 경제적 가치가 높은 임야였다고 한다.[26] 성림지
의 대부분이 속해 있는 압록강 유역의 산림지대는 20세기 초 일본의
한 임무관(林務官)이 그 공급 가능 연한을 "268년으로 추측"[27]했을 정
도로 가히 "나무의 바다"[28]를 이루고 있었다.

압록강 산림자원에 먼저 주목한 세력은 러시아였다. 1896년 블라디
보스토크 재주의 임업자본가 브린너(Bryner, Y.I.)는 두만강 및 압록강
유역과 울릉도의 산림벌채권을 획득하는 데 성공했다. 기간은 20년,
순이익의 25퍼센트를 한국정부에게 주는 조건이었다. 다음해 브린너
의 이권을 사들인 러시아 왕실은 1901년 국책회사 동아목재공업을 설
립하고, 곧이어 용암포에 31만평 규모의 토지를 매수하여 제재공장을
건설했다.[29] 이러한 움직임이 뤼순(旅順), 다롄만 조차나 동청철도(東
淸鐵道) 부설권 획득과 같은 러시아의 적극적인 '만주' 진출 정책과 연
동하고 있음은 새삼 지적할 필요도 없을 것이다.

러시아의 압록강 유역 산림 장악에 대한 대응으로 일본은 1903년
중국과의 합변회사 日淸義盛公司를 설립하여 의주를 거점으로 벌채
사업에 착수했다.[30] 이후 러일전쟁이 발발하자 일본은 안둥을 병참기
지로 점거하고 임시 군용철도 부설에 필요한 목재를 조달하기 위해
군용목재창을 설립했다. 러일전쟁이 끝난 뒤 일본은 한국정부와 러
시아 왕실 간에 체결된 산림협정을 폐기하고, 1908년 삼림법을 제정하

여 조선 내 임야의 소유권자를 확인하는 한편 대규모 국유림을 창출
했다.[31]

영림창은 함경남북도와 평안북도의 요존예정임야(要存豫定林野)[32]
214만 정보를 관할하는 특설 관청으로 1908년 통감부에 의해 설립되
었다(개청은 1907년). 전신은 러일전쟁 시 일본이 러시아로부터 인수
하여 만든 안동의 군용목재창이었다. 이후 조선의 식민지화와 함께
총독부가 영림창을 관리하게 되어 신의주에 본청을 두고, 지청을 혜
산진(惠山鎭)과 중강진(中江鎭)에, 출장소를 무산(茂山), 회령(會寧)
등지에 설치했다. 이러한 식민 당국의 움직임이 압록강 유역 산림자
원의 중요성에 기인하고 있는 것은 당연한 일이었다. 조선 북부 산림
자원에 대한 일본의 조사는 러일전쟁 이전까지 거슬러 올라간다. 일
본 산림국은 1902년 다나카 기요지(田中 喜代次)를 파견하여 평안도
와 함경도의 산림자원을 조사한 이래 압록강 유역 산림자원 조사를
계속했다.[33] 영림창 관할 임야 200여만 정보는 그러한 조사 · 축적의
결과물에 다름 아니었다. 일본 국내의 "국유림 전 면적의 절반"에 해
당하는 크기의 압록강 유역 산림지대는 "아키타(秋田), 아오모리(青
森), 기소(木曾)의 3대 삼림을 합친 것보다" 넓고, 전 임야의 90퍼센트
이상이 성림지인, 경제성이 매우 뛰어난 곳이었다.[34] 영림창은 관영
벌목을 통해 원목을 직접 공급하는 한편 제재소를 직영하여 한국파견
군, 관동도독부, 통감부, 총독부 등의 수요에 대응했다.[35] 당시 "자국
내 군수재, 건설재 등 長大材의 부족에 따른 목재 확보가 절실"했던
일본 국내의 입장에서 볼 때도 압록강 유역 산림자원은 "그러한 기대
를 충족시키기에 적절"[36]한 이권이었다.

1908년의 영림창 청사 이전은 신의주 발전에 결정적인 전환점이 되
었다. 이후 신의주는 "무진장"[37]에 가까운 압록강 유역 산림자원을 배

경으로 "목재업의 메카"로 성장해갔고, 그 과정에서 영림창과 후술하는 왕자제지는 "신의주 경제 전체를 좌우"[38]하는 존재가 되었다.

2.국경도시 신의주

압록강 유역의 산림자원이 목재도시 신의주를 탄생시켰다면 철도는 국경도시 신의주의 경제 발전을 가져왔다. 1937년 신의주상공회의소가 창립 10주년을 기념하여 펴낸 『新義州商工會議所十年誌』는 신의주의 "상공도시로서 중요한 위치"[39]를 강조하며 1901년부터 1925년에 이르기까지의 세관 통계를 제시하고 있다. 그에 따르면 지난 25년간 무역가액에서 약 45배, 세관 수입에서는 약 125배 늘어난 신의주 무역은 조선 전체 항구 무역액의 41퍼센트를 차지하는 중요한 위치에 있었다.[40] 이 같은 신의주 무역 급성장의 배경에는 철도가 있었다.

신의주가 국경무역의 중심 도시로서 성장하는 데에 1906년의 경의선 철도 완전 개통, 1911년의 안봉선 개축 완공 및 압록강철교 완성이 결정적인 역할을 했다는 점은 이미 널리 알려져 있다.[41] 철도망 완성으로 부산-경성-신의주-안둥-펑톈을 연결한 일본은 1923년 부산과 시모노세키(下關)를 잇는 페리호를 운항함으로써 도쿄(東京)와 펑톈을 직접 연결했다. 이 노선을 이용할 경우 기존의 다롄 항로보다 시간을 반으로 단축시킬 수 있었다고 한다.[42] 1917년에는 조선철도의 경영을 만철에 위임하여 식민지 철도 행정을 통일했다.[43] 신의주가 조선 전체 항구 가운데 무역액에서 제1위의 항구가 되고, '만주'에 대한 일본 면제품 수출이 격증하는 것은 철도망 완성에 힘입은 바 컸다.

신의주가 철도의 도시로 발전하는 데는 자연적 조건도 거들었다. 신의주항은 항구 내에 작은 섬과 모래톱이 산재하고 수심이 얕은 데다 조수간만의 차가 심해 대형 선박의 접안이 힘들었다. 그래서 주로 용암포에 닻을 내린 뒤 정크나 범선을 이용하여 화물을 옮기는 것이 일반적이었다. 신의주 경제 단체의 숙원 사업이었던 다사도항(多獅島港) 축항과 다사도철도 개통은 그러한 신의주항의 한계를 극복하기 위한 움직임이었다. 하지만 압록강 남쪽 하구의 다사도항에 본격적인 축항이 시작되는 것은 1940년대에 들어서의 일로, 당시 신의주 무역에서 철도는 화물 운송의 8할을 담당할 정도로 중요한 위치를 차지하고 있었다.[44]

그렇다고 해서 신의주 무역에서 철도 운송이 차지하는 위치는 단순히 신의주가 하항(河港)이라는 자연적 조건만으로 설명될 수 있는 것이 아니다. 그 이면에는 일본 '만주' 간 교역 루트를 둘러싼 두 가지 노선의 대립이 존재하고 있었다. 이미 많은 연구가 지적하고 있는 것처럼 러일전쟁 후 만주국 건국에 이르기까지 일본 '만주' 간 교역 루트는 "관동주(=다롄) 海路主義와 조선 陸路主義의 보완과 경합의 관계"[45]로 도식화할 수 있다. 먼저 해로주의를 살펴보면, 새삼 언급할 필요도 없는 일이지만 다롄과 만철은 일본 '만주' 간 무역의 현관이자 대동맥이었다. 대두를 비롯한 '만주' 산품은 만철을 이용하여 다롄으로 모여들었고, 해로를 통해 수송된 일본의 면제품이나 잡화는 다롄에서 다시 만철 노선을 통해 중국 전역으로 운반되었다. 대두의 안둥=조선철도 경유 수출을 저지하기 위한 '해항발착특정운임제(海港發着特定運賃制)'나 대두의 하얼빈=동청철도 경유 수출에 대항하기 위한 창춘(長春)-다롄 간 운임 할인 정책 등은 일본-다롄-만철을 연결하는 해로주의의 입장에서 취해진 조치였다.[46]

이러한 상황은 1911년의 안봉선 개축 완공과 압록강철교 완성으로 변화하기 시작한다. 일본 국내 철도-조선철도-안봉선을 연결하는 육

로주의의 대두가 그 원인이다. 이를 주도한 세력은 흔히 '조선구미(朝
鮮組)'라고 불리는 정치 그룹으로, 중심인물은 데라우치 마사타케(寺
内正毅) 조선총독, 쇼다 가즈에(勝田主計) 조선은행 총재, 데라우치의
측근으로 활동한 어용 실업가 니시하라 가메조(西原亀三) 등이었
다.47) '조선구미'의 주장은 '大鮮滿主義' 혹은 '鮮主滿從主義'에 입각한
'鮮滿一體化' 정책으로 정리할 수 있는데, 그것은 한마디로 일본의 대
륙 진출에서 조선이 갖는 역할과 의의를 강조하는 내용이었다. 1911
년 압록강철교 완공, 1913년 조선 '만주' 국경통과화물에 대한 관세 경
감 조치, 1914년 삼선(일본 국내 철도-조선철도-만철)연락운임 할인 등
은 모두 '조선구미'가 주도한 육로주의 입장에서의 움직임이었다.48)

　육로주의의 대두는 기존의 다롄 중심 철도 운임 체계에 변화를 가
져왔다. 해항발착특정운임으로 다롄에 비해 고가의 수송비가 들었던
안동에는 "촉박한 일정의 화물"49)이 몰려들었고, 일본의 면사포 수출
루트도 다롄 경유에서 안동 경유로 전환되어50) "안둥은 일본제품의
일대 시장"51)이 되었다. 이 과정에서 신의주 무역도 "획기적으로 발
전"하여 1907년도 무역액 146만 엔에서 1913년 407만 엔, 1919년 2,500
만 엔으로 늘어났다.52)

　'조선구미'가 추진한 조선 루트 우대 정책은 1913년부터 1922년에
이르기까지 다롄 루트와 병진하며 경쟁했지만 다롄 세력의 저항53)과
열강의 항의로 인해 결국 실패했다. 삼선연락운임 할인 등에 대한 기
회균등의 입장에서의 미국의 항의가 있었고, 결국 1922년 워싱턴회의
에서 특혜 관세는 모두 폐기되기에 이르렀다.54) 또 앞서 소개한 것처
럼 철도일원화를 둘러싼 대립에서 보듯 일본 국내의 대륙정책도 통일
성을 갖지 못한 상태였다. 여기에 중국의 군벌세력이나 국민정부의
움직임도 커다란 변수로 작용했다. 하지만 상황의 변화에도 불구하고

신의주는 철도와 국경이라는 지정학적 이점을 살려 국경무역의 중심 도시로서 발전해가, 1929년에는 무역액에서 조선 제1위의 항구가 되었다. 이하에서 살펴보는 왕자제지는 목재도시로서의 지리적 여건을 배경으로 국경도시로서의 정치적 상황에 기생하며 신의주에서 사업을 전개했다.

III. 왕자제지의 식민지 투자

제1차 세계대전은 일본자본주의의 구조적 전환을 가져왔을 뿐만 아니라 식민지에 대한 자본수출의 성격에도 커다란 변화를 초래했다. 경제사학자 가네코 후미오(金子文夫)가 지적하는 것처럼 근대 일본의 자본수출은 일관되게 "국가·국가자본 주도형"이었지만, 1차 대전을 전기로 "사적자본의 양적 확대 및 국가자본과 사적자본의 결합"[55]이라는 변화가 출현하게 되었다. '대전 경기'로 잉여 자본을 축적한 일본 기업들은 식민지 투자를 늘여갔고 그 결과 조선에서도 1910년대 후반, 특히 "18년 이후는 기업 발흥기"[56]를 맞이하게 되었다. 1918년 12월 왕자제지가 자본의 7할을 출자해 평안북도 신의주부에 창립한 조선제지주식회사(자본금 500만 엔)는 들끓는 '대전 경기'와 식민지 투자 열기 속에서 진행된 사업 가운데 하나였다.

압록강 연안 마전동(麻田洞)에 용지 76만여 평을 확보하여 만들어진 조선제지는 연산 1만 톤 규모의 아황산펄프 생산 공장이었다.[57] 당시 왕자제지가 신의주 투자를 단행하게 된 이유로는 목재펄프 원료가 되는 자원이 많았던 점, "풍부한 노동력", 조선총독부의 "극진한 지원"[58] 등을 들 수 있다. 이 중에서 먼저 첫 번째 이유인 목재펄프 원료

에 관해 살펴보면, 제지·펄프 공업이 무엇보다 원료입지형 공업이라
는 사실에 주목할 필요가 있다. 사업 초창기에는 주로 넝마, 짚, 풀 등
을 사용해 펄프를 생산하던 일본 제지업계는 1880년대 후반에 들어
당시 유럽에서 일반화된 목재펄프 제조법[59]을 도입하여 목재를 펄프
원료로 사용하게 되었다. 그로써 공장의 입지 조건도 넝마 원료 확보
에 편리한 도시 근교에서 목재를 입수하기 쉬운 산간부로 변화했
다.[60] 제지·펄프 공장이 "삼림자원을 좇아 혹은 신수종 이용 개발을
따라가며 건설"[61]된 이유는 원료입지형 공업으로서 가장 중요한 원료
인 원목을 입수하기 위해서였다. 신의주부 마전동은 신의주가 압록강
유역 목재의 집산지인 데다 압록강 강변이라는 위치가 동력 확보를
위한 수력 발전에 용이하다는 점도 거들어 최적의 입지 조건을 갖추
고 있었다.

　왕자제지의 신의주 투자는 '대전 경기'라는 일반적인 상황과 연동하
면서 원료입지형 공업 특유의 이유, 즉 목재펄프 원료 확보 차원에서
이루어진 것이었다. 1910년대 후반부터 1920년대 중반에 걸친 시기는
일본 제지업계가 "사할린 외에도 조선, 만주, 대만 등 해외에 적극적
으로 진출한 시기"로, 전시 경기나 전후 호황을 등에 업고 일본 국내
는 물론 "사할린, 조선, 대만 등 본토 이외에 유력 공장이 설립된"[62]
것이 특징이었다. 1차 대전 발발을 계기로 신문용지 부문에서 수입품
을 구축하고 국내 시장을 독점한 왕자제지가 일본 제지업계의 "미증
유의 발전기"[63]를 이용하여 해외 진출을 꾀한 것도 같은 문맥에서의
일이었다.

　왕자제지의 해외 산림자원 조사의 역사는 러일전쟁 직후로 거슬러
올라간다. 후일 왕자제지 회장이 되는 후지와라 긴지로(藤原銀次郎)
가 1908년 당시 미쓰이물산(三井物産) 목재부장 자격으로 중국 지린

성(吉林省) 자원에 착목[64]한 이래, 홋카이도(北海道), 사할린, 조선, '만주', 대만 등지에 대한 산림자원 조사와 투자는 끊임없이 계속되었다. 몇 가지 예를 들면 다음과 같다.

1905년 포츠머스 강화조약으로 북위 50도 이남 사할린이 일본 영토가 된 후, 새롭게 설립된 가라후토청(樺太廳, 가라후토는 사할린의 일본식 이름)은 전 토지의 90퍼센트 가량이 원생림인 사할린의 산림 개발을 추진했다. 이에 대응하는 형태로 미쓰이합명(三井合名)은 사할린에 펄프공장 설립을 결정하고 1914년 미쓰이지료(三井紙料) 오도마리(大泊)공장을 준공했다.[65] 왕자제지는 또 오쿠라구미(大倉組)와 함께 지린성 임업 이권 획득에도 나섰다. 일찍이 송화강(松花江) 상류 산림에 대한 조사단을 파견한 적이 있는 후지와라는 1917년에 이르러 富寧造紙公司를 설립했다. 회사 형태는 합변회사였다. 중국 측 발기인 대표에 차오루린(曹汝霖), 루쫑위(陸宗興) 등 중국정부 유력자가 취임했지만, 이미 이야기한 것처럼 절반 출자는 명목뿐이었다. 사업 목적은 목재펄프 생산과 제지업이었는데 관련 수력발전소 건설과 경편철도 부설도 함께 계획하는 등 대규모 지역 개발 구상을 갖고 있었다. 1918년에 설립된 華森製材公司도 부녕조지공사와 비슷한 경위를 거쳐 세워진 회사였다. 왕자제지는 당시 장쮀린(張作霖)과 대립하고 있던 지린 督軍 멍언위안(孟恩遠)에게 차관 형태로 군자금을 제공함으로써 산림벌채권을 획득했다. 이를 중개한 사람은 미쓰이물산 출신의 중의원의원 모리 가쿠(森恪)였다. '華森'의 '森'은 모리의 이름에서 유래한 작명이라고 한다. 같은 해에 설립된 黃川採木公司 또한 중국 측 정치인 루쫑위, 장다이빈(張岱彬) 등과의 사이에 맺어진 400만 엔 차관 계약의 결과 탄생한 회사였다.[66]

임업 이권을 대가로 외무성과 육군의 요청에 따라 중국 측 요인에

게 차관을 제공하는 이러한 '투자' 행태를 일컬어 가네코 후미오는 "정
상적(政商的) 행동 양식"[67]이라고 했는데, 정상적 투자 행태는 내국식
민지 홋카이도, 사할린, 조선, 대만 등지에서도 변함이 없었다. 결론적
으로 말해서 왕자제지의 식민지 투자는 일본의 군사 침략에 밀착한
경제 침략에 다름 아니었다. 돌이켜보면 근대 일본의 제지업은 국가
의 전쟁과 함께 성장한 산업 가운데 하나였다. "단순히 민간사업이 아
니라 국익, 수입대체, 식산흥업이라는 메이지 초기의 사조를 배경"[68]
으로 하여 출발한 일본의 제지업계가 불황에서 벗어나게 되는 첫 계
기는 메이지정부가 발주한 지권지(地券紙) 수요였다. 일본 제지업은
근대적 토지소유권 제도를 확립하려는 국가 정책에 부응하는 한편 당
시 '문명개화'의 바람을 타고 증가하기 시작한 신문, 인쇄물 수요에 힘
입어 "창업 이래의 손실을 단번에 해소할 정도로 호황"[69]을 맞이했다.
그 뒤 다시 불황의 늪에 빠진 제지업계를 구출하는 계기가 된 것은 청
일전쟁이었다. 일본 저널리즘의 역사에 관해 선구적인 연구를 수행해
온 야마모토 다케토시(山本武利)는 유일하게 정확한 데이터가 남아
있는 『大阪朝日新聞』의 발행부수를 예로 들며 "청일, 러일전쟁 시의
급증"[70]을 강조하고 있다. 동 신문의 발행부수는 1893년 67,222부에서
다음해 93,758부로 늘어나 1895년에는 102,085부에 달했다. 상황은 러
일전쟁 시도 마찬가지였다. 1903년 119,816부였던 발행부수는 개전과
함께 152,403부로 늘어났다.[71] 여기에 호외나 전쟁 관련 출판물[72]을
더하면 전쟁으로 인해 제지업계가 누린 특수를 미루어 짐작할 수 있
을 것이다. 불황에서 전시 특수로 인한 호황으로, 다시 불황에서 전시
호황으로 이어지는 이러한 패턴은 이후에도 계속되었다. 1차 대전을
계기로 아시아 종이 시장을 석권한 일본의 양지 수출은 1915년부터
수입을 능가하기 시작해, 1921년까지 수출 초과가 지속되었다.[73] 이

후 전후 불황에 시달리던 일본 제지업계는 1932년 왕자제지 중심으로 업계를 재편하는 과정[74]을 거치면서도 '만주' 시장을 독점한 이후 수출을 늘여가, 1937년도 종이 수출량은 1932년에 비해 7배로 늘어났다.[75]

여기서 다시 이야기를 조선제지로 되돌려 왕자제지가 신의주 투자를 단행한 나머지 두 가지 이유, 즉 "풍부한 노동력"과 식민 권력의 "극진한 지원"에 대해 살펴보면 조선 투자에 보이는 "정상적 행동 양식"은 더욱 구체적으로 모습을 드러낸다. 이미 지적한 것처럼 왕자제지의 조선 투자는 '대전 경기'와 식민지 투자 열기라는 시대 상황 속에서 원료입지형 공업 특유의 이유로 인해 이루어진 것이었다. 압록강 유역 산림자원의 집산지이자 영림창 소재지인 신의주가 그러한 입지 조건을 충족시킬 수 있는 도시로 선택된 것은 당연한 일이었다.

1917년 하세가와 요시미치(長谷川好道) 총독의 인가를 받아 다음해부터 조업을 개시한 조선제지는 처음부터 "영림창 벌채량의 절반을 선점"[76]하는 등 식민 당국의 보호 아래 사업을 전개했다. 원목은 모두 영림창 관내 국유림에서 공급받았는데, 그 이유는 조선제지가 '중요물산 제조업자' 자격으로 연기매각(年期賣却) 제도 수의계약(隨意契約)의 특혜를 받았기 때문이다. 연기매각 제도란 "자유벌채를 금지함과 동시에 자본가적 개발을 기도"하기 위해 만들어진 입목처분 방식으로, 조선통감부 시대의 삼림법(1908년 공포·시행)에 기원한다.[77] 그것은 간단히 말해서 원목의 안정적 공급을 영림창이 보장하는 제도이다. 비록 10년 이내라는 조건이 붙었지만 그 기간 내에는 원료 공급에 차질이 발생하지 않는 이점을 갖고 있었다. 조선총독부는 이러한 입목 처분 방식을 공익사업이나 광업 등의 경우에 한정하여 수의계약을 할 수 있도록 정하고 있었는데, 1917년 10월 그 대상을 "조선총독이 정한 중요물산 제조업자"[78]까지 확대했다. 하기노 도시오에 의하면 이 개정은 같은 달의 조선제지 설립 결정에 "완전히 (중략) 발맞추는 것"[79]
이었다고 한다. 식민 당국의 법률적 지원 아래 안정적인 원목 공급을
보장받은 조선제지는 조업 3년째인 1920년 66,000m³의 원목을 소비하
여 15,000톤의 펄프를 생산했다.[80]

조선제지와 식민 권력의 밀월관계는 이후로도 계속되었다. 3·1운
동 후 새롭게 부임한 사이토 마코토(齋藤實) 총독의 "반(反) 왕자 입
장"으로 약간의 마찰이 있었지만 이 또한 후지와라의 교섭으로 "해
결"[81]되었다고 그의 회고록은 전한다. 자세한 사정은 알 수 없지만 총
독 교체 후 일시적으로 중단되었던 연기매각 제도를 교섭을 통해 부
활시킨 것이다.[82] 1921년 조선제지를 합병한 왕자제지가 전후 불황의
여파로 1922년부터 약 3년 반 동안 휴업을 하면서도, 영림창과 함께
"신의주 경제계의 생명을 쥐고", 조선 제지·펄프 공업을 독점할 수 있
었던 것은 왕자제지의 정상적 투자 활동과 식민 당국의 '극진한 지원'
이 공명했기 때문에 가능한 일이었다.

왕자제지의 조선 투자는 비단 신의주에만 그치는 것이 아니었다.
동양척식회사, 조선은행, 한성은행, 조선식산은행 등과 공동출자로
1935년 함경북도 길주(吉州)에 설립한 북선제지화학공업주식회사는
백두산 일대 낙엽송과 개마고원 지대의 수력 전기를 결합하여 용해펄
프를 생산하는 공장이었다. 1936년 조업을 개시한 이 "세계 최초의 낙
엽송을 이용한 용해펄프 생산은 기업적으로도 성공"[83]을 거두어, 당
시 조선에서 근무하던 한 왕자제지 사원의 회상에 의하면 후지와라가
주주총회 석상에서 약속한대로 회사는 조업 개시와 함께 "연 1할 배당
을 여유를 갖고"[84] 할 수 있었다고 한다.

북선제지화학공업은 1931년 총독으로 부임한 우가키 가즈시게(宇
垣一成)의 농공병진정책에 호응하는 형태로 이루어진 투자였다. 우가

키의 조선공업화 정책은 그의 '일본해(日本海) 중심론'에 구체적인 모습이 드러나 있다. 일본을 정(精) 공업지대, 조선을 조(粗) 공업지대, '만주'를 농업·원료지대로 구분하는 우가키의 "블록분업적 개발론"[85]은 관동군과 일본 군부 내 통제파(統制派)의 '만주' 개발 노선과 상호 병립한 "일선만블록론"[86]이었다. 소위 '우가키 자유주의'란 '만주' 개방에 대한 일본 기업들의 기대감에 편승하면서 조선이 갖고 있는 유리한 기업 조건, 즉 느슨한 산업 규제, 저임금, 값싼 지가와 전력을 선전하여 일본 국내 자본을 유치하려는 정책이었다.[87] '일만블록' 내에서 조선의 지위를 강화하려는 이 같은 정책은 방기중이 지적하는 것처럼 우가키 개인의 "정치적 야심을 바탕에 깔고 있는 독자적 구상과 실천"[88]이었지만 그것이 국내 자본 유치에 일정 정도 효과를 거둔 것도 사실이었다. 결과적으로 "조선 민족 자본을 압도한 일본 자본은 전체적으로 상당한 고수익을 계상할 수 있었다."[89]

'일만블록' 내에서 조선의 역할을 강조하는 우가키의 '일본해 중심론'은 일본의 대륙정책에서 조선의 독자적 존재 의의를 모색하는 점에서 데라우치의 '鮮主滿從主義'와 같은 계보의 사상이라고 할 수 있다. 당시 이야기되었던 '일본해, 북선, 만주'를 연결하는 '북선 루트' 구상도 관동군·통제파의 '만주' 개발 노선에 대항하는 또 하나의 대륙정책론으로서 제출된 것으로, 그 구도나 심정의 차원에서 '조선구미'의 조선 루트 우대 정책의 연장선상에 있는 구상이었다. 북선제지화학공업은 우가키가 내건 '북선개척사업'에 적극적으로 대응하여 자본금 2천만 엔 가운데 왕자제지가 52퍼센트를 출자해 만든 회사였다. 출자액을 한정한 이유는 당시의 반독점 분위기를 의식한 행동이었다. 낙엽송을 이용한 인견펄프 생산은 조업을 시작하자마자 본궤도에 올라 1936년 일본의 인견사 생산이 미국을 제치고 세계 제1위가 되는 데

일조했다.[90] 이후 "식민지형 삼림개발과 결합된 이 펄프공업은 국가적 요구에 의해 더욱 팽창"[91]하여, 북선제지화학공업은 1943년 군산에 새로운 공장을 설립할 것을 결정하고 다음해에 운전을 개시했다.

왕자제지는 조선에서 식민 당국의 경제 정책과 긴밀히 연계하며 투자 활동을 전개했을 뿐만 아니라 식민지 정책 전반에도 관여하는 중요한 경제 주체로서 존재하고 있었다.[92] 회사가 신의주 투자를 결정하는 데 또 하나의 중요한 이유로 작용했던 조선의 "풍부한 노동력"은 총독부가 일본의 민간 자본 유치를 위해 제공한 "극진한 지원" 정책 중 하나로, 왕자제지의 조선 사업은 바로 그러한 식민지적 저임금 위에 성립하고 있었다. 조선제지의 조선인 노동자 평균임금이 일본인의 "약 6할"[93]에 머무르고, 신의주 인구의 20퍼센트를 차지하는 일본인의 1932년도 영업세 납부액이 인구의 60퍼센트를 점하는 조선인에 비해 2.4배나 되었다는 사실[94]은 "노동도시"[95] 신의주의 민낯을 보여주는 사례들이다. 국경의 雄都, 제국 동아 진출의 현관, 신흥 상공도시. 근대 일본에서 흔히 찾아볼 수 있는 이러한 신의주 표상은 결국 지배자의 시선에 불과하다. 화려한 수사의 이면에 가려진 조선인이나 중국인들의 고달픈 삶은 신의주가 "일제강점기란 시대의 고민과 고통을 고스란히 담고 있는 공간"[96]이었다는 사실을 말해주고 있다.

Ⅳ. 나오며

왕자제지의 식민지 투자에 보이는 큰 특징 중 하나는 국가 권력이나 식민 당국과의 깊은 유착관계이다. 일본의 군사 침략에 밀착한 정상적 투자 행태는 정치적 혼란 상태가 계속되었던 '만주'에서 더욱 적

나라하게 드러났다. 하지만 가네코 후미오가 지적하는 것처럼 중국 임업 투자 전체를 보면 "정치권력과의 유착이라는 이권 획득 요인이 동시에 실패 요인이기도 했다"[97)]는 점도 부정할 수 없는 사실이다. 5·4운동 시 친일정치가 추방 및 이권회수 운동으로 사업이 축소되거나 휴업하는 등, 오쿠라구미와 왕자제지의 '만주' 임업 투자가 부진했던 배경에는 "중국 측의 배일운동"[98)]이 있었다.

그에 비해 왕자제지의 조선 투자는 식민 권력의 보호와 식민지적 저임금 위에서 안정적으로 전개될 수 있었다. 조선제지나 북선제지화학공업이 모두 당대 식민 당국의 조선 정책에 적극적으로 호응하는 형태로 이루어진 사업이었고, 왕자제지가 식민지 경제 정책 전반에 관여하는 중요한 경제 주체로서 존재하고 있었던 점은 이미 본문에서 언급한 대로이다. 여기서 다시 후루야마 고마오의 소설을 상기하면 그 속에서 묘사된 조선인 행상이나 중국인 노동자는 바로 그러한 식민지 산업화의 혜택으로부터 유리된 식민지인의 구체적인 모습들이었던 것이다.

근대 일본의 식민지 정책은 "국민경제적 관점이 전혀 결여된" 채, 다시 말해 식민 본국 측 수요가 "최우선 순위"가 되어 "생산 과정이 재편성=개발"[99)]되는 경우가 대부분이었다. 식민지 쌀에 대한 일본의 태도 하나만 보더라도 1920년대의 생산 확대 요구에서 1930년대의 농업공황에 따른 증산 중지, 그리고 다시 전시 하의 증산 요구 등, 본국 측 수요에 따라 식민지 정책은 수시로 변화했다. 사정은 조선 임정 정책에서도 마찬가지였다. '산림녹화' 정책은 '국책'의 변화에 따라 폐기되기 일쑤였는데, 예를 들어 중일전쟁의 발발로 총독부 임정은 '조림'에서 '증산'으로 급선회했다. 1937년 왕자제지, 동양척식회사, 미쓰이합명 등으로부터 자본을 유치해 총독부가 만든 조선임업개발주식회사

는 50만 정보의 국유림을 대부하고 21년에 걸쳐 5퍼센트의 배당을 총
독부가 보증하는 '특수회사'였다. 그러나 회사는 '속성조림계획'의 일
환으로 설립되었음에도 불구하고 조림을 아예 포기하고 나무를 무차
별적으로 베어내 판매하는 데만 열을 올렸다.[100] 이러한 사례는 식민
당국의 정책 결정 과정에서 식민지 사회나 식민지인들의 존재가 고려
의 대상 밖에 있었다는 사실을 말해주고 있다.

1938년 일본의 한 잡지사가 펴낸 책자는 왕자제지를 소개하여 "왕
자제지 70년의 역사는 그대로 일본자본주의 발달사의 축소판"[101]이라
고 했다. 일본에서 "근대적 제지(양지)업 발전의 역사는 그대로 왕자
제지의 역사"[102]이고, 제지업이 일본의 국가적 발전과 함께 성장한 산
업이라는 점을 생각하면 잡지사의 소개는 적절한 것이었다. 만약 여
기에 조선인 사회로부터 괴리된 채 식민 권력과 유착하면서 진행된
조선 투자를 더한다면 왕자제지 70년의 역사는 일본자본주의의 역사
이자 일본제국주의의 역사라고도 할 수 있다. 경제사학자 야마모토
유조는 식민지에서의 제국주의적 식민지 수탈 단계에 대해 다음과 같
이 이야기한 바 있다.

> 제국주의적 식민지 수탈은 먼저 약탈 무역이 선행하고, 그것을 확대·강화
> 하는 형태로 과잉자본 수출의 단계적 확대를 유발하여, 초과 이윤의 획득을 통
> 해 보다 철저한 식민지 수탈 체계를 확립한다. (중략) 이러한 일반적 도식은
> 일본의 식민지 지배에도 해당된다. 식민지 대만과 조선은 일본 자본의 저수지
> 이자 일본인 자산의 배양지(培養地)였다.[103]

러일전쟁 이후 본격화된 압록강 산림자원에 대한 '약탈 무역', 1차
대전 중에 시작된 국내 민간 과잉자본의 식민지 진출, 그리고 식민 권
력에 밀착한 왕자제지의 정상적 투자 행태 등은 야마모토가 말하는

제국주의적 식민지 수탈 단계가 근대 시기 신의주에서 거의 완벽하게 재현되었음을 말해준다. 이런 점에서 신의주는 제국주의 시대의 유물이자 20세기 동아시아의 역사를 말해주는 산 증인으로서 존재하고 있다.

이수열 ∣ 한국해양대학교 국제해양문제연구소 인문한국(HK) 교수

▣ 주

1) 古山高麗雄(1972),『小さな市街圖』, 河出書房新社. 이하, 인용은 講談社文庫판 (1974).

2) 위의 책, 39쪽.

3) 위의 책, 38쪽.

4) 위의 책, 92쪽.

5) 차례대로 위의 책, 24쪽, 37쪽, 39쪽, 48쪽, 48쪽, 124쪽.

6) 위의 책, 107쪽.

7) 新義州商工會議所(1942),『新義州商工要覽』, 8쪽.

8) 新義州商工會議所(1938),『新義州商工案内』, 59쪽.

9) 영림창은 영림서의 전신. 일본은 1926년 영림창을 폐지하고 영림서를 설치했다.

10) 이미경(2016),「일제하 新義州 木材業界의 변동과 木材商組合의 활동(1910~1936)」, 서울대학교 교육학 석사학위논문, 2쪽.

11) 위의 논문, 55쪽.

12) 黃承鳳(1939),『躍之新義州』, 三盛商會, 147쪽.

13) 新義州商工會議所(1938), 앞의 책, 1쪽.

14) 和田孝志(1911),『新義州史』, 島田叢文館, 2~3쪽.

15) 新義州商工會議所(1938), 앞의 책, 4쪽.

16) 손정목(1982),『한국 개항기 도시변화과정연구: 개항장·개시장·조계·거류지』, 일지사, 392쪽.

17) 안봉선 개축의 의미에 관해서는 김지환(2013),「安奉鐵道 改築과 중일협상」,『중국근현대사연구』 59, 이은자(2014),「중일전쟁 이전 시기 중국의 국경도시 安東의 이주민: 교류와 갈등의 이중주」,『중국근현대사연구』 62 등을 참조.

18) 손정목, 앞의 책, 393쪽.

19) 圖書普及會 편(1917),『安東及新義州』, 圖書普及會, 33쪽.

20) 西澤泰彦(1999),『圖説 大連 都市物語』, 河出書房新社, 16쪽.

21) 지금까지 왕자제지에 관한 연구는 주로 경영사, 제지기술사, 사사(社史)의 입장에서 이루어진 것이 대부분이었다. 본 연구의 목적은 왕자제지의 역사를 식민지 산업화의 한 전형으로 파악하여 그것을 제국주의사의 일환으로 자리매김하는 데 있다.

22) 古山高麗雄, 앞의 책, 27쪽.

23) 위의 책, 저자 자필「年譜」, 222쪽.

24) 和田孝志, 앞의 책, 5쪽.

25) 安東商工會議所(1930), 『鴨綠江の木材と滿州に於ける木材事情』, 15쪽.

26) 최병택(2011), 「총설」, 『국가기록원 일제문서해제-임정(林政)편』, 행정안전부 국가기록원, 21쪽.

27) 王子製紙山林事業史編集委員會(1976), 『王子製紙山林事業史』, 222쪽.

28) 이미경, 앞의 논문, 1쪽.

29) 러시아가 압록강 삼림벌채권을 획득하는 경위에 관해서는 아래의 연구를 참조. 손정목, 앞의 책, 367쪽. 金子文夫(1982), 「滿州における大倉財閥」, 大倉財閥硏究會編, 『大倉財閥の硏究: 大倉と大陸』, 近藤出版社, 346쪽. 荻野敏雄, 배재수 역(2001), 『韓國近代林政史』, (주)한국목재신문사, 46쪽.

30) 합변회사란 "중국 측 출자가 있어야 할 뿐만 아니라 중국의 법규・조약・협정 등에 의거하여 중국과 일본의 절반 출자 원칙 아래 중국 측이 반수의 인원을 파견한 중국법인"을 말하는 것으로, 당시 광업과 임업에 집중된 외국인 단독 투자를 금지하기 위해 중국 당국이 광업조례, 삼림법 등의 법규로 정한 기업형태이다. 하지만 "절반 출자 원칙은 명목상의 일로 실질적으로는 일본 측이 전액 출자하는 경우가 많았다"고 한다. 金子文夫, 위의 논문, 334쪽.

31) 삼림법과 임야조사사업에 대해서는 '수탈론'과 '근대적 소유권의 확립'이라는 두 가지 평가가 존재한다. 전자의 입장을 대표하는 논의로는 강영심(1983), 「日帝下의 '朝鮮林野調査事業'에 관한 연구」, 『한국학보』 33, 34가 있고, 후자의 견해로는 이우연(2005), 「植民地期 林業의 近代化: 採取林業에서 育成林業으로」, 『경제사학』 38가 있다. 두 입장은 한국사회의 화두인 식민지근대화론을 둘러싼 논쟁과 병행하고 있는데, 이에 비해 최병택(2006), 「일제 하 임야조사사업의 시행목적과 성격」, 『한국문화』 37은 논의의 새로운 지평을 연 작품으로 평가할 수 있다. 최병택은 일본의 임야조사사업을 "소유권을 빼앗기보다는 오히려 근대적 등기제도라는 형식"을 통해 "수탈을 위한 기본적 비용을 조선인들에게 전가시키기 위한 방편"이었다고 지적했다. 즉, 삼림법은 국유림 창출이라는 결과를 가져왔지만 "일제의 삼림침탈이 반드시 '국유림 창출'이라는 외형을 필요조건"으로 하였던 것은 아니고, 조림대부제도(造林貸付制度)를 통해 "일제는 수종개량, 치수사업이라는 두 가지 목적을 민간에게 비용을 전가하는 방식으로 해결하고자" 했다는 것이다. "민유림면적의 확대는 일제 삼림정책의 억압성이 시작되는 출발점"이라는 최병택의 결론은 삼림법과 임야조사사업의 핵심을 지적한 말이다.

32) 식민 당국은 국유림 가운데 군사, 학술, 보안 등의 이유로 국유로 보존할 필요가 있는 임야를 요존림으로, 그렇지 않은 임야를 불요존림으로 구분했다. 이에 대해서는 荻野敏雄, 배재수 역, 앞의 책, 강정원(2014), 「일제의 山林法과 林野調査 연구: 경남지역 사례」, 부산대학교 사학과 박사학위논문 등을 참조.

33) 그 기록은 『韓國森林視察復命書』(田中喜代次: 조사원, 이하 마찬가지), 『淸韓兩

國森林視察復命書』(宮島喜多郎), 　『鴨綠江流域森林作業調査復命書』(西田又二, 中牟田五郎),『韓國森林調査書摘要』(西田又二, 永田正吉),『朝鮮森林視察復命書』(平熊友明) 등으로 남아 있다. 이에 대해서는 王子製紙山林事業史編集委員會, 앞의 책, 219~221쪽 참조.

34) 圖書普及會 편, 앞의 책, 103쪽. 성림지 면적은 압록강이 12만 정보, 두만강이 4만 정보였다.(104쪽)

35) 하기노 도시오(萩野敏雄)가 지적한 것처럼 "영림창의 소비시장은 완전히 官需中心"이었다. 萩野敏雄, 배재수 역, 앞의 책, 53쪽.

36) 강정원, 앞의 논문, 25쪽.

37) 新義州商工會議所(1938), 앞의 책, 59쪽.

38) 김주용(2007),「일제강점기 경제신도시 신의주」, 엄성용·서인범,『소통과 교류의 땅 신의주』, 혜안, 319~320쪽.

39) 新義州商工會議所(1937),『新義州商工會議所十年誌』, 7쪽.

40) 위의 책, 8쪽.

41) 대표적인 연구로는 손승희(2011),「근대 한중관계사상의 교통로와 거점: 만철(滿鐵)과 안동을 중심으로」, 권오중 외,『한중관계사상의 교통로와 거점』, 동북아역사재단, 이은자, 앞의 논문, 이은상(2016),「20세기 전반(1912~1936) 식민지 조선의 신의주화교」,『중국근현대사연구』70 등이 있다.

42) 손승희, 위의 논문, 297~298쪽.

43) 그러나 이러한 철도일원화는 군부의 구상이 선행한 결과로, 일본 면제품의 '만주' 수출에 일정한 의미를 가졌을 뿐 만철과 조선철도 모두 불만이었다고 한다. 橋谷弘(1982),「朝鮮鐵道の滿鐵への委託經營をめぐって」,『朝鮮史研究會論文集』19.

44) 新義州商工會議所(1938), 앞의 책, 164쪽.

45) 山本有造(1992),『日本植民地經濟史研究』, 名古屋大學出版會, 73쪽.

46) 위의 책, 73~74쪽.

47) '조선구미'에 관해서는 위의 책, 81쪽, 波形昭一(1985),『日本植民地金融政策史の研究』, 早稻田大學出版部, 322쪽을 참조. 참고로 니시하라는 후일 대중국 차관인 '니시하라 차관'으로 널리 알려지게 되는 인물이다.

48) 이러한 철도 정책에 관해서는 山本有造, 앞의 책, 이은상, 앞의 논문, 金子文夫(1980),「創業期の南滿州鐵道 1907-1916」,『社会科學研究』31-4, 金子文夫(1985),「資本輸出と植民地」, 大石嘉一郎 편,『日本帝國主義史1 第一次大戰期』, 東京大學出版會 등을 참조. 한편 권경선(2017),「근대 해항도시 안둥의 산업구조」,『해항도시문화교섭학』16에 따르면 안둥의 경우도 "철도를 중심으로 한 육로 무역이 기선 중심의 해로 무역을 크게 상회하고" 있었다고 한다.

49) 손승희, 앞의 논문, 301쪽. 앞서 소개한 것처럼 조선 경유 육로 루트를 이용할

경우 다롄 경유 해로 루트보다 시간을 절반으로 단축시킬 수 있었다.

50) 金子文夫(1985), 앞의 논문, 377쪽.

51) 이은자, 앞의 논문.

52) 이미경, 앞의 논문, 25쪽. 여기서는 구체적으로 언급하지 않지만 신의주 무역의 내용은 김주용, 앞의 논문이 밝히고 있는 것처럼 면제품, 청주와 목재, 대두, 쌀을 교환하는 전형적인 식민지형 무역구조를 하고 있었다(320쪽). 권경선, 앞의 논문에 의하면 완성품과 1차 산품 교환을 내용으로 하는 무역구조는 안둥도 마찬가지였다. 이러한 점에서 1920년대의 '만주' 경제를 "모노컬처 수출경제의 완성"으로 자리매김하는 것은 적절한 평가라고 할 수 있다. 松野周治(1985), 「半植民地: 「満州」」, 小野一一郎 편, 『戰間期の日本帝國主義』, 世界思想社, 162쪽.

53) 다롄 측의 저항은 柳沢遊(1999), 『日本人の植民地經驗: 大連日本人商工業者の歷史』, 青木書店, 94~96쪽에 자세하다.

54) 山本有造, 앞의 책, 75쪽.

55) 金子文夫(1985), 앞의 논문, 352쪽.

56) 小林英夫(1994), 「序 課題と方法」, 小林英夫 편, 『植民地への企業進出: 朝鮮會社令の分析』, 柏書房, 8쪽.

57) 王子製紙山林事業史編集委員會, 앞의 책, 223쪽.

58) 위의 책, 224쪽.

59) 위의 책에 의하면 이미 유럽에서는 1840년 독일에서 Kerler가 쇄목펄프(ground pulp)를 발명한 이래 목재펄프 제조법이 개발되어 목재를 펄프원료로 사용하고 있었다(40쪽). 일본에서 최초로 목재펄프를 생산한 곳은 1889년에 준공되어 그 다음해부터 생산을 개시한 왕자제지 게타(氣用)공장이었다(4쪽).

60) 목재펄프 개발에 따른 입지 조건의 변화에 관해서는 宮本又次, 由井常彦(1973), 「製紙業100年のあゆみ」, 『製紙業の100年: 紙の文化と産業』, 王子製紙株式會社·十條製紙株式會社·本州製紙株式會社, 105쪽.

61) 王子製紙山林事業史編集委員會, 앞의 책, 11쪽.

62) 宮本又次, 由井常彦, 앞의 논문, 126~128쪽.

63) 水谷啓二(1954), 『藤原銀次郎傳 日本財界人物傳全集第四卷』, 東洋書館, 167쪽.

64) 王子製紙山林事業史編集委員會, 앞의 책, 238쪽.

65) 위의 책, 12~13쪽. 여기서 왕자제지의 연혁에 관해 언급하면, 왕자제지의 전신은 시부사와 에이이치(澁澤榮一)의 간선과 미쓰이구미(三井組), 오노구미(小野組), 시마다구미(島田組)의 자본 참여로 1873년에 설립된 초지회사(抄紙會社)로, 왕자제지주식회사로 바뀌는 것은 1893년의 일이었다(이상, 宮本又次, 由井常彦, 앞의 논문, 82~83쪽). 이후 1898년부터는 미쓰이가 왕자제지의 경영권을 완전히 장악했지만(107쪽), 후일 오카와 헤이자부로(大川平三郎)와 함께 일본

제지업계의 "2대 인물"(284쪽)이 되는 후지와라 긴지로가 회장에 취임한 이후는 후지와라 개인의 발언권이 확대되어 갔다. 하지만 그 뒤에도 왕자제지와 미쓰이는 식민지 투자에서 보조를 맞추는 경우가 허다했다.

66) 이상, 金子文夫(1982), 앞의 논문, 357~358쪽. 참고로 왕자제지가 설립한 세 회사는 오쿠라구미가 만든 豊材公司, 省興林造紙公司와 합동하여 1923년에 共榮起業株式會社를 설립했다. 출자 비율은 왕자가 53.5퍼센트, 오쿠라 측이 46.5퍼센트였다. 자본금 1천만 엔의 이 회사는 당시 '만주'에 있는 일본 기업 가운데 제3위에 해당할 정도로 큰 규모였다고 한다(361쪽).

67) 위의 논문, 368쪽.

68) 宮本又次, 由井常彦, 앞의 논문, 84쪽,

69) 위의 논문, 92~93쪽.

70) 山本武利(1978), 『新聞と民衆 日本型新聞の形成過程』, 紀伊國屋書店, 131쪽.

71) 이상, 발행부수는 山本武利(1981), 『近代日本の新聞讀者層』, 法政大學出版局, 수록의 발행부수 일람표 참조. 411쪽.

72) 한 예로, 博文館이 발행한 『日露戰爭實記』제1호의 경우 26판 26만부를 완매한 뒤 10만부를 더 냈다고 한다. 宮本又次, 由井常彦, 앞의 논문, 115쪽.

73) 위의 논문, 127쪽.

74) 1932년 왕자제지, 富士製紙, 樺太工業의 3사는 공황에 대처하기 위해 합병을 단행했다. 그 결과 자본금 1억 5천만 엔, 일본 양지 생산의 80퍼센트를 차지하는 大王子製紙가 탄생했다. 위의 논문, 144~149쪽.

75) 위의 논문, 153쪽.

76) 김미경, 앞의 논문, ⅰ 쪽.

77) 이상, 荻野敏雄, 배재수 역, 앞의 책, 24쪽.

78) 위의 책, 25쪽.

79) 위의 책, 25쪽. 하기노는 본문에서 조선제지를 압록강제지주식회사로 오기하고 있다. 참고로 압록강제지는 후지와라 긴지로의 경쟁자인 오카와 헤이자부로가 오쿠라구미와 함께 안동에 설립한 회사로, 만주사변 이전 '만주' 유일의 대규모 제지 메이커였다. 대왕자제지 탄생 이후에도 독자 경영을 계속하던 압록강제지는 1935년에 이르러 결국 왕자제지에 경영을 위탁하게 된다.

80) 王子製紙山林事業史編集委員會, 앞의 책, 16쪽.

81) 下田将美(1949), 『藤原銀次郎回顧八十年』, 講談社, 128쪽.

82) 王子製紙山林事業史編集委員會, 앞의 책, 16쪽.

83) 荻野敏雄, 배재수 역, 앞의 책, 92쪽.

84) 上野直明(1975), 『朝鮮・満州の思い出: 旧王子製紙時代の記録』, 審美社, 24~25쪽.

85) 방기중(2003), 「1930년대 조선 농공병진정책과 경제통제」, 『동방학지』 120.

86) 이승렬(1996), 「1930년대 전반기 일본군부의 대륙침략관과 '조선공업화' 정책」, 『국사관논총』 67.

87) '우가키 자유주의'에 대해서는 방기중, 앞의 논문, 金子文夫(1987), 「資本輸出と 植民地」, 大石嘉一郎 편, 『日本帝國主義史2 世界大恐慌期』, 東京大學出版會, 346쪽, 山本有造, 앞의 책, 139쪽 등을 참조.

88) 방기중, 위의 논문.

89) 金子文夫(1987), 위의 논문, 346쪽. 여기서 근대 일본의 식민지 투자의 특질에 대해 간단히 언급하면 다음과 같다. 야마모토 유조는 앞의 책에서 일본의 대만, 조선 투자에 보이는 특징으로 "플로와 스톡의 괴리", 즉 "자금 유출을 동반하지 않는 자본 수출"(168쪽)을 들고 있다. 이러한 현상은 결국 특권적 일본 자본의 "식민지적 자산 수탈과 자기 증식 작용의 결과"(219쪽)로, 야마모토도 이야기하는 것처럼 아직 실증의 문제가 남아 있지만, 왕자제지를 포함하여 근대 일본의 식민지 투자를 생각할 때 간과할 수 없는 중요한 문제 제기라고 생각된다.

90) 王子製紙山林事業史編集委員會, 앞의 책, 411쪽.

91) 荻野敏雄, 배재수 역, 앞의 책, 122쪽.

92) 이 점은 1936년 경성에서 개최된 조선산업경제조사회에 후지와라가 관동군, 만주국 정부 관계자와 함께 참석한 예에서도 알 수 있다. 朝鮮總督府(1936), 『朝鮮産業經濟調査會會議錄』(복각판, 1998년 民俗苑).

93) 『朝鮮山林會報』(제5호, 1921년)에 따르면 조선제지의 일본인 최고 임금이 4.20 엔이었던 데 비해 조선인 남성은 2.60엔(여성은 0.80엔), 중국인은 1.90엔이었다. 王子製紙山林事業史編集委員會, 앞의 책, 224쪽. 조선에서 "기계화에 의한 합리화가 좀처럼 진행되지 않았던"(417쪽) 이유도 값싼 노동력이 '풍부하게' 존재했기 때문이었다.

94) 이미경, 앞의 논문, 53쪽.

95) 이은자, 오미일(2013), 「1920-1930년대 국경도시 신의주의 華工과 사회적 공간」, 『사총』 79.

96) 최낙민(2017), 「일제강점기 安東을 통한 조선인의 이주와 기억」, 『해항도시문화교섭학』 16.

97) 金子文夫(1982), 앞의 논문, 368쪽.

98) 위의 논문, 362쪽. 참고로 왕자제지와 오쿠라구미가 합동해서 1923년에 만든 공영기업은 매년 적자를 기록해 1931년 자본금을 1천만 엔에서 500만 엔으로 감자했다.(364쪽)

99) 羽鳥敬彦(1985), 「植民地: 朝鮮と臺灣」, 小野一一郎 편, 『戰間期の日本帝國主義』, 世界思想社, 133~139쪽.

100) 최병택(2011), 앞의 논문, 63~67쪽. 한편 정안기(2014), 「1930년대 朝鮮型特殊會社 '朝鮮林業開發(주)'의 연구」, 『경제사학』 57는 조선임업개발주식회사의 사례

를 통해 "합리적이고 효율적인 경제제도와 정책의 설계자"로서 조선총독부를 평가하고 있다. 이 같은 평가가 본 논문의 입장과 상반되는 것임은 새삼 언급할 필요도 없다.

101) 紡績雜誌社調査部(1938), 『本邦パルプ會社紹介』, 紡績雜誌社, 17쪽.

102) 宮本又次, 由井常彦, 앞의 논문, 82쪽,

103) 山本有造, 앞의 책, 187쪽.

3부
근대 국경도시의 사회와 문화

6.
근대 해항도시 안둥의 일본불교

김윤환

I. 들어가며

이 글은 20세기 초의 중국 동북부지역의 해항도시이자 국경도시인 안둥(安東, 지금의 丹東)에 대한 연구이다. 해항도시이자 국경도시인 안둥을 분석하기 위하여 일본불교를 제재(題材)로 이야기를 전개하고자 한다. 이러한 연구를 수행하는 목적은 첫째, 해항도시 안둥이 가진 의미에 대한 분석이고, 둘째는 일본불교의 제국포교에 대한 분석이다. 나아가 일본불교의 제국 내 포교활동을 통하여 근대 일본의 제국 형성과정을 살펴보기 위함이다.

먼저 대상지역인 안둥은 해항도시이자 국경도시이다. 필자는 기존의 연구에서 해항도시인 부산과 다롄(大連)에 관한 연구를 진행하였다. 부산은 1876년 개항 이후, 다롄은 러일전쟁 이후 일본인사회가 형성되었다. 이 두 해항도시에는 일본인들이 도항, 이주, 정착의 과정을 거치며 그들의 삶을 영위하였다. 그리고 그 과정은 일본의 동아시아

침략의 과정이기도 하였다. 이들 연구를 통하여 '일본불교는 당해지역 일본인사회의 정착과 안정에 기여하였다'는 점을 밝혔고, 일본불교 정토진종(淨土眞宗)의 동본원사(東本願寺)와 서본원사(西本願寺)의 포교 루트에 대하여 분석하였다. 동본원사는 근대 일본불교 중 가장 먼저 해외포교를 시작하였고, 부산에 진출한 이후 러일전쟁 시기까지 조선·대한제국 각지에 포교소(布教所)를 설치하였다. 반면, 서본원사는 러일전쟁 이후 다롄을 중심으로 적극적으로 중국 동북부지역의 포교를 실시하였다. 제국 일본의 주요 식민지였던 조선과 만주의 관문도시인 부산과 다롄, 그리고 이 시기의 만주와 조선의 접경도시이자 관문도시인 안둥에 대한 검토는 기존에 진행해 온 연구의 연속선상에서 근대 일본의 제국형성과정을 살펴볼 수 있는 흥미로운 지역이라 생각한다.

이 글의 소재가 되는 일본불교는 해외·식민지의 일본인사회 건설 초기부터 장제(葬祭), 설교(說教) 등의 종교적인 활동 뿐 아니라 교육, 자선사업, 군대위문, 교화활동 등의 다양한 활동을 통하여 지역사회와 밀접하게 관계해 있었다. 일본불교의 이러한 활동들이 일본인사회의 정착과 안정에 기여하고 동시에 일본인사회의 안녕은 다시 일본불교의 안정과 발전으로 이어지는 상호보완적 관계이며, 확대재생산적 순환구조였다.

또한 일본불교는 19세기 말부터 1945년 일본의 패전까지 해외·식민지 각 지역에 수많은 사원을 건설하였고 일본인사회와 밀접한 관계를 가지며 지속적으로 세력을 확산·확장시켜갔다. 이러한 의미에서 일본불교는 일본인사회를 분석하고 제국의 형성과정을 이해할 수 있는 적절한 제재이다. 그리고 정치·외교적 집단, 경제적 집단이 아닌 사회문화적 집단인 일본불교가 근대 동아시아의 다양한 지역에서 지속적으로 활동하였다는 점도 분석대상으로서 의미를 가진다.

이 글에 등장하는 일본불교 종파에 대하여 간단히 소개해 두겠다. 한국 불교와 비교해 볼 때 일본은 정토진종, 정토종(淨土宗), 일련종(日蓮宗), 임제종(臨濟宗), 진언종(眞言宗), 조동종(曹洞宗) 등 다양한 불교종파가 존재한다. 근대 일본에서 세력이 가장 크고 다양한 활동을 한 종파는 정토진종(淨土眞宗, 죠도신슈)이다. 진종 중에서도 가장 큰 양대 종파 중 정토진종혼간지파(淨土眞宗本願寺派)를 서본원사(西本願寺, 니시혼간지)라 부르고, 정토진종오타니파(淨土眞宗大谷派)를 동본원사(東本願寺, 히가시혼간지)라 부른다. 본고에서는 한국학계에서 일반적으로 사용하는 동본원사와 서본원사라는 용어를 사용하도록 하겠다.

다음은 이 글와 관련된 선행연구를 살펴보겠다.[1]

안둥에 관한 연구는 최근에 급속히 진행되고 있으며 교통망·경제·이주가 주된 연구대상이었다. 초기의 연구는 안봉(安奉)철도와 압록강철교에 주목한 연구가 이루어졌으며, 이주 등의 이동에 관한 문제, 산업구조 등의 경제에 주목한 연구가 진행되어왔다.[2] 이은자(2014)에 의하면 "만주연구는 주로 식민도시사의 관점에서 펑톈(奉天), 창춘(長春), 하얼빈, 다롄 등 대도시에 집중"되었고, "개항과 근대화, 교통로의 거점, 조선인의 이주 실태, 친일 조선인 단체 등의 연구 성과가 있지만, (안둥에 대한 연구는)[3]만주의 다른 지역에 비해서는 연구가 소략하다"며 안둥에 관한 연구는 중국 동북부 즉 만주에 대한 선행연구 중 비교적 부족한 실정임을 지적하고 있다. 그리고 "여기(만주에 대한 연구)에는 관내 한족을 포함하여 일본인, 조선인, 러시아인에 대한 연구도 포함되어 있다. 이들 연구에 의하면 만주의 이주민은 상호 교류·협력하기 보다는 갈등의 존재였다. 특히 일본이 만주의 지배권을 장악하면서 지배 민족 일본인과 피지배 민족 중국인 뿐 아니라 피지배 민족 상호 간의 갈등 예컨대 중국인과 조선인의 갈등이 심화되었다"고 정리하였다.

이처럼 지배와 피지배 구조에 대한 연구도 진행되어 왔음을 알 수 있다. 이 글에서는 안둥의 초기 일본인사회에 한정하여 살펴보았다. 해항도시는 사람·자본·문화 등이 갈등·교류·협력하는 혼종성을 특징으로 한다. 이러한 혼종성의 한 축이 되는 안둥 일본인사회의 형성 과정에 대한 기초적 연구로서 이 글은 일본인사회에 주목하고자 한다.[4]

다음은 이 글의 제재가 되는 일본불교의 안둥포교에 관한 선행연구를 살펴보겠다. 근대 일본불교의 해외포교의 관해서는 일본 제국주의와 전쟁협력에 대한 비판, 교육활동·자선사업 등의 포교활동 분석 등 많은 연구들이 진행되어 왔다[5]. 본고에서는 중국 동북지역에 관한 연구에 한정하여 간단히 정리하고자 한다. 먼저 동본원사의 중국 동북부 지역에 관한 연구는 키바 아케시(木場明志)의 일련의 연구를 들 수 있다. 키바 선생의 「진종 오타니파에 의한 중국북동부(만주)개교 사업에 대한 정리(真宗大谷派による中国東北部(満州)開教事業についての覚え書き)」[6]는 중국포교가 시작된 1870년대부터 후반부터 1930년대까지, 그리고 1930년대 이후부터 1945년 패전에 이르는 시기의 이민·개척단 포교에 대하여 정리한 글이다. 이 논문은 중국 대륙포교에 대한 전모가 밝혀지지 않은 상황에서 쓰여졌다. 일본불교의 중국 포교는 부(負)의 역사=침략의 역사라는 인식 때문에 관련 연구가 부족했다. 이 연구는 이러한 상황을 타개하기 위한 초기 연구로서 의미를 가지며, 일본불교의 만주지역 포교에 대한 전반적인 상황을 분석하였고, 포교활동의 침략적 성격을 규명하였다. 다음으로, 키바 선생의「만주포교의 침략적 모습-진종 오타니파 하얼빈 별원기관지『원해』의 기사분석을 통하여(満州布教の侵略の諸相-真宗大谷派ハルビ別院機関紙『願海』の記事から)」[7]는 동본원사 하얼빈 별원에서 발간된 잡지『원해(願海)』의 내용을 통하여 포교의 침략적 성격을 규명함과 동시에 하얼빈에서의 포교활동을 분석한 글이다. 최근의 연구성과는 2007년 간행된『일본과 중국 양국의 시점에서 본 식민지 만주의 종교(日中両国の視点から語る植民地期満州の宗教)』[8]가 있다. 제목처럼 일본과 중국의 연구자들의 시점에서 만주의 종교를 분석한 연구서이다. 이는 식민지시기의 일본불교에 의한 만주의 여러 종교억압, 일본불교의 포교활동과 침략과정, 천리교와 조동종의 포교활동, 만주 지방지의 일본불교 기사분석 등 다양한 시점에서 분석한 글이다. 다만, 이러한 선행연구들에서 안둥에 대한 내용은 포교소의 설립을 간단히 기술한 것에 그치고 있다.

서본원사의 중국 동북지역에 대한 연구는『정토진종 혼간지파 아시아포교(浄土真宗本願寺派アジア開教史)』[9]가 있다. 19세기 말부터 시작되어 일본의 패전으로 끝나는 서본원사의 아시아 포교에 관한 개설서라 할 수 있다. 이 책에도 만주지역에 대한 내용이 있지만 안둥에 대해서는 만주포교의 일부분으로 간략히 다루고 있으며 기술 내용도 부족한 실정이다. 다만, 서본원사의 포교활동에 관한 연구가 동본원사와 비교하여 부족한 점에서 중요한 연구 개설서라 할 수 있다.

이상을 정리하면 중국 동북부지역의 일본불교 포교에 대한 연구는 먼저 기초적인 포교활동의 정리 작업 위에 그 침략성을 규명하고 있다. 그리고 종교의 침략적 성격을 밝히는 동시에 그 지역에서 이루어진 교육·자선사업 등 다양한 포교활동에 대하여 분석하였다. 이러한 연구는 일본불교의 침략적 성격을 규명함과 동시에 포교활동의 다양한 측면을 밝히고 있다. 또한 최근의 연구성과에서 보여지듯이 현지 종교와의 관계에 대한 검토 역시 적극적으로 이루어지고 있다.

다만, 앞서 이야기 한 것처럼 동·서본원사의 중국동북지역 포교에

대한 연구에서는 안둥의 포교소 설치나 활동에 대하여 간략한 기술에
그치고 있어 그 자세한 내용을 알기 힘들다.

이 글은 선행연구의 성과를 바탕으로 기존의 연구에서는 검토가 부
족했던 대상시기와 지역에 주목하고자 한다. 일본불교의 중국 동북지
역 포교활동에 대한 연구 중 하나의 지역을 대상으로 한 연구는 부족
한 실정이다. 안둥의 일본불교 포교활동에 대한 개별 연구는 필자의
역량에서는 찾을 수 없었고, 앞서 제시한 선행연구에서도 안둥 지역
에 대한 기술 역시 제한적이었다. 또한, 이 글에서는 포교가 시작되는
1905년부터 포교소가 정착되는 시기인 1910년대까지의 초기단계를 그
대상시기로 하였다. 선행연구에서는 이 시기에 대한 분석이 개략적으
로만 기술되어있는 한계를 본 연구를 통하여 구체화 할 수 있을 것이다.

이와 같이 일본불교 만주포교의 효시라 이야기되는 안둥은 아직까
지 많은 연구가 진행되고 있지 않은 실정이다. 앞서 안둥에 대한 선행
연구 검토에서도 지적한 것처럼 다른 대도시들에 비하여 주목 받지
못한 지역이라는 점, 자료의 부족, 자료 공개의 문제 등이 복합적인
원인으로 작용한듯하다. 이러한 제약은 있지만 이 글에서는 기존의
연구에서 다루지 않았던 새로운 자료의 활용과 분석을 통하여 20세기
초 해항도시 안둥과 일본불교에 대하여 글을 전개하고자 한다.

Ⅱ. 안둥 일본인사회의 형성과정

본 장에서는 안둥 일본인사회의 형성과정에 대하여 검토하였다. 먼
저 안둥 일본인사회의 초기 형성과정에 대하여 그 동시대성이 잘 드
러나는 당시의 신문기사를 시작으로 안둥 지역에서 발간 된 지방지『안

둥 현 및 신의주(安東県及新義州)』, 『안둥지(安東誌)』를 중심으로 살펴보겠다.

1. 러일전쟁 시기의 안둥 현황

먼저, 1905년의 안둥의 현황에 대한 신문기사를 소개해 두겠다. 이 기사는 평양을 지나 의주 안둥 현 지방을 시찰하고 온 모씨의 이야기를 전하고 있다.[10]

종래에 봉황성(鳳凰城)에 2,000명 이상의 일본 상인이 있었지만 중국인과의 충돌 및 여러 폐해 문제로 퇴거되어 많은 사람들이 안둥 현으로 이동하였다. 안둥 현에는 이번에 1리4방의 신거류지를 설정하여 일반 거류자에게 임차하기로 하고 대여료로 평당 5전에서 35전을 받기로 하였다. 이미 강 근처의 좋은 자리는 대부분 계약된 땅이라고 한다. 거류민회를 조직하여 일반도항자를 위한 단체도 만들었다. 이 단체에 필요한 비용과 그 외의 위생설비 등의 비용을 충당하기 위하여 새로운 도항자로부터 한 명당 50전의 수수료를 징수하고 있다. 신설된 유곽은 30곳이고 창기도 500명 이상으로 번창하고 있다.(후략)[11]

위의 기사를 살펴보면 안둥 현의 일본인거류지는 종래의 봉황성에 있던 일본인들이 많이 이동해 온 것을 알 수 있다. 또한 일본 측에서 신거류지를 설정하고 거류민회를 조직하는 등 안둥 일본인사회의 기초가 마련되고 있는 모습이 확인된다.

후략된 이 기사의 후반부에는 안둥 현에서 군소속으로 고용된 사람들 중에 군을 그만두고 중국인과 합동으로 사업을 해 성공한 사람들도 있지만 많은 일본인 노동자들이 일자리가 없다는 점이 기술되어 있다. 그 원인은 이 지역 중국인 자본가들이 중국인들을 고용할 뿐 일본인 노동자가 2,000명이나 있지만 그들을 노동자로 고용하지 않기 때문이라 전하고 있다. 또한 거류민이 증가하지만 가옥이 부족하고 건축자재가 부족한 상황도 기술되어 있다. 이처럼 안둥 현에 일본인들이 증가하고 새로운 거류지를 설정하고는 있지만 일자리와 주거지 부족 문제가 발생하고 있음을 알 수 있다.

2. 1904년~1909년의 안둥 일본인거류지 형성

그러면 안둥 현의 초기형성과정에 대하여 근대 안둥 지역자료[12]를 통하여 검토해 보겠다.

1904년 5월 압록강 전투 후 일본군은 안둥 현을 후방 연락상의 주요 기지로 만들기 위하여 병참부를 설치하고 군정관(軍政官)을 두었다. 제1차 군정관으로 오하라(大原)씨가 부임하였다. 군사적 제반 업무와 일본인거류지역 내의 질서 유지를 담당하였다. 당시 군용철도 경의선 (京義線) 및 안봉선(安奉線)의 가설을 시작하여 인부들이 모여들었고, 일본인의 자유도항을 허가하여 안둥으로 오는 사람들이 많았다. 1904년 10월 현재 일본인 인구는 1,300명에 이르렀다. 이 당시에 주택이 부족하여 철도 부지의 일부에 가옥을 건설 하였다. 이것이 안둥 현의 일본인시가지의 시작이라고 한다. 이후 이 철도 부지 지역은 신시가지의 개설로 대부분의 일본인은 신시가지로 이주하였고 이곳은 구시가지로 불렸다.

1905년 7월에는 사이토(斉藤)가 안둥 군정관으로 부임하였다. 이 시기 일본인 거주자들이 더욱 증가하였다. 안둥 군정서(軍政署)에서는 325만평의 신시가지 부지를 확보하고 시가설계위원회를 조직하여 신시가지를 계획하였다.

1906년 4월 다카야마(高山)가 군정관으로 부임하였다. 군사행정 및
신시가지의 완성을 담당하였다. 이 신시가지에 압록강의 범람에 대비
하여 제방시설을 확충하고 병원, 격리병원, 학교, 공원 등을 차례차례
건설하였다.

1906년 5월 일본은 안둥 현 영사관을 개설하였고 그해 10월 1일부터
군정을 대신하여 영사관 행정으로 전환하였다. 또한 일본인거류민 중
에 시정보조기관인 거류민행정위원회를 구성하였다. 이후 거류민단법
실시에 의해 안둥거류민단을 조직하고 민단역소(役所)를 설치하였다.
1908년에 거류민회를 열었고, 같은 해 안둥상업회의소가 설치되었다.

초기의 안둥일본영사관은 영사관련 일반사무를 담당하였는데 그
후 영사는 관동도독부(關東都督府)와 조선총독부사무관을 겸하고 부
속경찰관과 관동부 경찰부 경관으로서 외무성경사를 겸임하였다.[13]
안둥 영사 및 도독부사무관으로서 소관 사무 중 주요한 것은 거류민
단 및 철도부속지의 일본인 관리, 외교 사무의 분장, 재판, 등기 사무,
행정·사법 및 경비에 관한 사무, 통상무역에 관한 사무 등 이었다.[14]

이상에서 알 수 있듯이 러일전쟁이 시작되자 일본은 군정을 실시하
였고 전쟁 후 1906년 일본 군정이 철폐되고 영사관행정으로 전환하였다.
이 시기 신시가지가 건설되고 병원, 학교, 공원 등이 들어서게 된다.[15]

다음은 안둥의 일본인거류지 인구 및 구성에 대하여 살펴보겠다.『안
둥지』에는 안둥 일본인거류지 인구는 1910년부터 통계자료가 존재한다.
그 이전시기에는 앞의 신문기사에서 기술된 것처럼 초기 1,000명에서
2,000명 내외의 일본인이 거류하였고 점차 증가한 것으로 보인다.

『안둥지』의 안둥의 인구 및 호구 수에 대한 통계자료는 1월부터 12
월까지의 월별 통계로 조사 되어있다. 1910년의 안둥 거류지 일본인
은 1,400호에서 1,900호, 5,000에서 6,000명 사이이다.[16] 1911년에도 비

숫한 수준의 규모이다.[17] 1904년 1,300명 정도의 인구에서 1910년에는 6,000명까지 인구가 증가하였다.

일본거류민의 출신 현 중에는 후쿠오카현(福岡県) 436명, 나가사키현(長崎県) 436명, 야마구치현(山口県) 434명, 히로시마현(広島県) 298명, 구마모토(熊本県) 292명 순으로 많았다. 서일본(西日本)을 중심으로 한 도항자가 많았다는 것을 알 수 있다. 다음으로 오사카부(大阪府) 254명, 효고현(兵庫県) 235명, 도쿄부(東京府) 212명 등 일본의 각 현에서 안둥으로의 도항이 이루어졌다.[18]

거류민의 인구와 정착에 관련된 화장장(火葬場) 시설은 화장장 27평, 장제장(葬祭場) 18평, 화장가마 2평, 묘지 약 2,000평으로 만철회사에 의하여 신축된 화장장이었다. 화장된 일본인 수는 1912년 179명, 1913년 232명, 1914년 219명 등 정착이 본격적으로 시작되고 있음을 추측해 볼 수 있다.[19]

20세기 초 안둥은 개항과 동시에 일본인거류지가 형성되고 확장되었으며 인구는 급속히 증가하였다. 이는 지리적인 특성과 조선과 중국 동북부를 잇는 교통로적 특성에 기인한 것이다. 안둥은 만주라는 넓은 배후지의 존재와 강(압록강), 바다(황해), 국경(조선)에 접하고 있는 지리적, 지형적 조건을 가지고 있었다.[20]

안둥 일본인사회의 초기 형성과정에서 가장 중요한 요인인 안봉철도와 압록강철교의 가설이었다. 먼저, 안봉철도는 러일전쟁을 수행하기 위하여 군용철도로 1905년 7월 15일에 완공되었다. 이후, 1909년 8월 광궤(廣軌)개축에 착수하여, 1911년 10월 준공하였으며 11월 개통식을 열었다.[21] 압록강철교는 1905년부터 계획되었다. 안둥과 조선 사이를 흐르는 압록강의 영향으로 일 년 중 절반 정도의 기간 동안 사실상 선박을 이용할 수 없었기 때문이었다. 조선과 만주의 국경 간 화

물 이동의 안전성을 확보하기 위하여 안둥과 신의주를 잇는 압록강철
교가 가설하였다. 1905년 2월 설계와 예산편성을 착수하였지만, 공법
및 설계변경 등의 기간을 걸쳐 1909년 8월 가설공사에 착수하여 1911
년 11월에 준공하였다.[22]

　이상에서 살펴본 것처럼 1904년부터 안둥 일본인사회의 기초가 형
성되었다. 안봉철도와 압록강철교의 건설, 교통망의 요지, 조선과 만
주의 국경, 지리적 특징 등이 복합적으로 작용하여 일본인사회가 급
격하게 형성되는 것을 확인 할 수 있다. 일본불교의 포교소는 1905년
에 처음 설치되는데 이 과정을 다음 장에서 살펴보도록 하겠다.

Ⅲ. 안둥의 동·서본원사 포교소

　본 장에서는 동본원사와 서본원사의 포교소 설치과정을 살펴보도
록 하겠다. 일본불교의 포교소 설립과정에 대하여 다음의 세 가지 주
체의 기록을 중심으로 기술하였다. 첫째, 신문자료인 〈중외일보(中外
日報)〉[23]이다. 종교활동에 대하여 가장 구체적으로 알 수 있는 자료
이며 동시대성이 잘 드러나는 자료이다. 둘째는 국가기관의 기록이
다. 1908년 12월 24일 안둥의 영사관에 의하여 작성되어 외무성에 보
고된 '일본 포교자의 포교상황에 대한 조사보고의 건(本邦布教者の布
教狀態取調報告の件)'을 분석하였다. 이는 종교 측의 기록이 아닌 행
정담당으로 바라 본 일본불교에 대한 생각을 읽을 수 있는 자료이다.
이하 이 글에서는 '영사조사보고서'라 부르겠다. 셋째, 지방지『안둥지』
의 기술이다. 간략하게 서술되어 있지만 1920년에 발간되어 그 전 시
대의 상황을 알 수 있다. 이러한 다각적인 시각에서 포교소의 설립과

정을 검토해 보겠다.

1. 안둥의 일본불교 포교소 건립과정

1905년 4월 10일 중외일보에는 '안둥산의 사하진사(沙河鎭寺)'라는 기사가 등장한다.

> …우리(일본)불교계의 포교사는 올해 1월 이래 동본원사의 와다(和田祐意), 서본원사의 요시미(吉見円○)24) 두 명 뿐이다. 군정서에서는 그 종지(宗旨)를 구별하지 않고 일본불교를 보급하고자 당해 지역에 하나의 사원을 건립하는 것을 허가하였다. 동본원사의 와다는 사원을 건립하였고, 요시미는 청국인 교육을 담당하였다. 와다는 그 사원을 안둥산 사하진사라고 명명하였다. 지금은 구(舊)일본인거류지 한편의 작은 가옥에 불상을 안치하여 열심히 포교에 종사하고 있다. 안둥의 제일은행출장소의 코노(河野) 주임이 위원장이 되어 기부금을 모아 새로운 사원을 건립하고자하는 이야기가 있다25)…

이 기사가 안둥 포교에 관한 최초의 기사이다. 안둥에는 동·서본원사의 승려가 있었는데, 동본원사의 승려가 포교를 담당하였고 서본원사의 승려가 청국인의 교육을 담당하였다. 안둥 일본인사회 초기에는 이 두 종파가 일본불교 포교의 효시라 할 수 있다는 내용이다.

흥미로운 점은 종지(宗旨)가 다른 종파임에도 불구하고 하나의 사원만 건립을 허가 했다는 점이다. 중외일보 1906년 7월 10일의 기사 '안둥의 종교'에서 "…오타니파의 사하진사(동본원사)26)는 오하라(大原武慶), 사쿠마(佐久間盛雄) 등이 군정관일 때 특별히 대우하여 창립한 것으로 그 이유로 안둥에서 오타니파의 세력은 각 종파 위에 있다…"고 전하고 있다. 이를 통하여 안둥 일본인사회 건설 초기에 동본원사의 위상을 확인할 수 있다.

중외일보에는 이 기사에 이어서 '안둥 현의 일진(日進)학교'라는 기사27)가 나온다. 이 학교는 오하라 군정관이 시정준비회의 부속기관으로 설치하였고, 앞서 말한 서본원사 승려가 교장을 담당하였다. 설립 목적은 "청국인을 일본화"하는 것이라 전하고 있다. 수업 과목은 한어(漢語), 일본어, 수학 등의 소학교 과정과 간이중학과정이 있고 학생 수는 150여 명이었다. 거류일본인에게 필요한 학교도 앞으로 설립예정이지만, 일본인 학생은 겨우 두 명이라 사하진사에서 수업하고 있다고 전한다.

두 기사를 종합해 보면 서본원사의 승려가 일진학교라고 하는 교육 시설에서 교육을 담당하고 있다는 것을 알 수 있다. 이는 일본인거류지 형성 초기에 보이는 현상이기도 하다. 왜냐하면 당시 도항해 오는 일본인 중에 학식을 가진 사람들이 한정되어 있었기에 승려들이 교육을 담당하였다. 이 학교의 교육대상이 청국인이었다는 점은 특이점이라 할 수 있다.

이와 관련하여 『안둥지』에서는 일본의 교육기관에 관한 설명 중 일신학당(日新學堂)이 등장한다. 설립시기와 설립배경을 보면 일진학교와 같은 교육시설임을 알 수 있다. 『안둥지』에 의하면 이 학당은 청국인 아이들의 일어 수업을 목적으로 하였는데, 그 성과는 좋지 않았다고 한다. 그 후에 이 학교에는 일본인이 급증하여 일본인 자녀를 위한 심상소학교(尋常小學校)가 되었고 이것이 안둥에서의 일본인거류민을 위한 교육의 시작이라 전하고 있다.28)

다음은 1905년 11월 27일 중외일보 기사 중 서본원사 집행장(報行長)이자 서본원사 종주(宗主)의 동생인 오타니손쵸(大谷尊重, 후에 大谷光明)의 연설문을 살펴보겠다.

안둥 현에는 포교사가 현재 주재하고 있지만, 정해진 것은 아무것도 없다. 이 곳은 대안(對岸)이 한국으로 압록강에 가깝고, 목재가 싸다. 그리고 청국인의 손에 의해 구입하는 것도 매우 편리하며 물가도 싸다. (포교에) 2,000엔을 지출하는 것으로 하였다.

이 기사는 서본원사가 청국 시찰 후 발표 된 시찰보고문이다. 여기서는 안둥 현의 장점을 설명하는 기술이 나오고, 포교에 2,000엔을 지원하고자 하는 것에서 서본원사도 안둥에 포교를 시작하려 하는 것을 알 수 있다. 또한 앞의 교육을 담당한 승려 요시이는 안둥에 주재하였지만 포교소를 설치한 것은 아니었다. 1년 후인 1906년 7월 10일의 기사 '안둥의 종교'는 다음과 같은 내용이다.

다롄은 비약적으로 발달하고 있는 것과 비교하여 안둥 현은 일본적으로 경영되고 있다. 따라서 일본인의 이주자가 많다. 때문에 만주의 종교가의 발전지로서도 장래 유망한 토지이다. 현재의 교파는 동본원사의 와다(和田祐意)가 있고 안둥산 사하진사(沙河鎭寺)를 건립 중이다. 서본원사의 다나카(田中)가 있어 열심히 포교하고 있다. 임제종의 호소노(細野法運)도 임제사를 거점으로 교선의 확장에 분투하고 있다[29]…

위의 기사가 전하고 있듯이 1906년 7월 현재 안둥 일본인거류지에는 세 개의 사원이 존재하고 있다. 특히, 서본원사 본산의 시찰 후 서본원사도 포교소를 설치하여 포교활동을 시작했음을 알 수 있다.

1906년 8월 29일 '안둥의 본원사'라는 기사[30]에서는 서본원사의 "포교소는 1906년 3월에 창설되어 지금은 육군병사(兵舍)의 일부를 빌려 포교소를 가설하였다. 장래 건축 용지(用地)로 일본거류지내에 1,200평을 빌려 내년 4월부터 일부 건축공사에 착수"한다고 전하고 있다.

다시 1년이 지난 1907년에는 더 자세하게 정리된 안둥의 종교 상황에 대한 기사[31]가 나타난다. 이 기사 중 동·서본원사에 관한 내용만 정리하면 다음과 같다.

> **청국 안둥 현**의 일본인 이주자는 1,200호 정도로, 이것을 종교에 의해 나누면 동·서본원사, 묘심사, 기독교의 네 곳으로 구별할 수 있다. 불교의 세 개 종파는 한 곳의 포교소에 한 명의 설교사가 주재하고 있는데, 기독교는 불교에 비하여 신자도 적어서 겨우 십 수 명뿐이다. 설교소도 없고 선교사도 없다. 그래서 신자들은 선교사의 파견을 청원하기 위하여 탄원서를 본부에 보냈다. **서본원사**는 지난 1906년 3월 하순에 개교하여 불교 세 개의 종파 중 가장 늦게 개교했음에도 불구하고 교세가 눈에 띄게 커졌다. 이번에 9간 9면의 설교소를 신설하기 위하여 기공 중에 있다. 따라서 새로 신설하는 설교장 경비가 10,000엔인데 그 중에 5,000엔은 신도의 기부로 하고 5,000엔은 본산의 보조를 기다리고 있다. 다나카 주임이 본산에 돌아가 교섭하고 있는 중이다. 본산도 허가할 방침인데, 완성 시기는 내년 10월을 예정하고 있다.
> **동본원사**의 안둥 현 주재 주임은 와다씨이다. 다른 종파보다 빠른 1905년 봄에 개교했고, 묘심사의 호소노씨는 와다씨의 다음으로 포교를 시작하였다. 두 명 다 개인 경영으로 본산으로부터 보조를 받지 않고 있다. 오타니파의 설교소라고 하는 것은 작년 한 유지(有志)에 의하여 건립한 태자당(太子堂)을 이용하였다. 그 쿠리(주지나 그 가족의 거실)는 이전보다는 포교소 다워졌지만, 가옥과 부지는 신도의 기부에 의한 것이다. 임제종의 호소노씨는 안둥 현이 한눈에 내려다보이는 전망 좋은 산자락에 포교소를 세웠다. 유람자를 불러들이는 등 좀 특별하게 사람들을 모으려고 노력하고 있는데 아주 좋은 성적을 거두고 있다.
> **소학교 학생**은 지금 600여명으로 많이 늘고 있지만 소학교를 졸업 후 더욱 공부하고자 하는 희망자도 적지않다. 따라서 그 희망을 충족시키기 위하여 고등여학교를 승려에 손에 의해 설립하고자 하는 내부의 의견이 있다.
> 비교적 개교 착수가 빠른 선종과 동본원사에게 밀리지 않고 왕성하게 활동하고 있는 서본원사. 그 이유는 본산이 적극적으로 움직이고 있고 이주자의 대다수가 서본원사파의 세력이 강한 아키(安藝)와 그 서쪽 지역에서 도항하

는 사람이 많은 것이 원인이다.

위의 기사에서는 앞서 이야기 한 안둥의 일본불교 상황에 좀 더 자세히 알 수 있다. 먼저, 안둥 현의 일본인 호구 수가 1,200호구라는 점이다. 앞서『안둥지』의 기록은 1910년부터 시작되는데 1907년의 안둥 일본인거류지 규모를 확인 할 수 있다.

동본원사 1905년 포교 시작 당시 구일본인거류지의 한 건물에서 1906년에 태자강이라는 건물로 옮겨 포교소로 사용하고 있다는 점을 알 수 있다. 다음은 임제종이 묘심사라는 사원을 설치한 점과 서본원사가 포교소를 설치한 후 적극적으로 확장 계획을 실행해 가는 것을 확인 할 수 있다.

안둥 일본인사회에서 일본불교 동·서본원사의 포교소 설립 시기를 정리하면 동본원사는 1905년 봄에 포교소를 설립하였고, 서본원사는 1906년 봄에 포교소를 설립하였다는 것을 알 수 있다. 서본원사는 가장 늦게 포교를 시작했지만 교세를 크게 확장하였다. 자세한 내용은 IV에서 분석하기로 한다.

2. 안둥의 일본불교 포교소 확장과정 : 동·서본원사의 비교

1908년 '일본 포교자의 포교상황에 대한 조사보고의 건(本邦布教者の布教狀態取調報告の件)'이라는 기록물에서 동·서본원사의 포교소 상황에 대하여 언급하고 있다. 이 조사보고서는 1908년 12월 24일 안둥의 영사관 사무대리 영사관보 미호(三穂五朗)에 의하여 작성되어 외무성에 보고된 내용이다. 보고서의 내용은 포교자, 포교방법, 포교비용 부담방법, 포교의 목적으로 하는 활동, 신도(信徒) 수, 입회 방법

등이 조사되었다.

서본원사에 관한 부분을 정리하면 다음과 같다. 서본원사 포교소의 사원은 안동 현 신시가지에 있는데, 절이 협소하여 1,200평의 땅을 임대하여 새로운 대가람을 일본식 건축방법으로 건설 중에 있다. 건축비는 1만 수 천 엔을 소요된다고 보고되어 있다. 이 부분은 앞서 이야기한 신문기사의 포교비용에 관한 내용과 비슷한 내용이다.

그리고 이 조사보고서에서는 서본원사의 안동 포교소의 경영재원에 대하여 기록되어있다. 서본원사 포교소는 1년 포교비가 약 2,000엔이며, 이 중 본산에서 매월 60엔 50전을 포교 승려 및 가족의 생활비로 지원한다. 따라서, 1년에 726엔이 본산지원금이다. 나머지 1,274엔을 신도들의 기부금으로 보조한다. 영사조사보고서에는 신도의 기부 금액도 조사되어 있는데 7월 98엔, 8월 100엔, 9월 119엔으로 평균 100엔 정도로 1년에 1,200엔 정도의 기부금을 수입으로 얻고 있다. 그렇기 때문에 서본원사 사원은 적자없이 유지 운영이 가능한 상태라 할 수 있다. 서본원사 사원의 신도 수는 확정하기는 어렵지만 어림잡아 300명 정도 혹은 일본인 거류민의 약 3할이 이 절의 신도로 파악하고 있다.

본산의 지원과 신도의 기부금으로 사원을 안정되게 운영한 서본원사 포교소는 이를 바탕으로 사원을 증설, 신축하여 신도를 확보하고 있음을 알 수 있다.

이에 비교하여 동본원사에 대한 조사에는 다음과 같은 내용이 담겨 있다.

…(동본원사 포교승려)와다는 원래 경성 오타니파 본원사 별원에서 포교에 종사하여 1905년 봄 안동에 와 사원을 걸립하여 지금에 이르렀다. 안동 재류 약 4년째이다. 앞서 이야기한 (서본원사)다나카의 활동에 의해 그 세력 범위를

침범 당해 다수의 신도를 빼앗겼다. 이번에 (동본원사)본산으로부터 하사금을
받아 시설을 확장하는 것만이 신도들의 신용을 만회할 수 있는 희망이다[32]…

이와 같이 서본원사 때문에 신도를 잃은 동본원사의 모습을 보고하
고 있다. 다만 본산으로부터 포교소 시설 확장의 지원을 받을 예정이
라는 것을 알 수 있다. 안둥 동본원사 포교소는 이러한 상황을 타개하
기 위하여 다양한 방책을 새웠다. 다음에서 확인할 수 있다.

　…이 절의 가장 곤란한 것은 별원경영이다. 신도 유지자(有志者)들은 사원
을 유지하기 위하여 다양한 방법을 시도해 봤지만 오늘날까지 성공한 것 없다.
올해 5월부터 약 50명으로 구성된 단체 사원보전회는 취지저금강(取遲貯金講)
을 만들었다. 사원의 유지를 위하여 취지저금강은 일단 30명이 한 달에 3엔 적
립금을 낸다. 자기가 적립한 금액의 이자로서 1엔 당 2전을 수령하고, 그 중 1
전을 사원유지비로 적립하는 방법이다. 또, 이 사원은 본산의 포교비 보조를
받기 어렵다. 와다씨가 직접 추도, 장례, 독경 등을 통하여 얻은 수입으로 겨우
유지하는 모습이다. 이번 본산으로부터 사원 신축비로 5,000엔을 하부 받을 예정
으로 포교 비용의 재원을 마련할 수 있을 것이다. 이 사원의 신도는 원래 서본원
사 보다 많았지만 서본원사에게 신도를 빼앗겨 사원의 신자가 감소하였다[33]…

동본원사 포교소는 다양한 포교소 운영에 필요한 방책을 시도했지
만 성공하지 못했고, 유지자로 구성된 강(講)을 구성하고 대출 사업을
통한 이자의 일부를 포교소 경영을 위한 자금으로 이용할 계획을 새
롭게 수립하였다. 앞서 언급한 사원을 신축할 5,000엔으로 포교활동
재원을 마련할 것이라 보고있다. 동본원사의 신도는 장의, 법회, 보은
강 등에 참석하는 사람들을 합한 약 100명 정도로 계산하였다. 그리고
다시 한 번 동본원사가 서본원사에 역전된 모습을 언급하고 있다. 당
시 양 본원사의 신도 수를 정확하게 산출할 수 없었다는 점을 감안하

더라도 세 배정도의 차이를 보이고 있다.

그렇다면 동본원사는 예정된 본산 지원금으로 안둥에서 그 세력을 회복 했을까? 영사보고서의 2년 후인『중외일보』1910년 12월 15일 기사에서 그 상황을 살펴보겠다.

> …이 절(동본원사)은 지금까지 가설 포교소로 서본원사와 비교도 안 될 정도의 상태이다. 그 경위를 물으니 이 다실(茶室)같은 건물이 안둥의 최초로 만들어진 일본 가옥이라는 말을 듣고 왠지 고마운 마음까지 들었다. 그러나 세상은 오래된 것을 좋아하는 사람들만 있지 않다. 어쨌든 신축 별원 건축의 문제 해결을 위해 현재 기부금을 모집 중이다. 설명에 의하면 동본원사 포교소는 1905년 3월 10일 개설하여 실로 안둥 초창기의 사원이고 만주 일본불교의 효시이다. 러일전쟁 때 안둥 및 안둥 연선의 군대는 물론 재류민의 포교와 장제에 관하여 종파 상관없이 임무를 다하여 조선과 의주, 신의주, 용암포를 비롯하여 동분서주 종교상의 백반의 일에 종사해왔다. 다음해 1906년에 이르러 현재의 부지에 1,100여 평의 땅에 가설 건물을 건축하였지만 아직 본당 건립의 시기를 잡지 못하였다. 그래서 반드시 신축하지 않으면 안된다.[34] …

이 기사를 통하여 동본원사는 1910년 현재, 아직도 부지만 확보한 채 사원을 신설하지 못한 것을 알 수 있다.

안둥포교의 시작은 동본원사가 서본원사 보다 빨랐으며 군정서의 지원도 받았고 거류민의 기부금에 의해서 사원을 신축하기도 하였다. 그러나 그 이후에 들어온 서본원사의 포교소에 그 세력을 위협받고 나중에는 서본원사가 우위를 점한 채 지속되고 있었다.

3. 안둥 동·서본원사 포교소의 활동

안둥 일본인사회에 건설된 동본원사와 서본원사 사원은 어떠한 활동을 했는지 알아보도록 하겠다.

먼저 동본원사 포교소의 포교방법은 매월 정해진 날짜에 포교 하였 는데, 정월, 오봉(お盆), 피안(彼岸)의 세 번의 행사와 매년 본산에서 실시하는 11월 22일부터 26일까지 보은강(報恩講)이라 불리는 날에는 기념법회를 실시하였다.

불교부인회를 창립하여 매월 14일과 28일 사원 내에서 설교를 하였 다. 포교의 목적으로 설립된 부인회는 소녀교회를 조직하여 매월 토 요일 오후와 일요일 오전에 조화, 재봉 등을 수업하였다. 1908년 현재 회원은 14~5명이다. 그 외 부인회 사업으로서 일본인과 청국인들로 부터 기부금을 받아 구호시설을 설립하여 빈곤자, 고아 등을 수용하 고 있었다. 그러나 영사조사보고서에는 이름뿐인 사업이지 시설이 따 라가지 못 한다 평가하고 있다.

서본원사 포교소는 매주 일요일 야간 설교를 실시하였다. 매월 15 일에서 18일까지의 4일간은 종조(宗祖) 및 전 법주(法主)의 명일(命日) 로서 매일 1회 설교하였다. 그 외 영사관 감옥에서 감옥교회(敎誨)를 담당하였다. 또한 매달 한 번 의주(義州)에 출장 가서 설교하였고, 수 비대 포교를 실시하였다. 포교의 목적으로 본산에서 경영하는 부인교 회의 부속으로 사원 내에 안둥 현 부인교회를 설치하여 매달 6일 종 교, 도덕교육, 위생 등 강설, 연설, 설교 등을 개최하였다. 그리고 꽃꽂 이, 분석(盆石)을 교습하였다. 이 부인교회는 사원의 주지 다나카가 회장이었고, 회원은 약 100명이었다. 마지막으로 영사관보고에서는 청국인 '개몽'을 목적으로 일어학교를 만들 예정이라 전하고 있다.

이와 같이 동・서 양 본원사는 안둥 일본인사회에 불법을 설교하는 일을 매달 정기적으로 실시하고 있었다. 그리고 부인회를 조직하여 포교를 보조하였다. 포교대상은 일본인이었고 청국인 신도는 없었다.

청국인을 위한 포교계획은 수립하였지만 제대로 시행되지는 않아 유명무실한 상태였다.

이와 관련하여 1910년의 중외일보 기사를 살펴보면 다음과 같다.

　…안둥 현의 호수는 1,765호, 인구는 5,104명이라고 한다. 여기는 불교와 기독교를 합쳐서 6개의 종파의 종교가 있어 이미 포화상태다. 그리고 서로 신축 경쟁 중이라 포교의 활동이 없다. 건물은 서본원사가 가장 장대하고, 인물은 선종의 난가쿠(南岳)씨(임제종 승려)가 유명하다. 조선의 문호(門戶)인 부산에서는 조금도 조선인에 포교할 마음가짐을 가진 자(승려)가 없는 것처럼 만주의 문호 안둥 현에서도 청국인 포교는 꿈같은 일이다.[35]

위의 기사에서 알 수 있듯이 안둥 현의 호구 수와 인구가 늘어났으며, 네 개의 종교시설에서 여섯 개의 종교 시설이 생겨 그 수 역시 늘어났다. 이 기사에서도 안둥의 일본불교의 활동은 일본인 중심의 포교가 진행되고 있는 것을 확인 할 수 있다. 또한, 사원의 신축 경쟁으로 포교활동이 부진한 점과 청국인 포교에는 신경을 쓸 수 없는 상황이었음을 알 수 있다. 그만큼 일본인 신도 확보에 사원의 규모나 외관이 중요했다는 것을 알 수 있다.

이를 통하여 이 시기 일본불교의 포교 대상이 일본인으로 한정되어 있다는 점을 알 수 있다. 일본불교는 해외포교, 개교(開敎) 등의 용어를 사용하여 해외 지역으로 진출하게 되지만 실질적으로는 각 지역의 현지인들에 대한 포교 활동 보다는 해당 지역에 진출한 일본인 사회 포교에 힘을 쏟게 되는 일본인 중심의 포교가 이루어졌다.

다음은 1920년의 안둥의 일본불교 상황을 안둥의 지방지인 『안둥지』에서 살펴보겠다.

동본원사 포교소 호리와리기타도오리(堀割北通7丁目)에 있다. 동본원사 포
교소는 1904년 육군개교사로서 온 와다씨가 설립하였다. 본당은 신도들이
기부하여 장대하게 만들었다. 안둥의 일본불교전도의 효시이다. 당초는 안
둥산 사하진사로 불렸다. 그후 현재 위치로 이전하였다. 이 절에는 1906년
이래 불교부인회를 부설하였다.
서본원사 포교소 나나방도오리(七番通6丁目)에 있다. 1906년에 건립하였다.
본당은 꽤 장대하다. 동본원사와 함께 시의 위대한 경관이다. 포교사 다나
카씨가 처음으로 포교에 착수하여 경영하였다. 신도가 많다.[36]

먼저 이 자료의 동본원사 승려가 '1904년에 육군개교사로 왔다'는
기술은 앞의 자료들과 비교하면 1905년을 잘못 표기한 것으로 보인다.
이 자료에서 확인 할 수 있는 것은 1910년까지 신축 하지 못했던 동
본원사 포교소가 드디어 건립된 것을 확인 할 수 있다. 또한 서본원사
의 사원도 신축이 성공적으로 이루어진 것을 알 수 있다. 이 지방지의
기록에는 서본원사가 신도가 많다는 기술과 함께 동본원사가 안둥 일
본불교의 효시라 기록되어있다.
이러한 모습은 1919년 철도원이 발행한 『朝鮮滿洲支那案內』[37]에
수록된 안둥의 〈지도〉에서 확인 할 수 있다. 〈지도〉 아래쪽의 정비된
구획이 안둥 일본인거류지이다. 이 〈지도〉에는 일본인거류지의 주요시
설인 영사관, 경찰서, 조선은행 출장소, 거류민단역소, 소학교, 공회당,
우편국, 채목(採木)공사와 함께 동본원사와 서본원사가 표시되어 있다.
이상에서 살펴 본 안둥 일본인사회의 일본불교 포교소 형성과정을
정리하면 다음과 같다. 안둥 일본인사회의 동본원사 포교소는 1905년
에 설치되었고 서본원사는 다음 해인 1906년에 설치되었다. 초기 안
둥 일본인사회의 포교활동은 일본인거류민에 대한 설교를 시작으로
장제(葬祭)와 간이교육을 담당하였다. 그 외에 감옥교회 활동이나 군

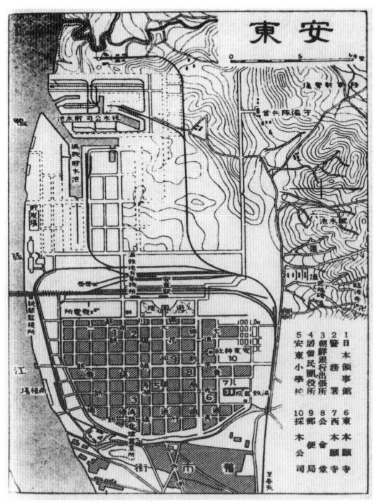

〈지도 1〉 鐵道院(1919), 『朝鮮滿洲支那案內』에 수록된
안동 도시 지도.

대 위문활동도 확인 할 수 있었다. 그리고 포교 대상은 일본인사회에
한정되었다는 것도 확인 할 수 있었다.

동·서본원사 포교소 설치과정의 특징은 초기에는 군정서의 협력과 거류민의 지원 등으로 동본원사가 우위에 있었으나 시간이 흐름에 따라 서본원사의 세력이 커지게 된다는 점이다. 다음 장에서는 왜 이러한 결과를 초래하게 되는지에 대하여 분석하겠다.

Ⅳ. 19세기 말~20세기 초의 동·서본원사의 포교와 안둥

Ⅲ에서는 안둥 일본인사회의 일본불교 동·서본원사 포교소 형성과정과 활동에 주목하여 살펴보았다.

이번 장에서는 서본원사가 뒤늦게 포교를 시작했음에도 동본원사에 보다 앞서게 된 것은 이유를 (1)미시적관점: 사원과 신도와의 관계, 본산의 재정문제와 (2)거시적관점: 19세기 말에서 20세기 초의 동서본원사의 포교루트를 통하여 검토해 보겠다.

1. 사원의 경영 : 신도와 본산

앞서 살펴보았듯이 일본불교가 해외에 사원을 건설하고 포교활동을 하는 재원은 본산의 지원금과 신도들의 기부금이다. 이 두 가지 요소를 중심으로 안둥 일본인사회에서 동본원사보다 뒤 늦게 진출한 서본원사의 비약적 발전을 검토해 보겠다.

먼저 신도들의 기부금과 관련된 신도의 확보에 대하여 살펴보겠다. 사원 경영에 가장 필수적인 것인 신도의 확보라 할 수 있다. 당해시기

서본원사가 안둥에서 가장 큰 세력을 형성한 것은 일본불교 사원과 신도의 관계, 즉 단카(檀家)적 특징에 기인한다. 단카는 사원에 보시를 하는 이에(家) 및 신자를 뜻한다. 원칙적으로 한 단카는 하나의 절에만 속할 수 있었다. 서일본의 야마구치, 히로시마 등은 서본원사의 단카가 많은 지역이다. 이곳 출신의 일본인들이 안둥으로 많이 도항해왔기 때문에 안둥의 서본원사 포교소가 신도를 많이 확보 할 수 있었다. 서본원사의 세력이 강한 서일본 출신자들의 도항이 많은 지역의 경우에는 동본원사가 먼저 설치되어 활동하였다 하더라도 신도들을 잃기 쉬웠다. 앞의 신문기사에서 확인 하였듯이 동본원사는 안둥 일본인사회 형성 초기의 포교와 장제에 '그 종파 관계없이' 노력했지만 신도들을 잃을 수밖에 없었다.

부산의 경우에도 서일본지역 출신자가 많이 도항해 왔다. 다만, 동본원사가 부산에 최초로 진출 한 이후에 교육활동이나 장제활동을 하면서 일정의 신도를 확보하게 되었다. 서본원사나 다른 종파들이 진출하기 전까지는 10년 이상의 시간적 차이가 있었기에 동본원사에 충성적인 신도를 확보 할 수 있었다. 그러나 안둥의 경우에는 이러한 포교 기반을 마련할 시간이 충분하지 못했던 것으로 보인다. 따라서 이러한 단카적 특성이 심하게 나타나게 된 것이다.

다음은 본산의 지원금과 관련하여 일본 내 본산의 재정상황에 대하여 살펴보겠다. 앞의 1910년 중외일보 기사에서 확인한 것처럼 '동본원사와 임제종은 본산의 지원을 받지 못하고 독립경영을 하고 있지만 서본원사는 본산이 적극적으로 지원'하였다. 이러한 상황은 어떻게 발생했을까?

동본원사 본산은 메이지정부 수립 이후 막대한 자금을 정부에 지원하였고, 홋카이도(北海道) 개척 사업 등에 참여하였으며, 조선과 청국 등 해외포교에도 많은 돈을 들였다. 결국 본산재정은 파탄 상황에 이

르게 되어 경쟁관계에 있는 서본원사에 돈을 빌리는 상황까지 발생한
다. 이에 일본정부가 중재하여 재정상황을 정리하였다.[38] 따라서 본
산 해외포교비가 축소되어 많은 지원을 할 수 없었다. 앞서 살펴본 것
처럼 더 크고 좋은 새로 지은 사원에 사람들이 몰리게 되기 마련이다.
사원을 신축하기 위해서는 돈이 필요하고, 본산의 지원을 필요로 했
다. 또한 신도들의 기부금도 필요하다. 본산의 지원이 부족해지자 기
부금을 더 많이 모아야 하고, 그러기 위해서는 신도를 모아야 했다.
신도들을 모으기 위해서는 사원을 신축해야 하는데, 결과적으로는 이
신축에 더 많은 신도들을 필요로 하는 악순환이 일어났던 것이다.

이에 비하여 서본원사는 러일전쟁을 계기로 다롄포교를 시작하여
만철 연선 주요도시에 포교소를 설치하는 등 중국 동북지역에 적극적
으로 포교활동을 전개하게 된다. 만주지역에 대한 조사와 법주(法主)
의 방문, 철도순회포교 등도 진행할 만큼 적극적이었다.

이러한 상황은 비슷한 시기의 조선에서도 일어난다. 1912년『중외
일보』'서본원사에 압도당해가는 동본원사의 조선포교'라는 기사이다.

　　최근 경성에서 도쿄에 온 한 종파의 승려에 의하면 최근 경성은 물론 전 조
선에서 동본원사 개교가 침체되고 있다. 이렇게 수년이 경과하여 서본원사에
압도당해도 어쩔 수 없는 상황이다. 조선개교의 선각자는 동본원사이다. 적절
한 수의 개교사를 파견하였고 상당한 경비를 들였다. 지금의 조선불교는 동본
원사의 수중에 있어야 하는데, 최근 개교비의 축소가 심해져 개교사를 구할 수 없
다. 경성의 경우에는 작년 봄 윤번(輪番)이 남산 포교소를 나가고 나서 교대로 부
임한 윤번은 신자의 돌보는 것이 진중하지 못하다. 특히 경성은 10중 9부9리까지
서본원사의 거류민(서본원사의 단카)이기 때문에 서본원사 포교사에 당한다.[39]

위 기사에서 언급되어 있듯이 일본의 식민지가 된 조선에서도 동본

원사는 개교비 즉 본산의 지원금이 축소되어 곤란한 상황에 빠져있는 것을 알 수 있다. 또한 동본원사가 조선 개교의 선각자라는 표현을 확인할 수 있다. 종합해 보면 조선에서 포교활동을 먼저 시작한 동본원사가 본산의 지원금이 부족하여 서본원사에 압도당한다는 내용의 기사이다.

이와 관련하여 다음 절에서 19세기 말에서 20세기 초의 동·서본원사의 조선과 중국 동북부지역의 포교루트에 대하여 검토해 보겠다.

2. 19세기 말에서 20세기 초의 동·서본원사의 포교루트

(1) 조선에서의 동·서본원사

먼저 동본원사가 안둥에 가장 먼저 포교소를 설치하게 된 경위는 앞서 살펴보았듯이 군의 요청에 의해서이다. 군에서 이미 조선에 진출해 있는 동본원사 경성별원(京城別院)의 승려를 요청하면서부터 시작된다.

그러면 19세기 말부터 1910년대에 이르는 동본원사와 서본원사의 조선과 중국 동북부지역 포교에 대하여 살펴보도록 하겠다.

조선에 가장 먼저 포교를 개시한 종파는 동본원사다. 동본원사는 부산 개항 직후인 1877년 일본인거류지에 포교소를 설치하였다. 당시에는 조선인과 일본인을 포교대상으로 하였다. 부산의 일본인사회 포교는 설교와 교화, 장제 등의 종교 활동을 시작으로 교육, 자선사업, 묘지관리, 화장장사업 등 다양한 활동을 전개하였다[40]. 이후, 원산, 인천 등의 개항장에 포교소를 설치해 갔다. 본고에서 중심적으로 다룬 시기인 1910년까지 동본원사의 포교소는 부산, 원산, 인천, 목포, 군산, 진남포 등의 개항장을 비롯하여, 1890년 지금의 서울에 경성포교소를 설치하는 등 내륙지역에도 진출하였다. 〈표1〉에서 알 수 있듯이 1910년까지의 31개의 포교소를 설치하게 된다.

〈표 1〉 동본원사 조선의 사원

년도	별원	년도	별원	년도	별원	년도	별원
1877	부산	1907	조치원	1909	남평	1910	전주
1880	원산	1907	대전	1909	수원	1911	광양만
1884	인천	1907	영산포	1909	용산	1912	진해
1890	경성	1908	대구	1909	나남	1912	이리
1897	목포	1908	밀양	1910	영도	1912	춘천
1900	군산	1908	삼랑진	1910	구포	1912	논산
1900	진남포	1908	함흥	1910	삼천포	1913	송정리
1905	개성	1908	성진	1910	포항	1914	정읍
1906	신의주	1908	청진	1910	공주		
1907	진주	1909	광주	1910	청주		

출전: 大谷派本願寺朝鮮開教監督部編(1927),『朝鮮開教五十年誌』, 大谷派本願寺
朝鮮開教監督部;河島研習編(1926),『釜山と東本願寺』, 大谷派本願寺釜山別
院을 활용하여 작성하였다.

서본원사는 청일전쟁 후인 1898년에 포교를 시작하였다. 1895년에
서 1903년 사이 조선·대한제국에 서본원사 포교소는 부산 한 곳에
불과했다[41]. 이후, 1904년부터 1909년에 걸쳐 경성, 대구, 인천, 평양,
황주, 진남포, 성진, 겸이포, 김천, 영등포, 통영의 11개의 포교소를 설
치하였다. 여기에서 알 수 있듯이 서본원사가 본격적으로 조선에 진
출하게 된 시기는 러일전쟁을 이후의 시기이다. 특히, 조선이 식민지
가 되는 1910년부터 1918년까지는 33곳으로 급격히 증가한다.[42]
이상에서 살펴 본 것과 같이 조선에서는 동본원사가 서본원사보다
일찍 포교를 시작하였고, 더 많은 포교소를 가지고 있었다. 러일전쟁
이전의 서본원사 사원은 실질적으로 부산 한 곳만 존재하였다.

위의 표를 보면 동본원사는 해외포교비를 축소했음에도 불구하고 조선의 많은 지역에 포교소를 설치하였다. 그 실상(實相)과 관련하여 안둥과 가까운 조선의 신의주에 대한 동본원사의 포교상황을 살펴보겠다.

신의주는 경의선의 종착지로 조선 땅의 북쪽 끝이다. 현재 인구는 4,912명, 호수는 1,730호, 이 지역도 최초의 사원은 동본원사로 1906년 9월 16일에 개교했다…처음 부임한 승려 마츠에(松江賢哲)씨가 계속해서 근무중이다. (마츠에씨는)1891년에 어학생으로 청국에 건너갔다. 청불전쟁, 청일전쟁, 러일전쟁에 통역으로 일하여 훈장을 받았다. 동본원사의 청국통의 한사람이다. 이런 사람을 조선땅에 두는 것은 적당하지 않아 이 사람을 안둥 현 주임으로 두는 것이 좋다고 나와 주위 사람들 모두 그렇게 생각한다. 이 포교소도 현재 신축 문제로 기부금을 모집 중 이라고 한다. 그런데 그 동기는 이 땅 임림서(林林署)의 총무장관(總務長官)으로 근무하는 이마가와(今川唯一)라는 사람이 있는데, 기독교에 열렬한 신자이다. 이 사람의 권유로 기독교에 들어가는 사람이 많아져 그 결과 800여 엔의 기부금을 모아 교회당을 건축하여 올 해 8월에 화려하게 완성하였다. 그러나 동본원사는 개교 이래 이미 5년이 지났지만 아직까지 협소한 건물이라 면목이 없는 상황이었다. 신축 계획으로 3,000엔을 예상하고 있다고 한다. 안둥 현의 동본원사는 서본원사에 의해 얕잡힘을 당하고 이 땅에서는 기독교에 의해 얕잡힌다.[43]

신의주 포교소는 1906년에 개설되었다. 개설 후 상황은 III에서 살펴본 안둥의 모습과 비슷하다. 개교 이래 5년이 지났지만 협소한 건물에서 포교활동을 계속하고 있고, 안둥에서 서본원사에게 신도를 빼앗겼던 것처럼 신의주에서는 기독교 교회에게 신도를 빼앗기고 있다. 이와 같이 포교소는 설치되었지만 본산의 지원 부족으로 기부금을 통하여 사원 신축을 계획하고 있다. 먼저 진출한 상황에도 많은 신도를

확보할 수 없는 상황과 신도를 확보한다 하더라도 다른 종교, 종파에
게 신도를 흡수당하는 상황이 발생하고 있다는 것을 알 수 있다. 참고
로 서본원사의 경우 1920년이 되어서야 신의주에 포교소를 설치[44]한
다. 안둥과 가까운 거리임에도 포교 설치가 늦었다.

(2) 중국 동북지역에서의 동 · 서본원사

서본원사는 러일전쟁시기 종군포교를 시작으로 다롄에 포교소를
마련하고 포교활동을 시작하였다. 군대위문시설과 포교소가 합쳐진
형태의 '다롄구락부(大連俱樂部)'를 통하여 포교의 기초를 마련하였
다. 이후에도 다롄 일본인사회 포교는 설교, 장제 등의 종교 활동을
시작으로 외국어교육, 여학교, 유치원경영 등 다양한 활동을 전개하
였다. 〈표 2〉에서 확인할 수 있듯이 서본원사는 1910년까지 중국 동북
지역에 11개의 포교소를 설치하였다. 서본원사가 다롄을 시작으로 중
국 동북지역에 포교소를 설치하게 된 경위는 다롄에 대한 연구에서
분석한 것처럼 러일전쟁에 대한 적극적인 지원, 만철과 서본원사의
관계, 서본원사 종파의 관장인 오타니 코즈이(大谷光瑞) 의 적극적
해외포교 방침 등을 들 수 있다. 특히 만철과 관련된 서본원사는 만철
연선을 중심으로 포교소를 설치하였고, 철도연선 순회포교 등을 실시
하였다[45].

반면, 1910년까지의 동본원사 별원의 경우 안둥과 다롄 단 두 곳만
이 존재하였다. 앞서 이야기한 조선의 상황과 상반되는 것을 알 수 있
다. 동본원사의 경우에도 러일전쟁을 적극적으로 지원했지만, 본산의
재정문제와 맞물려 소극적인 진출을 할 수 밖에 없었던 것으로 보인
다. 또한 본산의 재정상황이 악화되면서 조선에 이미 진출한 사원을
유지하기에도 벅찬 상황이었다.[46]

결과적으로 1931년 9.18사변까지 동본원사가 중국 동북지역에 건설
한 포교소는 안둥, 다롄, 펑톈, 길림, 무순, 여순, 창춘, 하얼빈 등의 17
곳이었고, 서본원사의 경우 1931년 전반까지, 21개의 별원 및 포교소
를 건설하였다.[47]

〈표 2〉 동 · 서본원사 중국동부부 지역 사원

동본원사		서본원사	
설립년도	설립지역	설립년도	설립지역
1905년	안둥(安東)	1901년	하얼빈
1910년	대련(大連)	1904년	대련
1913년	본계호(本溪湖)	1905년	영구(營口)
1914년	봉천(奉天)	1905년	봉천
1914년	길림(吉林)	1905년	여순
1916년	무순(撫順)	1906년	철령(鐵嶺)
1917년	여순(旅順)	1906년	안동
1917년	사하구(沙河口)	1908년	무순
1918년	안산(鞍山)	1908년	개원(開原)
1919년	장춘(長春)	1908년	신경(新京)
이하여백	이하여백	1908년	만주리(滿洲里)
		1914년	본계호
		1917년	와방점(瓦房店)
		1918년	안산

出典: 木場明志(1991), "真宗大谷派による中国東北部（満州）開教事業についての
覚え書き",『大谷大学研究年報』42, 60~61쪽; 浄土真宗本願寺派(2008),『浄土
真宗本願寺派のアジア開教の歩み』, 本願寺出版社, 77쪽.

이상에서 확인할 수 있듯이 19세기 말에서 20세기 초의 일본불교의
조선과 중국 동북부 지역에서의 포교루트을 살펴보면 다음과 같이 정
리 할 수 있다.

동본원사는 1877년부터 부산포교를 시작으로 조선에서 그 세력을 확장시켜 갔다. 이 시기 조선에서 서본원사의 세력은 미약했다. 반대로 서본원사는 러일전쟁시기 다롄을 시작으로 중국 동북부지역에 세력을 늘려갔지만 동본원사의 경우 두 곳의 포교소를 설치하는데 그쳤다. 뿐만 아니라 포교소의 신설이 순조롭게 진행되지 않았다. 이러한 점은 앞에서 본산의 재정상황과도 관련하고 있는 점을 확인하였다.

안둥의 동본원사 포교소의 건립이 지연되는 문제를 동서본원사의 포교루트와 관련지어 생각해 보면 조선에서 세력을 확보하고 있던 동본원사가 중국 동북부지역에 새롭게 진출하는 것은 곤란한 상황이었다고 할 수 있다. 이는 앞서 이야기 한 신의주의 사례에서도 확인할 수 있다. 조선에 설치한 동본원사 포교소도 어려운 상황에서 새로운 지역에 포교소를 설치하고 포교비를 지원하는 것은 쉽지 않았다고 본다. 그리고 중국 동북부지역은 서본원사가 적극적으로 포교소를 확장·확산한 점도 하나의 원인으로 볼 수 있다.

V. 나오며

본고는 해항도시 안둥 일본인사회의 일본불교 동·서본원사 포교소 설치와 신축과정을 중심으로 검토하였다.

II에서 살펴본 것처럼 러일전쟁 시기인 1904년부터 안둥 일본인사회가 형성되었다. 안봉철도와 압록강철교의 건설과 조선과 만주의 국경이라는 지리적 특징이 복합적으로 작용하여 일본인 도항자가 급격하게 증가하게 된다.

III에서는 동·서본원사 포교소의 형성과정과 안둥에서의 지위를 중심으로 분석하였다. 안둥 일본인사회의 동본원사 포교소는 1905년에 설치되었고 서본원사는 다음 해인 1906년에 설치되었다. 동·서본원사 포교소 설치과정의 특징은 초기에는 동본원사가 우위에 있었으나 점차 서본원사의 세력이 커지게 된다는 점이다.

이러한 원인을 IV에서 ①신도의 출신지, ②본산의 지원, ③동·서본원사의 포교루트를 통하여 검토하였다. 19세기 말에서 20세기 초의 일본불교의 조선과 중국 동북부 지역에서의 포교루트을 살펴보면, 동본원사는 1877년부터 부산포교를 시작으로 조선에서 그 세력을 확장시켜 갔고, 서본원사는 러일전쟁시기 다롄을 시작으로 중국 동북부 지역에 세력을 늘려갔다. 이 접점이 되는 곳이 안둥이다.

이상에서 검토한 내용을 토대로 서론에서 제시했던 연구목표인 일본불교의 제국포교를 중심으로 해항도시 안둥의 의미에 대하여 이야기하고 글을 마무리하겠다.

러일전쟁 이후 일본은 조선에 대한 지배권을 확고히 함과 동시에 중국 동북부지역에서의 새로운 이권과 지배권을 획득하였다. 일본은 조선과 중국 동북부지역의 유지·발전을 동시에 이루어야 했다. 이러한 시기를 드러내는 가장 상징적인 지역이 해항도시 안둥이다. 왜냐하면 조선의 접경도시였으며 중국 동북부지역의 요충지였기 때문이다.

일본불교 동·서본원사에 있어서도 이 시기는 중국 동북부지역으로의 포교권 확대의 기회였다. 19세기 말에서 20세기 초 안둥의 동·서본원사의 포교소 형성과정과 포교루트를 살펴보면 서본원사는 포교권 확대의 기회를 잡아 중국 동북부지역에 포교소를 건립하고 유지·확장·확산시켰다. 동본원사는 일본 국내의 본산 문제와 조선의 포교소 유지 문제 등으로 안둥에 포교소를 설치하여 유지하기는 하였지만 확장·확산시키지는 못하였다. 안둥의 포교소 확대와 중국 동북부 지역으로 포교소를 확산시킬 수 기회가 일본과 조선의 상황에 의해 종속되었다고 할 수 있다.

안둥은 이 시기를 시작으로 이후 일본제국 유지의 핵심이 되는 두 개의 식민공간 조선과 만주를 형성해 가는 길목이었다. 안둥은 이러한 식민공간으로의 확대·확산과 종속이 혼종되어 나타나는 공간이었다.

다만, 이 글은 다음과 같은 한계를 가진다. 먼저, 일본인사회에 국한된 연구라는 점이다. 이 점은 해항도시 안둥에 대한 분석 과정에서 한계를 가진다고 할 수 있다. 해항도시 연구는 그 지역을 둘러싼 인적, 물적, 문화적 이동과 만남을 통하여 사회변화의 양상을 연구하는 것이다. 특히, 서로 다른 사람과 문화가 만나는 공간을 분석하고 그곳에서 발생하는 혼종성을 연구한다. 이러한 점에서 일본인사회만을 분석대상으로 한다는 점에는 그 한계를 분명히 한다. 해양도시 안둥의 내부적인 혼종성을 발견하기에는 미흡한 연구이지만, 이러한 일본인사회의 형성과정에 대한 연구가 이후의 해항도시의 혼종성을 이야기하는 연구들의 기초가 될 수 있으리라 생각한다. 또 하나의 한계는 안둥 일본인사회의 일본불교에 대한 기초적인 연구라는 점이다. 당해시기 당해 지역의 일본불교 연구를 위해서는 일본불교의 포교방법, 조직구성, 사원경영, 지역사회와의 관계 등을 다각적으로 분석할 필요가 있다. 그러나 안둥 지역의 경우 사료적 제약과 필자의 역량부족으로 인하여 이러한 구체적인 분석을 하지 못하였다. 이 제한된 분석 역시 추후 연구의 밑거름이 될 수 있을 것이라 생각한다.

마지막으로 이 글에서 일본불교 해외 사원이 유지·확장·확산 본산의 재정적·정치적 지원과 동시에 신도의 기부금이 중요한 역할을 한다는 것을 다시 한 번 확인할 수 있었다. 일본불교 사원이 일본인거류민의 정착과 유지·발전에 기반이 되고 신도의 기부금이 사원을 유지·발전시키는 순환관계라 할 수 있다. 이 기부금에 대해서는 향후 연구에서 진행할 것이다.

김윤환 | 한국해양대학교 동아시아학과 박사후 연구원

◼ 주

1) 이 글의 논지와 관련된 러일전쟁 전후의 근대 일본 제국의 확장과정에 관한 선행연구도 정리해야 마땅하지만 부산, 다롄, 안둥에 대한 연구를 종합적으로 검토하여 새로운 연구에서 제시하도록 하겠다.

2) 안둥에 관한 선행연구는 손승회(2011), 「만철과 안둥을 중심으로」, 『한중관계사상의 교통로와 거점』, 동북아역사재단. 김지환(2014), 「안봉철도 부설과 중국동북지역 신유통망의 형성」, 『중국사연구』 87. 이은자(2014), 「중일전쟁 이전 시기 중국의 국경도시 안둥의 이주민-교류와 갈등의 이중주」, 『중국근현대사연구』 62. 최낙민(2017), 「일제강점기 안둥을 통한 조선인의 이주와 기억」, 『해항도시문화교섭학』 16, 한국해양대학교 국제해양문제연구소. 권경선(2017), 「근대 해항도시 안둥의 산업구조」, 『해항도시문화교섭학』 16, 한국해양대학교 국제해양문제연구소가 있다. 2010년대 이후에 안둥에 관한 연구가 이루어졌고 중국사, 동아시아사 연구자들에 의한 연구 성과라 할 수 있다.

3) 인용문의 한자병기를 제외한 괄호안의 문장은 필자에 의한 것이다. 이하 인용문에서도 동일하다.

4) 안둥을 다룬 선행연구 중 이은자(2014)에 상세히 정리되어 있다.

5) 근대 일본불교에 대한 연구는 원영상(2015), 「근대 일본불교에 대한 연구 동향과 과제」, 『일본불교문화연구』 12에서 상세하게 검토하고 있다.

6) 木場明志(1991), 「真宗大谷派による中国東北部(満州)開教事業についての覚え書き」, 『大谷大学研究年報』 42.

7) 木場明志(1993), 「満州布教の侵略的諸相-真宗大谷派ハルビ別院機関紙『願海』の記事から」, 『真宗史論叢』, 永田文昌堂.

8) 木場明志・程舒偉編(2007), 『日中両国の視点から語る植民地期満州の宗教』, 柏書房.

9) 浄土真宗本願寺派(2008), 『浄土真宗本願寺派のアジア開教の歩み』, 本願寺出版社.

10) 또한, 이 기사에는 신의주에 대한 내용도 언급되어 있다. 의주 아래 3리에 있는 압록강 연안에 위치하였고 평양이북의 물자집결지이며 경의철도의 종착역이다. 장래의 발전 가능성이 있는 곳으로 철도가 다음 달에 부설 완료 예정이라 더욱 인기가 많아질 지역이라 언급하고 있다.

11) 〈朝日新聞〉 1905.4.27.

12) 佐藤正二郎編(1917), 『安東県及び新義州』, 編図書普及会, 35~38쪽

13) 茶木清次郎編(1920), 『安東誌』, 安東県商業会議所, 44쪽.

14) 위의 책, 45쪽.

15) 청조의 대금 정책이 폐지되고 만주가 개방되면서 1876년에 안둥 현이 설치되었

다. 러일전쟁 발생 후 일본 군정의 통치가 이루어졌고 1906년 공식적으로 문호
가 개방되었다. 안둥의 개방은 청국에 의하여 자발적 개항이었지만 실제로는 일본
군이 군정을 선포한 위협적 상황에서 이루어졌다.(이은자(2014), 앞의 논문, 98쪽).

16) 단, 일본인 인구는 민단관내와 만철관내로 나누어져 있지만 민단관내의 인구만
   기록하였다.

17) 茶木淸次郎編(1920), 앞의 책, 32~33쪽.

18) 茶木淸次郎編(1920), 앞의 책, 34~35쪽.

19) 茶木淸次郎編(1920), 앞의 책, 91쪽. 이와 관련하여 안둥 일본인거류민의 사망자
   가운데 화장자의 비율을 같이 살펴볼 필요가 있지만 사망자의 통계는 조사되어
   있지 않다.

20) 권경선(2017), 앞의 논문, 253~254쪽.

21) 손승회(2011), 앞의 논문, 295~296쪽.

22) 김지환(2014), 앞의 논문, 315~319쪽.

23) 〈중외일보〉는 불교계 종교 신문으로 1877년 10월에 창간한 『敎學報知』를 시작
   으로 하며 1902년에 중외일보라고 개칭하게 된다. 중외일보 아시아 관계 기사의
   특징은 동 · 서본원사의 종교 활동을 중심으로 불교 기사가 많다는 점이다. 내용
   은 포교활동정보, 현장의 종교 사정, 일본 및 각국의 정치정보, 군사정보 등을
   다루고 있다.

24) ○표기는 자료상에서 판독 불가능한 글자, 이하 자료에서도 동일하게 적용한다.

25) 〈중외일보(中外日報)〉, 1905.4.10.

26) 사료의 한자표기 이외의 괄호는 필자에 의한 주, 이하 동일하게 적용되었다.

27) 〈중외일보(中外日報)〉, 1905.4.10.

28) 茶木淸次郎編(1920), 앞의 책, 101쪽.

29) 〈중외일보〉, 1906.7.10.

30) 〈중외일보〉, 1906.8.29.

31) 〈중외일보〉, 1907.11.23.

32) 아시아역사자료센터(https://www.jacar.archives.go.jp/), 레퍼런스 코드 B12081607600.

33) 위의 자료.

34) 〈중외일보〉, 1910.12.15.

35) 〈중외일보〉, 1910.12.18.

36) 茶木淸次郎編(1920), 앞의 책, 118~119쪽.

37) 鐵道院編(1919), 『朝鮮滿洲支那案內』, 鐵道院.

38) 동본원사의 재정상황에 대해서는 谷川穣(2008), 「北垣府政期の東本願寺」(丸山
   宏 · 伊從勉 · 高木博志編, 『近代京都硏究』, 思文閣)에 자세히 분석되어 있다.

39) 〈중외일보〉, 1912.7.4.

40) 부산의 일본불교 포교에 대해서는 졸고에서 분석하였다(김윤환(2012), 「개항기 해항도시 부산의 동본원사별원과 일본인지역사회」, 『해항도시문화교섭학』 6, 한국해양대학교 국제해양문제연구소).

41) 1898년 마산에는 부산에서 정기적으로 출장포교를 가는 출장소가 설치되었다.

42) 浄土真宗本願寺派(2008), 앞의 책, 16쪽.

43) 〈중외일보〉, 1910.12.20.

44) 国境文化協会編(1930), 『新義州案内』, 国境文化協会, 114쪽.

45) 다롄의 일본불교 포교에 대해서는 졸고에서 분석하였다(김윤환(2016), 「근대 해항도시 다롄과 일본불교」, 『해항도시문화교섭학』 14, 한국해양대학교 국제해양문제연구소).

46) 이외에도 1870년대의 중국포교 실패 경험과 조선포교의 전권획득 실패 등이 복합적으로 작용한 것으로 보인다. 여기에 관해서는 향후 연구에서 계속 진행하겠다.

47) 程舒偉, 「植民地期満州の諸宗教抑圧」(木場明志・程舒偉編(2007), 『日中両国の視点から語る植民地期満州の宗教』, 柏書房). 이 글에서는 1910년대까지의 상황을 다루고 있지만 향후 연구에서 대상시기를 확장할 계획이다.

7.
대한민국임시정부의 안둥교통국과 이륭양행

류빙후(劉秉虎)

Ⅰ. 들어가며

1919년 4월 13일 중국 상하이(上海)에 설립된 대한민국임시정부(이하 임시정부)는 국내와의 연락을 위해 비밀연락조직망인 교통국을 설립했다. 1919년 5월 임시정부는 연락 요충지인 안둥(安東, 지금의 丹東)에 교통국을 설치하고, 산하에 군(郡)을 단위로 한 교통지국, 면(面)을 단위로 한 교통소를 설치하여 국내와의 통신 연락을 활성화했다.

안둥교통국은 아일랜드 출신의 조지 루이스 쇼(George Lewis Shaw: 蘇志英)가 경영하던 이륭양행(怡隆洋行)에 설치되었다. 이 기관은 임시정부의 국내 통신 연락을 비롯하여 연통제의 주요 연락기관으로도 활용되는 등 한국 독립운동사에서 특별한 의미를 가지고 있다. 그러나 비밀리에 진행된 사업이었기 때문에 직접적인 문헌자료를 남기지 않았고, 중국에 설치된 까닭으로 여전히 많은 문제점들이 밝혀지지 않고 있다. 특히 이륭양행의 옛 터를 비롯한 실체는 현재까지 베일에 싸여있다. 이 글은 임시정부 안둥교통국과 이륭양행에 관한 몇 가지

문제와 그에 대한 미숙한 견해를 제기함으로써 학계의 주목을 환기하
고자 한다.

Ⅱ. 안둥과 한국독립운동

안둥은 압록강을 사이에 두고 북한의 신의주와 인접한 중국 최대의
변경도시(邊境都市)이다. 이 지역은 청(淸) 초의 봉금 정책에 의해 200
여 년간 금단의 땅으로 봉해져있었으나, 1874년 '동변지대전부개금(東
邊地帶全部開禁)'에 의해 사람들이 다시 거주하기 시작했다. 1876년
청조는 이곳에 펑황팅(鳳凰廳)과 안둥 현(安東縣)을 설치하고 안둥 현
을 이듬해에 설치한 콴뎬 현(寬甸縣)과 더불어 펑황팅에 귀속시켰다.
현 설치 초기 안둥 현성은 압록강 수운에 편리한 샤허전(沙河鎭:지금
의 元寶區)¹⁾ 일대에 전개되었다. 1901년 9월, 청 정부는 서방 열강의
압력으로 신축조약(辛丑條約)을 체결하고, 이듬해 9월 5일에 해당 조
약의 제11조에 근거하여 영국과 '속의통상항선조약(續議通商航船條
約)'을 체결했다. 조약의 부속문건에는 '속의내항행륜수개장정(續議內
港行輪修改章程)'이 포함되어 있었으며, 영국은 이에 근거하여 중국의
강에서 항행할 수 있는 권익을 얻게 되었다. 1903년 8월에는 미국이
청 정부를 압박하여 항행통상속약(航行通商續約)을 체결하고 펑톈 부
(奉天府)와 안둥 현을 통상지로 개방하도록 했다. 같은 해 10월 8일
일본 정부도 청 정부와 같은 조약을 체결하고 펑톈 부와 다둥거우(大
東溝: 지금의 東港市)를 개방하도록 압박했다.

1903년 영국 정부는 안둥에 영사관을 설치하기로 결정하고, 지금의
진장산(錦江山) 공원 동쪽에 영사관을 신축하여 영국과 미국의 영사

권을 겸임 처리했다. 동시에 영국 정부는 안둥을 산둥 반도의 옌타이 (煙台)와 상하이를 잇는 중요한 물류 거점으로 위치 지었다. 백두산 일대에서 생산되는 농산품과 특산품이 안둥을 통해 산둥과 상하이 등 지로 수송되었고, 상하이 등지에서 들어오는 생필품 등 경공업 상품 역시 안둥을 통해 만주 지방(중국 둥베이 지방) 내륙 각지에 판매되었다.

1904년 러일전쟁이 발발하자 일본은 군수 물자 수송을 위해 안둥과 펑톈(奉天: 지금의 瀋陽)을 연결하는 임시경편철도를 부설했다. 러시 아가 패하자 일본 정부는 청 정부에 압력을 가하여 안둥과 펑톈을 잇 는 안봉철도(安奉鐵道) 연선을 무상으로 일본 정부에 귀속시켰다. 1906 년 남만주철도주식회사(南滿洲鐵道株式會社: 이하 만철)가 설립된 후, 연선 점령지를 '만철부속지'라고 불렀는데, 안둥에서는 상업이 집중되 어 있는 샤허전 구역의 대부분을 차지했다. 1906년 4월 일본은 안둥 영사관을 설치하고 본격적인 안둥 개발에 착수했다.

1906년 9월 16일 청 정부는 1903년에 미국과 체결한 '항행통상속약' 에 근거하여 '안둥개부국(安東開埠局)'을 설치하고 안둥 항을 개방했 다. 개부국은 안둥 시내에 중국 900여 무, 일본 2,800무에 달하는 시장 을 설치했다.[2] 1906년 12월 청 정부는 영국인(巴倫)을 안둥 해관 제1 임 세무사로 임명하고, 이듬해 3월에 정식으로 안둥 해관[3]과 안둥 항 을 설치하여 무역항으로 삼았다. 부두와 인접해있던 속칭 류다오커우 (六道口)라고 불리던 싱룽졔(興隆街)는 이때 급속히 발전했다.[4] 류다 오거우는 여섯 개의 상업거리가 모인다(會集)는 의미로, 여섯 개 거리 의 양측에는 각종 점포를 비롯하여 병원과 수공업 공장들이 늘어서, 잉커우(營口)에 버금가는 번창한 항구도시로 성장했다.

1908년 12월 14일 일본 정부는 청 정부를 강박하여 압록강철교 가 설에 관한 협정을 체결하고 안봉철도와 조선철도를 연결하는 사업을 추진하여, 1911년 10월 압록강철교의 개통과 안봉철도의 표준궤 부설 작업을 완성했다.

　현재 중국의 대북 최대 출구인 단둥은 이 시기부터 중국과 한반도 간 왕래의 문호 역할을 했다. 압록강과 두만강에 걸친 긴 국경선에도 불구하고, 함경도를 제외한 그 밖의 지역에서 한반도와 중국의 인적·물적 왕래는 대부분 안동과 신의주를 통해 진행 되었다. 압록강철교를 통해 한반도의 수많은 파산 농민들이 만주 지방으로 이동하고 수많은 항일지사들이 이곳을 경유하여 독립 운동에 투신하거나 이곳을 거점으로 항일운동을 진행하기도 했다.

　안동에서 조직된 항일단체들 중 대표적인 것으로, 3·1운동 당시 서울에서 활약하던 조재건, 함석은, 오학수, 지중진 등의 학생들이 1919년 4월 안동 구시가의 중국여관인 풍순잔(豊順棧)에서 안병찬을 총재로 추대하며 설립한 대한독립청년단을 들 수 있다. 대한독립청년단은 임시정부의 독립 자금 모집, 강화회의에 파견된 대표 후원, 임시정부의 정책과 정령을 선전하는 기관지『반도청년보(半島靑年報)』를 발행했다. 대한독립청년단의 활동 지역은 안동 일대와 평안도 지방으로 확대되었고, 조직원 또한 3,000여 명으로 늘어났다. 대한독립청년단 외에도 안동임시의사회 등 항일 단체들이 설립되면서 안동은 수많은 항일지사들이 체류하거나 경유하는 곳이 되었다.

Ⅲ. 임시정부 교통국체제와 안둥교통국

　임시정부는 1919년 4월 30일에 진행된 제4회 의정원회의에서 처음으로 교통국 설치 문제를 제기했다. 같은 해 5월 12일 국무위원 조완

구가 시정방침연설에서 "교통부에 안전한 기관 4개를 둘 것"[5]이라는
방침을 제정하고, 같은 달에 중국에서 국내로 들어가는 교통 요지인
안둥에 교통부 안둥지부를 설치하고,[6] 임시정부 교통부 차장 선우혁
(鮮于爀)을 책임자로 파견했다. 임시정부는 5월 회의 이후 즉각 김취
곤 등을 안둥에 파견하여 이륭양행 등을 상대로 교통지부 설치를 위
한 준비 작업을 진행하고, 7월부터는 이륭양행의 2층에 교통지부를
설치하여 본격적인 활동을 전개했다. 1919년 8월 20일 임시정부는 '임
시지방교통장정'을 반포하여 교통부 및 교통국의 조직체계를 규범화
했는데, 그 내용을 살펴보면 다음과 같다.[7]

제1조 交通部 郵便事務를 爲하여 重要한 地點에 臨時交通事務局을 置함. 局
　　　의 位置는 교통총장이 此를 定하되 管轄區域은 現行 聯通制에 준거
　　　함. 臨時地方交通事務局은 來往使員 接濟를 兼掌함.
제2조 臨時地方交通事務局의 職員은 如左함. 局長 1人 國務를 總轄하고 局
　　　員을 감독함.
　　　參事 2人 局長의 指揮下에 一般 局務를 掌理함. 書記 ○人 上府의 命
　　　令에 從하여 庶務를 從事함. 通信員 ○人 上官의 命令에 從하여 通信
　　　往來에 從事함.
제3조 臨時地方交通事務局長은 交通總長의 許可를 從하여 필요한 地點에
　　　更히 支局을 設置함을 得함. 臨時交通事務支局에는 支局長1人, 書記,
　　　通信員 各 若干人을 置하여 其 職權은 前條의 參事를 例兼함.
제4조 局長 支局長 及 參事는 交通總長이 이를 命하고 書記 以下의 職員은
　　　局長이 임명함.
제5조 本章程은 頒布일로부터 施行함.

교통국은 '장정'에서 규정한 것처럼 교통부 우편사무를 위해 중요
지점에 설치한 교통사무기관으로, 임시정부, 국내, 만주 지방 독립단

체의 통신 업무를 전담했다. 교통국의 업무는 점차 확대되어 통신 업
무 외에도 정부 지령 서류의 전달, 교통국 조직 및 독립 운동을 위한
인물 소개 및 연락, 국내 정보 수집과 보고, 물건의 송부와 무기 탄약
운반 등, 독립 운동의 전반에 걸쳐 진행되었다. 임시정부는 상황에 따
라 교통국 외에도, 중국의 우편이나 배편을 이용하거나 중국인을 고
용하는 등의 다양한 방법을 활용하여 일제 경찰의 수색을 피했다.

상술한 '장정'에 의거하여 교통부 안둥교통지부는 안둥교통국으로
변경되어야 했지만, 안둥교통지부 - 교통국 - 교통소의 체제로 운영되다
가, 10월 17일에 이르러서 안둥교통사무국 - 교통지국이란 변화된 조직
체계로 운영되기 시작했다.[8]

1919년 10월 17일 이전의 교통기관의 조직체계는 다음과 같다.[9]

安東支部
A. 義州郡交通局 (평안북도 의주군 교통국 · 소)
a. 北區交通局 (舊의주성내)
1. 舊義州교통소 (의주읍내)
2. 水鎭교통소 (수진 松長)
3. 古城교통소 (고성 多智島)
4. 新義州교통소 (신의주 光城)
5. 威化교통소
6. 光城교통소
b. 南區交通局 (古館面 土橋)
1. 古館교통소
2. 古津교통소 (고진 威遠)
3. 枇峴교통소 (비현 月華)
4. 古寧교통소
5. 玉尙교통소

B. 江邊8郡臨時地方交通局
C. 寬甸通信局

1919년 7월 30일, 안동교통지부의 관할 하에 있던 콴뎬통신국(寬甸通信局)이 임시정부의 직접 관할로 넘어가고,[10] 압록강 연안의 정보통신은 강변팔군교통국(江邊八郡交通局)이 담당하게 되면서 콴뎬통신국장을 담당하던 김두만(金斗萬)이 평안북도 강변팔군통신국장을 역임하게 되었다.

1919년 10월 17일 임시정부는 안동교통지부를 임시안동교통사무국(臨時安東交通事務局)으로 변경하여 관할 구역을 평안남북도 및 황해도로 국한시키고,[11] 함경도지방에는 함남교통사무국(咸南交通事務局)을 별도로 설치했다.[12] 1919년 11월에는 황해도 사리원과 서울 사이의 비밀 연락을 위해 서울에 교통국을 설치하고, 임시정부의 문서 배포 및 공채 발행을 추진했다.[13] 3~4개월의 노력을 거쳐 임시정부는 안동교통국을 시점으로 평안북도의 의주와 의천지국, 평안남도의 평양지국, 황해도의 사리원지국 그리고 경성지국에 이르는 통신조직체계를 구축했다. 경성지국의 이남에서도 교통국 설치를 시도했으나 국장 안상길(安相吉)[14]과 특파원 김태규(金泰圭)[15]가 일제에 검거되면서 미수에 그치고 말았다.

1920년 1월 13일 임시정부는 교령(敎令) 제2호로 '임시지방교통사무국장정개정안'을 공포했다.[16] 개정안의 주요 내용으로는 임명권자의 자격 격상을 들 수 있다. 제2조의 참사 1명을 바꾸어 구체적인 인원 제한을 두지 않았고, 제4조의 "국장, 지국장 및 참사는 교통총장이 이를 명하고 서기 이하의 직원은 국장이 임명함"을 "국장, 지국장 및 참사는 교통총장의 추천으로 대통령이 이를 임명하고 서기 및 통신원은 교통총장이 이를 임명한다."로 고쳤다.

　1919년 10월 17일 이후 임시정부의 교통기관의 조직체계를 살펴보면 다음과 같다.[17]

    A. 임시안동교통사무국 (관할지역: 평안 남북도 및 황해도)
      1. 龜城郡교통지국
      2. 義州郡교통지국
      3. 宣川郡교통지국
      4. 平壤교통지국
      5. 沙理院교통지국
      6. 江邊8郡교통지국 (朔州, 碧潼, 昌城, 楚山, 渭原, 江界, 慈城, 厚昌지국)
    B. 臨時咸鏡南道交通事務局
      1. 豊山郡지국
      2. 三水郡지국
      3. 八道溝지국
      4. 咸興지국
      5. 洪厚지국
      6. 寺洞지국
      7. 甲山지국
      8. 北靑지국
      9. 端川지국
      10. 利川(原)지국
      11. 接厚里지국
      12. 洪原지국
    C. 京城交通事務局

　임시정부의 교통국 조직체계를 정리하여 보면, 1919년 10월 17일 이전에는 교통지부 한 곳(안동교통지부), 교통국 세 곳(의주북구교통국,

의주남구교통국, 강변팔군교통국), 통신국 한 곳(콴뎬통신국)이 있었
고, 1919년 10월 17 일 이후에는 교통사무국 세 곳(안둥교통사무국, 함
경남도교통사무국, 경성교통사무국), 교통지국 열여덟 곳(구성군, 의
주군, 선천군, 평양, 사리원, 강변팔군, 풍산군, 삼수군, 팔도구, 함흥,
홍후, 사동, 갑산, 북청, 단천, 이천, 접후, 홍원)이 있었다.

Ⅳ. 안둥교통국과 이륭양행

안둥교통국은 국장 밑에 금전모집과, 통신과, 인물소개과를 두고,
교통소를 설치하여 소장 밑에 금전모집계, 통신계, 인물소개계를 두
었다. 초기의 안둥교통지부는 국내 각 군에 교통국을 설치하고 각 면
에 교통소를 설치할 계획이었으나, 1919년 10월 17일 임시안둥교통사
무국으로 그 명칭이 변경되면서 관할구역이 평안남북도와 황해도에
국한되었다. 안둥교통국은 국내의 통신연락을 위해 설치되었으나, 이
후 통신국이라는 이름으로 만주 지방의 통신업무도 관장하게 되었다.
안둥교통국(지부)이 가장 활발한 활동을 전개하던 시기는 1919년의
3·1운동 무렵부터 1920년 7월까지였다. 이 시기 안둥교통국은 조지
쇼의 비호 아래 사서함 1호를 만들어 직접 사용하거나, 현지 중국인들
의 인맥을 이용하여 국내 화교들을 통해 직접 통신을 주고받았다. 당
시의 주요활동을 요약하면 다음과 같다.

1. 백범 김구는 3·1운동이 발발하자 서둘러 망명길에 올라 동지 15명과 함
   께 안둥 이륭양행의 배편을 이용해 4월 13일 상하이에 당도했다. "이륭양
   행 내에 들어가면 안심하고 상하이에 갈 수 있다"[18]는 말이 공공연한 비
   밀이 되어있을 정도로 3·1운동 직후에 독립지사들은 이륭양행의 배편을

이용해 상하이로 안전하게 도착했다.

2. 교통국 연락원 전진원(全鎭源)은 만철 철도원으로, 1919년 이륭양행에 도착해있던 임시정부의 각종 비밀문서, 자료, 물건 등을 서울 만리동에 살고 있던 청년외교단 이종유 스님에게 전달했다.[19]

3. 1919년 8월 백정기는 동지 4명과 함께 상경하여 서울, 인천 등지에서 일제 기관의 파괴 및 침략 원흉 처단 등의 거사를 준비했지만 결국 뜻을 이루지 못하고 신의주를 거쳐 중국으로 망명했다. 안둥에서 이륭양행의 조지 쇼를 만나 상담한 후, 그의 소개로 펑톈으로 가서 이후 전개될 '육삼정 의거'의 동지 이강훈을 만났다.

4. 1919년 11월 17일 임시안둥교통사무국 평양지국에서 조선문활자 18개(7,300자)를 독립신문사 사장 이광수 앞으로 송부했고, 같은 해 12월 30일에 장종삼이 안둥교통사무국 홍성익을 경유하여 송부한 지도 569매(조선지도)가 도착했다.[20]

5. 의열단 한봉근(韓鳳根)은 1920년 밀양 폭탄사건이 미수에 그치자 안둥으로 가서 이륭양행 지하창고에 보관하고 있던 고성능폭탄 36개와 권총 5자루, 혁명선언서 600여 매 등을 국내로 반입하고 1진을 파견했으나 일본 경찰의 밀정으로 의열단에 잠입해 있던 김 모라는 자의 밀고로 1진의 김시현(金始顯), 황옥(黃鈺) 등이 모두 검거되면서 실패했다.[21]

6. 1920년 5월 의열단원 이성우(李成宇)는 폭탄 13개를 만들 수 있는 탄피, 약품, 부속품과 미국에서 만든 육혈포 두 자루와 탄환 100발을 지닌 채 이륭양행의 계림호(桂林丸)을 타고 상하이에서 안둥으로 넘어왔다. 의열단원 곽재기, 김성호 등 15명이 체포된 총독부, 동양척식회사, 경성일보사 등의 투탄사건은 여기에서부터 시작되었다.[22]

7. 대한청년단연합회 회원 오학수(안둥교통국 참사) 등은 국내 폭동에 필요한 무기와 탄약을 이륭양행 계림호를 이용하여 상하이에서 안둥으로 운반, 안둥교통국 연와출장소에 보관했으나, 1920년 7월 10일에 발각되면서 오학수를 비롯한 13명이 체포되었다.[23]

8. 그밖에도 안둥교통국 이륭양행은 대한독립청년단연합회, 대한독립단, 의열단, 광복군사령부, 광정단 등 독립운동단체와 김승학, 김원봉 등 독립운동지사들의 활동을 직간접적으로 지원했다.

상술한 바와 같이 한국독립운동을 위해 임시정부의 무기와 문서 등을 국내로 수송하던 이륭양행과 안동교통국은 설립 당시부터 일제의 집요한 추적으로 많은 수난을 당했다.[24] 1920년 1월 교통국 제2임 국장 홍석익이 체포되었다. 이때 황대벽, 김기준, 장재순, 홍정익 등도 같이 체포되었으며 의주교통지국, 선천교통지국, 경성(서울)교통지국, 평양교통지국, 사리원교통지국 등의 조직이 파괴되어 안동교통국의 업무는 침체되었다. 설상가상으로 7월에 또 "오학수 사건"을 계기로 이륭양행의 주인인 조지 쇼마저 체포되면서 안동교통국의 활동은 더욱 침체되었다. '안동교통국 참사' 사건이라고도 하는 '오학수 사건'은 국내 거사를 위해 상하이로부터 무기와 탄약을 운반하여 안동교통사무국 연와 출장소에 보관한 것이 발각되어 오학수 등 13명이 잡힌 것을 말한다. 체포되었던 쇼가 1920년 11월에 보석으로 출옥하면서 안동교통국은 다시 활기를 띠기 시작했다. 쇼는 표면적으로는 김문규에게 양행의 업무를 위탁하고 독립운동단체와 관계를 끊은 것처럼 위장했지만, 비밀리에 교통국에 대한 성원을 아끼지 않았다.[25]

1921년 1월 18일 당시 안동교통사무국의 통신원 특별배치지역 및 명단은 다음과 같다. 안동 김기준, 정주 김수철, 북하백 이승혁, 안주 김정선, 신의주 이윤근, 평양 김길수, 용천 안정립, 황해도 장홍범, 철산 장재순, 서울 김기순이었다.

1922년 8월 27일 이륭양행 고용원인 김문규의 체포로 인해[26] 쇼는 교통국에 대한 지원을 중지하지 않을 수 없었고, 임시정부 교통국은 사실상 중단되었다. 안동교통사무국의 상실은 임시정부의 정보, 통신 조직에 결정적인 타격을 주게 되었다.

V. 이륭양행 및 쇼에 관련된 몇 가지 문제

영국 국적의 아일랜드 출신 조지 루이스 쇼가 안둥에서 이륭양행을 운영하면서 임시정부의 안둥교통사무국 설치 및 활동에 결정적인 지원을 했고, 이륭양행이 임시정부를 비롯한 각종 독립운동단체들의 '요새' 혹은 '국내전진기지'로서의 중요한 역할을 담당한 사실은 한국학계에 널리 알려져 있다.27) 그리고 쇼의 체포와 석방과정을 다룬 연구도28) 진행되면서 쇼 및 이륭양행과 한국독립운동의 관계는 어느 정도 밝혀졌지만 사료의 부족으로 인해29) 이륭양행의 실체, 석방 후 쇼의 행적 등에 대해서는 연구가 전무인 상태이다. 본문은 아직 사료가 구비되지 못한 상황에서 기존의 연구를 바탕으로 일부 사료들의 문제점을 제시하고 이에 대한 논의를 시도한다.

1. 안둥 영국 조계지문제

학계의 인식에 따르면 쇼는 1907년에 안둥으로 옮겨와 영국 조계 내에 이륭양행을 설립했고,30) 임시정부는 일본의 공권력이 미치지 못한다는 점을 이용하여 이곳에 교통국을 설치했다고 보고 있다.

1902년 9월 5일 영국 정부는 '신축조약(辛丑條約)'의 부속조약으로 청 정부를 압박하여 '속의통상항선조약(續議通商航船條約)'을 체결하고 중국 내에서의 항행권을 획득, 안둥으로 진출할 수 있는 법적인 근거를 마련했다. 이듬해 영국 정부는 안둥에 영사관을 설치하기로 결정하고, 지금의 진장산공원(錦江山公園) 동쪽에 영사관건물을 신축했다.31) 안둥 주재 영국영사관은 한 때 미국의 영사 업무를32) 대행하다가 1942년 태평양전쟁이 확전되면서 안둥에서 철거되었다. 학계의 인

식과는 달리 지금까지 청 정부가 영국 정부와 안둥 조계지 관련 조약
을 체결했다는 문건을 발견할 수 없다. 주지하는 바와 같이 조계지는
불평등조약의 결과 개항장 등에 설치된 구역으로, 외국인의 자유로운
통상거주와 치외법권이 인정되며, 중국 정부의 행정력과 경찰 사법권
이 미치지 못 하는 국가 중의 또 다른 국가를 의미한다. 학계의 주장
대로 만약 안둥 내에 영국 조계가 있었다고 한다면 영국영사관은 조
계지 내에 설치되어야 마땅할 것이지만, 실제 안둥에서 유일하게 중
국 정부의 행정력과 경찰권이 미치지 못했던 곳은 일본의 만철 부속
지였다. 러일전쟁 이후 일본은 러시아로부터 접수한 만철의 안전을
보장하기 위해 청 정부를 압박, 철도 연선 지역에 대한 통제권과 역
주변의 일정 구역을 부속지로 획득했으며, 이를 일부에서는 일본조계
지라고 부르기도 한다. 안둥의 만철부속지는 동쪽으로는 압록강, 남
쪽과 서쪽으로는 압록강철교를 기점으로 철도를 따라 진장산, 북쪽으
로는 옛 시가 이남을 포함하는 구역으로 오늘날 경위(經緯)로 도로명
이 지어져있는 구역이다. 당시 안둥 거주 조선인의 대부분이 이곳에
거주했으며, 관련 자료에 따르면 1921년 8월 경 692세대 3,199명이 거
주하고 있었다고 한다.[33]

2. 이륭양행의 옛 터와 관련된 문제

지금의 싱룽제(興隆街) 25호, 즉 단둥 시 건강교육소 자리를 이륭양
행의 옛 터로 보는 것은 정설로 되어 있다.[34] 그러나 건물의 구조 등
을 고려해보면 임시정부의 교통국 설치에 적합하지 않았을 것으로 여
겨진다. 건강교육소 건물은 원래 단층 건물이었으나 1979년에 2층으
로 재건축했다. 건물 구조를 보면 현관격인 입구만 2층으로 되어 있

고, 입구 양측에 15제곱미터 정도의 방 두 개, 그리고 2층에 비슷한 방이 세 개 있으며, 건물 안 쪽은 천정이 2층 높이에 달하는 대청(大廳)으로 되어 있다. 좁은 정문과 후문이 있기는 하지만 후문이 곧 뒷거리로 이어지기 때문에 누군가 출입하면 건물 안에 있던 모든 사람이 볼 수 있어서 은폐성이 떨어지는 것은 물론이고 몸을 숨기려 해도 피할 곳이 없는 구조이다. 게다가 내부가 협소하여 무역업을 경영하는 쇼가 운영에 필요한 사무실을 설치하기에도 좁은 상황에서 교통국에 공간을 제공했다는 것이 납득이 가지 않는다.

2006년 8월 단둥 시 당안국에서는 비공개 출판으로『寻找丹東鮮爲人知的歷史』라는 책을 출판했는데, 이 책에서는 이륭양행의 옛 터를 싱룽제에서 이미 철거된 단둥 시 제1경공업국 건물이라고 밝혀 놓았다. 필자는 2009년 3월 19일에 이 책의 실제 집필자이며 단둥 시 당안관에서 근무하고 있는 츠리안(遲立安)씨와 면담했다. 그는 1990년 중반부터 십여 년간 싱룽제 일대의 원주민 노인 수십 명을 방문하여 싱룽제의 상가분포를 확인하고, 일제시기『안둥상공인명록(安東商工人名錄)』을 대조하여 싱룽제 상가분포도를 작성했다. 분포도에 의하면 싱룽제 25호는 원래 단층의 적갈색 일본식 건물로 일본인 치과병원이었고, 이륭양행은 압록강 강변 쪽의 안둥해관의 근처에 위치해 있다. 해방 후 단둥 시 인민정부 제1경공업국의 사무실로 사용되다가 1990년대 후반 철거되기 직전에 촬영한 사진에 의하면 이륭양행의 건물은 회색 벽돌로 지어진 서양풍격의 3층 건물로 정면에 두 개의 출구가 있었다. 그리고 뒤쪽 마당에는 본채 건물과 같은 넓이의 2층 창고가 있어 철거 당시까지 사용되었다고 한다.

츠리안씨는 자기의 주장을 입증하는 근거로 현지 노인들은 싱룽제 25호를 일본인 치과병원으로만 기억하고 있었으며,『안둥상공인명록』

에는 병원이란 명칭이 기록되어 있었던 점과 싱릉졔 25호 건물은 전
형적인 일본식의 적갈색벽돌 건물이었다는 점, 이륭양행이 설립된 당
시 단둥에는 회색 벽돌 건물들뿐이었다는 점을 상기시켰다.[35]

이륭양행이 압록강부근에 위치했을 것이라는 또 다른 근거는 이곳
에 청 정부가 설립한 첫 해관이 있었고 강변에 안둥 부두가 있었다는
지리적 근거이다. 이륭양행은 안둥에서 톈진-상하이-안둥-잉커우의 해
상운수를 석권한 해상무역회사였고, 1930년대에 이르러서도 안둥 내에
서 일본의 만철 창고와 국제운수회사 창고에 버금가는 제3위의 화물
보관창고를 보유하고 있었다. 이륭양행이 부두 부근에 위치했다면 화
물을 곧바로 창고에 넣을 수 있었겠지만 싱릉졔 25호에 위치했다면
화물을 재운송해야 하는 번거로움이 있었을 것이다. 그리고 무엇보다
중요한 점은 싱릉졔 25호 건물에는 부속 화물창고가 없다는 점이다.
안둥교통국이 이륭양행의 2층에 설치되었다는 기록을 고려하면 단층
건물인 단둥 시 건강교육소는 이륭양행의 옛 터가 아니라는 점이 명
확해진다. 이륭양행의 옛 터에 대한 문제 제기가 이루어진만큼, 학계
는 고증과 확인을 거쳐 임시정부 안둥교통국의 실상을 밝혀야 할 것
이다.

3. 이륭양행의 선박과 안둥 부두

기존의 연구에서는 이륭양행을 중국 태고선복공사(太古船輻公司)
의 대리점으로 상하이와 안둥 사이의 무역을 하고 있었다고 단정하고
있다.[36] 설립 당시 이륭양행의 선박들은 청 정부가 1906년 9월에 안둥
해관을 설치할 때 건설한 안둥 항[37]을 드나들었을 것이며, 이는 압록
강의 수심이 깊지 않아 천 톤 이하의 범선들만이 내왕할 수 있었기 때

문이다. 이때 일본은 압록강철교를 계획하고 있었으므로 일본 해관과 만철 부두를 압록강철교 아래쪽에 건설했다. 1911년에 압록강철교가 개통되고 조석의 두 차례만 철교를 들어 선박들이 드나들 수 있도록 규정하면서 안둥 항은 큰 제약을 받게 되었다. 이에 청 정부는 일본해관에서 압록강을 따라 10킬로미터 떨어진 산다오거우(三道溝) 랑터우(浪頭) 부근 강변에[38] 두 번째 부두를 설립하고 해관 분관도 증설했다. 독립운동가들이 이룽양행의 범선을 이용하여 안둥에서 상하이로 갈 때 바로 이 랑터우 부두에서 승선했을 것이다.

안둥에 본격적으로 기선이 드나들기 시작한 것은 동강(東港) 부두가 건설되면서부터이다. 1937년 일본이 압록강 상류에 댐을 쌓고 발전소를 건설하면서 압록강의 수위가 급격히 낮아져 범선의 출입마저 어렵게 되자 압록강 하구 인근에 동강 부두를 건설했다. 이때 일본은 이미 해상운수 및 무역의 대권을 독점했으므로 이룽양행은 현상을 유지하다가 태평양전쟁이 발발하여 영국영사관이 철수하자 적산(敵産)으로 몰수당했다.

4. 석방된 후 쇼의 행적

1920년 11월 19일, 서울형무소에서 석방되어 안둥으로 돌아온 쇼는 계속하여 이룽양행을 경영한 것으로 알려져 있다. 1922년 5월 영국 펑톈영사관의 영사가 안둥에 시찰을 오자, 쇼는 동변도 도윤(道尹) 등의 유지들을 초청하여 만찬을 베풀어 그와 독립운동가들의 관계에 대한 "오해를 불식"시키는[39] 등 세간의 이목을 따돌리는 방법으로 안둥교통국이 다시 활약할 수 있는 조건을 만들었다.

1922년 8월 이룽양행의 고용원 김문규가 체포되고 쇼가 교통국에

대한 지원을 중지하면서 쇼와 임시정부의 관계가 단절된 것으로 보이
지만, 여전히 그 밖의 독립운동단체들에게 여러 가지 도움을 준 것으
로 기록되고 있다. 1924년 2월 일본 관동청 경무국은 쇼가 상하이에서
무기를 구입하여 통의부 특파원 박창렬과 김규일에게 팔았다고 기록
하고 있다.[40] 같은 달 중순에 독립운동에 자금을 제공하기 위해 상하
이로 가서 여운형과 김구를 만났다는 기록도 있다.[41] 1923년 12월에
도 장인수, 김용원, 임득산, 오인석 등 임시정부요원들이 이륭양행의
선박을 이용하여 상하이와 안둥 사이를 내왕하고, 이를 거점으로 통
의부, 정의부 등 만주지역의 반일단체들과 연락했을 뿐만 아니라 무
기와 탄약까지 운송했다.[42]

  하지만 이러한 보도는 점차 줄어들고 만주사변 이후에는 위만주국
정부가 안전을 구실로 민간인의 내하 운항을 금지하고 설상가상으로
일본회사까지 횡포를 부리면서 이륭양행의 경영은 더욱 어려워져[43]
결국 1935년 3월에는 이륭양행을 매각한다는 보도까지 나왔다.[44] 보
도에 의하면 이륭양행은 대안공사(大安公司)와 선박 8척, 안둥 현과
다구산 사이의 잔교, 창고, 토지점유권을 21만원에 매각하려고 교섭중
이라고 했다. 이 교섭이 성사되었는지는 확인할 수 없지만 적어도 이
륭양행의 모든 사업을 포기한 것이 아님은 틀림없다. 당시 안둥에서
샤오자오즈(邵趙志)란 이름으로 더욱 잘 알려진 쇼는, 태평양전쟁 발
발 전야 영국 안둥영사관의 영사가 철수하자 잠시 영사대리를 담당했
고 전쟁 이후에는 상하이로 이전하면서 이륭양행의 중국인 직원들에
게 영사관 업무를 위임 대리시켰다. 쇼가 영사대리를 담당했다는 사
실은 이륭양행이 당시 단둥 유일의 영국회사였다는 점과도 관계가 있
겠지만, 영국 외무장관 발포어의 조카라는 그의 신분도 작용을 했을
것이라고 여겨진다.

5. 이륭양행과 태고선복공사의 관계

양행[45]이란 근대 서양 상인들이 중국에 설립한 회사의 총칭으로 특권의 상징으로도 여겨졌기 때문에, 중국인 회사는 양행이란 명칭을 함부로 사용할 수 없었다. 영국 상인들이 중국에서 주로 사용한 회사명으로 이화(怡和), 이륭(怡隆) 등이 있었다. 이화향행은 창장(長江) 유역의 상권을 독점한 회사로 지금도 홍콩과 동남아에 활약하고 있다. 쇼의 이륭양행의 경우 독자적인 회사인지 계열사인지는 알 수 없으나, 1920년대를 전후하여 산둥 성 옌타이에도 이륭양행이라는 영국 무역운수회사가 있었고, 1940년대 푸젠 성 마웨이 항(馬尾港)에도 이륭양행의 영국무역선박들이 출입항한 기록이 있는 것으로 보아 계열사였을 가능성이 높다고 본다. 이륭양행이 독자적인 회사라고 할 경우, 태고선복공사의 대리점을 겸하고 있었다는 점은 상식에 어긋나는 일이다. 더욱이 이륭양행 자체가 선박 3척(후에는 기선 8척)을 가지고 있던 안둥 굴지의 무역회사로서, 아무런 기록도 남아 있지 않은 회사의 대리점이었다는 점은 이해가 되지 않는다. 당시 상하이에는 영국 운수회사로서 규모가 큰 태고선박공사(太古船舶公司)가 있었는데, 이륭양행이 이 공사의 안둥 대리점 역할도 겸하지 않았을까 추측해 본다.

Ⅵ. 나오며

3·1운동의 결과 대한민국임시정부가 수립되었고, 임시정부는 반일 광복이라는 목적을 달성하기 위하여 설립 초기부터 교통국을 설립하고 연통제를 추진했다. 이 과정에서 이륭양행과 안둥교통국의 활약은

임시정부가 실제로 반일광복운동의 지도 기관이었음을 상기시키는 역할을 했다.

비록 임시정부 수립 이후 100년에 가까운 세월이 흘렀지만 비밀리에 진행되었던 안둥교통국과 이륭양행의 활동에 대해 여전히 자세히 파악하지 못하고 있다. 기존의 연구에 연연하지 않고 미지의 영역에 대한 탐구를 지속하여 그 실상을 파헤쳐나가는 것이 우리의 사명이다.

류빙후 | 다롄대학 교수

▣ 주

1) 샤허(沙河)는 안둥의 구시가를 가로 질러 압록강에 흘러드는 작은 지류이다. 산 둥 성 출신 이민들이 안둥 일대에 처음 이주했을 때, 샤허의 양안에 거주하면서 샤허쯔(沙河子)란 마을이 생겨났다. 안둥은 청 정부가 샤허쯔에 붙인 공식 지명 이다.

2) 王文良外(2006), 『尋找丹東鮮爲人知的歷史』, 丹東檔案局, 19쪽.

3) 안둥해관은 영문으로 현지 해관(Native Customs)이라고 표기되어 있다. 세무사 임명 시, 이 지역의 명칭은 정부 지명으로는 안둥이었으나 현지에서는 샤허쯔라 고 불렸기 때문에 하나의 지명을 선택하지 못하고 현지 해관으로 표기했다.

4) 통계에 의하면 1920년 6,000 해관량(海關兩)에 달하던 안둥 해관의 무역량은 1927년 10,701 해관량으로 증가하여 만주 지방 제2의 무역항이 되었다. 같은 시 기 안둥 항의 출입항 선박은 1,196척으로, 그중 일본적 선박이 800척, 중국적 선 박이 332척, 영국적 선박 54척, 노르웨이적 선박이 10척을 차지했다. 안둥 해관 의 관장 지역은 압록강 상류의 창바이(長白)로부터 황해 연안의 쫭허(庄河)에 이르는 750킬로미터에 이르렀다.

5) 在上海日本領事館(1932), 『朝鮮民族運動年鑑』, 15쪽.

6) 교통부 안둥지부 설치시간을 7월 초 혹은 그 이전으로 추정하는 시각도 있다. 한철호, 조지 엘 쇼(George L. Shaw)의 한국독립운동 지원활동과 그 의의: 체포 석방 과정을 중심으로, 한국근현대사연구 38, 2006년 가을 호, 한국근현대사학 회, 14~15쪽 참조.

7) 국사편찬위원회(1971), 『韓國獨立運動史資料 Ⅱ (臨政篇 Ⅱ)』, 76쪽.

8) 김용환(1996), 「상하이 임시정부의 교통국과 연통제 연구」, 인하대학교 교육대학 원 석사학위논문, 12쪽.

9) 유진선(1988), 「大韓民國 臨時政府의 交通局과 聯通制研究: 怡隆洋行을 중심으로」, 영남대학교 석사학위논문, 23쪽.

10) 在上海日本領事館(1932), 앞의 책, 1919년 7월 30일자.

11) 상동.

12) 독립운동사편찬위원회(1973), 『독립운동사 4, 임시정부사』, 293쪽.

13) ≪東亞日報≫, 1921.4.27.; ≪東亞日報≫, 1921.5.18; ≪獨立新聞≫ 1921.5.25.

14) ≪東亞日報≫, 1921.2.22.; ≪獨立新聞≫, 1921.2.17.

15) 在上海日本領事館(1932), 앞의 책, 1920년 5월 31일자.

16) 국사편찬위원회(1971), 『韓國獨立運動史資料 Ⅲ (臨政篇 Ⅲ)』, 188쪽.

17) 유진선(1988), 앞의 논문, 24~25쪽.

18) 金正明 編(1967), 『朝鮮獨立運動 Ⅰ』, 原書房, 288쪽.

19) 신용하 외(1991), 『일제강점기하의 사회와 사상』, 신원문화사, 124쪽.

20) 在上海日本領事館(1932), 앞의 책, 1919년 12월 30일자.

21) 『淸州韓氏儒士寶鑑』 하권,

22) 국사편찬위원회(1971), 앞의 책, 121쪽.

23) 국사편찬위원회(1971), 위의 책, 43쪽.

24) 朝鮮總督府警務局長, 「高警九八九一號, 河海解氷伴不逞行動關件」, 1920년 4월 6일. 해빙기가 되어 압록강 항로가 개통되면 일제는 이륭양행 선박에 대한 단속을 강화했다.

25) 堺與三吉(間島總領事代理領事), 「密受八六五五號-中第二五六四號 怡隆洋行不逞鮮人關係」, 1921년 7월 23일.

26) ≪獨立新聞≫, 〈金文奎氏의 被捉〉, 1922.9.11.

27) 독립운동사편찬위원회(1973), 앞의 책; 具汏列(1983), 「일제침략기 영국의 對韓政策」, 『한영수교100년사』, 한국사연구협의회; 金峻憲(1984), 「大韓民國臨時政府의 聯通制와 怡隆洋行-白山 安熙濟의 關聯活動側面에서」, 『社會科學硏究』, 영남대학교; 이연복(1985), 「대한민국임시정부의 교통국과 연통제」, 『한국사론』10, 국사편찬위원회; 유진선(1988), 앞의 논문; 김용환(1996), 앞의 논문; 채영국(1999), 「대한민국임시정부 교통국의 설치와 활동」, 『대한민국임시정부수립 80주년 기념논문집 상』, 국가보훈처.

28) 한철호(2006), 앞의 논문.

29) 쇼와 이륭양행에 관한 자료는 독립운동가들의 재판 기록과 신문, 쇼의 체포에 관한 일제 측의 자료들로 이륭양행의 상황과 석방 이후 쇼의 행적을 밝히는 데는 한계가 있다.

30) 京畿道 警務局長의 「高警二三五八號 怡隆洋行關係件」에서 이륭양행은 안동 영국 조계 내에 있다고 기록되어 있다.

31) 태평양전쟁 이후 안동 주재 영국영사관이 철거하자 안동 주재 일본영사관은 안동 역 앞에 있던 작은 영사관 건물을 버리고 이곳으로 이전했으며, 본래 일본영사관으로 이용하던 건물은 이미 철거되어 흔적도 없다. 따라서 지금까지 한국독립운동사 학계에서 확인한 일본영사관 옛 터(지금의 단둥위수사령부건물)는 1942년부터 일본영사관으로 사용되기 시작한 곳이다.

32) 朝鮮總督府警務局長, 「高警第三零七四號 怡隆洋行內ノ不逞鮮人立退ノ件」.

33) 在安東領事館, 「受二六七七四號 公信第一七八號 最近於移住鮮人狀況」, 1921.8.29.

34) 건강교육소가 있는 싱룽제 25호가 이륭양행의 옛 터라는 주장은 단둥 시 민족사무위원회의 전 주임인 박문호가 단둥 시 건강교육소 소장 趙寶光이 1979년에 건물을 증축할 때 정문 위에 이륭양행이란 글씨가 있던 것을 시멘트로 발랐다는

증언을 듣고 사실 확인 없이 이야기한 것이다.

35) 중국인들은 전통적으로 회색 벽돌을 사용하여 건물을 지었다. 러시아, 영국 등의 나라들도 회색 벽돌로 서양식 건물을 지었으나, 일본의 경우에는 중국에 들어오면서 적갈색 벽돌을 사용했기 때문에, 중국에서는 관습적으로 회색 벽돌로 지어진 건물은 일본 식민통치 이전의 건물이라고 판단한다.

36) 京畿道 警務局長, 「高警二三五八號 怡隆洋行關係件」에서는 기선 세 척을 운영하고 있다고 기록했다.

37) 최초 설립된 안둥해관은 지금의 압록강철교 상류에 있는 싱룽졔의 압록강변에 있었고 부두는 현재 중국군 해상순시중대의 순라정이 정박하는 군사기지로 사용하고 있는 곳이었다. 해관은 지금의 홍수방지제방의 10호 관문가에 2층 양옥으로 지어졌지만 후에 철거되었다.

38) 단둥 시 랑터우공항(浪頭空港)의 압록강변 쪽에 위치한 해관 분관은 현재 단둥시 항만박물관으로 이용되고 있다.

39) 「機密受第七八號-高警第一三五五號 奉天駐在 英國領事旅行件」, 1922년 05월 05일.

40) 關東廳警務局, 「秘 關機高收 第三三四二號-機密受 第一六七號 統義府武器入受運動(關東軍參謀部報)」, 1924년 2월 26일.

41) 「公信 第一六二號 ジョシ. ショウ來ニ關スル件」, 1924년 2월 29일.

42) ≪東亞日報≫, 「怡隆洋行을 중심으로 림시정부원 활약설, 폭탄을 가져왔단말」, 1923년 12월 5일.

43) ≪滿洲日報≫, 「內河航行權の回收に大安汽船の躍進-脅威英商怡隆洋行値下又値下猛烈な船合戰を展開」, 1934년 6월 24일.

44) ≪東亞日報≫, 「安東縣의 名物 怡隆洋行賣渡 愛蘭人 지엠·쇼 氏의 船舶會社 廿一萬圓에 팔려, 大安公司에」, 1935년 3월 9일.

45) 양행이란 당초 외국 상인이 중국에 개설한 수출입무역회사의 속칭으로 사용되다가, 후에는 공장, 광산, 철도 등으로 확대되었다. 규모가 큰 양행은 자체 선박과 보험 기구가 있었으며, 초기의 영국 양행은 아편밀수와 같은 불법 활동에 종사하여 폭리를 얻었다. 제2차 아편전쟁 이후 통상항구의 확대와 내하 항운업의 개방으로 양행들은 상품 수출과 원료 수탈에 필요한 선박운수, 부두와 화물창고, 보험과 은행 등의 분야로 경영을 확장하여 부를 축적했다. 당시의 유명한 양행들로는 영국의 이화양행(怡和洋行), 미국의 기창양행(旗昌洋行) 등이 있었다. 신해혁명 이후에는 일본의 양행들이 영국을 능가하여 중국 수출입의 대부분을 장악하였다.

4부
근대 국경도시의 경험, 기억, 표상

8.
일본 군의의 눈으로 본 청일전쟁 무렵의 안둥과 그 주변 지역

히구치 다이스케(樋口大祐)

Ⅰ. 들어가며

청일전쟁에 제2사단 부속 군의로 참가한 구 센다이 번사(仙台藩士) 출신 와타나베 시게쓰나(渡辺重綱)는 귀국 후인 1896년에 『정청기행(征清紀行)』[1]을 발간했다. 이 글은 『정청기행』에 나타난 안둥 및 그 주변 지역에 대한 기술을 바탕으로, 당시 일본 지식인의 청국(清國)과 청국인에 대한 시선을 다각적으로 분석하고자 한다.

압록강을 끼고 북한 신의주와 마주하고 있는 중국의 단둥 시는 1945년 이전까지 안둥(安東)이라 불리는 다민족 도시였다. 단둥은 19세기 중반까지 중국의 변외(邊外) 지역이었으나, 함풍(咸豊) 연간(1851~1861)에 한족(漢族)의 이주가 진행되고, 1875년에는 안둥 현(安東縣)이 설치되었다. 당초 안둥의 현아(縣衙)는 다둥거우(大東溝)에 설립되었으나, 이듬해 후일 안둥 시내로 발전하는 샤허전(沙河鎮)으로 이전했다. 1894년 10월 청일전쟁이 발발한 후 일본군이 이 지역을 점령하면서 민정청(民政廳)을 설치했으나, 강화조약과 함께 청에 반환되었다. 안둥에 일본인 거류지가 건설된 것은 러일전쟁 중인 1904년 5월 일본군이 이 지역을 점령한 이후부터였다.2)

신의주 출신의 일본인 작가 후루야마 고마오(古山高麗雄)는 한때 압록강 대안의 안둥에 거주했다. 후루야마는 자신의 소설을 통해 안둥에서의 기억을 이야기하고 있지만, 1920년생인 그에게 19세기 말에서 20세기 초의 안둥에 대한 경험이나 기억은 없다.3)

1937년 안둥에서 태어난 작가 오카다 가즈히로(岡田和裕)는 『만주변경기행(滿洲邊境紀行)』(2003)에서, 러일전쟁 기간 일본이 안둥을 점령한 후 일본 육군 오하라 다케요시(大原武慶)가 신시가지를 건설했다는 점을 강조했다.4) 지역의 토지를 공갈과 협박으로 사들인 오하라는 39만 평을 시가지로 확정하여 학교·병원·제방을 건설하고, 인구 십 만 명의 도시를 건설하려 했으나, 그의 강제적이고 강압적인 방법이 정치적인 문제를 일으켜 일 년 만에 안둥을 떠나기에 이르렀다.5)

육군으로서는 매우 이단적이었던 이 인물은 그 후 이슬람교도와의 연계를 모색했다. 1909년에는 아시아주의단체인 아시아의회(亞細亞義會)를 설립하여, 잡지 『대동(大東)』에 세계의 회교(回敎) 정세에 관해 집필했다.6) 『동아선각지사기전(東亞先覺志士記傳)』의 「나카노 쓰네타로전(中野常太郎天心傳)」에 따르면, 1933년 안둥 시 교외의 전장산(鎭江山)에서 『인류여 일치하자(人類よ一致せよ)』로 시작하는 아랍어로 된 기청문(祈請文)과 러일전쟁 후 일본으로 건너간 터키계 무슬림 인사 압뒤르레시드 이브라힘(Abdürreşid İbrahim), 오하라 다케요시, 나카노 쓰네타로, 도야마 미쓰루(頭山滿), 이누카이 쓰요시(犬養毅) 등의 자서(自署) 조인(調印)이 발견되었다.7) 이는 1906년 9월 일본 군정 종료 후에도 회교도를 끌어들인 일본의 아시아주의자들에게 안둥이 중요한 거점으로 여겨지고 있었음을 시사한다. 단 지금 시점에서는 더 이상의 고찰을 심화할 수 있는 자료를 발견하지 못했다.

한편 『만주변경기행』에도 인용된 자료로, 1944년 간행된 가와하라 소에몬(川原惣右衛門)의 『이야기 안둥사(物語安東史)』는 안둥의 역사를 기원 전후의 안둥도호부(安東都護府) 시대부터 다루고 있는 통사 성격의 서적이다. 현재 내용 확인이 가능한 제1부에는 러일전쟁 전야 아시아주의 낭인인 쓰루오카 에이타로(鶴岡永太郎) 등이 안둥에서 벌인 활동까지가 서술되어 있다.[8] 해당 서적은 제국 일본의 일부가 되어 있는 상황을 자명시하면서도, 다양한 민족의 십자로 역할을 해온 안둥의 복잡한 역사를 옴니버스 형식으로 서술하고 있으나, 1895년 일본군이 안둥을 점령했을 당시의 상황에 대한 기술은 적다.

그에 비해 와타나베의 『정청기행』에는, 그가 안둥 점령군의 후비(後備) 부대로 안둥과 그 주변 지역에 체재했던 기간 동안 겪었던 현지에 대한 극명한 기술이 있다. 오타니 다다시(大谷正)[9]는 『정청기행』을 소개하며, 참전자가 전장에서 총후(銃後)의 가족에게 보낸 서간에 적국인 청국이나 청국인에 대한 차별적 태도가 적은 점에 높은 평가를 주고 있다. 당시 가쓰 가이슈(勝海舟)[10]와 같은 극히 소수를 제외하고, 후쿠자와 유키치(福沢諭吉)[11]를 필두로 일본 지식인 사이에서 청국 모멸 감정이 세상을 뒤덮고 있었던 점을 생각하면, 『정청기행』의 냉정함은 특필할만하다. 그렇다고 해도 이 기행문은 집필 당시부터 지방 신문에 게재되어 제2사단장 사쿠마 사마타(佐久間左馬太)[12]를 포함한 광범위한 독자나 정부의 검열을 의식할 수밖에 없었으므로 보다 다방면에서의 분석을 필요로 한다.

러일전쟁은 동아시아 근현대사의 운명을 규정한, 세계사적인 사건이다. 일본군의 모략에 의해 시작된 이 전쟁이[13] 일본의 제국주의화와 인근 국가들의 식민지화·반식민지화의 단서가 되어, 지금에 이르기까지 역사인식 논쟁의 원인이 되고 있다는 점은 말할 필요도 없을 것이다. 본론에서는 해당 전쟁의 역사적 중요성을 의식하면서, 전쟁 중에 기술된 안둥 현의 표상과 저자의 시각에 대해 분석할 것이다.

Ⅱ. 『정청기행』에 나타난 압록강, 쥬롄청, 안둥 현, 다둥거우

오오타니가 소개한 것처럼,[14] 와타나베는 1834년 후쿠시마(福島) 시라카와 번(白河藩)의 총포 대장장이의 아들로 태어났다. 의학을 배워 센다이 번령(仙台藩領)의 항구도시 시오가마(鹽竈)에서 덴도 가(天童家)의 데릴사위로 들어간 후, 보신전쟁(戊辰戰爭) 직전에 센다이 번의 직신(直臣)이 되었다. 이후 센다이 번이 오우에쓰 열번 동맹(奧羽越列藩同盟)에 참가하여 관군에 항복하였으므로 서양의학을 배워 군의로 전신했다. 청일전쟁 당시에는 이미 퇴역한 상태였으나 예순이 넘은 나이에도 자원하여 전장으로 나갔다. 『정청기행』에 나타난 와타나베의 이동 일정을 보면(이하 이동 일정에 관한 기술은 모두 『정청기행』의 해당일자를 따름), 1894년 12월 4일에 센다이를 출발하여, 7일 히로시마 대본영에 도착, 10일에 우지나(宇品)에서 승선하여, 21일에 한반도 대동강 녹사포(錄沙浦)에 상륙하여, 23일 평양에 도착했다. 같은 달 25일에는 평양을 출발하여 의주로 향했으며, 이듬해 1895년 1월 3일 압록강변의 국경도시 의주에 도착, 4일에 압록강을 건너 대안의 쥬롄청(九連城)과 안둥 현에 도착했으며, 6일에 연해의 항구도시 다둥거우에 도착했다. 그 후 23일까지 다둥거우, 25일부터 3월 28일까지 투청쯔(土城子), 같은 달 29일부터 6월 16일까지 내륙의 슈옌(岫巖)에서 군의로 근무했다. 6월 17일에는 다구산(大孤山)에 도착하여 귀국 명령을 기다렸다가, 7월 16일에 출발하여 19일에 아카마가세키(赤間關: 지금의 下關)에 도착, 근 7개월 만인 같은 달 24일에 센다이로 돌아갔다. 도중에 평양, 쥬렌청, 투청쯔 등 청일 양국군의 격투가 벌어진 장소에 체재한 시기도 있었다. 그러나 전투가 종료된 후 일본군이 현지를 점령했을 때였으므로, 전투에 참가한 병사나 군속과는 다른 입장이었을 것이며, 이 역시 『정청기행』의 위치 짓기에서 고려해야 할 점이다.

　여기서는 그가 압록강을 건넜을 때와 쥬렌청에 도착했을 때, 쥬렌청에서 안둥 현으로 이동했을 때의 기술을 소개하고자 한다. 먼저 1895년 1월 4일, 한겨울에 얼어붙은 압록강을 말을 타고 건넜을 때를 기술한 부분이다.[15)]

　압록강은 의주성의 서쪽에 있다. 서문에 灣洲라는 큰 현판이 걸려있는데, 강이 바다로 흘러들어가는 지역이기 때문에 만(灣)으로 보았던 듯하다. 나는 말을 타고 강으로 향했다. 결빙한 강은 마치 거울과도 같았다. 천천히 말을 달려 강변에 도착하니, 강의 폭은 500-600미터 정도로 보인다. 유명한 대하(大河)라는데 그 명성만큼은 못하다고 마음속으로 생각했다. 300보 정도 앞으로 나아가니 앞서 본 것보다 큰 강이 나타났다. 어찌된 일인지 현지인에게 물으니, 이 역시 압록강으로 지금 보이는 곳은 강 가운데의 모래톱이라고 한다. 대략 1,000미터는 될까. 다시금 사막 같은 곳에 다다랐다. 처음에 본 것과 같은 크기의 강이 보인다. 강을 건너 수백 보를 나아가니, 청국 九連城을 앞 둔 곳에 또 하나의 강이 있다. 璦河라고 하는데, 이 모든 것이 압록강에 속해 있다. 강변에 올라 의주 땅을 바라보니, 운무가 자욱한 가운데 대략 1리는 되어 보이는 것이 처음의 강임을 알았다. 오늘은 완전히 얼어붙어 거울과도 같지만, 여름 장마철에는 한 줄기의 큰 강이 된다고 한다.

압록강을 무사히 건넌 와타나베는 쥬롄청에 다다른다.16)

　　강의 서안은 청국 盛京城의 九連城이다. 강변 위에 지어진 포루는 크기 10
정(丁), 높이 1장(丈) 정도 되고, 서쪽의 고지대에는 스무 군데 정도의 크고 작
은 포루가 있다. 성벽 없이 천연의 산이 방어하고 있는 것 같다. 老龍頭山과
虎兒山이 좌우로 솟아, 만주 동방 제일선을 형성하며 매우 험요(險要)하다. 민
가는 대략 30-40호 정도 될까. (민가는) 모두 상인의 가옥 같은 풍격으로, 현재
제5사단 본부 및 병사(兵舍)로 사용되고 있다. 이곳 강산에도 포루가 있으나
유지할 기력이 없었는지 남겨둔 채 퇴각했다. 서쪽으로 이어지는 산을 따라 남
쪽으로 이동하니 길이 평탄하고, 현지인의 왕래가 쉼 없이 이어진다. 현지인은
조선인과 달리 머리를 사변으로 밀어 중앙에 모발을 남기고 그것을 땋아 뒤로
늘어뜨리고 있다. 이전에 나가사키 같은 개항장에서도 자주 본 모습이지만, 지
금 그 나라에 직접 와보니 신분이 높은 자와 낮은 자, 노인과 소년 할 것 없이
모두가 같은 모습을 하고 있다. 나라가 정한 제도라고는 하지만 멧돼지 꼬리와
같은 것이 무척이나 볼썽사납다.

　　'멧돼지 꼬리'라는 것은 일본인이 변발한 청국인을 형용하는 차별어
'豚尾漢'을 바탕으로 한 표현일 것이다. 와타나베 역시 그와 같은 감정
으로부터 자유롭지는 않았던 것 같다. 같은 날 오후, 와타나베는 안둥
현에 도착했다.17)

　　서산을 따라 수수밭을 우회하여 오후 세 시에 安東縣에 도착했다. 의주에서
3리 반, 安東縣의 별명이 沙河子인 것은 서단에 沙河가 있기 때문일 것이다.
서쪽에 元寶山 산맥이 솟아있고 사방의 지대는 낮다. 이 땅은 청 光緒 2년(明
治 9년)에 열린 新開地라고 한다. 민가는 대략 천 호 정도로, 가옥의 구조는 석
조 혹은 벽돌로 만들어 외관은 웅장하고 아름답지만, 내부는 조촐하다. 시가는
종횡으로 구획되어 있으며, 청국 병사들이 퇴각할 때 방화하여 대부분 소실되
었다. 민정청은 서쪽 상가에 설치되었으며, 대일본제일군민정청(大日本第一軍

民政廳)의 큰 패(牌)를 정문에 내걸었다. 전지정립병원(戰地定立病院)을 시가 남동쪽의 민가 5-6호를 합병하여 설치했다. 아리마(有馬) 이등군의정(二等軍醫正)이 원장을 맡고 있는 이 병원에는, 현재 환자 900여 명 정도가 있으며 날마다 증감이 있다고 한다. 제4중대와 함께 숙사에 머물다가 시가에 물건을 사러 갔다. 그 곳에서 옛 군의 동료와 마주쳤는데 왠지 일본에 온 기분이 들었다.

이 기술에는 안둥 현이 광서 2년(1876)에 세워진 신개지(新開地)로, 건축은 훌륭하지만 내부는 허술하고, 시가지는 종횡으로 구획되어 있으나 대부분이 소실된 점, 일본 민정청과 정립병원이 이미 활동을 시작했다는 점 등이 보고되어 있다.

안둥 현에서 하루를 묵은 와타나베 등은 1월 5일 오전 8시에 현지에서 출발하여 극한의 추위를 뚫고 6일 다둥거우에 도착했다. 다둥거우에서 처음으로 여장을 풀고 후비 부대의 근무에 착수했다.18)

오후 두 시, 大東溝에 도착했다. 지금으로부터 40년 전에 해안으로부터 큰 도랑(大溝)를 파서 만든 항이라고 한다. 입구의 들판에 두꺼운 판자로 만든 작은 배 모양의 상자가 여기저기 놓여있었다. 현지인에게 물으니 망자의 관이라 한다. 뚜껑이 느슨한 것이 있어서 열어보니 여성의 사체가 의복에 말려 옆으로 뉘어져있었다. 망자의 머리를 뱃머리 쪽으로 놓고 북쪽을 향하지 않도록 해 두었다. (중략) 이곳은 나의 수비지이므로 먼저 사영(舍營)에 들어가 휴식했다. (중략) 7일 맑음. 이 날은 오전 7시에 岫巖 지방을 향해 출발했다. 나는 후지이 중대장과 함께 전 수비대 제3사단 보병 제18연대의 일부와 교대하여 수비 임무를 맡았다. (중략) 8일 맑음. 오전 8시에 병사의 진단을 끝내고 시가를 순회했다. 대략 400-500호 정도의 민가가 있었다. 동쪽은 큰 도랑이고 서남북은 모두 논으로 둘러싸인 가운데 시가가 구획되어 있다. 중앙에 병영이 있고, 대략 500미터 동쪽에 문이 있으며, 서남북 방면에는 모두 높이 3, 4미터의 포루가 있다. 북동쪽의 대상가(大商家)에는 병참부를 설치했다.

여성의 사체에 관한 내용은 후술하도록 하고, 와타나베는 다둥거우의 항의 기능에 대해 다음과 같이 관찰했다.[19]

9일 맑음. 오전 9시경 溝內에 가보니 그 광활함은 우리나라 도쿄 深川 저목장(貯木場)의 10배 정도로 보인다. 동서의 너비가 700-800 미터 정도이고, 남쪽은 논밭으로 막혀 있으며, 북쪽은 바다로 이어지는 약 1리 정도의 溝口로 압록강 하구에 면하고 있다. 溝內는 모두 얼어붙어 크고 작은 목선들이 갇혀있다. 그중에서도 가장 곤란한 것은 소형 증기선 漢陽丸이다. 이 배는 원래 조선 소유였으나, 지난 해 8월 인천항에 버려져 있던 것을 일본군이 점령, 용선으로 충당한 후 병참부에 부속되었다가, 지난 해 12월 10일 이곳으로 왔다. 열흘간은 괜찮을 것이라 생각하고 있었으나, 13일 밤에 갑자기 몰아닥친 한파에 얼어붙어 오늘에 이르렀다. (중략) 그밖에도 일본 상인 소유의 선박 세 척, 청국인의 작은 배 열 척 남짓도 모두 얼음에 갇혔다. 배와 뗏목이 두꺼운 얼음에 갇힌 이름뿐인 大溝.

溝內에 얼어붙은 목재는 실로 엄청난 양으로, 1척각(尺角)에서 1척 5촌각(寸角), 길이 3간(間) 정도의 목재가 뗏목으로 묶이거나 줄지어 떠있다. 선장에게 생산지를 물어보니 조선 함경도의 깊은 산에서 벌목하여 압록강으로 보내 이곳에 집적한다고 한다. 때에 따라 天津과 北京에 수출하며, 이 지역 상인들과 天津에 출점한 상인들의 소유이지만, 주인이 전란으로 도망쳤기 때문에 유기물과 같은 처지이다. 최근 두 세 명 정도가 와서 우리 병참부에 목재 조사 등을 청원했다고 들었으나, 가엾게도 자기 소유의 목재도 판연하지 않으며, 절도당한 것도 다소 있는 것 같다.

다둥거우가 중요한 항만이자 압록강 상류에서 벌채된 목재의 집적지로서, 조선인과 청국인 등이 접촉하는 콘택트 존의 성격을 잃지 않고 있었다는 점을 알 수 있다. 1895년 당시 안둥 현의 현아는 샤허전으로 이전된 상태였으나,[20] 일본군에게도 다둥거우는 중요한 전략적 거점이었음을 알 수 있다.

Ⅲ. 『정청기행』에 나타난 '왕화(王化)'의 논리

와타나베는 히로시마 대본영에 출두했을 때, 그의 연령을 배려한 오치아이(落合) 의정(醫正)이 "당신은 노년인지라 혹한 속에서의 임무가 불안하니, 이곳에 머무는 것이 낫지 않을런지요. 숙고해보심이 좋습니다."라고 충고하자, "다른 이들과 같은 걸음은 아닐지라도 국가에 보답하는 마음은 늦지 않도록 하겠소."라는 의미의 와카를 읊어 대답을 대신했다.[21] 보신전쟁에서 '적군(賊軍)'으로 취급되던 번의 출신자가, 그후 메이지 일본에 충성을 맹세하는 구도는 도호쿠(東北) 각 번에서 두드러진 현상이었다.[22] 와타나베의 경우, 센다이 번 출신으로 오우에쓰 열번 동맹 시대의 지도자로서, 유신 후 형을 받아 죽은 다마무시 사다유(玉蟲 左太夫)에 대한 경외감을 가지고 있었다.[23] 그러나 그것과 새로운 국가에 충성을 다하는 것은 모순되지 않은 것처럼 보인다.

와타나베의 메이지 일본에 대한 충성도는 책의 서두 및 말미의 필치에서 분명하게 드러난다. 그는 제2사단의 일원으로 히로시마의 대본영으로 향하는 도중, 미카와(三河)의 야하기바시(矢作橋)를 건널 때, 일부러 "參州矢作의 다리에 도착했다. 도요토미 히데요시 공은 어린 시절 이 다리 위에서 노숙을 하였으나, 노년이 되어 조선에 군사를 보내 국위를 드러내셨다. 나 또한 지금 조선으로 가라는 명령을 받아 이곳을 의도치 않게 통과하니 어찌 감회가 없을진가. 고려로 가는 나의 몸은 춥지 않다. 동자가 야하기 다리에서 보낸 밤을 떠올린다면"[24]이라고 쓰고 있다. 히로시마까지 많은 도시를 통과했음에도 구태여 도요토미 히데요시를 언급하는 점에서 그의 관심소재를 읽어낼 수 있다. 또한 말미의 편집자(「雨香園主人成三」[25])의 발문[26]에는 다음과 같은 해설이 있다.

시문(詩文)이 적국인 支那의 풍습이라면 사건을 기록하고 생각을 서술하는
것도 본의가 아니라 하며 우리나라의 문장이나 노래로 한 편을 점철한 그 옛날
의 豐太閤. 조선 정벌 당시, 어떤 이가 한문을 잘하는 이를 부르는 것이 더욱
낫지 않을지 진언하니, 그가 화를 내고 부정하며, 이 전쟁이 그 나라에 우리의
글을 쓰게 하기 위함이라면 그럴 필요는 없다고 대답했다든가. 참으로 기분 좋
은 일일지다. 지금 내가 이 책을 쓰게 된 것도 豐公과 같은 마음일 것이다.

이 호타이코(豐太閤: 도요토미 히데요시)에 가탁한 설화를 '기분 좋
은 일'로 받아들이는 배경에는, 전통적으로 한문이 화문(和文: 日文)보
다 중요했다는 점에 대한 일본 국민의 집합적인 콤플렉스가 작용하고
있었다. 와타나베가 풍부한 한학(漢學)적 교양에도 불구하고, 한시(漢
詩)나 한문(漢文)이 아닌 와카(和歌)와 화문을 선택한 것은 일종의 사
회적 힘과 그것을 민감하게 파악한 와타나베의 기민한 정세판단이 작
동하고 있었던 것으로 봐야 할 것이다. 이와 같은 흐름은 청일전쟁 전
후에 편찬된 국문학사(國文學史)에서 한시와 한문이 배제되어 가는
것27)과 완전히 일치한다.

그렇다면 제국일본에 대한 와타나베의 이와 같은 충절의 핵심은 어
디에 있었는가? 그것은 '왕화(王化)'라는 개념으로 대표되는 논리와 가
치관일 것이다. 필자는 옛 적군(賊軍) 출신자로서 죠슈 벌(長州閥)이
세력을 떨치던 육군의 방류(傍流)였으며, 죠슈의 장군들에게 경의를
가지고 있었는지는 알 수 없다(그와 같은 문언은 보이지 않는다). 그
러나 대신에 빈번히 나타나는 것이 메이지 천황(明治天皇)의 성대(聖
代)를 축복하는 문언들이다. 예를 들어 투청쯔에 체재하던 1895년 3월
6일의 기록에는 다음과 같은 기술이 있다.28)

연희(延喜) 연간에 菅原道眞공이 筑紫에 좌천당하셨다. 어제까지 삼공구경

(三公九卿)의 신분께서 오늘 초라한 집에 살게 되었음에도 봄도 중턱에 다다르자 도회의 일을 떠올리며 "동풍이 불면 향기를 뿜어주오, 매화여. 주인이 없어도 봄을 잊지 말라."라고 읊으셨다. (중략) '千里飛梅一夜花'라는 시구가 있었던 것은 그 옛날의 일. 오늘은 현명한 천자가 위에 계시고, 뛰어난 신하가 아래에 있으니, 외국 원정 수만 군사의 간고(艱苦)를 아시고 후한 혜택을 베풀며 그 가족까지 두텁게 보호하신다. (중략)

스가와라노미치자네(菅原道眞)가 도키히라(時平)의 참언으로 억울한 죄를 입어 귀양을 당한 것, 그럼에도 불구하고 다이고 천황(醍醐天皇)에 대한 존숭(尊崇)의 마음을 잃지 않았던 점은[29] 와타나베와 닮아 있었지만 이러한 문언의 지나치게 우등생 같은 필치는 미디어를 의식한 어용 언설이었음을 말해준다.

또한 이 글을 쓰기 직전인 2월 상순의 기술에는 점령지 통치나 스스로의 역할에 대한 인식을 나타낸 기술이 있다.[30]

이달 초 마을사람 네다섯 명이 군량미를 훔치려고 공모하여 창고에 몰래 들어왔다. 실어 나를 차를 5, 6정(丁) 뒤에 두고 군량미를 메고 나가려하는 것을 초병이 발견하여, 그 중 두 사람을 헌병대에 넘겨 규문(糾問)하니, 빈곤으로 굶주림에 시달려 훔치게 되었다고 한다. 본인과 촌장의 탄원으로 주의를 시킨 후, 주민 모두 동일하게 징계하여 사흘 간 병참부 앞에 묶어두고 중인(衆人)에게 본보기로 보여준 뒤 풀어주었다. 그 후 열흘 정도 지나 그 중 한 명이 다시 대낮에 창고로 몰래 들어가 군량미를 훔쳐 자신의 바지와 옷 속에 담아 나왔다. 그 걸음걸이가 왠지 이상하여 누군가가 알아채고 제압했더니 절도범이었고, 헌병에 인도하여 규문하자 결국 자백했다. 그 결과 앞선 징계를 멸사하고 귀중한 군량을 훔친 것은 양의 많고 적음을 떠나 죽어 마땅한 일이기에 사형에 처하게 되었다. 2월 24일 오후 3시 병참부 앞의 논 근처에 형장을 설치했다. 병참사령관 藤井 육군 보병 대위와 군의 헌병 속관(屬官)들이 늘어서고, 촌장을 비롯한 인민에게 일견(一見)시키는 가운데, 宮崎 헌병 하사관이 집도했다. 범죄인은 청나라 盛京省 西周家屯 孫有升으로 스무 살이었으며, 참수 후에 친족의 부탁으로 시신을 인도했다. 배우지 못한 어리석은 백성은 천하를 다스리는 법의 망을 어찌 이리 모르는가.

현지의 수비 근무를 하는 사이 어느새 3월 하순이 되었다. 기술한 것처럼 청국 병사의 패주 시에 강탈 혹은 방화를 당한 인민 다수가 산간으로 도망치는 바람에 빈집이 많았다. 요즘에는 우리 군이 정숙(整肅)하고 관인(寬仁)함을 알고 서서히 귀촌하여 병참부의 사역을 하고 임은(賃銀)을 받는 이가 늘었다. 사역하여 얻은 임은으로 생계를 보충하고 노인과 어린이가 기아와 추위를 피하니, 우리 천황의 위엄과 소중함을 느끼고 귀의하여 독실하게 따랐다. 맹자 왈, 서민들을 배불리고 따숩게 하는 정치를 하고도 왕이 되지 않았던 사람은 없었다고 했건만 그것을 지금 눈앞에서 확인했다. 특히 기후가 온난해지면서 마치 고목이 봄을 만난 듯 하다며 기뻐하니 이 말을 듣는 우리 역시 기분이 좋다. 노인도 아이도 굶주리지도 않고 얼지도 않는 대군의 관대한 은혜의 봄을 만났도다.

전반에는 빈곤으로 군량미를 훔치려고 한 현지인 두 명을 촌장 등의 탄원을 듣고 일단 석방했으나, 열흘 정도 지난 후, 다시 같은 행위를 한 사람이 있었기 때문에, 이번에는 '앞선 징계를 멸시하고 귀중한 군량을 훔친 것은 양의 많고 적음을 떠나 죽어 마땅한 일'이라며 그를 처형했다는 경위를 기술하고 있다. 절도의 이유가 빈곤 때문임을 인정하면서도, 빈곤을 야기한 전쟁이 일본군에 의한 것이라는 책임의식은 완전히 결락되어 있다. 그와 같은 인식 하에 마지막 와카에서는 '배우지 못한 어리석은 백성'과 '천하를 다스리는 법'을 대비시키고 있다. 후반에는 '청국 병사가 패주할 때 강탈 혹은 방화를 당한 인민'이, 일본군 통치하에서는 귀촌하고 생계를 회복하여 희색을 되찾았다고 적혀있다. 현지민의 곤란을 청국 병사의 폭행 탓으로 돌리는 것은, 전

쟁을 시작한 일본 측의 책임을 전가하는 것이다.[31] 병참부의 활동에
관한 구체적인 기술은 와타나베가 즉물적이고 합리적인 판단능력을
가진 인물임을 보여준다. 그러나 그것이 와카가 되면, '대군(大君: 천
황)의 넓은 은혜'라는 문언으로 수렴되고 만다. 와카(奉祝歌)의 전통
이 그를 그 같은 틀에 가두었다고도 할 수 있지만, 천황을 봉축함으로
써 사건의 설명을 완결하는 방식은 다양한 문제를 배태하고 있는 듯
하다.

3월7일자[32]에는 다음과 같은 대화가 기록되어 있다.

　　군인 한 명이 찾아왔다. 내가 기사를 꺼내 보이자 열람하며 말했다. "노인께
서는 자주 글을 쓰십니까? 지금과 같이 군사행동이 다발한 즈음에 문사(文事)
에만 빠져있는 것은 폐해입니다. 청국을 보십시오. 전투에 패한 것은 모두 이
문사 때문이니, 단연코 그만두어야 합니다." 나는 다음과 같이 대답했다. "오늘
날 청국의 문사는 과거와 비교할 수 없을 정도로 부족합니다. 군사 또한 근년
서양식을 배웠으나 아직 유치한 수준입니다. 우선 정권이 맑지 않고 인심도 온
화하지 않습니다. 이것이야말로 대패의 원인입니다. 조선의 평양성을 보시오.
동쪽으로 대동강을 끼고 牧丹臺兎山으로 가로막혀 있으며 서쪽으로 구릉을 두
고 있습니다. 이밖에도 수만의 무기를 갖추었고, 계절은 중추의 잔서도 약해져
이른바 기상천후, 자연조건의 利를 갖추었으나, 단 하나 사람의 화(和)를 잃은
까닭에 패배하지 않았습니까. 문사에 빠져있었기 때문이 아닙니다. 당신은 하
나는 알고 둘은 모릅니다. 문과 무는 수레의 양 바퀴와 같아서, 문사가 있어야
지만 군사도 사용할 수 있을 것입니다. 대개 천황의 칙조(勅詔)에서 고시, 훈
령, 공사의 통신이 모두 문장이며, 시는 그 자취입니다. 알고 있는지요. 우리나
라 전구년 후삼년의 역(前九年後三年の役) 오슈(奧州) 정벌 당시, 八幡公이 勿
來の關를 지났습니다. (중략) 적도(賊徒)를 토벌 한 후, 安倍宗任를 잡아 교토
로 데려갔지요. 공경(公卿)들께서는 그를 보고 東夷野人이라 모욕하며 매화를
따서 이것이 무엇이냐고 그에게 물으시니, 내 나라에서 말하는 매화로 보이지
만 궁중(宮中)의 사람들은 무엇이라 하는가라고 답했습니다. 내일의 목숨도 모

르는 몸이지만 정신은 침착하고 여유가 있으니, 八幡公이라는 대세의 적 앞에
서도, 꽃으로 마음을 위로받는 것 또한 같은 이치일 것입니다. 이에 八幡公은 이
포로를 용서하고 하인으로 삼아 심야의 산책에도 동행시켰다고 하니, 이것이야
말로 문무를 겸비한 사람이라 할 것입니다. 이 기사는 종래 의무 관련 공문서를
작성하다가 남는 시간에 쓰고 있습니다. 문사에만 빠져있는 것은 아닙니다. 그
러니 어찌하여 당신의 권고를 받아들여야 하는지요." 그러자 군인은 "아, 참으로
요설(饒舌)인 노부(老父)시군요."라고 말하며 웃으며 돌아갔다.

여기서는 군인의 밀리터리즘에 대해 '문(文)'을 옹호하는 와타나베
의 모습이 묘사되어 있다. 그러나 와타나베는 시가와 같은 것은 그 여
운이 있다라고 말하면서도, 전구년의 전쟁(前九年の役) 때 야만적인
포로가 된 아베노 무네토(安倍宗任)가 와카를 읊은 것이, 아베노에 대
한 미나모토노 요시이에(源義家)의 평가로 이어졌음을 강조한다. (그
럼에도 불구하고 아베노는 하인이라는 낮은 신분에 머물렀다) 이것은
그와 같은 와카적 전통에 기초하는 '문(文)'의 효용을 통해 새롭게 점
령한 토지의 백성을 교화시킬 가능성을 나타낸다고 해석할 수 있다.
그러나 그것은 와카적 전통을 받아들이지 않는 현지인은 '天照らす法'
에 비추어 단죄한다는 언설과 표리일체의 것이었다. 왕화의 논리는
'복종하지 않는 백성'에 대해 배제와 섬멸을 수반하는 것으로, 그 폭력
성을 읽어낼 필요가 있다.

삼국간섭에 의한 랴오둥 반도 환부와 대만 영유 전쟁에 대해서도
와타나베는 그 논리를 이용하여 논평하고 있다.[33]

점령지의 상황을 보면, 청국인 중 한때 천황의 자비 깊은 인덕과 위엄을 배
수(拜受)하고 영구히 신민(臣民)이 되고자 하였으나, 예전의 상황으로 돌아가
버렸다는 말을 듣고 크게 낙담하여 다시금 청국 관리의 통치 하에 놓이니 몹시
힘들다고 비탄하는 자가 있다. 이와는 반대로 완전 점령된 대만인은 천황의 인

덕에 의한 감화의 도리를 모르니 불행이로다. 군대에 저항하여 소동을 일으키는 사정을 생각하면, 좋은 것은 나쁜 것이 즐거운 것은 슬픈 것이 되어 버린다. 그것이 힘든 세상의 이치라 말하지만 어쩔 수가 없다.

'왕화'가 순조롭게 진행된 랴오둥 반도는 포기해야 하는 반면, 영유가 결정된 타이완에서는 아직도 현지인이 '왕화'의 실태를 알지 못하는 까닭에 저항이 계속되고 있다고 쓰고 있다. 와타나베 자신은 타이완에 가지 않았지만, 그가 속해 있던 제2사단은 이후 타이완으로 넘어가 막대한 전사자와 병사자를 배출하고 있었다.[34] 그 사실을 근거로 이 문장을 읽으면, 와타나베의 한탄에는 실감이 담겨있음을 알 수 있다. 그러나 이 실감은 어디까지나 '왕화'를 절대 선으로 하는 사고에 기초한 것으로, '왕화'에 저항하는 의식을 인정하지 못하고 있다. 그렇다면 이와 같은 사고의 소유자가 (이것이 미디어 전략에 기초한 공식 견해라는 배경을 차치하더라도) 타이완은 물론 (순조롭게 '왕화'되었다고 보는) 랴오둥 반도 현지인의 심정도 이해했다라고 보기는 어려울 것이다.

근래 봄이 무르익으면서 마을로 돌아온 인민들이 점차 농사를 짓기 시작했다. 그러나 전란 후인지라 가옥은 파괴되고 기구 또한 산실하여 농사짓기에 충분하지 않다. 중등 이상의 인민은 우마와 모차(耗車)를 소지하고 있다. 다행히 우리 군의 운반 사역으로 임금을 얻어 가계를 보충하는 방법도 있는데, 그 임금 또한 적지 않다. 土城子에서 龍王廟에 이르는 6리는 우마차 한 대에 5엔에서 7엔, 溝連河에 이르는 4리 반은 4엔에서 6엔, 大孤山에 이르는 4리 반은 4엔에서 5엔이었다. 세민(細民)의 경우에는 단신 사역이나 약간의 매물 등으로 분주했다. 속담 중에 7년의 흉작을 만날지언정 1년의 전쟁은 만나지 말라고 했는데 참으로 옳은 말이다. 고서에 "만약 백성이 충분하다면 군주로서 당신은 도대체 누구와 함께 부족을 한탄합니까. 만약 백성이 충분하지 않다면 군주로서 당신은 도대체 누구와 함께 충분함을 기뻐합니까."라고 했다. 무엇보다도 빨리 백성을 진정시켜 이 땅에서 안심하고 농업에 종사토록 하고, 새로운 판도로 우리 천황의 감사함을 알게 하여, 닌토쿠(仁德) 천황의 노래와 같은 시절이 오기를 기대한다. 새롭게 친해진 사람들도 세월이 지나면 제대로 된 생활을 할 수 있을 것이다.

오타니는 위의 문장35) 중에 '7년의 흉작을 만날지언정 1년의 전쟁은 만나지 말라'라는 문구를 인용하여, 와타나베가 전쟁의 비참함을 지적하고 있음을 평가하고 있다. 그러나 그것은 '새로운 판도로 우리 천황의 감사함을 알게 하여, 닌토쿠(仁德) 천황의 노래와 같은 시절이 오기를 기대한다'라는 문언으로 이어지는 것이다. 즉 언외에 청국의 악정이 강조되어 일본군의 전쟁책임이 은폐되는 것만이, '왕화'를 대의명분으로 하는 일본의 군사행동이 긍정된다는 문맥임을 부정할 수 없다.

Ⅳ. '왕화'에서 삐져나온 말(言葉)

일본군의 점령통치가 '왕화' 이념으로 미화된다는 틀은 차치해두고, 개별 사건에 관한 기술 중에는 와타나베의 비교적 상대주의적인 시선을 엿볼 수 있는 부분도 있다. 예를 들어 1895년 1월 11일자36)에서는 주류지인 다둥거우에서 군의로서 청국인 환자를 치료한 일, 그 과정에서 병참부에 고용된 청국인과 의학을 매개로 우정을 나눈 일이 기술되어 있다.

전임 수비대인 제3사단 제18연대의 의관은 현지인의 병도 치료하였기 때문에, 전례에 따라 도착 후에 나 또한 계속적으로 환자의 치료를 부탁받았다. 병참부로부터도 의뢰가 있어 군인이나 하급 병사도 진찰하는데 그 수가 매일 20~30명에 이르렀다. 그중에는 병이 중하거나 보행이 곤란한 사람도 있어서 부대 임무에 지장이 없는 범위에서 근처인 경우에는 왕진도 했다. 당초에는 군대 근무만 생각했으니 이와 같은 상황은 예상치 못한 일이었다. 나이를 먹어도 여전히 부족한 기술이지만 외국의 아픈 사람들에게는 환영을 받는다.

환자와의 중개를 위해 병참부의 용변인(用辨人) 掬子明라는 사람이 왔다. 산동 성 출신의 서생으로 문자를 알기에 필담으로 협력했다. 宗江이라는 사람은 大東溝에서 매약(賣藥) 영업을 하고 있다. 그의 아버지는 한때 天津에 건너가 약국의 수대(手代)로 오래 근무했기 때문에 한약과 의료에 관한 것을 아버지로부터 듣고 배웠다. 그는 매일 이곳에 와서 환자와의 중개 역할을 했는데 하루 쉬는 날에 나를 자신의 숙소로 초대했다. 숙소에는 매약 여러 개를 진열대 위에 진열해두었고, 머리맡에는 신농씨의 상(像)을 걸어놓고 있었다. 내가 서양의학의 해부생리와 관련된 이야기나 도해(圖解) 등을 들려주었을 때, 그는 감탄하며 두 가지(역자주: 동서의학)를 비교하며 열심히 질문을 하곤 했다. 시체를 해부하는 방법을 통해 여러 가지를 알고자하는 사람에게 (지식을) 전하는 것이 좋지 않은가.

여기에서 와타나베는 한학을 배운 후 서양의학을 배운 선배로서 청국인 서생을 상대하고 있으며, 동양의학을 부정하지 않는, 어느 정도 리버럴한 그의 자세를 알 수 있다. 또한 같은 달 6일자[37)에는 다둥거우에 도착했을 때의 일을 다음과 같이 기술하고 있다.

오후 두 시, 大東溝에 도착했다. 지금으로부터 40년 전에 해안으로부터 큰 도랑(大溝)를 파서 만든 항이라고 한다. 입구의 들판에 두꺼운 판자로 만든 작은 배 모양의 상자가 여기저기 놓여있었다. 현지인에게 물으니 망자의 관이라 한다. 뚜껑이 느슨한 것이 있어서 열어보니 여성의 사체가 의복에 말려 옆으로 뉘어져있었다. 망자의 머리를 뱃머리 쪽으로 놓고 북쪽을 향하지 않도록 해 두었다. 그 이유를 물으니 타지인으로 신원을 알 수 없을 때에는 이렇게 처리한

다고 한다. 며칠 정도 두는지를 물었으나 말이 통하지 않고 필담도 충분하지
않아서 자세히는 알 수 없었다. 허무한 일인지고. 신원도 알 수 없는 망해(亡
骸)의 관이 벌판에 팽개쳐져 있다니.

　여기서는 여성의 유해를 들에 방치하는 현지의 관습을 비판하는 것
처럼 보이지만, 그 이상으로 유해의 주인을 측은해하는 마음이 엿보
인다. 청국의 언어를 이해하지 못하는 와타나베로서는 현지의 사정을
이해하기 위해 필담에 의지할 수밖에 없었고, 그 한계로 인해 좀처럼
이해가 깊어지지 않음을 자각하고 있었을 것이다.

　그와 같은 '겸손함'은 확실히 이 텍스트의 매력이다. 슈엔 현지사회
에 대한 관찰38) 속에는 다음과 같은 기술이 있다.

　　(내가 있는) 이 의무실에는 요리사 다섯 명이 있다(定立病院은 여덟 명이라
고 한다). 그런데 요즘은 하급 병사가 감소했다며 병참부에서 다들 데리고 가
서 한 명만이 남았다. 우리들 외에 입원 환자도 있어서, 남은 식사 제공을 급여
로 쳐서 현지 빈민 두 명을 고용했다. 이로써 부엌의 문제는 우선 해결되었다.
일찍이 이 사실을 전해들은 빈민이 와서 남은 음식을 간구했다. 처음에는 두세
명이었던 것이 점차 부녀자들도 오게 되었다. 이른 아침 문 앞에 와서 飯飯多
謝라고 외친다. 조선인도 와서 자비를 구했다. 이 사람은 봄부터 운반 노동을
하고자 왔으나, 최근 일이 줄어들면서 먹고 살기 위해 고군분투하고 있다길래
고용했다. 과정에서 요리사가 받을 잔반이 다소 줄어들면서 어느 날 아침 쌍방
논쟁을 벌이는데, 마치 아귀도지옥(餓鬼道地獄)과도 같았다. 때문에 가엾기는
하지만 식사 제공 제도를 폐지할 수밖에 없었다. 원래 청국인은 빈부 격차가
현저하다. 빈자는 조석을 버티기가 어려울 정도이지만, 부유한 자들은 수십만
의 저축이 있다고 하니, 내가 알고 있는 岫巖 소주점(燒酒店)의 張寶魁나 호농
은 백만 엔에 가까운 재산을 가지고 있다고 한다. 현지의 가난한 거지의 모습
은 30~40년 전 우리나라에서 자주 보이던 것이다. 아침도 저녁도 성문에 모이
는 거지들, 굶주린 귀신 무리가 아닐는지.

청국인이나 조선인을 '귀신 무리'로 비유하는 수사는 와카적 미의식의 한계를 드러내고도 남지만, 그들의 모습에서 과거 자국의 정경을 상기하는 부분에서는 상대주의적이며 냉정한 시점을 읽어낼 수도 있다. 청국인에게는 청국인의 입장이나 생각이 있음에 대한 측은한 마음은 붙잡힌 청국 병사의 거동을 상기하는 다음 문장에서도 확인할 수 있다.[39]

> 고향의 편지는 3, 4개월이 걸려 도착했다. 우리 군은 연전연승으로 조선, 청국의 깊은 적지로 들어갔으며, 특히 바다나 산으로 이동하면 늦어지는 것은 당연했다. 기억나는 것은 얼마 전 海城 전투에서 포로로 붙잡혀 이곳을 지나간 청국 병사들의 일이다. 그 중 한 사람은 오른쪽 사타구니에 총상을 입어 고름이 흘러나오고 있었고 피로한 몸에 두발은 흐트러져 있었다. 총상을 입은 곳을 치료한 후 고향과 나이, 그 밖의 여러 가지를 필담하니 대답했다. "오늘 포로의 몸으로 일본에 점령된 고국을 통과하니 치욕과 병고가 동시에 찾아왔다. 어찌 고향의 일을 생각할 겨를이 있겠는가."라며 붓을 집어 던졌다. 두보가 시에서 "나라는 망해도 산하는 여전하고, 옛 성에 봄이 오니 초목은 우거지네. 스산한 시절에는 꽃을 봐도 눈물 짓고, 이별이 한스러워 새소리에도 놀라네. 봉화는 석 달을 연이어 오르고, 가족의 편지는 만금(萬金)과도 같이 소중하구나. 흰머리는 긁으니 더욱 짧아져, 비녀조차 꽂지 못하게 되었구나."라고 읊은 것은 당시의 전란을 한탄한 것이다. 지금은 우리 황국과의 전쟁에서 패배한 적인이라 할지라도 가엾음을 느낀다. 그 사람의 마음을 짐작하여 대신 읊어본다. 적에게 사로잡혀 망국을 지나는 상황에서 고향으로 가는 길의 소식을 어찌 생각할 수 있겠는가.

여기서는 가족을 떠나 유리하는 청국인의 심정을 헤아리는 경로로서, 와타나베의 한학적 교양(당대 안사의 난을 읊은 두보의 한시)이 매개가 되어 있다. 와타나베는 목전의 청국 정치를 비판하면서도 정치에 농락당하는 민중의 고난에 감정을 이입하기 위하여 한시와 한학의 교양을 마음껏 활용하고 있다.

한학에 대한 경의는 메이지 초년 이래의 지기(知己) 구마자와(熊澤) 대위와의 대화40)에서도 조심스럽게 나타난다.

> 26일 구마 보병대위가 왔다. 그는 메이지 초기, 東北鎭臺를 靑葉城에 두었을 때부터 함께 싸운 동지이다. 지난 해 가을에 한반도로 넘어와 몇 번이나 전쟁터를 경험했다. 그는 청국 鳳凰城에 주둔하고 오늘 海城으로 전진하는 도중에 숙박했다. 나와 대면하는 도중에 손수 지은 시를 선보였다. "촌락은 많으나 陣中의 피리 소리만 외롭게 울리네. 산천 곳곳에 백골만이 남아있네. 반년을 들판에 버려져 피와 살은 썩어버렸구나. 하늘의 신은 충의의 마음만을 남길 뿐"이나 라는 시와, 근래에 지은 와카 몇 수를 선보였다. "노인께서는 어찌하여 한시를 지어 청국인을 배우려 하시는지요." "미국을 보시오. 과거 영국의 지배하에 있었지만, 한때 마찰이 생겨 전쟁을 했습니다. 큰 승리를 거둔 후에 독립해서도 미국의 문학은 영어로 이루어지고 있지 않습니까. 생각해 보면 오늘날에는 한시도 만들고 와카도 부릅니다. 그렇게 마음을 털어 놓는 것이 좋을 것이오." "그야말로 훌륭합니다, 당신의 이야기는. 당신의 훌륭한 한시에 맞춰 읊어 보겠습니다." 붓을 들고 적으며 말했다. "광야의 봄은 깊었으나 여전히 추위를 느끼네. 그 누가 허술한 집에 슬픔이 남아 있음을 알진가. 우연히 옛 친구와 만나 술잔을 주고받으니, 어느 날 밤의 아름다운 이야기가 마음을 맑힌다."

여기서 구마자와 대위는 한시창작을 적국인 청국을 배우는 일로 간주하여 비난하는 세간에 대해, 영국으로부터 독립한 미국이 그 후에도 영국의 문자언어를 사용하고 있는 예를 인용한다. 그리고 한시와 와카를 병용함으로써 청국인과의 상호이해를 진전시킬 것을 주장하고, 와타나베도 그에 격하게 동의한다. 와타나베는 지기의 말을 빌려 명확히 일본 측의 쇼비니즘을 경계하는 전략을 취하고 있다. 1834년에 태어난 그는, 도쿠토미 소호(德富蘇峰)의 이른바 '덴포 노인(天保の

老人)'[41] 세대이며, 동시대의 언설 공간 속에서는 꽤 고령의 부류에 속했을 것이다. 그로부터 120년이 지난 현재, 일본에서는 덴포 노인의 수준에서 한시를 읊는 세대는 결국 출현하지 않고 있다.

끝으로 1895년 1월 20일, 와타나베를 포함한 병참부가 투청쯔로 이동하기 위하여 다둥거우를 출발하게 되었을 때, 현지 인민이 송별연을 열어주었다는 문장[42]을 살펴보고자 한다.

> 현지 인민의 주요 인물이 송별과 감사의 마음을 전하며, 공의소(公議所)에서 잔치를 마련하고 싶노라 요청해왔다. 아무리 거절해도 몇 차례나 청원을 거듭하기에 승낙할 수밖에 없었다. 20일 오후 2시 수비대 병참부의 구성원들이 공의소에 도착했다. 연회가 시작되고 주객이 술잔을 몇 번 나눈 후, 인민들이 노래를 부르거나 춤을 추며 즐겼다. 옛 성인께서 인의(仁義)를 중시하는 정치가 있고 충신(忠信)이 있는 교류가 있으면 세계는 모두 형제라고 했던가. 인민이 천황을 믿는 모습이 일본인과 똑같다고 모두와 이야기했다. 사방의 바다는 모두 같은 기원이라. 천황의 岸邊을 오늘에야말로 알게 되었다.

여기서 인용된 '옛 성인께서 인의(仁義)를 중시하는 정치가 있고 충신(忠信)이 있는 교류가 있으면 세계는 모두 형제라고 했던가'라는 표현은 '인의(仁義)의 정(政)'과 '충신(忠信)의 교(交)'의 미묘한 균형과 조화의 위에서 성립하는 이념이다. 와타나베는 이 송별연을 통해 메이지 천황의 통치 아래, 현지인과 일본인이 함께 형제처럼 조화롭게 살아가는 이상적인 상태를 환시(幻視)하고 있었던 것이다. 여기에는 현지인에 대한 차별적 시선은 보이지 않는다. 그러나 천황의 통치가 '충신의 교'를 저해할 가능성도 주의깊게 배제되어 있다. 그의 텍스트에는 현실에는 존재하고 있었을 '위안부'도 '토비(土匪)'도, 또한 일본 군속에 의한 약탈과 폭행 행위도 등장하지 않는다. 그러한 의미에서 이

텍스트는 메이지 정부의 종적인 대의명분을 능숙하게 대리표상하는 텍스트가 되었다.

삼국간섭으로 인해 일본군에 의한 안둥 및 그 주변 지역의 통치는 단기간에 끝났다. 러일전쟁 전후에 전개된, 이 지역을 둘러싼 상황에 대해서는 향후 과제로 남겨두고자 한다.

히구치 다이스케 | 고베대학 교수

▣ 주

1) 渡辺重綱(1896), 『征淸紀行』.

2) 安東居留民團(1919), 「第二章 安東の沿革」, 『安東居留民團十年史』.

3) 古山高麗雄(1972), 『小さな市街圖』, 河出書房新社; 古山高麗雄(1980), 『螢の宿』, 新潮社. 『螢の宿』에서는 1911년 안둥에 이주한 주인공의 망모(亡母) '미노리(み のり)'의 시전에서, "안둥 현도 일본인 거리는 남만철도의 안봉선(安奉線) 개통 과 함께 만철이 만든 새로운 시가이다. 그러나 안둥의 일본인 거리와 이어지는 중국인 거리(滿人街)는 예로부터의 역사와 토착을 느끼게 했다", "신의주의 일본 인 거리는 안둥의 일본인 거리보다 조선인이나 중국인에게 개방적이지 않은 것 처럼 느껴졌다", "만주의 다롄(大連)이든 펑톈(奉天)이든 그리고 안둥 역시 읍내 (町)의 상당 부분이 새로 건설된 도시일지도 모르겠으나, 신의주의 경우는 읍내 전부가 새롭게 만들어진 곳이었다"라고 기술하고 있다.

4) 岡田和裕, 『滿洲邊境紀行』(光人社, 2003年).

5) 상동.

6) 大原武慶(1911), 「世界ニ於ケル回敎」, 『大東』第四年第二號; 大原武慶(1911), 「世 界ニ於ケル回敎(二)」, 大東』第四年第七號 등.

7) 黑龍會編(1974), 「列傳 中野常次郎」, 『東亞先覺志士記傳 下卷』; 防衛省(2005), 「日露戰爭と日土關係」, 『戰爭史硏究國際フォーラム報告書 第3回』.

8) 川原惣右衛門(1943), 『物語安東史』.

9) 大谷正(2006), 「ある軍醫の日淸戰爭體驗と對淸國觀」, 『專修法學論集』65號.

10) 松浦玲(1987), 『明治の勝海舟とアジア』, 岩波書店.

11) 安川寿之輔(2006), 『福沢諭吉の戰争論と天皇制論』, 高文硏.

12) 필자가 대고산(大孤山)에서 귀국선을 기다리고 있던 1895년 6월 29일(123쪽)에 "점령지 총독 사쿠마(佐久間) 중장 각하가 순회 숙박하셨다. 현지에 체재하는 장 교 일동이 교외로 마중을 나갔고, 총독께서 직접 숙사를 방문했다. 각하가 말씀 하시길, "노인은 변함없는 건강을 기원하는 것이 무엇보다 중요하고, 더욱이 정 청(征淸)을 읊은 와카 몇 수를 신문지상에서 접해보니 풍류가 넘치는 것이 군중 (軍中)에서의 즐거움이오."라고 말씀하셨다. 보잘것없는 글을 이토록 칭찬해주 시니 도리어 부끄럽게 여겨졌다." 필자가 이 책의 출판에 당면하여 정부고관이 나 군인의 눈을 의식하고 있었음을 부정할 수 없을 것이다.

13) 安東居留民團(1919), 앞의 글.

14) 주10과 같음.

15) 渡辺重綱(1896), 앞의 책, 36쪽.

16) 渡辺重綱(1896), 위의 책, 37-38쪽.

17) 渡辺重綱(1896), 위의 책, 38쪽.

18) 渡辺重綱(1896), 위의 책, 42-44쪽.

19) 渡辺重綱(1896), 위의 책, 45-47쪽.

20) 安東居留民團(1919), 앞의 글.

21) 渡辺重綱(1896), 앞의 책, 1894년 12월 8일자.

22) 大谷正(2006), 「軍都仙台」, 『兵士と軍夫の日淸戰爭』, 有志舍.

23) 와타나베는 같은 책 125쪽에서 대륙으로부터 귀국하는 배 위에서 일본령을 원망
   (遠望)할 때, 다마무시 사다유가 만연(万延) 원년(1860년)에 미국에서 귀국하며
   지은 한시를 상기하며, '그 사람은 이미 죽어 이 실황을 말할 수가 없으니 유감
   스럽기 그지없다(然して其人既に地下に去り此実況を話する事を得ず遺憾限りな
   し)'라고 술회하고 있다.

24) 渡辺重綱(1896), 앞의 책, 11쪽.

25) 오타니는 이 인물을 향토사가 스즈키 세이조(鈴木省三)에 비교추정하고 있다.
   大谷正(2006), 앞의 책.

26) 渡辺重綱(1896), 앞의 책, 127쪽.

27) 1890년대 사회 각 방면에서 일어난 '한문파의 소거(漢文脈の消去)'에 대해서는
   다음을 참고할 것. 斎藤希史(2005), 『漢文脈の近代』, 名古屋大學出版會.

28) 渡辺重綱(1896), 앞의 책, 68-69쪽.

29) 坂本太郎(1962), 『菅原道眞』, 吉川弘文館.

30) 渡辺重綱(1896), 앞의 책, 65-67쪽.

31) 5월 2일자에는, 민가에서 강도로 들어간 세 명의 사형장을 일부러 찾아가 '余後
   備の身なれは弾丸雨飛殺傷無算なとと云ふ場合には遭遇せさるも此剣光電閃鮮
   血淋漓するを再応見る亦愉快に覚ゆ'라고 쓰고, 와카를 읊고 있다. 渡辺重綱
   (1896), 위의 책, 113쪽.

32) 渡辺重綱(1896), 위의 책, 69-71쪽.

33) 渡辺重綱(1896), 위의 책, 121-122쪽.

34) 大谷(2006), 「臺灣の戰爭」, 앞의 책.

35) 渡辺重綱(1896), 위의 책, 84-85쪽.

36) 渡辺重綱(1896), 위의 책, 49쪽.

37) 渡辺重綱(1896), 위의 책, 42-43쪽.

38) 渡辺重綱(1896), 위의 책, 109-113쪽.

39) 渡辺重綱(1896), 위의 책, 81-82쪽.

40) 渡辺重綱(1896), 위의 책, 89쪽.

41) 德富蘇峰(1887), 『新日本之靑年』, 集成社 等.
42) 渡辺重綱(1896), 앞의 책, 51-52쪽.

9.
일제강점기 안동을 통한 조선인의 이주와 기억

최낙민

차라리 이 머리 베어질지언정
이 무릎 꿇고 종이 되진 않으리라.
집 문을 나선지 한 달도 안 되어
이미 鴨綠江을 건넜구나.
누구를 위해 머뭇거릴 것인가
浩然히 나는 가리라.[1]

Ⅰ. 들어가며

1910년 8월 22일, 한일병합조약이 강제로 체결되자 전국에서는 국권 상실에 분노한 지사들의 자결과 국권 회복을 위한 운동이 잇따랐다. 1911년 1월, 영남의 유림 석주(石洲) 이상룡(李相龍)은 반드시 나라를 되찾겠다는 우국충정의 심정으로 99칸 대저택 임청각(臨淸閣)과 가산을 모두 정리한 후 단신으로 고향 안동을 떠나 신의주역에 도착하였다. 신의주에서 식솔들을 다시 만난 이상용은 칠흑 같은 밤, 일본군의 감시를 피해 썰매 수레에 대가족을 태우고 얼어붙은 압록강을

건너 중국 땅 안둥(安東: 지금의 丹東)²)에 도착하였다. 차라리 목을
내놓을지언정 무릎 꿇고 일제의 종이 되지 않겠다는 굳은 결의를 담
은 시를 남기고 이상용은 호연히 우당(友堂) 이회영(李會榮) 형제가
기다리는 서간도로 향했다.

『압록강은 흐른다』의 저자로 잘 알려진 이미륵(李彌勒)은 경성의학
전문(京城醫學專門)에 재학 중 3·1운동 학생운동 주동자로 활약했다.
일본경찰의 검문검색을 피해 황해도 해주에 몸을 숨겼던 이미륵은 일
본 순사와 헌병의 포위망이 좁혀오자 해외로의 망명을 결심하고 부모
님을 이별하고 신의주로 향했다. 이른 새벽 이름도 모르는 2명의 청
년과 함께 일본경찰의 눈을 피해 쪽배에 몸을 실은 이미륵은 압록강
을 건너 안둥에 도착했고, 그곳에서 기차를 이용하여 상하이로 망명
하였다. 임시정부의 일을 돕던 이미륵은 유럽행 여권을 발급받아 독
일로 출국하였다.³)

『아리랑』의 주인공 김산은 큰형이 가족에게 전하라는 돈 200원을
가지고 고향 평안북도 용천을 떠나 신의주로 갔다. 도쿄제국대학(東
京帝國大學) 입학을 준비하던 열여섯 어린 소년은 일본헌병의 삼엄한
감시를 뚫고 안둥으로 밀항한 후, 이회영과 이상룡 등이 설립한 신흥
무관학교에 입학하기 위해 지린 성(吉林省) 류허(柳河) 현으로 향했다.

을사늑약 이후 조국의 광복을 위해 투쟁의 길에 오른 사람들, 새로
운 삶을 찾아 정든 땅과 정든 고향을 뒤로 하고 만주로 향한 많은 사
람들이 신의주에서 압록강을 건너 중국의 안둥을 경유하여 만주, 시
베리아, 중국 내지 등으로 이주하였다.⁴) 19세기 말을 기점으로 하는
본격적인 조선인의 만주 이민사에서 한일합병조약이 체결되고 3·1운
동이 일어났던 1910년대, 만주사변이 발발하고 만주국이 건설 된 1930
년대에 이주자가 급증하였다. 친일 언론인 함대훈은 1910년대 조선인

의 만주로의 이주가 '바가지를 꿰차고 보따리를 든 초라한 모양'을 연
상시켰다면, 만주국 건국 이후 만주로 간다는 말은 '일을 하러가고 희
망을 갖고 간다'는 의미로 바뀌었다고 했다.[5] 시대에 따라 국경을 넘
는 사람들의 목적은 바뀌었다. 그러나 압록강을 사이에 두고 신의주
와 마주한 안둥은 여전히 '2,000만 동포'의 땅에서 밀려나 만주로, 중
국 내지로 향하는 조선인들이 거쳐 가야만 하는 변경의 국경도시였다.

　일제강점기, 국경도시[沿境]이자 압록강을 끼고[沿江] 바다와 연결된
[沿海] '삼연(三沿)'의 변경도시 안둥과 만주의 중심도시 펑톈(奉天)을
연결하는 안봉선(安奉線) 철도가 개통되었다. 이어 안둥과 신의주를
연결하는 압록강철교가 완공되면서 안둥은 한반도를 관통하는 경의
선·경부선과 연결되고, 조선과 만주를 통합하는 교통의 중심지로 성
장하였다. 압록강을 건너 안둥에 도착한 조선의 백성들은 이곳에서
철로와 해로를 이용해 다롄(大連)과 톈진(天津), 베이징(北京)과 상하
이(上海) 등 중국 관내(關內)로 이주하고, 하얼빈을 거쳐 시베리아를
횡단하여 러시아, 유럽으로 이주하였다. 일제강점기 안둥 지역에서의
갈등과 대립, 교류와 공존은 하운(河運), 해운(海運), 철도(鐵道)를 통
한 운송의 중심지이며 바다로 연결된 개방항구로 안둥만이 지닌 독특
한 지정학적 성격 때문에 두드러졌다.[6]

　일제강점기 압록강변의 안둥과 신의주, 두만강변의 투먼(圖們)과
남양(南陽)과 같은 조선과 중국의 변경에 위치한 국경도시들은 일상
적 삶의 연장선에서 받아들여지지 않았다. 변경은 이곳과 저곳의 경
계를 자연스럽게 넘을 수 있는 제도화된 일상이 지배하는 곳도 아니
다. 변경은 삶의 긴장이 있고, 삶에 대한 치열한 탐색이 이루어지는
처절한 공간이다. 그러는 한편으로 식민지 현실에 대한 암울한 인식
이 있고, 조국 독립에 대한 해방의 의지가 꿈틀대는 곳이기도 하다.[7]

압록강을 사이하고 마주한 변경의 국경도시 안둥과 신의주는 일제강점기라는 시대의 고민과 고통을 고스란히 안고 있는 공간이었던 것이다.

본문에서는 1930년대 만주국이 건설되기 전 안둥을 경유하여 이동한 조선인들이 남긴 기행문, 시, 소설, 신문기사 등을 통해 변경도시이자 국경도시, 철도의 중심 도시, 특히 그동안 연구자들이 크게 주의하지 않았던 해항도시 안둥의 모습을 살펴보고자 한다. 나아가 조국의 광복을 위해 죽음을 무릅쓰고 압록강을 건넜던 민족 지사들을 통해 변경의 국경도시 안둥이 갖는 시대적 의미를 고찰하고자 한다. 그리고 안둥 주재 일본영사관 부영사 김우영(金雨英)의 부인으로 안둥에서 6년간 생활했던 여류화가 나혜석(羅蕙錫)이 남긴 글과 그림을 통해 안둥에서 생활하던 조선 사람들의 삶과 중국인거리의 모습을 살펴보고자 한다.

II. 변경의 해항도시 안둥

물빛이 오리의 머리 빛과 같이 푸른 색깔을 하고 있다고 하여 '압록(鴨綠)'이라는 이름을 가진 강.[8] 백두산 천지 부근에서 발원하여 800km를 흘러내린 압록강은 신의주와 단둥을 지나 용암포(龍巖浦)의 서쪽에서 황해로 유입된다. 이천 리를 굽이쳐온 압록강은 바다로 유입되기 전 신의주와 단둥 가까이에 위화도(威化島)를 비롯한 대규모의 범람원을 형성하고 많은 하중도를 만들었다. 압록강 하구에 퇴적된 삼각주지대는 한반도와 요동반도를 잇는 연결고리가 되었고, 이 지역에서 생활하던 사람들은 일찍부터 물길을 이용해 많은 교류를 하고 있었다.

늘힌메 나린 물이/ 오리강 되엿서라./ 이천리 멀고 먼 길/ 꾸준히 흘너나려/ 사천 년 이 겨레의/ 새 넉슬 북도드네./ 내 사랑 내 사랑/ 오리강 내 사랑./ 펫목에 실닌 노래/ 무엇을 말하느냐./ 지금은 오리강이/ 조선의 끗이라나/ 아득한 저 녯날엔/ 여기가 복판일세./[9)]

먼 옛날 고구려와 발해가 만주벌판을 호령하던 시절, 오리강이 우리민족 역사의 중심무대였음을 기억하는 시인은 압록강이 국경이자 변경이 되어버린 역사를 탄식했다. 조선의 건국과 함께 압록강과 두만강은 조선과 중국의 경계가 되었고, 이후 조·중 국경을 구획하는 두 강의 연안에는 많은 국경도시들이 만들어졌다. 국경도시의 조성은 이민족의 약탈과 적국의 침략으로부터 내국인을 방어하고, 유민의 무절제한 월경을 저지하여 조·중간의 불필요한 외교적 마찰을 줄이기 위한 조치였다.[10)] 두만강변의 국경도시와 달리, 의주와 안둥은 조선시대를 통해 외교적으로는 중국의 사절을 영접하고 환송하는 관문, 경제적으로는 대중국무역의 전초기지, 문화적으로는 중국의 새로운 선진문물이 전파되는 문화교섭의 장으로 작용하였다. 그러나 근대의 시작과 함께 오리강은 통한의 강이 되었다.

내 사랑 내 사랑/ 오리강 내 사랑./ 개화 후 이 강 건너/ 도난이 몇 만명가./ 그들이 뿌린 눈물/ 네 품에 고엿스니/ 오리강 너 혼자서/ 속사정 알지안늬/ 내 사랑 내 사랑/ 오리강 내 사랑.[11)]

서구문물을 받아들여 문화적인 발전을 이루는 것이 '개화(開化)'라고 하지만, 한반도의 개화는 식민지화의 시작을 알리는 다른 이름이기도 하였다. 일본제국주의의 식민지가 되어버린 조선 땅에서 밀려나 만주로 옮겨가는 나라 잃은 백성들의 눈물을 소리 없이 받아 안고, 민족의 아픔을 묵묵히 감싸 안은 체 황해로 흘러드는 압록강에 대해 시인은 한없는 연민의 정을 표하였다. 이처럼 일제강점기, 압록강과 두만강으로 상징되는 이 땅의 변경은 국경의 끝과 시작이라는 물리적 차원에서 그치지 않았다. 변경의 지대에는 제어의 끈이라든가 통제의 끈들이 내지에 비해 상대적으로 약한 곳이다. 그러하기에 제도로부터 핍박받는 민중들이 그러한 속박으로부터의 일탈 욕망을 강렬하게 느끼는 곳이다. 밀무역이라든가 월경의 풍경 등을 쉽게 관찰할 수 있는 곳, 쫓겨 가는 이주민들의 모습을 쉽게 찾아 볼 수 있는 것은 변경의 그러한 속성 때문에 가능한 일이다.[12]

일제강점기, 이 땅의 수많은 백성들이 눈물을 뿌리며 압록강과 두만강을 넘어 찾아 나선 희망의 땅은 만주였다.[13] 1903년 청나라가 식민주의자들에게 맞서기 위해 자발적으로 개항한 안둥이 만주로 이주한 우리 동포들이 많이 거주하는 도시[14] 중의 하나로 성장한 중요한 계기는 압록강철교의 완공이었다. 조선총독부 철도국이 중심이 되어 교량공사를 시작한 이후 2년 6개월 만인 1911년 11월 신의주와 안둥을 잇는 압록강철교가 준공되었다. 조선과 중국의 국경을 연결하는 길이 944미터의 압록강철교 중앙에는 단선 철로가 부설되어 있고, 그 양쪽에는 인도가 마련되어 있어 사람들이 걷거나 인력거를 타고도 건널 수 있게 되었다. 일본 제국주의자들은 압록강철교를 설계할 때 다리의 중간 마디가 90도 회전하도록 하여 원양을 항해하는 기선들과 대형 정크선들이 압록강을 거슬러 올라와 안둥 현에 정박할 수 있도록 했다. 이후 회전식으로 개폐가 되는 압록강철교는 북방의 국경도시이자 철도의 중심도시, 증기선이 출입하는 해항도시 안둥을 상징하는 랜드마크가 되었다.

아츰이다. 新義州에서떠나 鴨綠江다리에 車는 요란한소리를내며 건너간다.
國境을 넘어간다. 우리의 땅을 떠나 다른나라의 땅으로드러간다. 넓은鴨綠江
에 붉으스름한 물에는 汽車ㅅ길 左右에는人道로 宏壯한다리다 安東縣이멀니
뵈인다. 뒤에는 山이요 가로퍼진 길다란市街다 江가에는 數千의 船隻이 櫛比
하여 근港口와갓다.15)

이른 아침 신의주에서 기차를 타고 일본 제국주의가 대륙 진출을
위해 부설한 압록강철교를 지나며 바라본 안동의 시가지는 정면에 보
이는 전장산(鎭江山: 지금의 錦江山)을 중심으로 좌측의 위안바오산
(元寶山), 우측의 마오쿠이산(帽盔山)이 평야지대와 하안(河岸)을 감
싸 안고 있는 전형적인 배산임수, 의산대수(依山帶水)의 항구도시였
다. 안동 역에서 약 10정(町) 쯤 떨어진 전장산은 해발 삼백여척(약 90
미터)의 나지막한 산으로 남만주철도주식회사(南滿洲鐵道株式會社, 이
하 만철)에서 경영하는 9만여 평의 공원이 펼쳐져 있었다. 압록강의
상류, 안둥시 동쪽에는 위안바오산이 있는데, 그 산의 형세가 위안바
오(元寶: 馬蹄銀)를 엎어 놓은 모습과 비슷하다고 하여 위안바오산이
라 불렸다. 해발 육백척에 불과한 이 산을 일본인들은 안둥의 후지산
[安東富士山]이라 불렸다. 산복(山腹)에는 중국인을 위한 공원이 있고,
산록(山麓)에는 천후궁(天后宮)과 사범(師範), 중학(中學), 삼림(森林),
상업(商業) 등 여러 학교들이 있다. 산상에 높이 오르면 안둥과 의주
일대의 평야를 망견(望見)할 수 있는 시민들의 유람지로 작용한다.16)
1907년부터 1925년 까지 만철은 압록강철교를 중심으로 강안(江岸)
을 따라 항만을 건설하기 위해 70여만 원을 지출하여 2,069미터의 제
방을 쌓았고, 중국총상회도 길이 500m의 돌 제방을 쌓아 대형선박의
정박을 가능하게 하였다.17) 강변을 따라 길게 건설된 선착장에는 뗏
목과 정크선 뿐만 아니라 기선 등 수많은 선박들이 정박해 있었다.

일제강점기 안둥 항을 중심으로 한 해로 수송체계는 크게 2방면으
로 나누어져 있었다. 하나는 톈진과 산둥(山東), 상하이 등 중국연안
을 왕래하는 것이고, 다른 하나는 간몬(關門)과 한신(阪神) 등 일본 내
지에 이르는 노선이었다. 안둥과 일본 내지를 연결하는 항로에는 조
선우선(朝鮮郵船)과 오사카상선(大阪商船)에서 운영하는 정기선이 취
항하고 있었다.[18] 또한 안둥과 다롄, 톈진 등 중국연안을 연결하는 항
로에는 다롄기선회사(大連汽船會社)와 정기공사(政記公司)의 배들이
정기적으로 취항하였고, 영국계 태고선박공사(太古船舶公司: Butterfield
& Swire)에 속한 이륭양행(怡隆洋行)이 상하이를 왕래하는 정기선을 운
행하고 있었다.[19] 북방 정크선의 모체라고도 불리는 안둥 선(安東船)
도 가까이로는 다롄과 산둥의 즈푸(芝罘)와 웨이하이(威海), 멀리 상
하이까지 왕래하였다.[20]

새벽 잠이 어렴풋이 깨인 압록강은 커다란 입을 바다 어구로 벌리고 기다랗
게 하품이나 하고 나서 지난 밤의 나머지 꿈을 씻고 있는 듯하다. 수없는 뗏목
이 흘러내리고, 자잤던 안개가 뿌옇게 흩어지면서 나타나는 것은 촙촙한 목선
의 돛대와 연안에 우뚝우뚝 솟은 굴뚝에서 서리어 오르는 연기였다.[21]

일제강점기 안둥을 대표하는 산업은 백두산 인근에서 벌목한 나무
들을 가공하는 목재산업과 제지업 등이었다. 1908년 러시아로부터 압
록강과 두만강 유역, 그리고 울릉도의 삼림벌채권을 넘겨받은 일본은
백두산일대에서 벌목한 곧게 자란 나무들을 뗏목으로 엮어 압록강의
결빙기를 제외한 시기에 줄을 잇다시피 하여 띄워 안둥과 신의주까지
운송하였다. 만철은 압록강철교 아래쪽에 운수된 목재를 보관하기 위
한 802,000m²의 저수지를 건설하였다.[22] 안둥과 신의주에서 가공된

목재는 중국 내수뿐만 아니라 일본과 조선, 멀리 대만 등지로 보내져 대동아공영권을 건설하는 건축자재로 사용하게 하였다.

　농한기가 되면 안동에는 압록강을 따라 펼쳐진 채목공사장에서 일용노동자로 품을 팔려는 많은 조선인과 중국인들이 모여들었다. 설을 전후해 집으로 돌아가기 전까지 이들은 눈 덮인 삼림에서 생활하며 곧은 나무들을 베어내었다.[23] 꽃 피는 춘삼월(春三月), 눈이 녹고 물이 풀리면 압록강에는 겨우내 벌목한 나무들을 나르는 뗏목에 몸을 실은 뱃사공들의 노래가 끊이지 않았다.

　　뗏목에 몸을 실은/ 압록강 물길/ 키 잡고 가는데는 신의주라오/ 물새와 벗을 삼은 외로운 신세/ 강륙을 뗏목 띄우고 강을 보내오// 강가서 뛰어노는/ 아희들보니/ 달넘은 집소식이 그리워지오/ 허구픈 하소노래 혼자부르니/ 제김에 목이 메어 눈물흐르오// 눈속에 벌목하는/ 동지섣달/ 비오자 압록강에 어름풀렸오/ 올해도 한행보의 뗏목을 타고/ 압록강 이천리의 물에서 사오.[24]

　강이 풀리면 안동 항은 압록강 이 천리를 흘러내린 뗏목과 압록강과 훈강(渾江)의 물길을 왕래하며 물자와 사람들을 실어 나르는 조선(艚船), 창구(廠口), 첨취자(尖嘴子) 등 여러 종류의 크고 작은 목선들로 넘쳐났다. 압록강철교 위에서 바라본 안동은 압록강수계를 이용하는 하운과 황해로 이어진 해운이 합쳐지는 변경의 해항도시였다.

　중국인들이 거주하는 구시가지의 중심에는 항해의 여신 마조(媽祖)를 모신 천후궁이 자리하고 있었다. 강물의 흐름이 빠르고 수심이 얕은 압록강을 항행하는 데에는 언제나 위험이 도사리고 있었다. 때문에 안동에서 활동하는 선주들은 선박 파손이나 화물 적사와 관련된 사고나 분쟁을 해결하고 지현공서(知縣公署)와의 위탁사무 등을 처리하기 위해 '안동압혼양강조선회(安東鴨渾兩江艚船會)'와 '안동압혼양강

조선연합보총회(安東鴨渾兩江艀船聯合保總會)'를 결성하였다.[25] '조선
회(艀船會)'에 참여한 선주들은 항행의 안전을 기원하기 위해 항해의
수호신 마조를 모신 천후궁과 용왕묘(龍王廟) 등을 짓는데 지원을 아
끼지 않았고, 사원에 모여 신에게 제사를 지내고 중요한 사항을 결정
하기도 하였다.

　일반적으로 천후궁은 배들이 출입하는 부두에서 가까운 언덕에 위
치하고 있다. 안둥의 천후궁 역시 위안바오산 자락이 바다오거우(八
道沟)의 북측으로 이어진 압록강의 지류 샤허(沙河)와 가까운 곳에 위
치해 있다. 천후궁 앞의 넓은 공터에는 물길을 통해 운송된 상품들이
집결되고 판매되는 시장이 들어서고, 마조탄신일이나 특별한 날이면
경극(京劇)이나 무술대회 등 여러 가지 공연들이 펼쳐지는 축제의 장
이 되었다. 안둥에서 6년간 생활했던 나혜석은 안둥의 뱃사람들이 모
시는 해신 마조의 내력을 알게 되었고, 일본인거리에서 3리나 떨어진
천후궁을 찾아 그 모습을 여러 차례 캠퍼스에 담아내고, 항해의 여신
마조를 섬기며 살아가는 안둥 사람들의 모습을 소개하였다.

　천후궁의 내력은 이러하다. '天后娘娘을 받든다'는 것이었으니 이는 海神의
이름으로 혹은 天妃라고도 칭한다. …… 이 날은 마침 음력 4월 초하루라 천후
궁 전체 문을 열어 놓았을 뿐 아니라 例月대로 하면 초하루와 보름, 1개월에
양일간 공개를 하여 모든 사람들이 제사를 드리게 되는데 4월은 특별히 8일이
있고 8, 9, 13일간은 큰 제사를 드리며 바깥 넓은 마당에서는 각 학교 연합운동
이 있고 압록강 뱃사공은 전부 휴업을 하고 여기 와서 무릎을 꿇어 절을 하며
일년 내 無事渡海를 기도하는 날이어서 안둥 현 가까운 촌락에서는 기차로 도
보로 물밀 듯 하며, 이날에 데리고 왔던 아이를 잃고 울며 날뛰는 여인들이 매
년 수가 없다고 하는 날이다.[26]

마조탄신일이 되면 안둥 천후궁 앞 넓은 마당에서는 경극공연과 연합운동회가 열렸다. 또한 압록강을 건너는 뱃사공, 안둥 현 인근에서 모여든 뗏목을 모는 선부들, 범선을 띄워 멀리 산둥이나 상하이까지 항해하는 선원들이 모두 이날 하루 일손을 놓고 가족들과 함께 천후궁을 찾아 향을 피우고 지전을 사르며 일 년 내내 '무사도해(無事渡海)'를 기도하였다. 『안둥현지(安東縣志)』의 냥냥묘회(娘娘廟會)[27]에 관한 기록보다 더욱 생동적인 나혜석의 묘사를 통해 조선 사람들은 안둥이라는 국경도시가 항해의 여신 마조와 용왕을 모시며 살아가는 뱃사람들의 생활공간인 북방의 해항도시였음을 알게 되었다.

Ⅲ. 신세계로 가는 길목 안둥

안둥은 한반도와 대륙을 잇는 철도의 중심도시, 하운과 해운이 결합하는 변경의 해항도시였다. 때문에 압록강철교가 완공되기 전에 만주로 이주한 신민회(新民會) 계열은 예외로 하더라도 안둥은 만주나 시베리아, 베이징과 상하이 등 중국 관내로 이동하는 민족 지사들이 반드시 거쳐야 하는 공간이었다. 조국의 독립을 위해 국경을 넘었던 민족 지사들에게 있어 안둥은 신세계로 나아가기 위해 위험을 무릅쓰고라도 지나야 하는 길목이었다.

1. 임시정부의 비밀 항구

연암(燕巖) 박지원(朴趾源)의 『열하일기(熱河日記)』는 여름철 뗏목을 이용하여 의주에서 안둥으로 도강(渡江)하는 일이 결코 녹녹치 않았음을 알려준다.[28] 압록강철교가 완공되면서 많은 사람들은 보다 편안하고 안전하게 압록강을 건널 수 있게 되었다. 그러나 일본군과 순사들의 감시를 피해 압록강을 건너야 했던 독립운동가들은 계절에 따라 다른 도강 방법을 강구해야 했고, 겨울 꽁꽁 얼어붙은 압록강은 새로운 도강의 기회를 제공했다.[29]

한일병합조약이 강제 체결된 후 평소 무장투쟁과 교육 사업을 중시했던 우당 이회영은 남만주일대를 돌며 독립운동기지를 건설하고, 독립군을 양성하기 위한 무관학교 설립의 적지 물색에 나섰다. 경성으로 돌아온 이회영은 형제들과 상의하여 가산을 정리해 마련한 자금 약 40만 원의 거금을 들고 만주 망명길에 올랐고, 1911년 1월 어느 겨울날 가족들을 이끌고 마침내 압록강을 건넜다. 우당의 부인 이은숙 여사는 『서간도시종기(西間島始終記)』에서 당시 상황을 다음과 같이 적고 있다.

> 우리 동지는 서울서 오전 여덟 시에 떠나서 오후 아홉 시에 신의주에 도착, 그 집에 몇 시간 머물다가 압록강을 건넜다. 국경이라 경찰의 경비가 철통같이 엄숙하지만 새벽 세 시쯤은 안심하는 때다. 중국 노동자가 江氷에서 사람을 태워 가는 썰매를 타면 약 두 시간 만에 안동 현에 도착된다. 그러면 이동녕씨 매부 李宣九씨가 마중 나와 處所로 간다.[30]

어둠이 걷히지 않은 정월 이른 새벽, 일본 경찰의 눈을 피해 압록강을 무사히 건넌 우당 일가는 안동 현에서 며칠을 보낸 후, 정월 9일 마차 10대에 나누어 타고 안동 현에서 오백 리 되는 황도촌(橫道村)으로 떠났다. 한 달 후 국경을 넘은 이상룡의 가족도 이회영이 있는 서간도로 향했다. 이회영과 이상용이 서만주에 신흥무관학교(新興武官學校)를 세우고 무장독립운동가 양성에 나서자, 조선의 해방을 염원하는 많은 조선 청년들이 안둥을 거쳐 조국광복의 꿈을 키울 수 있는 신세계, 신흥무관학교로 향했다.

1919년 3·1운동 이후, 일본 경찰의 감시와 압박이 심해지자 많은 민족지도자들이 상하이로 옮겨가 임시정부를 수립하였다. 1919년 4월 어느 날, 신의주역에 도착한 백범(白凡) 김구(金九)는 재목상(材木商)으로 변장하고 중국인의 인력거를 불러 타고 압록강철교를 건너 안둥현의 어떤 여관에 도착해서는 다시 변성명하고 좁쌀장수라 하고서 7일을 경과한 뒤, 영국 상인 죠지 쇼우(George L. Show)가 경영하는 이륭양행의 윤선(輪船)을 타고 동행 15인과 함께 4일간의 항해 끝에 상하이 푸둥(浦東) 선창에 내렸다.[31] 이후, 임정의 많은 요인들이 신의주와 안둥을 거쳐 이륭양행의 배편이나 기차를 이용해 상하이로 이동하였다.

그러나 안둥을 경유하는 탈출 루트가 언제나 안전한 것만은 아니어서 상하이임시정부로 향하던 많은 지사들이 일본군과 경찰에 체포되었다. 이에 상하이임시정부는 국내외 동포를 상대로 독립운동을 선전하고, 각지의 독립운동단체나 개인들과 통신·연락을 주고받고, 일제의 감시를 피해 국내를 벗어나고자 하는 민족지도자들의 탈출을 돕기 위해 교통부 산하에 임시교통국을 설치하기로 했다. 이에, 1919년 5월 임정은 중국인들이 모여 사는 안둥의 구시가지 싱룽제(興隆街)에 자리한 이륭양행 2층에 교통지부사무국을 설치하고, 그 책임자로 교통차장 선우혁(鮮于爀)을 파견했다.[32] 영국 국적의 아일랜드인 조지 쇼우가 경영하는 이륭양행은 영국계 Butterfield & Swire사의 안둥 현 대리점을 맡고 있었기 때문에 일본경찰의 영향을 적게 받을 수 있었다. 10월에는 일흔 넷의 노구를 이끌고 경성을 떠난 동농(東農) 김가진(金嘉鎮)이 기차를 이용해 안둥에 도착하였고, 이륭양행이 대리하는 계림호(桂林號) 편으로 무사히 상하이에 도착하였다. 김가진의 며느리 정정화 여사는 독립자금을 모으기 위해 상하이와 서울을 몇 차례나 비밀리에 오갔다.

> 안동에서 신의주로 들어올 때와는 달리 신의주에서 안동으로 빠져 나가는 일은 그리 쉽지 않았고, 많은 위험이 뒤따랐다. 압록강철교를 건너는 것이 아니라 배로 강을 건너야 했기 때문에 낮에는 움직일 수가 없었고, 밤이 되기를 기다려 …… 압록강 하류의 강변에 도착한 우리는 신발을 벗어들고 진흙과 자갈이 섞여 넓게 펼쳐진 강변을 따라 맨발로 삼십리 길을 거슬러 올라가야 했다. …… 우리는 압록강을 가로질러 쪽배를 띄웠다. 칠흑 같은 어둠 속 어디에선가 왜경들이 우리의 일거수일투족을 노려보고 있을 것만 같았다.[33]

정정화 여사의 회고에 따르면 당시 안동에는 신분 위장을 위해 왜경의 형사로 근무하는 우강(友江) 최석순(崔錫淳)이 임정의 연락업무를 띠고 상주하고 있었고, 많은 독립운동가들의 내왕을 도왔다고 한다.[34] 안동교통지부의 비밀루터와 여러 비밀요원들의 도움을 받으며 목숨을 걸고 압록강을 건너 조선에 잠입했던 정정화 여사는 매번 신의주를 벗어나 안동에서 이륭양행의 배를 이용해 상하이로 귀환하였다.

임시정부가 국경도시 안동에 교통지부사무국을 설치한 이후, 조지 쇼우의 집과 사무실은 상하이와 국내를 오가는 독립지사, 조선인 테러리스트들의 은신처가 되었다. 뿐만 아니라 이륭양행은 『독립신문』과 같은 임시정부의 인쇄물과 우편물 운반을 담당하였고, 폭탄과 무기 반입에도 적극적으로 개입해 의열단의 활동을 지원했으며, 국내에서 모금한 독립자금을 상하이임시정부로 전달하는 비밀 창구로서의 역할을 담당하였다. 1922년 8월 이륭양행의 고용원 김문규(金文奎)가 일본경찰에 체포되고, 조지 쇼우가 신의주에서 체포되면서 독립운동가들이 국경을 넘나드는 일은 더욱 어려워졌지만 안둥은 여전히 상하이임시정부를 향해 열려진 비밀 항구로 작용하고 있었다.

2. 신세계로 가는 기차역

현해탄을 건너 한반도를 침탈한 일본은 부산항을 개항하고 수도 경성까지 기찻길을 놓아 금수강산 수탈을 본격화했다. 한반도를 넘어 대륙정복을 획책한 일제는 경성을 기점으로 압록강변의 신의주, 두만강변의 남양을 연결하는 철길을 놓았다. 1911년 11월 신의주와 안둥을 잇는 압록강철교가 완공되면서 경의선과 안봉선[35]이 연결되었다. 경성과 펑톈을 왕복하는 만선여객직행열차(滿鮮旅客直行列車)가 운행을 시작했고, 1912년 6월에는 부산까지 연장되었다. 1923년 7월에는 일본 시모노세키와 부산 사이에 페리호가 운항을 시작하였다. 도쿄와 펑톈을 직접 연결하려는 일본의 목표가 실현된 것이다.[36]

1917년은 안둥과 신의주의 철도 운영에 있어 특별한 의미를 가진 한 해였다. 이해 8월 1일 남만주철도회사가 조선의 철로 경영을 위임받게 됨에 따라 안둥과 신의주는 각각 안봉선과 경의선 두 철로의 종단이었지만 이제 하나가 되면서 만선(滿鮮) 철로행정이 통일되었기 때문이다. 이때부터 안둥은 압록강 하류의 거점항구이며 동시에 만선종관철로(滿鮮縱貫鐵路)의 거점이라는 수륙운수의 교차점에 해당되게 되었다.[37] 압록강철교의 완공과 만철에 의한 철도의 통합운영은 식민지 조선 및 대륙에 대한 일제의 군사적 침략과 일본 독점자본의 진출을 위한 토대를 공고화하였다. 또한 조선에서 밀려난 조선인이 만주나 상하이로 이주하는 통로, 중국인 노동자를 실어 나르는 중요한 교통수단을 제공하였다.

일본 본토와 연계된 철도시스템의 완성으로 국경도시 신의주와 안둥의 중요성은 더욱 커져갔다. 만주의 중심 도시 펑톈에서 출발한 기차를 타든, 베이징에서 떠난 특별급행열차를 타든 경성으로 진입하기 위해서는 안둥 역에서 입국절차를 받아야만 했다. 기차가 안둥 역에서 머무르는 시간은 이십분 정도, 이 시간은 열차에 탄 많은 사람들을 불안에 떨게 만들었다. 특히나 항일독립운동을 하는 지사들에게 있어 국경통과검사는 피를 말리는 일이었다.

奉天서 밤 아홉시에 경성을 향하여 떠난 특별급행열차는 그 이튿날 동이 틀 무렵에 安東縣 정거장 안으로 굴러들었다. 국경을 지키는 정사복경관, 육혈포를 걸어메인 헌병이며, 稅官의 관리들은 커다란 버러지를 뜯어먹으려고 달려드는 주린 개미 떼처럼, 플렛포옴에 지쳐 늘어진 객차의 마디마디로 다투어 기어 올랐다.…… 이번에도 어쨌든 넘어는 섰구나! 하는 안심의 짤막한 한숨이 그 자들에 대한 비웃음을 곁들여 굳게 다물었던 청년의 입을 새었다.[38]

국경 경찰의 검문을 통과하기 위해 초조하고 불안한 마음을 진정시키려고 남몰래 힘을 들여야 하는 상황은 경성에서 출발한 기차 안에서도 마찬가지로 연출되었다. 만주와 몽고지역에 대한 개발을 통해 민족의 생존권을 확립해야 한다는 생각을 가졌던 조선일보 간도특파원 이종정은 기차에서 벌어지는 검문과정을 다음과 같이 적고 있다.

平北 龍川郡 南市驛에서부터 하나씩 둘씩 오르기 시작한 형사대는 어느덧 십수 명에 달하였다. 밉살스러운 눈동자를 좌우로 굴리면서 경계 감시하고 있는 양은 서울 있을 때에 공산당 公判廷에서 본 庭內의 경계와 조금도 다른 감이 없었다. …… 압록강철교상에서 나는 그들에게 原籍, 주소, 氏名, 연령, 직업, 만주행의 목적 등을 묻는 대로 일러바쳤다. 맑고 푸른 가을 하늘에 소리없이 흘러가는 압록강 푸른 물결을 내려다보며 나는 혼자 잠꼬대 하듯이 부르짖었다.[39]

철도를 이용해 국경을 넘고자 했던 사람들은 국경 경찰과 세관관리의 단속과 경계가 엄중하다는 사실을 이미 알고 있었다. 하지만 실제 어느 정도까지 엄중한지는 직접 경험하기 전에는 알 수 없는 일이었다. 삼등칸에 겨우 몸을 실은 조선인들은 일본 형사와 헌병, 세관관리의 폭력적인 검문을 받으며 마음속에서 끓어오르는 일본 제국주의에 대한 분노를 억누르기 어려웠다. 그러나 이미 나라 잃은 조선인들은 어떻게 대항할 방도가 없어 압록강철교를 건너며 슬픈 상념에 빠져들기도 하였다.

> 國境의밤! 鴨綠江鐵橋를 지나는瞬間 나는 汽車乘降階段에서 구비처흘르는 江물에 安東縣의 '일루미네이숀'이 長蛇形으로비최어잇슴을볼때문득두눈에는 눈물이매친다. 나는끈힘업시 '센티멘탈'하여젓다. 이鴨綠江을사이에안고 건너다보고잇는 安東과新義州! 朝鮮과中國! 이나라와저나라! …… 忘我에서我로돌아올때 車는 安東縣에 이르럿다. 역에는短銃과長劍의憲兵이 여러乘客을헤치고 날카로운 視線을던지고잇섯다.[40]

"단총과 장검의 헌병이 여러 승객을 헤치고 날카로운 시선을 던지고 있는" 안둥 역 대합실에서는 "전일 밤에 어떠한 자가 일본 우편국에 폭탄을 던진 일이 있어 안둥의 인심은 극히 흉흉한 중에 있는 시국이 시국인지라 혹자는 배일 중국인의 소위인 듯하다고도 하고 혹은 조선 ○○단의 소위인 듯하다고도 하여 추측이 불일(不一)하나 이로 인하여 일중 관헌의 취체는 더욱 엄중하고 동포의 받는 바 압박의 고통은 날로 심하여 간다"[41]는 말들이 끊이지 않았다.

일본제국주의자들은 신의주와 안둥을 연결하는 압록강철교를 일본의 선진적인 과학수준과 현대적인 토목기술이 만들어낸 '동양제일교(東洋第一橋)'라 자부하였다. 이에 과격하고 급진적인 폭력투쟁을 목

적으로 하는 의열단원 오성륜은 독일인 마르틴과 둘이서 압록강 대철
교를 폭파시키는 중요한 임무의 세부계획을 짜고, 8개의 전략적 건물
들을 파괴하고 모든 대도시에 있는 일본인 관헌을 암살하기 위한 계
획을 세우기도 하였다.[42] 때문에 안둥 역에 내린 조선인들을 맞이하
는 것은 총검으로 무장한 일본 헌병과 금테 두른 모자를 눌러 쓴 관동
청(關東廳) 순사들의 날카로운 감시의 눈길이었다. 무사히 검문을 통
과하고 안둥 역에 도착한 조선인들은 또다시 일본 제국주의의 위세를
느낄 수밖에 없었지만 결코 굴복하지 않았다.

> 民國存亡敢顧身, 민족의 존망이 달렸으니 어찌 내 몸을 돌보리,
> 天羅地網脫如神, 천라지망 가운데서 귀신같이 빠져 나왔으니.
> 誰知三等車中客, 찢긴 갓에 누더기 입고 삼등 차간에 앉은 이를
> 破笠鶉衣舊大臣. 옛적 대신이라 그 누가 알 것인가.[43]

　일본 경찰의 철통같은 포위망을 뚫고 상하이임시정부에 안착한 김
가진이 국경을 넘는 열차에서의 감회를 읊은 시를 통해 살벌한 국경
경찰의 검문검색도, 세관 관리의 짐 검사도 나라를 되찾겠다는 우국
지사의 높은 뜻을 결코 꺾을 수 없었음을 알 수 있다. 안둥은 일제가
펼친 "천라지망(天羅地網) 가운데서 귀신같이 빠져나온" 지사들이 신
세계로 출발하는 열차에 오르는 기차역이기도 했었다.

Ⅳ. 안둥의 사람들

　각기 다른 목적을 가진 조선인들이 안둥을 경유하여 만주나 중국

내지로 이동하였고, 그 중에는 안둥 현에 정착한 사람들도 많았다. 그러나 안둥이라는 변경의 국경도시에 정착해 생활하면서 문예활동에 종사한 사람은 거의 찾아볼 수 없다. 안둥 주재 일본영사관 부영사의 부인으로 6년간 현지에서 체류하면서 한 편의 시와 몇 편의 산문, 그리고 안둥의 풍광을 담은 몇 점의 그림을 남긴 나혜석이 유일하다 할 것이다. 아래에서는 나혜석이 남긴 기록들을 중심으로 1920년대 안둥에서 생활하던 한인들의 생활상과 함께 중국인 거리와 그들의 삶을 살펴보고자 한다.

1. 안둥의 조선인 이주자들

1860년대 함경도와 평안도지방에 큰 가뭄이 들면서 조선인의 만주 이주가 본격화 되었다. 여러 해 동안 기근과 흉작에 허덕이던 평안도와 함경도의 농민들이 압록강과 두만강을 건너 만주지역에 정착하여 황무지를 개간하고, 중국인의 땅을 빌려 농사를 시작하면서 만주지역의 조선인 사회가 형성되었다. 그러나 압록강변의 국경도시 안둥은 두만강변의 투먼이나 조선과는 다른 발전양상을 보였다.

安東은 東滿의 圖們과 함께 南滿을 代表하는 滿鮮關門의 하나이다 다만 顯著하게 다른 것은 圖們이 人文地理的으로 朝鮮의 延長인듯한 느낌을 주는데 反하여 安東은 政治 經濟와 함께 人情 風俗이 鴨綠江을 사이에 두고 對岸朝鮮과 截然하게 다르다는것이다.[44]

1910년을 기준으로 안둥 현의 조선인 이주가 점차 증가하기 시작했지만 서간도의 다른 지역에 비교하면 그 수는 결코 많지 않았다. 1922

년 9월 펑톈 일본총영사관이 발표한 조선인 이주 현황에 따르면 창바이 현(長白縣)에 23,400명, 지안 현(集安縣)에 23,395명이 거주했지만 안둥 현에 거주하는 사람들은 6,341명에 불과하였다.45) 안둥 현이 다른 서간도 지역에 비해 이주자가 적은 이유는 조선인 이주자의 대부분이 농민이었던데 반해 일제는 안둥을 교통과 상공업의 중심 도시로 발전시키고자 하였고, 국경이라는 지리적 특수성으로 인해 일본 세력이 강하게 미치고 있었기 때문이었다.46) 항일 독립운동가들에게 있어 안둥은 여전히 위험한 공간이었고, 만주로 이주하는 조선인들에게는 스쳐지나가는 경유지로 받아들여졌다.

일본총독부는 만주지역에 거주하는 백만의 조선인을 관리하고 총독부의 대이민계획을 실행에 옮기기 위해 1920년부터 만주지역의 일본영사관에 조선인 부영사를 두고자 했다. 펑톈, 안둥, 지린, 톄링(鐵嶺), 간도(間島), 하얼빈 등이 후보지로 거론되었지만 1921년 9월 22일 일본총독부는 최종적으로 경성에서 변호사로 활동하던 김우영을 안둥 현에, 대구의 모 회사 중역 양재하(楊在河)를 펑톈에 임명하기로 결정하였다.47) 이를 통해 전체 만주지역 조선인을 관리하려는 일본에게 있어 비록 이주민의 수는 적지만 안둥이 얼마나 중요한 공간이었나를 짐작할 수 있다. 일본총독부가 조선인을 부영사로 임명한 목적은 조선이주민들의 조선으로의 귀환을 방지하고, 일본인과 조선인, 중국인과 조선인 사이의 민족모순을 완화하며,48) 한국독립지사들을 귀순시키기 위한 여러 가지 포석에서 이루어진 것이었다. 김우영이 안둥에서 수행한 주요 활동은 조선이주민들의 토지상조와 소작, 거주, 귀화입적, 자녀교육 등 문제에서의 중국 측의 제한정책 및 그 대책에 대한 조사연구였다.49)

『동아일보』의 기사에 따르면 안둥에서 생활하는 조선인은 1912년

에 이혁호(李赫鎬) 군이 처음으로 이안(移安)하기 비롯하였고, 뒤를
이어 정든 땅덩이와 집을 떠나서 이주하는 동포가 밀려들어 일본인시
가 한 모퉁이에 엉덩이를 들이밀고 살게 되었다고 한다. 1927년 안동
의 일본인거리에는 일본인 9,795명(2,364戶), 중국인 29,484명(6,624戶)
과 함께 조선인 1,387호의 6,356명이 거주하고 있었다.[50] 중국인들의
주요 거주지인 구시가지에 거주하는 조선인은 21가구 112명에 불과하
였다.[51] 안동의 첫 이주자로 소개되었던 이혁호가 기독교청년회(基督
敎靑年會)를 설립하고(1918) 교포들을 조직한 이후 청년단(靑年團:
1919), 조선인회(朝鮮人會: 1920), 안동금융회(安東金融會: 1922), 안동
청년회(安東靑年會: 1923), 부인친목회(婦人親睦會: 1926) 등의 사회조
직이 만들어졌다. 그중 독립운동가 안병찬(安秉贊) 등이 안동의 구시
가를 중심으로 조직한 청년단만이 항일단체였다는 사실을 통해 당시
안동지역 조선인 사회의 분위기를 짐작할 수 있다.[52]

　1922년에 조직된 노동자단체 공제회(共濟會)에는 노동부 회원 800
명, 직공부 회원 700명 등 모두 1500명의 회원이 참여하고 있었다.[53]
하지만 당시 안동에는 일정한 주소를 갖지 못한 많은 조선인들이 있
었고, 그들 중의 상당수는 하층 육체노동에 종사하였을 것으로 추정
된다. 1927년 안동경찰서 경무서가 만든 자료를 통해서도 현지에 거
주하는 조선인 중에는 공업에 종사하는 자가 607명으로 농업(71명)이
나 상업(74명)에 종사하는 사람보다 압도적으로 많았음을 알 수 있
다.[54] 같은 해 간행된 「안동공상명감(安東工商名鑑)」에서는 조선인의
공상업 현황을 정미소 7개, 운송회사 6개, 무역회사 9개, 상점 18개,
요릿집 8개, 이발관1개, 종이상자, 인쇄 등 10여개로 분류하고 있다.[55]

　압록강철교가 건설된 후 일본의 지배력이 강화대면서 안동과 신의
주는 하나의 생활권으로 통합되어갔고, 주거비나 물가 등의 문제로

신의주에서 안둥으로 통근하는 공무원이나 노동자들도 늘어났고, 상
대적으로 교육환경이 양호한 안둥으로 통학하는 학생들도 늘어났다.[56]

> 日滿系에 伍하여 活躍하는 三萬餘 鮮系市民生活가운데는 朝鮮인 新義州를
> 마치 한 生活圈內에 넣고 있으니만큼 …… 假令 官廳會社等에 勤務하는者가
> 住宅關係로 新義州에 居住하면서 通勤한다던가 또는 多數의 男女工場勞動者
> 가 生活費의 關係로 亦是 新義州에서 다니고 있다는 等의 事實은 傳統의 힘도
> 加하여저서 거기에 醸成되는 生活感情이 보담더 朝鮮的인것에 기우러지리라
> 는 것이 생각된다.[57]

신의주에 거주하며 20여리 길을 달려서 안둥으로 출퇴근했던 손기
정처럼 매일 국경을 넘나들며 생활하는 국경지대 특수노동자들은 신
의주경찰청에서 발행한 증명서를 휴대하는 것이 원칙이었고, 안둥에
거주하는 자는 안둥경찰청에 특수거주증명서를 제출해야 했다.[58] 하
지만 국경을 넘나드는 사람들 중에는 합법적인 노동자 외에도 수많은
밀수꾼들이 있었다. 1930년대 국내 일간지에는 세계적으로 유명한 신
의주의 밀수업에 관한 기사들이 끊이지 않았다.[59]

> 國境의百姓들은 密輸의百姓 -- 이런先入觀念이 앞장서는까닭인지 江을 건너
> 가고 건너오는 사람의 떼와 物荷를 運搬하는 雪車와 人馬가 모두 密輸軍의 行
> 裝만같구려. 西伯里亞의 벌판을 것은 사람들처럼 가지가지의 生物防寒具로 몸
> 을 감싼이들 …… 巡警과 憲兵이 森嚴한武裝이 特히 눈에띠운다.[60]

안둥에는 얼어붙은 압록강을 건너다니며 밀수를 하는 조선인들뿐
만 아니라 기차를 이용하는 밀수조직도 있었다. 국어사전에는 도비노
리(飛び乗り)란 단어가 수록되어 있다. "달려가는 열차에 몸을 날려

몰래 열차에 탄다는 뜻으로 밀수꾼들이 쓰는 용어"라고 설명하고 있는 이 단어가 만들어진 곳이 바로 안둥과 신의주였다. 우리에게 '시라소니'라고 알려진 주먹세계의 인물 이성순 역시 신의주에서 단둥을 왕래하는 특급 열차에 올라타 국경을 넘고, 기차가 안둥 역에 도착하기 전 뛰어 내리던 밀수꾼 출신이었다. 안둥 해관에서 실시하던 국경통과검사는 독립군을 체포하겠다는 목적이외에도 국경지역 거주민을 중심으로 한 밀수출입을 방지하기 위한 경제적인 목적도 있었다. 때문에 단둥 쪽의 강변에는 무장한 순경과 헌병뿐만 아니라 밀수범 체포를 전문으로 하는 세관관리들의 감시가 엄중하였다. 국경에 대한 감시와 통제가 엄격해 질수록 안둥에서 생활하는 조선인 이주자들의 삶은 더욱 각박해졌다.

일본외교관의 부인으로 안둥의 일본인거리에서 생활하며 남편과 함께 조선인과 관련한 여러 가지 사업과 공식행사에 참석했던 나혜석. 그녀는 안둥에서 지낸 6년간을 회고하며 특별히 '안둥금융회(安東金融會)'와 '교육사업'에 대해 언급하였다.

> 실로 안둥 현과 우리는 인연이 깊은 곳입니다. 소위 관리생활로 들어선 초보가 여기요, 사회상으로 사업이라고 해본 데도 여기요, 개인적으로 남을 돌아본 데도 여기입니다. 인심에 대한 쓴맛 단맛을 처음으로 맛보아 온 곳이 여기입니다. 사교상에 좀 익숙해진 것도 이곳이며 성격상으로 악화해진 것도 이곳입니다. 재만동포의 경제적 발전은 오직 금융기관에 있다는 견지로 안둥의 조선인 금융회가 설립한 후 이래 안둥에 사는 조선인 금융회의 중심기간이 되어 있어 그 전도가 유망하게 우리 눈에 보일 때에 어찌 아니 기쁘겠습니까.[61]

만주로 이주한 한인들은 산둥 등지에서 이주한 중국인들에 비해 이주와 정착에 필요한 자금을 융통하는데 매우 불리한 처지에 놓여 있었다. 때문에 안둥 주재 일본영사관은 안둥조선인회를 발족하여 이주민을 관리하고, 이주 조선인들의 경제적 구제와 이주정착에 필요한 자금을 저리로 제공한다는 목적으로 안둥금융회의 설립을 주도하였다.[62] 창립 당시 안둥금융회 회원은 시내에 거주하는 70여 명에 불과했지만 안둥 영사관의 적극적인 홍보와 선전을 통해 1922년에는 185명,[63] 1927년에는 724인으로 증가하는 등 지속적인 발전양상을 보여 나혜석 부부를 기쁘게 했다.[64] 나혜석은 안둥금융회 사업이 안둥에서 생활하는 조선인들의 생활안정에 실질적인 도움을 줄 것이라 생각했을 뿐, 금융회의 설립이 남만주 지역 이주 조선인에 대한 일제의 경제적 긴박을 더욱 강화하는 계기가 되었음을 인식하지 못하였다.

나혜석 부부는 안둥지역에 거주하는 조선인들의 교육환경개선과 여성교육에도 많은 관심을 가지고 있었다. 나혜석은 안둥으로 이주한 다음해 일본인거리 태성의원(泰誠醫院) 내에 여자야학을 설립하고 매주 3일, 오후 7시에서 10시까지 단독으로 교육을 진행하였는데 배우고자 하는 조선 여인들이 답지하였다.[65] 1926년 3월에는 안둥에서 생활하는 조선 여성들 간의 친목을 도모하고, 경제적인 자립의지를 키우기 위해 안둥현부인친목회(安東縣婦人親睦會)를 조직하고 적극적인 직업교육을 실시하고자 했다.

안동 현에는 녀성중에새로운각성을가진 羅蕙錫녀사의발긔로 지난 삼월에 안동 현부인친목회를조직하고 가명부인들로하여곰 친목을도모하고 貯蓄部를 두어 매삭일원 혹은 이원식을저축하야 불과몃달에발서 수백원에갓갑게 되엿스며 그것으로 低利貸付도하야 가명부인에게 륭통도하며 또는 장래에 거액에 달할때에는 그것으로 부인상덤이라든지또는 生産組合가튼것을경영하야 가명경제에 한도움이되려고한다.[66]

일본에서 유학하고, 3·1운동에 참가하여 옥고를 치르기도 했던 신여성 나혜석. 그녀는 안동에 거주하는 조선 여인들이 너무도 유약하고 수동적이며 활기가 없음을 한탄하고, 부인들에 대한 지식교육뿐만 아니라 편물강습 등 직업교육을 실시하여 경제적으로 독립할 수 있는 기틀을 마련해 주고자 하였다.[67] 나혜석은 여성교육뿐만 아니라 현지의 조선인 자녀들을 위한 교육환경 개선을 위해서도 적극적으로 노력하여 안동보통학교(安東普通學校) 교사 신축에도 관여하였다.

> 총독부와 滿鐵에 다니며 교섭한 결과 어느 곳에 내놓아도 자랑할 만한 조선인 보통학교 건축이 생겨나 수백여 명의 생도를 수용하는 중이며 이번에 만철경영으로 되어 그 직원 일동이 만면 희색인 것을 볼 때 어찌 만족을 느끼지 않을 수 있겠습니까. 그런데 만주에 거주하는 조선 사람의 생활이란 일정한 주소를 가진 사람이 적습니다.[68]

1914년(大正3)에 개교한 이 학교는 처음에는 소학교의 교실 일부를 빌려 사용하였다. 그러다가 김우영의 노력으로 1918년 11월 1일에 칠번통(七番通) 오정목(五丁目)에 벽돌로 지은 큰 교사를 건축하였는데 재학생이 600여명에 달했다.[69] 남만주철도회사에서 운영하게 된 이 학교에는 한국인 교사 8명, 일본인 교사 3명이 584명의 학생들을 가르치고 있었다.[70] 하지만 당시 안동에는 일정한 주소를 갖지 못한 동포들이 많았기 때문에 그들의 자녀들은 교육의 기회를 근본적으로 박탈당하고 있었다.

야학을 개설하여 현지 조선인부녀자 교육에 힘쓰고, 새로운 교사를 마련하여 보다 많은 동포의 자제들에게 배움의 기회를 제공하고자 했던 나혜석 부부의 노력은 안동을 떠날 때까지 이어졌다. 그래서인지 남편과 세계 일주여행을 떠나는 길에 다시 찾은 안동에서 부부는 조선인 사회의 뜨거운 환영을 받았다. 당시 금곡원(金谷園)이라는 중국 요릿집에서 열린 조선인회의 환영회에는 백여 명이 참석하여 만주에 있는 조선인 생활로는 드문 경우가 발생했다.[71]

2. 나혜석이 그린 안동

한국 최초 여류 서양화가로 알려진 나혜석은 1921년부터 안동에서 생활하는 6년 동안 안동 근교의 명승지를 담은 「鳳凰城의 南門」(1923)과 「鳳凰山」(1923), 안동 일본인거리의 서구풍 건축물을 그린 「秋의 庭」(1924), 「初夏의 오전」(1924), 중국인거리의 모습과 생활상을 묘사한 「支那町」(1926), 해항도시 안동의 생활과 문화를 잘 보여주는 천후궁을 그린 「娘娘廟」(1925)와 「天后宮」(1926) 등의 작품들을 조선미술전람회에 출품하여 수상하였다. 특히 본전(本殿)을 원경으로 삼고 출입 중문(中門)을 중경으로, 정문을 근경으로 한 「天后宮」은 그녀에게 조선미술전람회 특선의 영예를 가져다주었다.

일본 외교관 부인으로 생활하는 동안 나혜석은 공용여권을 지니고 특별급행열차 1등석에 앉아 무시로 국경을 넘나들었다. 조국의 독립을 위해 항일의 길에 나선 사람들, 새로운 삶의 터전을 찾아 3등 칸에 겨우 몸을 실은 사람들이 압록강철교를 건널 때 일본 순사와 헌병의 눈길을 애써 피하야 했던 것과 달리 그녀에게 있어 압록강을 건너는 일은 그저 일상적인 삶의 연장선이었다. 신의주에서 안동으로 가는 길을 스케치 하듯 그려낸 시 「中國과 朝鮮의 國境」은 그녀의 이러한 모습을 잘 보여주고 있다.

…… 開閉自由의 鐵橋는/ 東洋의 一로 부르도다/ 이 다리 넘으면 安東縣/ 山

ㅇ에 뚜렷한 領事館/ 西便에는 烏帽子山/ 東으로 보이는 元寶山/ 산으로 가는 鎭江山/ 名産物으면 이가다야기/ 丘上에 높히 잇는 大神宮/ 家運의 幸福을 빌고 빈다/ 옴겨다 심근 꽃도 잇고/ 사구라가 피면 만주의 一/ 한 잔 먹자고 이름조차 조흔 束口/ 由良之助 마루고에 太陽樓.72)

신의주를 출발한 기차가 압록강철교를 지날 때 나혜석의 눈에 제일 먼저 들어온 것은 강 건너 전장산 기슭에 우뚝 솟은 일본영사관건물, 안동에 거주하는 일본인들이 가정의 번영을 기원할 수 있도록 일본군정서(日本軍政署)가 세운 안동신사(安東神社: 大神宮)였다. 봄이 오면 벚꽃이 아름답게 피어 '안동제일경(安東第一景)'라 불렸다는 전장산 부근의 스미레구치(束口), 유라노스케(由良之助), 마루고에, 타이요루이(太陽樓)와 같은 일본 요릿집들도 눈에 들어왔다. 바로 그녀가 생활하던 일본인거리의 모습인 것이다. 그녀의 시 속에는 식민지 현실에 대한 암울한 인식이나 안동에서 생활하는 조선인 동포에 대한 언급이 보이지 않는다. 하지만 그녀의 시는 일본인거리의 한 귀퉁이를 차지하고 생활하던 조선인의 삶을 상상할 수 있는 단초를 제공하고 있다.

1904년 러일전쟁 당시 일본은 안동의 류다오거우(六道溝)와 치다오거우(七道溝)의 320만 평방미터를 부속지로 강제 점령하고, 신시가건설위원회를 결성하여 "안동부속지규획(安東附屬地規劃)"이라는 도시발전계획을 수립하고 근대적인 도시시설을 마련하기 시작했다.73) 나혜석이 생활하던 20년대에는 '부속지개발계획'이 거의 완성되어 일본인거리에는 반듯하게 구획된 도로망이 확충되었고 시장구, 공업구, 주택구의 구분이 이루어졌고 상하수도와 공원, 도서관과 기차역 등 각종 공공시설이 갖춰져 근대도시로서의 면모를 띠고 있었다.74) 이에 반해 중국인거리에 대한 체계적인 도시발전계획은 세워지지 않았고,

도로는 포장이 되지 않아 겨울이면 흙먼지가 날리어 눈을 뜨기 힘든 상황이 이어지고 있었다. 중국인거리와 일본인거리는 제방과 그 외측 수로 피일구(避溢溝)에 의해 분명하게 경계가 나누어져 있었다.[75) 천후궁을 스케치하기 위해 인력거를 타고 중국인거리를 지나던 나혜석은 중국인 거리의 이국적인 모습을 화폭에 담고자 하였다.

> 천후궁을 그리면서 사이사이 그린 것이 「支那町」이다. 이것을 그리게 된 동기는 다만 支那 기분이 충만하여 있는 시가요, 더욱이 흥미를 끌게 된 것은 술집패가 남색, 홍색 합한 것이 주렁주렁 매달린 것이었다. 그러나 이 시가는 사람의 통행이 제일 번잡한 곳이라, 실토를 하자면 미상불 엄두가 나지 아니하였다. 하루 밤새도록 생각하여 보았다. 그리고 죽어라 하고 용기를 내 보았다. 전에 鳳凰城 南門 그리든 생각을 하니 무서울 것이 없을 것 같았다.[76)

당시 안둥의 중국인 거주지 가운데, 그나마 번화한 거리는 상하이 임시정부의 안둥교통국지부 사무국이 있던 싱룽제(興隆街)와 톈허우궁제(天后宮街), 부두(埠頭) 등 일부 지역에 불과하였다. 나혜석이 그리고자 한 지나정은 압록강을 건넌 이미륵이 생전 처음 본 중국의 거리, 사람들이 좁은 거리에 범람하고 금글씨로 쓰인 많은 간판이 걸려 있는 쥐바오제(聚寶街)인 듯하다.[77) 당시 쥐바오제의 점포들은 문 앞에 상점의 이름과 취급품목 등을 새긴 형형색색의 길고 짧은 나무패(牌)들을 내걸고 손님들을 불러 모으고 있었기 때문 초패가(招牌街)라고도 불렸다. 샤허전(沙河鎭)의 초패가는 안둥 주변에서 모여든 벌목꾼들이나 전국 각지에서 안둥을 찾은 상인과 여행객들이 즐겨 찾는 상품교역의 중심지로서 전국적인 명성을 쌓아가고 있었다.[78)

나혜석은 일본인거리보다 훨씬 더 생기가 있고 시끄러운 중국인거리의 이국적인 모습에 이끌려 「支那町」이라는 그림을 그리기 시작했다. 하지만, 도처에 생소하고 이상한 냄새가 감도는 것 같은 중국인 거리를 찾아 사생을 하는 것은 죽을 만큼의 큰 용기를 내어야 가능한 일이었다. 위험하고 불결한 그 거리에서 만난 중국인 노동자의 불쾌한 체취와 아이들의 지저분한 모습이 그녀를 끔찍하게 만들었던 것이다.

> 과연 콧물 눈물 흘린 아이들로부터 암내가 쏟아져 나오는 중국 노동자들이 삽시간에 우리를 짓는데, 정신이 아뜩하였다. 게다가 만주의 名産인 바람이 휙휙 지나가자 마차 바퀴에 튀어오르는 흙먼지가 쫙쫙 뿌려 들어오면 한참씩 눈을 감았다가 뜰 때도 있었다. 나중에는 입에서 모래가 설컹설컹 씹히고 코에서는 말똥내, 쇠똥내가 물큰물큰 나온다.[79]

식민지 조선인의 신분으로 국경을 넘어 낯선 사람들이 있는 공간으로 들어갔지만 나혜석은 '이방인'으로서의 의식을 가지지 않았다. 어쩌면 그녀는 안동 주재 일본영사관 부영사의 부인이라는 의식만을 가지고 있었는지 모른다. 중국인 거리와 중국인들에 대한 그녀의 혐오감은 1924년 7월에 발표한 수필 「滿洲의 여름」에서도 찾아볼 수 있다.

> 언제 빗은 머리꽁지인지 이마 위에다 아무렇게나 감아놓고, 친친 감기는 시퍼런 무명 중의 적삼에다가 버선에 대님을 꼭꼭 치고(어떠한 노동자든지 버선 벗는 법은 없다), 까만 얼굴 속에서 눈알만 번쩍거리는 중국 노동자가 두 팔을 꽉 벌려서 흙부대를 잔뜩 실은 외바퀴차 자루를 쥐고 이리 실쭉, 저리 실쭉, 가는 바퀴를 따라 엎어지지 아니하게만 굴리기에 엉거주춤한 허리, 뚱그런 눈으로 노려보고 찌걱째걱 끌고 간다. 그의 이마에는 땀이 비오듯하고 그의 두 팔의 힘줄은 있는 대로 뚜렷이 나타난다. 아아 더워, 그 삐걱삐걱하는 무겁고 괴롭고 강한 소리만 들어도![80]

일본 유학시절 인상파의 영향을 받은 나혜석은 그림을 그리기 위해 언제나 새로운 자극과 학습을 원했다.[81] 그러나 그녀가 생활하는 안둥은 중국과 조선을 잇는 변경의 국경도시로 서울이나 동경과 같은 문화 시설도 없었고, 하얼빈이나 창춘 같은 국제도시 분위기도 부족했다. 또한 일본외교관의 아내로, 두 아이의 어머니로 살아가야 한다는 압박감 때문에 그녀는 한때 그림을 계속 그릴 수 있을까하는 회의에 빠졌다. 그러나 아이러니하게도 그림에 대한 열정을 포기하지 못한 나혜석에게 조선미술전람회 특상이라는 영예를 가져다 준 것은 단둥의 구시가 중국인거리에 자리 잡은 천후궁과 열악한 환경 속에서 살아가는 현지인들의 삶의 모습이었다.

V. 나오며

을사늑약 이후 조국의 광복을 위해 투쟁의 길에 오른 사람들, 새로운 삶을 찾아 정든 땅과 정든 고향을 뒤로 하고 만주로 향한 많은 사람들이 신의주에서 압록강을 건너 중국의 안둥을 경유하여 만주로 시베리아로 중국 내지로 이주하였다. 시대에 따라 압록강을 건너 국경을 넘는 사람들의 목적은 달라졌지만 압록강을 사이에 두고 신의주와 마주한 안둥은 여전히 '2,000만 동포'의 땅을 떠나 만주로, 중국 내지로 향하는 조선인들이 거쳐 가야만 하는 변경의 국경도시였다.

일제강점기 압록강과 두만강으로 상징되는 한반도의 변경은 국경의 끝과 시작이라는 물리적 차원에서 그치지 않는다는 점에서 그 시사적 의의가 있었다. 변경의 지대는 제어의 끈이라든가 통제의 끈들이 내지에 비해 상대적으로 약한 곳이다. 때문에 제도로부터 핍박받는 민중들이 그러한 속박으로부터의 일탈 욕망을 강렬하게 느끼는 곳이다. 밀무역이라든가 월경의 풍경 등을 쉽게 관찰할 수 있는 곳, 쫓겨 가는 이주민들의 모습을 쉽게 찾아 볼 수 있는 것은 변경이 갖는 속성 때문에 가능한 일이다. 이런 의미에서 국경도시[沿境]로서, 압록강을 끼고[沿江] 바다와 연결된[沿海] '삼연(三沿)'의 해항도시 안둥은 일제강점기란 시대의 고민과 고통을 가장 잘 드러내는 공간이었다.

본문에서는 1930년대 만주국이 건설되기 전까지의 시기를 중심으로 안둥을 경유하여 이동한 조선인들이 남긴 각종 기록들을 통해 변경도시이자 국경도시, 철도의 중심 도시, 특히 그동안 연구자들이 크게 주의하지 않았던 해항도시 안둥의 모습을 살펴보았다. 또한 조국의 광복을 위해 죽음을 무릅쓰고 압록강을 건넜던 민족 지사들을 통해 변경의 국경도시 안둥이 갖는 시대적 의미를 고찰하였다. 그리고 안둥 주재 일본영사관 부영사의 부인으로 안둥에서 6년간 생활했던 여류화가 나혜석이 남긴 그림과 몇 편의 산문을 중심으로 안둥의 조선인과 함께 중국인거리의 모습을 살펴보았다.

그러나 본문에서도 밝힌 바와 같이 안둥이라는 국경도시가 갖는 특수성으로 인해 현지에 정착하여 작품 활동을 한 작가들이 존재하지 않았고, 일제강점기 안둥의 모습을 엿볼 수 있는 작품이 전무한 상태라 안둥이라는 공간이 조선인 이주자들의 내면에 어떻게 각인되었는지를 살피기에는 제한이 있었다. 나아가 조선인들이 안둥에 대해 가졌던 장소적 의미에 대한 심층적인 분석을 진행할 수 없었다는 점은 아쉬움으로 남는다.

한국전쟁 이후 국경이 아닌 DMZ로 남북이 가로막힌 분단의 시대를 살고 있는 우리에게 '변경', '국경'이라는 단어는 불행한 근대사를 떠올리는 또 다른 메타포가 되었다. 때문에 압록강을 사이하고 마주한 변경의 국경도시 안둥과 신의주는 일제강점기 조선인의 식민지 현실에 대한 암울한 인식이 있고, 조국 독립에 대한 해방의 의지가 꿈틀대는 곳이었다. 열린 타자와의 연결을 상징하는 압록강철교와 스스로를 닫아 가둔 국경이라는 관문이 결합된 변경의 해항도시 안둥은 나라 잃은 조선인들에게 새로운 삶에 대한 희망과 조국 광복에 대한 치열한 투쟁의 장으로 기억되고 있었다.

최낙민 | 한국해양대학교 국제해양문제연구소 인문한국(HK) 교수

▣ 주

1) 李相龍,『石洲遺稿』卷之一,「二十七日渡江」: "…此頭寧可斫, 此膝不可奴. 出門未一月, 已過鴨江水. 爲誰欲遲留, 浩然我去矣."

2) 淸은 光緒2年(1876) 大東溝(현 東港市) 동쪽에서 愛河(현 丹東市)에 이르는 땅을 나누어 安東縣을 설치하였다. 이후 안둥 현은 安東省, 安東市로 행정구역과 이름이 바뀌었고, 1965년 안둥시는 지금의 丹東市로 개명되었다. 1930년대 이전 단둥을 연구대상으로 하고 있는 본고에서는 안둥이라는 지명을 사용할 것이다. 또한 안둥의 범위를 중국 商埠를 포함한 구시가와 만철 부속지가 건설된 일본인거리로 한정하여 서술할 것이다.

3) 이미륵, 전혜린 역(2014),『압록강은 흐른다』, 범우사.

4) "1907년 이후 100만 명의 조선인이 조국을 떠나 만주로 건너갔다. 쪽바리 한 놈이 조선에 들어오면 30명의 조선인이 나라에서 쫓겨났다고 우리는 말한다. 조선인의 인구를 대강 추정했을 때, '20명 중 1명의 조선인'이 '2,000만 동포'의 땅에서 쫓겨났던 것이다. 이들의 대다수가 만주와 시베리아로 갔다". 님 웨일스 · 김산 (2009),『아리랑』, 동녘, 132쪽.

5) 함대훈,「南北滿洲遍踏記」, 최삼룡 · 허경진(2010),『만주기행문』, 보고사, 115쪽.

6) 윤재운 외(2011),『한중관계사상의 교통로와 거점』, 동북아역사재단, 288쪽.

7) 송기한(2009),『한국 현대시와 근대성 비판』, 제이앤씨, 79~80쪽.

8)『新唐書』卷二百二十「東夷傳內」: "色若鴨頭, 號鴨綠水."

9) 石松(1933),「鴨綠江畔에서」,『삼천리』제5권 제9호.

10) 엄성용 · 서인범 외(2007),『소통과 교류의 땅 신의주』, 혜안, 221쪽.

11) 石松(1933),「鴨綠江畔에서」,『삼천리』제5권 제9호.

12) 송기한(2009),『한국 현대시와 근대성 비판』, 제이앤씨, 77~78쪽.

13) 중국어에는 존재하지 않았던 만주라는 기표는 서구와 일본이 제국주의적 의도로 새롭게 창안한 공간개념으로, 지정학적으로 압록강과 두만강 이북의 중국 동북삼성과 러시아 연해주를 포함하는 공간을 말한다.

14) 1940년 말 만주에 거주하는 조선인 총수는 145만 384명이었고, 그 가운데 17개 주요 도시에 거주하고 있던 조선인은 14만 1,845명으로 9.8%를 차지했다. 김경일 · 윤휘탁 · 이동진 · 임성모(2004),『동아시아의 민족이산과 도시-20세기 전반 만주의 조선인』, 역사비평사, 18쪽.

15) "……車는 나를 딴나라에갓다노았다. 稅官吏가 行裝을 調査하고 붉은土筆노票를해주워 待合室로나왓다. 中國사람판이다. 日本人 朝鮮人뒤범벅이되여 떠든다. 그저中國人이 만이눈에띄운다는것外에 外國이란感想이 그리나지안는다. 애

써딴나라에왓따는 氣分을 좀만히 늦겨보랴하엿스나 釜山서 배타고 下關나릴때
와는 다르다. 왜그런고하니 停車場에 重要驛夫는 日本人이요 停車場압헤는 日
本人 新市街요 朝鮮人도만코해서이다." 春海, 「滿洲旅行記」, 최삼룡·허경진(2010),
『만주기행문』, 보고사, 211쪽.

16) 장성식, 「越江異域의 國際都市-安東縣」 8. 『東亞日報』, 1927.5.1.

17) 윤재운 외(2011), 『한중관계사상의 교통로와 거점』, 동북아역사재단, 302쪽.

18) 南滿州鐵島株式會社 庶務部調査課(1928), 『南滿三港海運事情』, 南滿州鐵島株式
會社, 44쪽.

19) 南滿州鐵島株式會社 庶務部調査課(1928), 『南滿三港海運事情』, 南滿州鐵島株式
會社, 132쪽.

20) 南滿州鐵島株式會社 庶務部調査課(1928), 『支那の戎克と南滿の三港』, 南滿州鐵
島株式會社, 8쪽.

21) 심훈, 「東方의 愛人」, 민현기(1989), 『일제강점기 항일독립투쟁소설』, 계명대학
교출판부, 163쪽.

22) 윤재운 외(2011), 『한중관계사상의 교통로와 거점』, 동북아역사재단, 302쪽.

23) "안동 현 採木公司의 樵夫 명환은 '馬賊襲來'의 소문을 듣고 하루바삐 집으로 가
볼 생각이 화살 같았다. …… 겨울의 농한기를 타서 이곳으로 품팔이는 왔을망
정 명환의 생각은 하루도 그의 보금자리를 떠나지 못하는 것이었다." 俞鎭五,
「馬賊」, 민현기(1989), 『일제강점기 항일독립투쟁소설 선집』, 계명대학교출판부,
146~147쪽.

24) 1929년 유도순 작사, 전기현 작곡, 선우일선 노래, 「압록강 뗏목노래」. 이 외에도
30년대에는 강홍식의 「압록강 뱃사공」 등 여러 노래들이 불려졌다. "이천리 압록
강에 노를 저으며/ 외로이 사는 늙은 뱃사공이요/ 물 우에 기약 두고 떠나간 사
람/ 눈물로 옷 적시며 건네 주었소//강가에 빨래하는 청녀를 보고/ 뗏목군 하소
노래 흘러 넘을 때/ 섥은 소식도 강을 건너며/ 뱃 노래 목이메는 사공이라오."

25) 光緒3年(1877)에 결성된 艖船會는 이후 安東艖船公會로 발전하였다. 활동이 왕
성할 때에는 회원이 2600여명, 크고 작은 배 3600척이 소속되었다고 한다. 하지
만 만주국이 들어서고 수풍댐이 건설되면서 항로가 없어지고 화물이 줄어들어
해산하게 되었다.

26) 나혜석, 이상경 편집(2002), 『나혜석전집』, 태학사, 516쪽.

27) 『安東縣志』 卷七 「歲事」: "四月十八日, 俗謂是日娘娘廟會. 男女至元寶山碧霞宮
焚香, 還愿者絡繹不絶. 工商各界放暇一日, 遊人如織, 謂之上廟有警察彈壓, 不令
男女混雜而鄉間各寺廟婦女還愿者亦多."

28) "지금 큰 장마를 만나, 물가 나루터와 배가 정박하는 본래의 장소가 모두 유실되
고 강 중류의 모래톱도 살피기 어려운 형편이니, 뱃사공이 조금이라도 그 형세
를 놓친다면 사람의 힘으로는 되돌릴 수 없는 일이 생길 지경이었다." 朴趾源,

김혈조 역(2011), 『熱河日記 · 渡江錄』.

29) "오! 偉大한 自然의 힘이여! 가마케넓은 江물, 그리고 그만흔伐木을 흘러내리는 氣運찬물두 이제는 꼼작못하고 한어리물은 氷場에 不過하고나 멀리 떨어진 땅을 緣地시키는 道術이야말로 偉大한 造化物이 아니고는 不可能한 獨占力이다. 겨울의 國境은 鴨綠江의 存在를 認識하지안는다." 전무길, 「滿洲走看記」, 최삼룡 · 허경진(2010), 『만주기행문』, 보고사, 188~189쪽.

30) 이은숙, 『西間島始終記』. 이덕일(2016), 『이회영과 젊은 그들』, 역사의 아침, 64쪽 재인용.

31) 김구, 도진순 주해(2002), 『白凡逸志』, 돌베개, 284쪽 · 299쪽.

32) 박찬승(2014), 『한국독립운동사』, 역사비평사. http://terms.naver.com

33) 정정화(2005), 『長江日記』, 학민사, 61쪽.

34) 정정화(2005), 『長江日記』, 학민사, 59쪽.

35) 1904년 러일전쟁 발발 이후 일본군이 안동에 이어 평황청을 점령하자 군사목적의 인적 · 물적 수송이라는 절박한 필요성에 따라 두 지역을 연결하는 철로가 수축되었고, 1905년 안동과 펑톈을 연결하는 안봉선이 완공되었다. 1906년 남만주철도주식회사가 설립되자 초대 총재 고토 신페이는 만주와 식민지 조선을 직접적으로 연결하는 안봉선과 그 출발 지점인 안동을 장악하려고 하였다.

36) 윤재운 외(2011), 『한중관계사상의 교통로와 거점』, 동북아역사재단, 297쪽.

37) 圖書普及會 編(1917), 『安東縣及新義州』, 圖書普及會, 39쪽.

38) 심훈, 「東方의 愛人」. 민현기(1989), 『일제강점기 항일독립투쟁소설』, 계명대학교출판부, 161~162쪽.

39) 李鐘鼎, 「滿蒙踏查旅行記」. 최삼룡 · 허경진(2010), 『만주기행문』, 보고사, 54쪽.

40) 金鐘根, 「滿州紀行」. 최삼룡 · 허경진(2010), 『만주기행문』, 보고사, 248쪽.

41) 李鐘鼎, 「滿蒙踏查旅行記」. 최삼룡 · 허경진(2010), 『만주기행문』, 보고사, 55쪽.

42) 님 웨일즈 · 김산(2009), 『아리랑』, 동녘, 170쪽.

43) 정정화(2005), 『長江日記』, 학민사, 41쪽.

44) 申彦龍, 「渡江에 感懷깊은 安東省」, 최삼용(2004), 『20세기 중국조선족문학사료전집』 제6집, 중국조선민족 문화예술출판사, 805~806쪽.

45) 김주용(2014), 「만주 안동지역 한인사회와 나혜석」, 『나혜석연구』제5집, 13쪽.

46) 김주용(2014), 『만주지역 친일단체: 친일, 비겁한 변명』, 역사공간, 85쪽.

47) 『동아일보』, 1921.9.25.

48) 1910년 한일합병을 전후하여 남만주(서간도)에 이주한 한인들은 일제와 중국 지방정부에 의해 이중의 통제를 받고 있었다. 한인은 자본주의 체제를 이식하여 식민지 경영을 수행하려는 일제에게는 이용대상이자 수단이었고 중국에게는 대륙침략의 주구로 인식되었다.

49) 이홍석(2014), 「안동일본영사관 부영사 김우영」, 『나혜석연구』 제5집, 102쪽.
50) 장성식, 「越江異域의 國際都市-産業殷盛한 安東縣」 (1), 『동아일보』, 1927.4.25.
51) 安東ホテル(1926), 『安東』.
52) 문종철(2012), 「한인의 단둥 이주와 생활」, 『사학지』 45권, 45쪽 참고.
53) 장성식, 「越江異域의 國際都市-産業殷盛한 安東縣」 (7), 『동아일보』, 1927.4.30.
54) 牛丸潤亮(1927), 『最近間嶋事情』, 朝鮮及朝鮮人出版社, 158쪽. 『나혜석연구』 제5집(2014), 김주용의 「만주 안동지역 한인사회와 나혜석」에서 재인용.
55) 문종철(2012), 「한인의 단둥 이주와 생활」, 『사학지』 45권, 50쪽.
56) 신의주가 고향인 베를린올림픽의 마라톤 금메달리스트 손기정도 16살이 되던 1928년 단둥의 일본인 회사에 취직하여 압록강철교를 넘어 20여리 길을 매일 달려서 출퇴근한 일화는 잘 알려져 있다.
57) 申彦龍, 「渡江에 感懷깊은 安東省」, 최삼용(2004), 『20세기 중국조선족문학사료전집』 제6집, 중국조선민족 문화예술출판사, 806~807쪽.
58) 하지만 이러한 일련의 정책이 정작 실수요자들에게는 상당히 불편하였기 때문에 이를 시정할 것을 요청하였고 바로 安東省 勞工協會에 등록하는 것으로 정리되었다. 1938년 노공협회 지부에 등록된 중국인은 약 600명, 조선인은 300명에 달했다. 특히 압록강의 수운을 통한 경제 활동 가운데 목재산업에 종사하는 노동자가 증가하면서 이들이 필요로 하는 노동시장 및 간이 숙박소 등이 새로운 도시문제로 등장하였다. 유지원 · 김연신 · 김주용 · 김태국 · 이경찬(2007), 『근대 만주 도시 역사지리 연구』, 동북아역사재단, 140~142쪽.
59) 1930년대 안동 지역 조선인에 의한 밀수산업에 관한 내용은 이은자의 「중일전쟁 이전 시기 중국의 국경도시 安東의 이주민-교류와 갈등의 이중주」(『中國近現代史硏究』 62집) 참고.
60) 전무길, 「滿洲走看記」, 최삼룡 · 허경진(2010), 『만주기행문』, 보고사, 188~189쪽.
61) 나혜석, 이상경 편집(2002), 『나혜석전집』, 태학사, 515쪽.
62) 김주용(2014), 「만주 안동지역 한인사회와 나혜석」, 『나혜석연구』 제5집, 16~21쪽 참고.
63) 김주용(2014), 『만주지역 친일단체: 친일, 비겁한 변명』, 역사공간, 113쪽 참고.
64) 장성식, 「越江異域의 國際都市-産業殷盛한 安東縣」 (5), 『동아일보』 1927.4.28.
65) "우리 朝鮮女子를 위하여 熱心 盡力하는 나혜석 여사는 금번 當地 8番通 泰誠醫院 내에 女子夜學을 설립하고 매주 3일간 오후 7시에서 10까지 單獨히 熱誠으로 敎鞭을 執한다 하며, 입학지원자가 逐日踏至하다더라(安東)." 『東亞日報』, 1922.3.22.
66) 「안동 현 부인친목회 편물과를 두어」, 『동아일보』, 1926.9.9.
67) 「부인친목회(안동 현)」, 『동아일보』, 1927.5.1. 참고.
68) 나혜석, 이상경 편집(2002), 『나혜석전집』, 태학사, 515쪽.

69) 장성식, 「越江異域의 國際都市-産業殷盛한 安東縣」 (8), 『동아일보』, 1927.5.1.

70) 延邊大學民族硏究所編(1991), 『民族史碩士論文集』, 延邊人民出版社, 92쪽.

71) 나혜석, 이상경 편집(2002), 『나혜석전집』, 태학사, 515쪽.

72) "北境에 잇는 平北道/ 벌건 煉瓦의 道廳은/ 市街도 새로운 新義州/ 東으로 보이
는 白馬山/ 西으로 나리면 開巖浦/ 언덕으로 닷는 鴨綠江/ 겨울은 골작이 눈 우
에/ 버여낸 材木이 밋글어 나려와/ 江은 얼어서 『소리』 닷는다/ 사람의 往來도
自由스럽다/ 이백리 남는 渭新川/ 이 내의 한 겹으로/ 支那의 나라/ 川의 恩惠로
살아가는 사람/ 三國通하야 幾百萬/ 기럭이와 비둙이도 조석으로/ 뗏목 짱구는
섬을 짓는다/ ……" 나혜석, 「中國과 朝鮮의 國境」, 『시대일보』, 1926.6.6.

73) 魏琳娜(2007), 『自開商埠與丹東城市近代化硏究(1903-1931)』, 東北師範大學碩士學
位論文, 20쪽.

74) 윤재운 외(2011), 『한중관계사상의 교통로와 거점』, 동북아역사재단, 312쪽.

75) 윤재운 외(2011), 『한중관계사상의 교통로와 거점』, 동북아역사재단, 310~311쪽.

76) 나혜석, 이상경 편집(2002), 『나혜석전집』, 태학사, 287쪽.

77) 이미륵, 전혜린 역(2014), 『압록강은 흐른다』, 범우사, 215쪽.

78) http://blog.sina.com.cn/s/blog_48b3cedd0101fvp9.html (검색일: 2017.03.21)

79) 나혜석, 이상경 편집(2002), 『나혜석전집』, 태학사, 287쪽.

80) 나혜석, 이상경 편집(2002), 『나혜석전집』, 태학사, 257쪽.

81) "남의 그림을 많이 볼 필요도 있고 참고서를 많이 읽을 필요가 있는 것이다. 그
러나 왼 적적한 곳에서 살고 보니 그나마 기회를 얻을 수 없는 것이다." 나혜석,
이상경 편집(2002), 『나혜석전집』, 태학사, 283쪽.

10.
현경준의 작품을 통해 본 국경도시 투먼

최낙민

아하, 무사히 건넜을까,
이 한밤에 남편은
豆滿江을 탈 없이 건넜을까.
저리 國境江岸을 경비하는
外套 쓴 검은 巡警이
왔다 갔다
오르며 내리며 분주히 하는데
발각도 안되고 무사히 건넜을까?[1]

Ⅰ. 들어가며

"흰 눈이 가득 쌓이고 모래바람 심한 북쪽나라 山國에서 生을 받아 고요히 어린 때를 보낸 巴人君이 그 獨特한 情緒로써 설음 가득하고 느낌 많은 고향인 國境方面에서 재료를 취하여 沈痛悲壯한 붓 끝으로"[2] 장편서사시「국경(國境)의 밤」을 세상에 내놓았다. 달도 없는 칠흑 같이 어두운 밤, 아이들과 설을 세기위해 마차에 소금을 가득 싣고

꽁꽁 얼어붙은 두만강(豆滿江)을 건너 중국 땅으로 밀수 길에 나선 남편의 안위를 걱정하다, "물레 젓던 손도 脈이 풀려서 파아 하고 붙는 漁油 등잔만을 바라"[3] 보는 젊은 아낙네의 한숨소리와 함께 북국(北國) 국경의 밤은 그렇게 식민지 조선인의 가슴에 각인되었다. 함경북도 경성(鏡城)에서 나고 자란 김동환(金東煥: 1901-?)은 '북국', '겨울'과 같은 차가운 이미지를 통해 '죽음과 같은 분위기', '한없는 우울'과 같은 '국경정조(國境情調)'[4]를 식민지 조선의 젊은이들에게 심어주었다.

함경북도 명천군(明川郡) 화대(花臺)에서 태어난 현경준(玄卿駿: 1909-1950)은 경성보고(鏡城普高) 3학년에 재학 중 학업을 중도에서 버리고 국경을 넘어 시베리아로 방랑길에 올랐다. 국경을 넘는 18살 문학청년의 품속에는 경성보고 선배인 김동환의 서사시집 『국경의 밤』이 있었다. 현경준은 시베리아를 방랑하는 2년 동안 『국경의 밤』을 수백 번도 더 읽어서 종내에는 책 없이도 읽게 되었다고 했다.[5] 일제강점기 관북(關北)[6]이라는 변경(邊境)의 대지에서 나고 자란 현경준에게 만주, 러시아와 맞닿은 국경 두만강은 어떤 의미였을까?

국경을 넘어 시베리아를 방랑하는 동안 공산혁명이 가져온 거대한 변화의 물결과 그곳에서 생활하는 조선인의 삶을 체험한 현경준은 1929년 다시 두만강을 넘어 일제의 식민지가 되어버린 조국으로 돌아왔다. 평양 숭실학교(崇實學校)에 입학해서 학업을 재계한 현경준은 오래지 않아 현해탄을 넘어 일본 도쿄(東京)의 모지 도요꾸미(門司豊國) 중학에 유학하였지만 재학 중 사상사건에 연루되어 귀국하였다. 현경준은 근대의 산물이라 불리는 국경을 넘어 무산계급혁명을 성공한 사회주의국가 소련을 경험했고,[7] 현해탄을 넘어 산업화의 길을 걷는 일본을 목도하였다.[8]

귀국 후 한동안 '암흑생활(暗黑生活)'을 보냈던 현경준은 1934년 중편소설「마음의 태양」이『조선일보』현상모집에 당선되고, 다음해 단편「激浪」이『동아일보』신춘문예에 당선되면서 문단에 정식 등단하였다. 그러나 그의 국내 활동기간은 3년 남짓에 불과하였다. 현경준은 "初期作品9)들은 그래도 내生活이옳았던 글렀던 그것은 別間하고서 그生活의反映이었고 餘韻이 었기때문"10)에 다소라도 애착을 가졌다. 하지만 일본제국주의자들이 조선어와 조선문자의 사용을 금지하고 '내선일체(內鮮一體)'를 강조하면서 조선인을 '황국신민(皇國臣民)'으로 만들기 위해 문화통제를 강화하던 시기, 자신의 생활을 담아낼 수 없었던 작품들에 대해서는 그 어떤 반향도 기대하지 않았다.11) 1937년 '조선문인협회', '문예보국연맹' 등의 어용단체가 조직되고 문단에 음산한 부역의 바람이 일기12) 시작하자 현경준은 결국 생활이 없고, 질식할 것은 조국을 떠나 다시 국경을 넘어 만주로 갈 것을 결심하게 되었다.

生活이 없는 作品! 이처럼 不當한 말이 어데 있는가.
이에 나는 敢然히 空虛한 깍때기 속에서 뛰쳐나와 내 앞에 새로 열린 生活의 길을 찾아, 이 滿洲로 온 것이다. …… 나는 이때가지의 생활에 붓들려 文學을 造作하여온 態度를 敢然히 버리고, 眞實한 明日의 生活을 爲하여, 배움의 길을 접어들려 한다.13)

일제강점기 만주에서도 조선인 이주의 역사가 가장 길고 많은 사람들이 체류하여 간도의 문화, 교육, 종교의 중심이라 불리던 곳은 룽징(龍井)이었다.14) 당시 룽징에는 "언제나 健實한 思想으로 着實하게 生活하여 나가는" 강경애(姜敬愛)와 "일찍이「北鄕」同人으로 間島의 朝鮮文學을 爲해 많은 努力"을 하던 안수길(安壽吉)15) 등이 활동하고 있었다. 하지만 만주로 이주를 결심한 현경준은 룽징이 아닌 "豆滿江의 허리띠갓흔 강폭을 사이에두고 조선을 눈앞헤 마주건다보는 만주국의입구"16), 우리 땅을 넘어 만주의 조선인 룽징으로 가는 길목인 국경도시 투먼(圖們)에 정착하였다. 백봉국민우급학교(白鳳國民憂級學校)에서 4년간 교원생활을 한 현경준은 1940년 7월 작가라는 본연에 충실하기 위해 학교를 사직하고 해방을 맞아 귀국할 때 까지 8년간 투먼을 중심으로 창작활동에 전념하였다.

만주시기 현경준의 소설에서 유독 자주 등장하는 공간은 국경지대이다. 이것은 그가 조선과 중국의 국경도시 투먼에서 교원 생활을 했던 까닭이기도 하겠지만 '재만(在滿)'의 현실에서 갖는 다양한 체험과 의식의 양상이 이러한 서사 공간을 만들어 냈을 것으로 이해하는 것이 더 타당하다.17) 현경준의 작품 속에 형상화된 '국경지대'와 '국경도시 투먼'은 우리에게 일제강점기 식민지 조국이 산생한 또 다른 슬픈 역사를 반추시키는 공간이라 할 것이다.

"새로 열린 生活의 길을 찾고", "眞實한 明日의 生活을 爲하여" 국경을 넘어 만주로 이주한 현경준은 "아직 建設開始以來 겨우 八個年이란 年齡박게 가지지못한過渡期에 處하여잇는 所謂未完成의都市" 투먼, 빼어난 경관을 가진 것도 아니고, 그렇다고 살기가 좋은 곳도 아닌 정말 "別로特筆할만한沿革은 가지지못햇"던 투먼에 큰 애정을 가졌고, 그곳에서 살아가는 조선인의 진실한 생활을 작품 속에 담아내고자 하였다.

圖們! 圖們! 圖們!
눈물의圖們! 우슴의 圖們! 大體圖們은 어쩌한 곳이길래 그다지도 人生의 喜悲劇을 비저주엇든가?
날이 가고 달이 가고 해가 밧기운 오늘에 와서도 아직도 이 애기는 새롭고 눈물자국은 말으지 안엇다 아니 至今도 喜悲劇의 쇠리는 그냥 이어저 가고 잇다.
……
圖們! 圖們!
나는 무척 너를 사랑한다. 네의 生活속에 數업시 浮沈된 그 記錄도 나는 자
랑한다. 그럼으로 언제던지 나는 너를 한번네 冊床우에 올려 안치고 네의 온갖
것을 한덩어리로 - 훌륭히 生動하는 그 덩어리로 맨들러 노흐려 한다.[18]

현경준의 단편소설 「寫生帖 第二章」, 「寫生帖 第三章」, 「密輪」, 「벤
쯔바꼬속의 金塊」, 「소년록」, 「첫사랑」, 「길」과 중편소설 「流氓」은 투
먼이라는 공간과 그 속에서 살아가는 조선인의 모습을 생동적으로 그
려낸 결과물들이다.[19] 또한 현경준은 『만선일보(滿鮮日報)』에 연재한
「新興滿洲人文風土記-圖們篇」에서 "電擊建設의 都市", 미완성의 국경
도시 투먼의 연혁과 함께 조선인의 밀수담, 투먼의 불야성과 아수라
장과도 같은 정서빈곤의 도시 문화를 가감 없이 그려내었다.

編輯兄의 命令에 依하야 秩序업시 나려쓰고 보니 내 고장(圖們)의 辱說을
느러 노은 듯하야 大端 거북하다.
그러나 一時活字에 반씃조케 나타낫다 해서 그것이 禮讚되거나 보기 슝하
거나 허물을 羅列햇다해서 그것이 辱說이 된다고는 생각지 안는다.
要는 筆者의 쓰는 意慾과 趣旨如何에 싸라서 嚴然히 區分될 것이다.[20]

"필자의쓰는 의욕과 취지"를 강조한 현경준은 현지에서 살아가는
조선인의 진솔한 생활을 소개하기 위해 투먼의 치부를 드러내는 일도
서슴치 않았다. 그가 형상화한 투먼 조선인의 생활에 대한 '풍속화'는
민족의 정통성에 대한 확인이고, 어떻게든 살아남으려는 생존논리 역
시 원색적인 생명원리에 민족의 현실극복의지를 상징적으로 부여한
것일 수 있다. 심지어 '타락' 또는 '몰락'해가는 식민지인 '결격자'의 형

상도 작가의 투철한 현실인식에 따라서는 일제강점기 식민지 조선, 만주국이라는 특정사회에 대한 역발상적인 고발과 부정일 수 있다.[21]

필자는 본문을 통해 투먼을 배경으로 한 현경준의 작품을 기본 텍스트로 하고, 투먼을 스쳐간 많은 조선인들이 남긴 기행문, 신문기사들을 참고하여 현경준이 독자들에게 알리고자 했던 일제강점기 투먼과 조선인의 모습을 재구성하고, 그가 드러내고자 했던 국경도시 투먼이 갖는 시대적의미를 찾아보고자 한다. 이를 위해 먼저 국경도시 투먼의 연혁과 함께 투먼의 발전 원인에 대한 현경준의 이해를 살펴볼 것이다. 다음으로는 투먼에 뿌리를 내리고 정착한 조선인 이주민의 처절한 삶과 '밀수(密輸)'와의 관계를 통해 국경도시 투먼의 의미를 고찰할 것이다. 그리고 조국에서 못살아 투먼을 거쳐 간도와 시베리아로 옮겨가는 농민들과 망명객들의 한숨과 눈물을 살펴보고자 한다.

II. 바다와 대륙을 잇는 국경도시 투먼

민족의 영산 백두산 동남쪽, 대연지봉의 동쪽 기슭에서 발원한 두만강은 동쪽으로 흘러 주변의 많은 지류를 받아들이며 도도히 흐르다, 조국을 찾겠노라 맹세하던 선구자들의 땅 룽징을 지나온 한줄기 해란강을 끌어안고 동해로 흘러 들어간다. 바다를 향하던 두만강이 한반도의 북쪽 끝으로 치닫는 정점에 위치한 함경북도 온성군(穩城郡) 남양시(南陽市)의 대안에 위치한 "圖們은 間島省 延吉縣 志仁鄕의 一部로서 舊稱 灰幕洞이라 하든바 昭和8年(1933) 五月一日 驛名을 圖們驛이라 命名하고 同時에 官民代表會議로 同 六月 一日부터 圖們이라 改稱하얏다."[22] 투먼 현지의 일본인 사회는 이날을 기념하여 매년 투먼신사(圖們神社)에서 춘추제전(春秋祭典)을 거행하고 있었다.

1939년 잡지사 문장(文章)을 통해 현경준을 소개받은 민촌(民村) 이기영(李基榮)은 서울역에서 경원선 기차를 타고 원산에 도착한 후, 그곳에서 다시 함경선을 이용하여 동해의 푸른 파도가 굼실거리는 성진(城津)을 지나고 회령(會寧)과 상산봉(上山峰)을 넘어 산세(山勢)와 수태(水態)가 내조선(內朝鮮)과 아주 판이해 보이는 남양에 도착하였다. 이기영을 태운 기차는 국경인 두만강철교를 건너 마침내 만주국 간도성 투먼에 도착하였다. 서울에서 온 이기영의 눈에 비친 신흥의 국경도시 투먼은 그저 사방이 산으로 둘러싸인 무인지경(無人之境)의 산골에 불과했다.

> 앞으로 豆滿江을 안고 뒤으로 北江을 낀 圖們은 前後左右로 山이 삥둘러싼 盆地다. 山에 나무 한그루 서지 않은 瓶속같은 이곳은 事實 住民의 살어갈 길이 없어 보인다. 田地가 없으니 農事를 지을 수 없고, 無人之境의 山 속이다.[23]

누군가가 석회를 굽기 시작하면서 골짜기 전체에 늘 회색의 장막이 안개처럼 드리워져 있었다고 하여 회막골이라는 원시부락의 이름을 가졌던 투먼. 인근에 매장된 지하자원이라든지 농산자원이 없는 투먼은 룽징이나 연길과 같은 간도의 다른 도시에 비해 개발과 발전이 늦었다. 현경준은 만주국이 세워지기 전, 투먼에는 약 100호 가량의 조선 농민들의 모옥(茅屋)[24]이 곳곳에 산재해 있어 겨우 무인경(無人境)을 면한 상태였지만 만주국이 건립된 대동(大同) 원년(1932) 3월, 경도선공사(京圖線公社)가 만주국의 수도 신쿄(新京: 長春)와 투먼을 연결하는 철길을 놓기 위해 측량을 시작하면서부터 명실공이 새로운 국제도시 투먼으로 비약하게 되었다고 했다.[25]

여기는 조선과 만주국의 사이를 흘러 나리는 豆滿江의 중류에림한 南陽.
대안은 東北滿의 입구로서 密輸로서는 달리 그 류를 보기드믄 신흥국제도
시 圖們이다.

만주사변 전까지는 조곰아한 보잘껏없는 한촌에 불과하든 것이 사변 이후
경도선(新京-圖們)의 개통과 도간선(圖們-佳木斯)의 건설로 하여 비로소 발전
하기 시작하였고 그우에 더구나 만주국의 건국 초의 취체의 불비를 기회로 왕
성하게 행하여진 밀수 때문에 갑자기 인구 三만을 헤아리게 되어서 그 경기는
남만주의 安東도 릉가한다는 곳이다.[26]

이방인 이기영과 달리 현지인 현경준은 투먼이 남만주의 안동을 능
가하는 "東北滿의 關門入口로서 滿洲國의 三代루트中의 하나이고 京
圖線의종점, 그位置의重要性에 對하야는 구구히 論할 必要가업다"[27]
고 했다. 현경준이 말한 소위 만주국의 삼대 루트란 일본 시모노세키
(下關)에서 대한해협을 건너 경부선과 경의선을 거쳐 신의주에서 압
록강철교를 지나 안봉철도와 연결되는 '병참(兵站)루트', 경의선에서
갈라져 만포(萬浦)-지안(集安) 간 철교로 압록강을 건너 퉁화(通和)-쓰
핑(四平)-지린으로 이어지는 '내륙(內陸)루트'. 그리고 일본 니가타(新
潟)나 마이즈루(舞鶴)에서 동해를 건너 나진(羅津)·청진(淸津)·웅기
(雄基)에 닿은 후 함경선이나 투먼선을 통해 투먼-신쿄 간 경도선(혹
은 長圖線)으로 이어지는 '북선(北鮮)루트'를 말하는 것이다.[28] 현경준
은 국경도시 투먼의 발전이 일본제국주의의 대륙진출을 위한 '북선루
트'의 개발과 밀접한 관련을 가지고 있음을 명확히 인식하고 있었다.

북선루트의 개발은 동해를 통한 대륙진출을 획책했던 일본육군과
만철에 의해 주도되었다. 일본 본토에서 만주국과 곡물, 광업자원, 생
산품 등을 교역하는 데 최단거리의 포구는 나진이었기 때문에 만주
사변 후 환동해경제권 육성을 목표로 삼았던 일본 정부 당국자에게

있어 나진에 항구를 개발하는 것은 국운을 건 정책 사업이었다. 춘원 이광수는 일본제국주의가 중국 북방에 건설한 해항도시 다롄을 방문하고서야 나진항과 일본열도를 연계한 일본식민주의자의 만주개발계획 전모를 이해할 수 있었다고 회고했다.

大連 보고야 羅津이 무엇인지도 알앗습니다. 吉會線과 羅津과 新舞鶴, 伏木, 新瀉를 連合하야 줄을 그어보면 羅津이 北滿洲(아마 西伯利我까지도)와 日本 本土와의 商工業와 文化와 軍事를 連結하는 큰 關節또는 큰 吸盤인 것을 알 것 입니다.29)

1932년 경도선공사와 나진항을 중심으로 청진항, 웅기항을 연결하는 철도 공사가 시작되면서 투먼은 "북선삼항(北鮮三港)"의 배후도시, 동해 건너 일본의 니가타나 마이즈루와 연결된 북선루트의 관문도시로 지정되었다. 1933년에는 남양과 투먼을 잇는 길이 420미터의 투먼 국제철교가 완공되고, 다리의 남측에는 인행도가 건설되었으며, 9월 1일부터는 국경 두만강을 건너 조선측 도문선으로 연결되는 열차가 하루 왕복3회 운행을 시작하였다.30)

新義州가 검푸른 瓦家로 더피고 붉은 煉瓦로 빗나는 대신 이곳(南陽)은 洋鐵집웅, 너울이 바람에 搖曳된다. …… 사람이 頻繁히 가고 오는 곳을 따라가니 欄干도 업는 좁은 鐵橋가보인다. 이것이 豆滿江鐵橋다. 開闊式 鴨綠江鐵橋의 宏壯함에 比하면 鐵橋라고 할 것도 업스나 그러나 稅務力이 잇고 오고가는 사람의 所裝品을 檢査하니 堂堂한 國境鐵橋이다.31)

압록강을 오르내리는 선박의 통행을 위해 개폐식으로 건설된 압록강철교에 비한다면 규모와 시설 면에 있어 부족한 점이 많았지만 만주의 도녕선(圖寧線), 경도선과 조선의 함경선, 도문선을 잇는 두만강 철교의 건설은 투먼이 북만주의 물산을 수송하는 국경도시로 성장하는 계기를 마련하였다. 때문에 당시 언론에서는 "北朝鮮三港과 連絡하는 中繼國境驛으로서 交通이 至極히 便한點으로 잘活用하는데 圖們市民의 발전이 있을 것이다."[32]라는 취지의 기사들이 송고되었다.

회막동은 羅津港과 자매의 관계를 작엇으므로 그같이 가속도의 발전을 보게 된 것이라 한다. 마치 大連과 奉天 대련이 잇으므로써 봉천이 세계유수의 대도시가 된 것과 같이 이제 회막동은 종단항 나진 때문에 전기와 같은 대도시 계획이 착착 진행되는 것이라 한다.[33]

현경준은 "圖們은 建設初로부터 現在의 長過程에 어르기까지 日滿機關의共同協力과 鐵道側의切磋協調에 依하야 된것으로서 그 絢爛함이 間島地方에 이서서는 달리 그例를 찾지못하게 된것이다"라고 하며, 특히 "當初부터 市街計畫事業은專혀 滿鐵에 依하연진것은 적지아니 달은都市와는 異境을 지난" 이유라고 밝혔다.[34] 투먼의 건설과 발전은 만주대륙을 점령하고자 하는 일본제국주의와 만주국, 특히 남만주철도공사와의 공조와 협조 속에 진행되고 있었다는 것은 당시 주요 일간지의 기사를 통해서도 확인된다.

만주에 잇어서 라진과의 접근지요 關門인 이 도문이 필연적으로 발전하야 일약 대도시 건설로 매진하게 일은 것이니 만철에서 소위 滿蒙八大都市建設計劃地의 일로 결정한 것도 이때부터이다. 지금까지에 잇어서 日本商品이 만주로 가게되면 大連과 安東縣을 반드시 거치게 되고 만주상품이 일본으로 수출될 때에도 역시 이 두 곳을 거치게 되는 것 인바 앞으로 일만양국이 라진항을 중심으로 하야 두 나라의 무역이 교환된다면 이 도문이야 말로 안동 현과 대련 이상의 요지가 될 것이다.[35]

1930년대 초반 니가타에서 출발해 동해를 건너 나진항에 도착한 후, 철도를 통해 투먼을 경유하여 신교로 이어지는 북선루트가 완성되자 일본에서는 도쿄에서 신교까지 단 50시간밖에 걸리지 않으며 이는 다롄을 경유하는 것보다 짧은 시간이라고 선전되었다.[36] 동해를 통한 일본의 대륙진출계획과 함께 두만강 건너 간도의 관문이 된 나진항과 투먼은 기존의 다롄 항, 안둥 현과 경쟁하는 신흥 국경도시로 성장하기 시작한 것이다.

투먼은 일본 내지에서 들어오는 수입품과 만주국에서 생산된 수출품이 통과하는 동북만주의 안둥, 일본과 만주국을 연결하는 최단의 교통중계지로 발전하였고, 조만간 안둥이나 하얼빈과 같은 대도시로 성장할 것이라 전망되었다. 그러나 도시 경영과 철도 부설을 마친 만철건설사무소가 무단장(牧丹江)으로 이전하고, 이전보다 밀수경기가 막히게 됨에 따라 투먼의 발전은 일시적인 쇠퇴를 맞기도 하였다.[37] 이기영이 묘사한 것처럼 투먼은 사방이 높은 산으로 둘러싸인 산골이었다. 그러나 국경도시 투먼은 일본제국주의와 만주국, 만철에 의해 바다와 대륙을 연결하는 국제교통의 중심지로, 대륙침략과 식민지 조선의 경영을 위한 교두보로 성장하고 있었다.

Ⅲ. 국경도시 투먼의 사람들

일제강점기 두만강은 만주 및 러시아와의 사이를 경계 짓는 국경선이요, '남부여대(男負女戴)한 이사(移徙)꾼'의 숱한 아픈 기억들을 간직한 채 말 없이 흐르는 역사의 증인이었다. 간도 사람이라는 변경의식은 두만강을 같이 가졌다는 것으로 뚜렷해졌고, 만주로 이주한 조

선인들에게 두만강은 국경의 상징이요 어머니의 강이 되었다. 1930년
대 초반 국경도시 투먼의 건설 사업이 시작되자 식민지 조선의 많은
사람들이 새로운 희망을 찾아 두만강을 넘어 이곳으로 모여들었다.

> 三間오막사리를 쌀아 가지고 情든 故鄕을 써난 것도 圖們 째문이며 못 보낼
> 자 안타가히 매달리며 울며울며 째쓰는 뒷집 願伊를 "一年만 참어달라 돈벌어
> 가지고 오면 一生同樂 우리차지아니냐"하고 달래노코 써나온것도 圖們 째문이
> 아니든가? 이웃집 하라버지가 三年째나 밀려 오든 回甲宴을 隣近 洞里 써늘썩
> 하게 차려 놀다가 酒風에 써우린 채 永永 다시 일지못한 것도 圖們 째문이라면
> 시집온 三日만에 密輸짐을 이고 넘다가 豆滿江 풀은 물에 출렁 쌔져 寃鬼가 되
> 여 밤마다 江邊을 울고 해맬 것도 圖們 째문이 아니든가?[38]

북선루트를 통한 대륙진출계획을 확정한 일본정부도 적극적인 만
주이민정책을 펼쳤다. 만주사변 이후 증가를 계속한 만주 이민에 대
해 척무성(拓務省)이 적극적으로 뛰어들어 1932년부터 20년간에 100
만호, 500만 명의 만주 개척이민 계획을 발표했다. 또 일본 국내의 농
촌문제 해결의 일환으로, 만주에의 분촌(分村), 분향(分鄕)이라는 형
태로, 개척농민을 집단 이주시키는 계획이 구체화되었다.[39] 농가의
차남이나 삼남들, 일본에서 먹고 살 게 없어서 만주에서 새롭게 일을
하려고 했던 사람들, 탄압 때문에 일본에 있기가 힘들어진 전향한 공
산주의자들이나 사회주의자들 등 쇼와(昭和) 시기에 걸쳐서[40] 많은
일본인들이 투먼을 통해 만주로 러시아와의 국경지대로 이동하였고,
이들 중 일부는 투먼에 정착하였다.

간도총영사관의 조사에 의하면 1934년 12월 말 현재 간도성 각 중
요도시의 인구 순위는 투먼, 옌지(延吉), 룽징의 순이었다. 그리고 투
먼의 인구는 조선인이 22,127명이고 일본 내지인이 3,909인, 만주인(滿

洲人)이 1,740인, 외국인 13명으로 총 27,789인으로 조사되었다.[41] 투먼은 조선인과 '재가승(在家僧)'이라 불리는 조선인화 된 여진족, 일본인 외에도 한족과 만주족, 몽고족, 백계 러시아인 등 다양한 인종들이 모여 사는 이민도시가 되었다.

圖們市民은 各道人과 日本內地滿洲 其他外國人으로 형성한 都市이므로 一定한 鄕土的風俗이없으며 中心人物과 中心團體가 없이 各樣各色으로 各自個人의 衣食住問題에만 確乎한 覺悟밑에 努力하는 것은 否認못할 事實이다 그러나 文化方面 또는 社會方面에는 沒理解沒干涉이다.[42]

신흥의 국경도시 투먼에는 일정한 향토적 풍속이나 중심인물, 중심단체가 없었다고 했다. 하지만 투먼에는 압록강변의 안동과 달리 마차도 중국식 건물도 보이지 않았고, "아무리 만주 기분을 찾으려고 하여도 소용이 없고 순전한 조선 도읍 풍경이 보일 뿐"[43]이며, 기차가 투먼에서 출발하여 "삼심키로 지점까지는 조선의 연장이라고 하여도 과언이 아니다"[44]라고 할 정도로 조선인의 영향력이 강한 국경도시였다.

圖們의 急激한 發展을 딸아 朝鮮各地로서 移住한者頗多하야 全戶數 昭和八年度는 七千三百二十六, 人口四萬으로 算하던 國際都市圖們住民의 八割이 朝鮮人이엿다. 朝鮮內의 不景氣로 一葉片舟와같이 물결치는대로 흐르고 흘러 漫然來圖한 者가 많음으로 定着性이 적고 來往頻繁하다 따라서 職業도 鐵道關係 稅關關係 其他官公署 役員외의 사람은 料理業 旅館業 飮食店等等 經營하는 者가 大多數로 中心人物과 中心團體가 없고 協助 혹은 敎化機關이 없다고 하여도 過言은 아니될 形狀이다.[45]

1933년 투먼의 4만 인구가운데 80%가 조선인이었고, 현경준이 투먼으로 이주한 1937년에는 총인구 25,010명 중 조선인이 72.9%, 일본인

이 14.3%를 차지하였다.46) 그들 조선인 가운데에는 철도나 세관 등
관공서에서 근무하는 사람들, 요리점이나 여관을 경영하는 자영업자
들도 있었지만 대부분은 식민지 조선의 파탄한 농민들이거나 불경기
로 일자리를 잃은 도시의 빈곤층이었다. 또한, 당시 투먼을 포함한 간
도나 남만주 전체에 거주하는 조선인의 대부분은 함경북도에서 넘어
온 사람들이라는 특징을 가지고 있었다.47) 이는 국경과 가까운 시베
리아지역도 예외는 아니었다.

> 그들도 다· 咸北사람들로서 故鄕에서는 먹을 것을 못 먹고 입을 것을 못 입
> 고 飢餓線에서 헤매다가 結局他國이였만 生活을 찾어서 豆滿江을 넘어온 무리
> 들이였으니 자욱자욱 눈물로 적시며 들어온 經路라던지 낫선 異地에 와서 피
> 와 땀으로 荒蕪地를 開拓하던 그이야기를 들으면 어느 것이던지 하나 가슴을
> 찔으지 안는 것은 없었다. 빵 한쪽 얻어 못 오는 武器보다는 一片의 빵쪽 그것
> 이 그에게는 둘도 없는 眞理가 아닌가? 48)

현경준은 "두만강의 허리띠갓흔 강폭을 사이에두고 조선을 눈앞헤
마주건다보는 만주국의입구", 국경도시 투먼에 거주하는 조선인의 삶
과 밀수의 관계에 주목하였다. 그는 철도가 투먼이라는 국경도시를
건설하는데 있어 사회적 생산기반을 구축하였다고 한다면, 밀수는 투
먼으로의 인구 유입을 이끌어낸 중요한 요소라고 인식하였다. 투먼에
서 주로 취급되는 주요 밀수품 품종으로는 포목류, 휘발유, 귀금속과
아편49)등이었으며, 그중 아편과 포목류의 양이 많았다.50) 국경도시는
그 지정학적 특성에 따라 두 지역이 필요로 하는 물품을 암암리에 거
래하는 밀수가 상존하는 공간으로, 당시 투먼에서는 조선 내지에서
생산된 포목이나 일본에서 생산된 공산품 외에도 동해 바닷가에서 생
산되는 소금과 건어물들이 조선 사람들의 봇짐에 실려 만주지역으로

밀수 되고 있었다.

> 圖們으로가는 물품은 東海岸産魚類食鹽等이고 南陽으로오는 物品은 煙草, 糖類等이다 每日 이 魚族을 날러다 팔아서 糊口하는 사람이 千餘名이라고 한다. 나는 朝鮮도 아니고 滿洲도 아닌豆滿江 鐵橋 한 가운데서 男負女戴하야 이 반찬거리를 나르는 조고마한 移動商人의 무리와 悠久히 흐르고 잇는 豆滿江의 푸른 물줄기를 바라본다.[51]

두만강 "철교의 양편 교두에서는 두 나라 세관의 감시가 엄중하고 잘못 눈치를 보이다가는 속옷까지 홀딱 벗기우는 것은 항례에 지나지 못하는것으로서 때로는 안모 저질른 죄도 없이 어두운 속에서 二三일식 흔히 기거를 하게"[52] 될 만큼 세관검사가 엄격하였다. 그러나 투먼이나 남양에 거주하며 동해 바다에서 나는 반찬거리를 이고지고 두만강철교를 건너는 사람들에게 있어 국경을 넘는 일은 출국이니, 입국이니 하는 거창한 말이 필요 없는 일상의 일부처럼 받아들여졌다. 세관검사라는 까다로운 절차도 밀수꾼이나 과객들에게나 법규가 되는 것이지 평범한 일상을 살아가는 그들에게는 매일 반복되는 통과의례일 뿐이었다.

현경준의 단편소설 「벤쏘 바고 속의 金塊」[53]의 주인공 병구는 노모와 함께 투먼에서 거주하면서 매일 강 건너 남양의 C인쇄소로 출근하는 식자공이다. 그는 매일 아침 8시면 도시락을 들고 두만강철교를 건너 남양으로 출근한다.

> (다리를) 건널 때면 의례히 그는 앞뒤 세관리에게 공손허리를 굽힌 다음 옆에 낀 「벤쏘바꼬」를 검사채우에 올려놓며 검사를 청하는 것이다.
> 처음에는 몇번간 보재기를 풀어제치고 「벤쏘」뚜껑을 열어보앗스나 얼마 후

에는 그도 낯닉은 관게로 그대로 인사만 하면 지나게 되엇다.

그리고 한 달이 지나고 두 달이 지낫슬 때에는 제법 세관리들과 두어마듸씩 이야기까지 주고받게 되엇고 마지막에는 남양서 돌아올 때면 혹시 누구의 부탁으로 적잔히 물건을 사가지고 건너와도 無稅로 통과하게끔가지 되엇다.

매일 두만강철교를 건너 남양과 투먼을 오가는 사람들 속에는 학생들도 있었다. 당시 투먼에는 "滿系鮮系共學인 圖們國民優級學校, 總督府經營에서 滿洲國으로 移管된 白鳳國民優級學校 圖們尋常高等小學校 安息敎經營인 私立間明學校"[54] 등이 있어 남양보다 교육환경이 좋았다. 때문에 학교가 부족했던 남양의 아이들 중에는 두만강철교를 건너 투먼으로 통학하는 학생들이 많았다. 현경준의 단편소설「密輸」는 그가 근무하던 소학교 학생들이 도시락을 이용하여 밀수를 자주 하여 만주국 세관 관리들에게 교사들이 수시로 수모를 당한다는 보기 드문 사건을 설정하고 있다.

그런데 그들은 돌아간 쩨면 벤또바쇠속 에다가 쌀이나 무엇이나 다못 얼마라도 밀수품을 너허가지고 너머간다.

그것이 차츰 묘득을 엇게돼서 마지막에는 아츰에올쩨면 소곰을 너히가지고 왓다가는 갈쩨면 쏘 그 속에다가 사탕가루나 쌀가튼 것을 박구어가지고 너머간다.

그 액수는 작은 것 갓지만 사실에 잇어서는 적잔흔 수입을 엇게 되며 그것으로 생활비까지 엇게 되는 것이다.[55]

두만강철교를 넘어 출근하는 식자공 병구나 "소곰(鹽)이나 성냥(燐寸)쯤의 밀수야 보통이라"[56] 여기는 열두어 살 된 어린 학생들은 큰 범죄의식 없이 국경도시의 사람들이 필요로 하는 물건들을 가지고 두만강철교를 넘었다. 세관에서도 처음에는 학생들이 도시락을 이용해

밀수를 하는 것에 대해 몰랐다. 그러다가 한 아이가 도시락을 두 개
세 개씩 가지고 다니는 것을 의심해서 뒤져보게 되면서 발각된 것이
다. 사고의 발단이 된 것은 영순이라는 모범생이었다. 현경준은 "큰
일을위해몸을 바친다구 하면서 써나간지가 벌서열두해"가 되었지만
연락이 없는 영순의 아버지, 건강을 잃어 어쩔 수 없이 어린 자식에게
밀수를 시킬 수밖에 없는 영순 어머니의 입을 빌어 투먼에서 살아가
는 조선인의 고단한 삶과 밀수의 관계를 고발한다.

> 자식을 더구나 공부식히는 자식을 밀수를 식힐 생각은 털끗만큼도 없다 어
> 쩌케 헤서던지 남부럽지안케 공부를 식혀주고 십다. 그래서 그는 여자의 손으
> 로 혼자서 이째까지 길러왓섯고 공부도 식혀왓다. 만은 어쩌케하랴? 원수가튼
> 나이가 차츰 부러감을 짜라 몸은 쇠약해지고 더구나 심병까지 쒸쳐나서 자리
> 에 누이비린 이호로는 부득이 이런 것의 밀수로서 사라오지 안흐면 안 될 운명
> 에 써리지고 마랏다.57)

투먼에서 생활하는 많은 사람들이 밀수를 하는 목적이나 이유는 서
로 다 달랐지만 밀수가 그들의 중요한 생업수단이었다는 것은 부정할
수 없는 사실이었다. 생업의 근간인 농토에서 유리되어 만주로 옮겨
간 이주자 본인이나 그 아들들 역시 도시로 흘러들어와 일정한 생계
가 없는 상태에서 마약이나 밀수, 절도와 같은 범죄의 유혹으로 쉽게
빨려 들어갔다.58) 현경준은 "密輸를하여 잘맛치감하면 一朝에百萬者
가되는것이고쏘한그런例는 얼마던지 잇을줄로 生覺"59)하기 때문에 밤
이나 낮이나 세관 관리들의 눈을 피해 밀수를 하지 않고는 밤잠을 편
히 못자는 것이 투먼 사람들의 버릇이고, 때문에 사람들은 투먼이라
고 하면 밀수를 생각하게 되고 밀수를 말하면 곳 투먼을 생각하게 될
정도라고 하였다.

이곳의 密輸犯은 大連이나 安東地方의 知能犯과는 달라서 集團的 組織體로서 一日의 密輸껭集團을 組織하여 잇고 大量的으로 白晝에 공공 하게 密輸한 것으로서 그 組織員의 數는 四十名五十名에 達하는 것이 잇엇다. …… 其後警備의 擴充과 當局의 積極的 活躍에 依하야 이러한 團體가 업서지자 그 다음에는 不得已 知能犯行으로 方向轉換을 하여서 當局의 골머리를 이번에는 새로운 方面으로 알케헷다 한다.[60]

일본인들에게 토지를 약탈당한 농민들, 식민지경제의 불황으로 일자리를 구하지 못한 도시 빈민들이 어쩔 수 없이 고향을 떠나 투먼이라는 도시에 정착하게 되었지만 생계수단을 갖지 못한 그들은 쉽게 밀수, 아편판매, 인신매매 등과 같은 일을 하는 부정업자가 되었다. 그들 중에서 '벼락단'과 같은 전문적인 밀수집단이 형성된 것이다.

현경준은 투먼의 조선인 사회에서는 밀수를 통해 많은 부자도 만들어지고, 밀수로 인해 파산한 사람들도 생겨났으며 타락자(墮落者)도 생겨나서 희비극이 수없이 연출되고 있음을 부인할 수 없다고 하였다. 또한 투먼은 나면서부터 철두철미하게 밀수를 그 전통으로 하고 있기 때문에, 앞으로도 투먼에서는 밀수라는 전통이 계속적으로 유지될 것이라 하였다. 나아가 현경준은 부정한 방법으로 일확천금을 벌게 된 사람들이 국경도시 투먼의 아수라장과도 같은 밤 문화, 정서빈곤의 도시문화를 주도하는 세력이라고 했다.

圖們의 뒷골목 不夜城에는 무엇이 사러 잇는가? 喧騷하게 써돌어대고 狂亂하는 그 속에는 아모런 情趣도 鄕愁의 誘惑도 업다.
그지 色狂판이고 飮狂판인 地獄의 修羅場이다 極度로 充血된 사나히들의 淫蕩한 눈과 그에 마주치든 계집들의 枯渴된 腐肉이 된 것 밧께는 아모 것도 차즐 것이 없다. …… 돈의 沙汰 나렷다 木材로 어든 돈 密輸로 어든 돈 密告로 어든 돈 圖們의 銀行들은 이 不夜城째문에 行勢를한다.[61]

　그러나 밀수나 아편판매에 빠져든 대부분의 조선인들은 여전히 도시 빈민층을 벗어나기 어려웠다. 투먼 건설초기 밀수경기를 바라고 각지에서 운집한 빈민들은 강 언덕에 굴을 파가지고 전면에만 출입문을 단 토굴에서 거주하였다. 토굴이 모여 있는 두만강변 토막촌의 생활환경은 여전히 열악하기만 했고, 그곳에 사는 토막민들은 밀수경기가 끊어지자 그날그날 품팔이를 하여도 하루에 일식(一食)하기 어려운[62] 삶을 이어가고 있었던 것이다.

　　土幕村은 바로 낮밥 때가 되어 잠든 듯이 한적하다.
　　챗직에 멍울이 저서 늘어진 뱀의 등어리와도 같은 좁은 길은 여전히 아이들 똥 말똥들로 즈저분하고 그리고 그길 좌우에 뭉처있는 토막들은 보기만 해도 음침하다. ……
　　여기는 도문의 건설과 함께 조선 내에서 흘러들어온 流民들의 부락으로서 밀수의 소굴인 것이다.[63]

　일본제국주의자들에 의해 국제도시로 급조된 국경도시 투먼에 정착한 현경준은 왜 현지 조선인의 삶과 '밀수'라는 사회문제에 천착하였을까? 투먼으로 이주한 많은 조선인들이 쉽게 밀수에 빠져든 것은 민족적인 결함 때문이었을까? 그렇지 않다. 일제의 식민지 수탈을 피해 투먼으로 이주한 조선인들은 이곳에서도 성장의 그늘에서 소외되었고, 생계를 잇기 위해 어쩔 수 없이 밀수업자로 아편판매상으로 '타락'하게 되었다. 현경준은 '신흥 국제도시'와 '토막촌'이라는 투먼의 상이한 이미지를 통해, 투먼의 건설과정에 참여하여 내일의 희망을 찾고자 "조선내에서 흘러들어온 流民들"이 결국은 밀수업자가 되고 도시 빈곤층이 될 수밖에 없었던 것은 일제강점기 식민지 사회제도 때문이었음을 밝히고 있다.

Ⅳ. 국경도시 투먼을 지나는 사람들

일제강점기 북쪽으로 만주국과, 북동쪽으로 소비에트연방의 연해
지방과 국경을 이루었던 두만강은 "누더기보꾸러미를 둘러메고 男負
女戴하여 이 강을 건너는 유랑민들의 어지러운 號哭 소리"[64]와 눈물
로 가득한 누만강(淚滿江)[65]이라고도 불렸다. 1935년 발표이후 오랜
시간 민족의 애환을 노래한 국민가요로 애창되었던 「눈물 젖은 두만
강」역시 국경도시 투먼의 한 여관에서 만들어졌다.[66]

> 두만강 푸른 물에 노 젓는 뱃사공
> 흘러간 그 옛날에 내님을 싣고
> 떠나간 그 배는 어디로 갔소
> 그리운 내님이여 그리운 내님이여
> 언제나 오려나

나라 잃은 민족의 슬픔뿐만 아니라 독립에 대한 간절한 마음을 담
고 있는 「눈물 젖은 두만강」의 가사처럼 얼어붙은 강물이 풀리면 '남
부여대한 이사꾼'과 나라를 되찾고자 하는 큰 뜻을 품은 내 님들이 죽
음을 무릅쓰고 두만강을 넘어 만주로, 시베리아로 옮겨갔다.

현경준이 두만강을 넘어 처음 이국땅을 밟은 것은 그가 18살 나던
1927년 가을이었다. 그의 목적지는 만주가 아닌 해삼위(海蔘威)이라
불리는 블라디보스토크였다. 여름방학을 마친 소년 현경준은 학교로
돌아가지 않고 러시아로 가는 선편을 이용하기 위해 청진을 거쳐 웅
기로 향했고, 다시 고읍(古邑)으로 갔다. "웅기서 고읍은 60리 가량 되
는 험한 산길이었지만 미지의 나라를 동경의 나라를 찾아간다는 일종

의 모험적 쾌감과 흥분에 용기를 얻어가지고 나는 그날 저녁 편에 무사히 고읍에 도착하였다."[67]

> 여관에는 나뿐만 아니라 露領으로 가는 손님들이 꽉 차 있었다. 그들은 대개가 다 생활에 쫄려서 '빵'을 찾아가는 무리들이었으니, 소같이 입을 다물고 침묵을 지키고 있는 그들의 순하게 생긴 얼굴에는 형용할 수 없는 불안과 우울의 빛이 무겁게 떠돌고 있었다. ……
> 말할 수 없는 섭섭하고도 애처로운 심사에 한잠도 못 이루고 밤을 새우고 나니, 江역 渡船場에서는 船夫의 외치는 소리가 들려왔다.[68]

'生活 苦生'을 모르고 자랐던 현경준은 국경을 넘어 '미지의 나라, 동경의 나라'를 찾아가기 위해 묵었던 고읍의 한 여관에서 먹을 것을 찾아 시베리아로 옮겨가는 동포들의 '불안하고 우울한' 모습을 목격하고, 백성들을 보호하지 못하는 식민지 조국의 현실을 뼈저리게 느꼈다.

현경준이 처음 국경을 넘었던 1920년대, 시베리아를 포함한 룽징이나 투먼 등 간도지역의 이주민 대부분은 두만강 나루터를 통해 국경을 넘은 함경북도에 근거지를 둔 사람들이었다. 이후 일본제국주의는 대륙 침략을 위해 일본 열도와 대륙을 연결하는 데 유리한 위치, 즉 한반도를 남북으로 관통하는 종단 철도와 연결되거나, 항구와 연결되어 수탈한 자원의 반출이 용이한 곳, 이주 조선인이 많이 거주하는 두만강 중·하류에 집중적으로 교량들을 건설하기 시작하였다.[69] 두만강에 처음 철교가 건설된 것은 1927년 온성군의 삼봉역(三峯驛)과 룽징의 카이산둔(開山屯)을 연결하는 철교였고, 1933년에는 조선의 최북단 온성군 남양시와 간도의 투먼을 연결하는 두만강철교가 건설되었다.

현경준이 다시 두만강을 넘은 30년대에는 이미 만주국이 세워졌고 이주민에 있어서도 변화가 생겼다. 당시 식민지 조선에서는 농촌의

몰락, 특히 남부지방의 빈발한 자연재해로 인한 농민파탄과 도시의
빈곤과 실업문제가 심각한 양상으로 대두되고 있었다. 때문에 조선
총독부는 조선의 과잉인구를 만주로 배출하고 자작농을 창설함으로
써 조선에서 심화되고 있는 체제모순을 만주에서 '해결'한다는 구상을
가지고 있었다.[70]

조선의 남쪽 농업지역을 기원지로 하는 후기 이민자들은 조선인,
특히 함경도 출신들로 이미 포화상태가 된 간도가 아니라 더 북쪽의
다른 지역으로 향했다.[71] 특히 철도 개통으로 조선이주민은 그 인구
의 중심인 간도성에 인접한 무단장강성이나 이를 관통하여 북진하는
도가선(圖佳線)을 따라 인구가 희박하고 농경지가 상대적으로 풍부한
북부로 이동했다.[72] 뱃사공 대신 두만강철교 위를 달리는 기차가 조
국을 떠나는 이들을 실어 나르게 되었고, '중계국경역(中繼國境驛)'이
된 투먼 역에는 언제나 국경을 넘는 이주민들의 갖가지 사연들로 넘
쳐났다.

30년대 한반도 남쪽에서 가장 많은 이주민을 송출한 지역은 경상도
와 충청도, 특히 경상북도였다.[73] 투먼에 정주한 현경준은 국경을 넘
는 군상들의 모습과 조선 이주민들의 애환을 있는 그대로 묘사하겠다
는 의지로 「寫生帖」이란 제목으로 연작을 발표하였다. 「寫生帖 第二
章」은 충청도를 떠나 북만주 어딘가에 정착한 남편을 만나기 위해 어
린 두 아들을 데리고 국경을 넘는 젊은 부인이 기차 안에서 겪는 일화
를 소재로 하고 있다. 「寫生帖 第三章」은 고향의 전답을 모두 정리하
고 대구에서 기차를 타고 헤이룽장 성(黑龍江省) 미산(密山)으로 이주
해 가는 일가족이 투먼 역에서 겪는 수난을 통해, 정든 고향을 떠나
북만주로 이주하는 동포들의 비극을 집중적으로 보여주고 있다.

> 뎅그렁 뎅그렁 뎅그렁…… 구내를 달려드는 국제 열차의 종소리다. (중략)
> 차가 구내에 달려들자 먼저 홈에 나서는 것은 역원들보다도 세관리들이다.
> 언제나 차가 다달을때면 똑같이 하는 버릇으로 그들은 위선 눈앞을 완완히 스
> 치는 차장을 날카로운 눈초리로 역여보며 서로 요소요소에 지켜서는 것으로서
> 차가 걸음을 멈추며 멎어 서기가 바쁘게 승강대 옆으로 달려간다. 그제야 역원
> 들은 비뚤어진 모자를 바로 곤쳐 쓰며 띄염띄염 홈에 나타난다. 덜커덕. 궁덩
> 방아를 찌어 놓며 차는 완전히 제자리에 멎어 선다.[74]

탄광이 개발되고, 국영농장을 중심으로 농업화가 진행되던 미산에
서 새로운 내일의 희망을 찾고자 했던 경상도 출신의 젊은 가장은 늙
은 아버지와 어린 여동생, 그리고 부인과 아이들을 이끌고 투먼 역에
서 기차를 내렸다. 투먼 역에서 그들을 맞이한 것은 "일본국 세관리,
만주국 세관리, 경찰서원, 경호대원, 헌병, 철도국원까지 한데 덥쳐서
그야말로 물샐틈없는 경비망이다."[75] 문자를 알지 못하는 이 젊은 가
장은 투먼 역에 내려서야 자기가 가진 기차표가 미산까지 가는 것이
아니라 투먼까지 오는 표라는 사실을 알게 되었다. 대구역에서 만난
사기꾼에게 사기를 당한 것이다.

> 네 이색기야, 늙은 애비를 끌구 와서 잘하는기다. 투먼이구 密山이구 내가
> 아능야? 만쭈땅 누가 오자쿠해서 싫다는 내 목을 끌구 왔능야? 나는 모른다.
> 투먼이구 미산이구 아문디문 무슨 상관잉야? 날 쥑이구 네색기들만 가거라. 가
> 거라. 나는 싫다.[76]

사색이 된 젊은 가장은 투먼 역의 관리와 '이민보도소(移民輔導所)'
라고 쓴 완장을 차고 있는 관리에게 떨리는 목소리로 조심스레 도움
을 청해보지만, 돌아오는 것은 남양으로 돌아가라는 대답뿐 아무런
도움을 받지 못했다. 관리들이 "저쪽으로 사라진 다음 뒤편에서 직혀

섰던 웬 허줄하게 차린 음흉스레 생긴 사내가 연방 주위를 살피며 가까이" 다가와 수작을 건다. "어디서 오며 어디로 무슨일 때문에 가는것인지. 굉장스레 넓은 대합실 안은 가지각색 손님으로 배꼭 차 있다."[77]

> 圖們驛에 倒着하니 벌서 플레트홈에 乘客이 城을 일우어 압흘 다토고 잇다. …… 忽忙이 車에 올으니 벌서 車間은 超滿員이어 그야말로 立錐의 餘地도 업다. 한손에 어린 것의 손을 끌고 한 손에 移徙道具를 들은 壯丁들, 젖멕이를 업고, 박아지쪽 等을 들은 젊은 女子들은 北滿의 廣野에 新生을 차자가는 勇士(自由移民) 들이어니와 나만은 老人은 餘生이 얼마나 남엇길래 이 車를 타지안이치 못하얏는고? 哲學者가티 보이는 無表情한 滿洲人, 苦力의 봇따리, 長銃에 또 短銃을차고, 戰鬪帽를 눌러 쓴 獨立守備隊兵, 驛承員들이 눈에 뛰운다.[78]

북만주의 광야로 이주민을 실어 나르는 국제열차의 출발을 맞아 대합실과 역 구내에는 무수한 전송객들이 수건을 흔들고 허리를 굽히고 두 눈에 흐르는 눈물을 훔치며 이별을 슬퍼하고 있다. 며칠 전 자식과 실랑이를 펼쳤던 경상도에서 온 노인도 투먼 역에 다시 나타났다. 그러나 예쁘게 생긴 그의 어린 딸의 모습은 어디에서도 찾아볼 수 없었다. 자식의 성화에 못 이겨 정든 고향을 버리고 떠나온 이 노인은 투먼에서 또다시 사기꾼을 만나 어린 딸까지 빼앗긴 것이다. 미산으로 가는 기차가 천천히 움직이자 노인은 마침내 절규한다.

> 요란한 벨소리의 뒤를 이어 기적소리가 우렁차게 나면 차가 움칫하고 굴러가기 시작하자, 이때까지 무겁게 입을 담고 있던 하라버지는 감자기 벌떡 일어서며 '어이구 내 금순아! 내 늬를 버리고'하더니 그만 눈물을 터트린다. …… '이자식아, 내 금순이를 차져오너라. 나는 내고장으로 도루 가겠다. 내 금순일 ……내 막내딸 ……에미없이 자란 내 금순이를 차져오너라. 아이구 ……내 금순아' 그러나 닫는 차는 아모것도 모른다는 듯이 점점 속력만 가해간다.

보다 나은 명일을 위해 늙은 아버지와 어린 여동생, 가족을 데리고 경상도를 떠난 어리숙한 젊은 가장은 어떻게든 미산까지 가게 해 주겠다는 인신매매업자에게 어린 여동생을 넘기고 미산행 열차에 올랐을 것이다. 투먼 역에서 만난 허줄하게 차린 음흉스레 생긴 사내에게 팔려간 예쁘게 생겼던 처녀는 어떻게 되었을까?

현경준은 온갖 군상들이 모여들었다 흩어지는 투먼 역에서 자기의 고국에서 못살고 타국으로 쫓겨 가고 종살이를 하지 않으면 안 되게 된 조선 인민들의 모습을 담아내고, 이민자들에게 아무런 도움도 제공하지 않는 이민보도소의 관리, 그들의 배후에서 기생하는 음흉한 인신매매업자 등을 통해 일본 식민주의자들의 이민정책을 비판하였다. 현경준은 조국에서 밀려나 만주로 옮겨가는 '남부여대한 이사꾼'의 모습을 통해 국경도시 투먼을 표상한 것이다.

V. 나오며

현경준은 일제강점기 만주에서 활동한 대표적인 조선족 소설가로 평가되고 있다. 1937년 조선어와 조선문자의 사용을 금지하고, '내선일체'를 강조하면서 조선인을 '황국신민(皇國臣民)'으로 만들고자 하는 일제의 문화통치에서 벗어나기 위해 현경준은 만주로의 이주를 결심하였다. 그러나 현경준은 왜 간도지역의 문화 중심지였던 룽징이 아닌 투먼에 정착하였을까 하는 의문은 남는다. 본고에서는 현경준의 작품을 통해 그가 독자들에게 알리고자 했던 투먼의 조선인 사회의 생활상을 재구성하고, 그가 투먼이라는 국경도시에 부여한 시대적 의의를 확인하는 과정 속에서 그 해답을 찾고자 하였다.

본문에서는 먼저 사방이 산으로 둘러싸인 무인지경의 산골 회막골이 바다와 대륙을 잇는 국경도시 투먼으로 성장한 배경을 살펴보았다. 1932년 만주국의 신쿄와 투먼을 연결하는 경도선철도건설공사의 착공과 함께 성장하기 시작한 투먼은 이후 일본제국주의에 의해 '북조선 삼항(청진, 웅기, 나진)'의 배후도시, '중계국경역'으로 급속하게 발전하였다. 현경준은 국경도시 투먼의 발전이 일본제국주의와 만주국, 특히 만철에 의해 주도된 대륙침략정책의 결과임을 명확히 밝혔다.

다음으로는 현경준의 작품을 통해 국경도시 투먼에서 생활하는 조선인들의 삶을 살펴보았다. 현경준은 투먼에서 생활하는 조선인의 삶을 이야기 하면서 '밀수'라는 사회문제를 부각시켰다. 국경도시는 그 지정학적 특성에 따라 두 지역이 필요로 하는 물품을 암암리에 거래하는 밀수가 상존하는 공간이다. 현경준은 일제강점기 투먼으로 이주해 온 많은 조선인들이 밀수나 아편판매상, 인신매매업자 등과 같은 '부정업자'로 전락하게 된 것은 민족적인 결함 때문이 아니라 식민지 사회제도에 의해 생업을 박탈당한 결과임을 밝히고 일본제국주의의 폭력에 대해 간접적인 비판을 펼쳤다.

다음으로 투먼 역을 통해 북만주로 이주하는 조선인의 모습을 담은 현경준의 작품들을 살펴보았다. 국경은 제도로 핍박받는 민중들이 그러한 속박으로부터의 일탈 욕망을 강렬하게 느끼는 공간이다. 그러나 현경준은 온갖 군상들이 모여들었다 흩어지는 투먼 역을 배경으로 자기의 고국에서 못살고 타국으로 쫓겨 가고 종살이를 하지 않으면 안 되게 된 조선 인민들의 모습을 담아내었다. 또한, 이민자에게 아무런 도움도 제공하지 않고 책임을 방기한 이민보도소의 관리, 그들 뒤에서 기생하는 인신매매업자 등을 묘사하였다. 현경준은 일제강점기 많은 조선인들이 국경을 넘어 월경하는 것이 체제 이탈을 꿈꾸는 일탈

이 아니라 일본제국주의의 수탈에 의해 어쩔 수 없이 조국에서 밀려나 만주로 쫓겨 가는 것임을 명확히 하였다.

1930년대 후반 한국문학은 '암흑의 시대'에 접어들었다. 우리말과 우리글로 창작활동을 할 수 없었고, 작품을 통해 일본제국주의의 식민지정책을 비판한다는 것은 상상할 수도 없었다. 현경준이 만주로 이주한 것은 그나마 만주가 우리글로 작품 활동을 할 수 있는 마지막 공간이었기 때문이었다. 필자는 현경준이 투먼에 정착한 목적은 일제가 급조한 국경도시 투먼을 통해 대륙침략에 대한 일본의 야망을 밝히고, 조국에서 쫓겨나는 조선의 인민들의 모습과 함께 생업의 근간을 잃은 조선인들이 밀수업자로 전락하는 모습을 통해 일제의 식민지정책을 비판하기 위한 것이었음을 확인할 수 있었다. 현경준은 투먼이라는 국경도시를 통해 일본제국주의의 침탈로 인한 조선인의 이산이라는 민족모순을 확인하고, 일제강점기 식민지 조선과 만주국이라는 특정사회에 대해 고발한 것이다.

최낙민 ┃ 한국해양대학교 국제해양문제연구소 인문한국(HK) 교수

▣ 주

1) 金東煥(1962), 『國境의 밤』, 崇文社, 90쪽.

2) 金 億(1962), 『國境의 밤』 跋, 崇文社, 226쪽.

3) 金東煥(1962), 『國境의 밤』, 91쪽. 1925년 3월 초판이 출간된 『國境의 밤』은 8개월 만에 재판을 찍을 정도로 독자들의 환영을 받았다. 朴啓周는 「人間巴人」에서 "中學校時節에 巴人 金東煥氏의 『國境의 밤』을 서로 빼앗아 가며 누가 한 대목을 읽으면, 나도 그 冊을 빼앗아 잔디밭에서 뒹굴면서 다음의 한 句를 읊곤 하였다."고 회상하였다.

4) 金起林, 「間島紀行」, 『朝鮮日報』, 1930.06.13-26 ; 인용은 최삼룡·허경진 편(1989), 『만주 기행문』, 보고사, 93~94쪽 참고.

5) 玄卿駿, 「나의 小說履歷」, 『문장』, 1940년 1월호 ; 인용은 연변대학교 조선문학연구소, 허경진·허휘훈·채미화(2006), 중국조선민족문학대계9/ 연세국학총서 73 『현경준』, 보고사, 745쪽. 본문에서 인용한 현경준의 작품은 이 책을 텍스트로 하였다. 아래에서는 페이지만 적고, 서지 사항은 생략한다.

6) 현경준은 鐵嶺 이북의 함경도의 땅 關北 출신 작가 가운데 金東煥의 『國境의 밤』 외에도 崔曙海의 『紅焰』, 韓雪野의 『黃昏』을 못내 자랑하고 싶어 했다. 그는 關北 작가들의 작품들은 기교가 뛰어난 것은 아니지만 창작 태도가 진지하고, 스케일 크다는 특징을 가진다고 평가했다.

7) 현경준, 「西伯利亞放浪記」, 보고사, 723~742쪽 참고.

8) 현경준, 「나의 小說履歷」, 보고사, 743~745쪽 참고.

9) 현경준이 조선에서 창작한 「激浪」(1935), 「濁流」(1935), 「明暗」(1935) 등 초기작품은 대체로 계급적 성향이 뚜렷하고 사회현실에 대한 비판과 시대의 변혁에 대한 의지를 강하게 내비치고 있다. 현경준의 초기작품에 대한 연구로는 표언복(2010), 「현경준의 초기 소설 연구」, 『현대문학이론연구』, 43권; 방용남(2009), 『현경준 소설의 서사변이 연구』, 한림대학교 박사학위논문 등이 있다.

10) 현경준, 「나의 小說履歷」, 보고사, 746쪽.

11) 현경준은 문학작품의 형식미보다는 생활을 충실히 반영할 것을 주장하는 사회주의 리얼리즘적 경향을 보인 작가였다. 현경준이 이야기하는 '생활'은 작품 소재로서의 생활을 넘어, 그 생활을 통해 얻어지는 현실인식, 철학이나 사상까지를 포함하는 것이다.

12) 김병익(2001), 『한국문단사(1908-1970)』, 문학과지성사, 56~76쪽 참조.

13) 현경준, 「나의 小說履歷」, 보고사, 746~747쪽.

14) "龍井이라면 間島로 알아왔고, 간도라면 용정이라고 생각하여 왔다. 그런 우리

다. 그만큼 용정은 조선 사람과는 인연이 깊은 곳이다. 사실 조선 사람의 만주
이주의 모태는 용정이라고 할 수 있다. 다만 그것이 지리상으로 만주에 속할 뿐
이요 그 개척한 역사로 보거나 현재의 조선 사람의 動態로나 시설로 보나 용정
은 곧 조선이라 해도 과언이 아닐 만하다.” 安容純, 「北滿巡旅記」, 『朝鮮日報』,
1940.02.28~03.02; 인용은 최삼룡·허경진 편(1989), 『만주 기행문』, 보고사, 309쪽.

15) 현경준, 「文學風土記-間島篇」, 보고사, 753쪽.

16) 현경준, 「密輸」, 보고사, 222쪽.

17) 김재용·이해영 엮음(2014), 『만주, 경계에서 읽는 한국문학』, 소명, 305-306쪽.

18) 현경준, 「新興滿洲人文風土記-圖們篇」; 인용은 허휘훈 주필(2013), 『20세기 중국
    조선족문학사료전집』, 제15집, 박이정, 2013, 21~30쪽. 이하에서는 서지사항을
    생략함.

19) 현경준의 소설 「마음의 금선」, 「인생좌」, 장편소설 『先驅時代』, 『돌아오는 인생』
    등은 간도 이주민의 생활에 주목한 작품들이다.

20) 현경준, 「新興滿洲人文風土記-圖們篇」, 박이정, 29~30쪽 참고.

21) 방용남(2009), 『현경준 소설의 서사변이 연구』, 한림대학교 박사학위논문, 2~3쪽
    참고.

22) 「昔時엔 灰幕洞 而今엔 圖們」, 『東亞日報』, 1937.09.02.

23) 民村(1939), 「國境의 圖們 — 滿洲所感」, 『文章』, 제1권 제 10호, 178쪽.

24) 圖們市 月晴鎮 白龍村에는 ‘百年部落’이라는 이름의 조선족 마을이 남아 있다.
    1880년 조선에서 이주한 상인 朴如根이 집을 짓고 살면서부터 형성된 이 마을에
    는 지금도 기와집과 초가집 등 13채의 풍격과 용도가 서로 다른 조선식의 주택
    이 보존되어 있어 당시 투먼인의 삶을 살펴볼 수 있다. https://baike.baidu.com.
    검색일: 2017.10.20.

25) 현경준, 「新興滿洲人文風土記—圖們篇」, 박이정, 21쪽 참고.

26) 현경준(1939), 「유맹」, 광업조선, 66쪽; 방용만(2009), 『현경준 소설의 서사변이
    연구』, 한림대학교 박사학위논문, 67쪽에서 재인용.

27) 현경준, 「新興滿洲人文風土記—圖們篇」, 박이정, 22쪽.

28) 메이지유신 이후 일본정부가 태평양연안 도시를 중심으로 진행한 부국강병이란
    근대화 정책으로부터 배제되어 ‘뒤쳐진’ 지역으로 치부되었던 동해연안의 니가
    타현은 ‘裏日本(우라니혼)’의 전형적인 도시였다. 그러나 1931년 9월 1일 군마현
    (郡馬縣)과 니가타현을 잇는 시이즈(淸水)터널이 완공되고, 조에츠선(上越線)의
    우에노(도쿄)-니가타 구간이 전면 개통되면서 니가타는 일본제국주의가 동해를
    통해 대륙으로 팽창해 가는 대륙 진출의 거점이 되었다. 카토 케이키, 「소외와
    배제, ‘裏日本’ 탈각이라는 공허한 꿈」, http://www.redian.org/archive/113814, 검
    색일: 2017.10.12.

29) 春園, 「滿洲에서(4)」, 『東亞日報』, 1933.08.20.

30) 「南陽圖們間 列車運轉 昨日부터 개시」, 『東亞日報』, 1933.09.02.

31) 방건두, 「北滿周遊記」, 『만주기행문』, 보고사, 295쪽.

32) 「新興圖們의 全貌」, 『東亞日報』, 1937.09.02.

33) 「新興都市 灰幕洞發展」, 『東亞日報』, 1933.04.23.

34) 현경준, 「新興滿洲人文風土記-圖們篇」, 박이정, 22쪽.

35) 「滿洲事變以後에 一躍大都市로 發展 新興의 圖們市를 찾아서(二)」, 『동아일보』, 1934.10.03.

36) 카토 케이키, 「소외와 배제, '裏日本' 탈각이라는 공허한 꿈」 참고, 검색일: 2017.10.12. http://www.redian.org/archive/113814.

37) 金晟鎭, 「滿洲벌을 向해」, 『만주기행문』, 보고사, 141쪽.

38) 현경준, 「新興滿洲人文風土記-圖們篇」, 박이정, 20쪽.

39) 한국민족연구원(2016), 「일본의 시기별 이민 현황」, 『민족연구』 65호, 137쪽.

40) 한도 가즈토시, 박현미 역(2011), 『쇼와사 1 전전편(1926~1945)』, 루비북스, 19쪽.

41) 「間島都市人口中 圖們이 首位」, 『東亞日報』, 1935.02.10.

42) 「新興圖們의 全貌」, 『東亞日報』, 1937.09.02.

43) 김성진, 「만주벌을 향해」, 『朝鮮日報』, 1935.10.17.

44) 방건두, 「북만주유기」, 『만주 기행문』, 보고사, 297쪽.

45) 「定着性없는 圖們人 住民八割이朝鮮人」, 『東亞日報』, 1937.09.02.

46) 김경일 · 윤희탁 · 이동진 · 임성모(2004), 『동아시아의 민족이산과 도시 - 20세기 전반 만주의 조선인』, 역사비평사, 78쪽 참조.

47) 김경일 외(2004), 『동아시아의 민족이산과 도시』, 역사비평사, 56~57쪽 참조.

48) 현경준, 「西伯利亞放浪記」, 보고사, 739쪽.

49) 현경준은 간도에 정착한 조선 이주민과 아편, 아편중독자문제에 대해서도 깊은 관심을 가졌다. 중편 「流氓」과 「마음의 琴線」, 장편소설 「도라오는 인생」은 모두 아편중독자의 교화와 관련된 내용이다.

50) 현경준, 「新興滿洲人文風土記-圖們篇」, 박이정, 27쪽 참고.

51) 방건두, 「北滿周遊記」, 『만주기행문』, 보고사, 295쪽.

52) 현경준, 「벤또 바고 속의 金塊」, 보고사, 231쪽.

53) 병구의 "벤또"가 우연히 금괴를 숨긴 밀수꾼의 것과 바뀌면서 금괴를 얻었다가 당국에 압수당한 후 정신이상자가 되었다는 내용을 통해 투먼에서 살아가는 주민들의 일상을 보여주고 있다.

54) 현경준, 「新興滿洲人文風土記—圖們篇」, 박이정, 25쪽.

55) 현경준, 「密輸」, 보고사, 225쪽.

56) 현경준, 「密輸」, 보고사, 223쪽.

57) 현경준, 「密輸」, 보고사, 229쪽.

58) 김경일 외(2004), 『동아시아의 민족이산과 도시』, 역사비평사, 84쪽.

59) 현경준, 「新興滿洲人文風土記―圖們篇」, 박이정, 26~27쪽 참고.

60) 현경준, 「新興滿洲人文風土記―圖們篇」, 박이정, 26쪽.

61) 현경준, 「新興滿洲人文風土記―圖們篇」, 박이정, 28~29쪽.

62) 「八百土幕民에 退去命令」, 『東亞日報』, 1935.08.21.

63) 현경준(1939), 「유맹」, 『광업조선』, 66쪽; 방용만(2009), 『현경준 소설의 서사변이 연구』, 한림대학교 박사학위논문, 69쪽에서 재인용.

64) 金起林, 「間島紀行」, 『朝鮮日報』, 1930.06.13-26; 인용은 최삼룡·허경진 편(1989), 『만주 기행문』, 보고사, 94쪽 참고.

65) "豆滿江을 涙滿江으로 부른다면別로놀래지안흘것이다. 果然 흐르고흘러서 눈물江이되엿는지도 모를일이며 또어느누구가그러치안타고 力說할學者나 道人도 없겟지. 그러타 豆滿江에 봄이오면목노아우는이 너무도 만타하니참으로 이해에 봄맞이를 두고 이른말인가. 漸漸 총소리는 더 해가고 봇짐군은 늘어가고 구석구석이 백인 鑛山門턱에서 흘러내리는그눈물의 눈물은 열두구비 신구비를 흘러내려서 눈물로서 構成된 江이라하겠다." 「짙어가는 豆滿江의 봄」, 『東亞日報』, 1935.05.03.

66) 30년대 중반 중국 동북지방을 순회공연 중이던 극단 '예원좌'의 작곡가 李時雨가 투먼의 한 여관에 머물면서 독립운동을 하다 일본군에게 체포되어 1923년 서대문형무소에서 총살당한 남편 문창학을 못 잊어 밤새도록 흐느끼는 부인의 사연을 듣고 만든 노래라고 한다. 한명천 원작, 김용호 개작, 이시우 작곡의 이 노래의 2절 가사는 다음과 같다. "강물도 달밤이면 목메어 우는데/ 님 잃은 이 사람도 한술을 지니/ 추억에 목메인 해달픈 하소// 임가신 강언덕에 단풍이 들고/ 눈물진 두만강에 밤새가 울면/ 떠나간 그님이 보고싶구나."

67) 현경준, 「西伯利亞放浪記」, 보고사, 723쪽.

68) 현경준, 「西伯利亞放浪記」, 보고사, 723~742쪽.

69) 이옥희(2011), 『북·중 접경지역: 전환기 북·중 접경지역의 도시네트워크』, 푸른길, 118쪽 참고.

70) 김경일 외(2004), 『동아시아의 민족이산과 도시』, 역사비평사, 41~48쪽 참고.

71) 한상복·권태환(1933), 『중국 연변의 조선족: 사회의 구조와 변화』, 서울대학교출판부, 35쪽.

72) 김경일 외(2004), 『동아시아의 민족이산과 도시』, 역사비평사, 53~54쪽 참고.

73) 김경일 외(2004), 『동아시아의 민족이산과 도시』, 역사비평사, 57~58쪽 참고.

74) 현경준, 「寫生帖-第三章」, 보고사, 351쪽.

75) 현경준, 「寫生帖-第三章-」, 보고사, 353쪽.
76) 현경준, 「寫生帖-第三章-」, 보고사, 355쪽.
77) 현경준, 「寫生帖-第三章-」, 보고사, 358~359쪽 참고.
78) 방건두, 「北滿周遊記」; 최삼룡 · 허경진(2010), 『만주기행문』, 보고사, 296쪽.

5부
현대 국경도시의 변용과 가능성

11.
삼국이 만나고 연결되는 도시 단둥

강주원

I. 들어가며

해항도시는 강과의 연결성 역시 확보해야 했고, 이 때문에 많은 해항도시가
강의 하구에서 어느 정도 상류로 들어간 곳에 자리 잡게 된 것이다.[1]

단동은 2000년대 전후, 중국에서 "중국 최대의 변경(국경) 도시"라고
지칭한다. 이 문구는 중·조 국경지역에 위치한 단동의 위상을 상징하는
의미로 선전·각인되고 있다. 또한 단동은
연변(沿邊)·연해(沿海)·연강(沿江)이라는 삼연(三沿)의 지리적 특성으로
설명된다. 부연하면, 단동은 변경(국경)·서해바다·압록강의 가장자리에
위치한 국경 도시이다.[2]

2010년 대한민국 정부는 대북 제재의 일환으로 "5.24 조치"를 발표
하였다. 그 이후 한국 사회는 남북 관계와 관련되어 평화로운 만남 보
다는 단절과 반목의 이정표가 세워진 길을 걸어가는 것에 익숙해졌다
고 해도 과언이 아니다. 그리고 세월은 속절없이 흘러, 그때 태어난

아이들이 "가짜 뉴스"가 화두인 2017년 3월에 초등학교를 입학했다. 2017년 5월, 문재인 정부가 출범을 하였지만 아직은 남북 관계는 변화의 조짐이 보이지 않는 모양새이다.

최근 초등학교 4학년 아들이 학원에서 "스마트 폰으로 뉴스를 검색한 친구들이 그러는데 북한이 미사일을 발사했다고 하네, 위험하니까 집 밖에 나가지 마!"라고 엄마에게 전화를 했다. 그 이야기를 전해 듣는 순간, 북한 관련 뉴스가 연일 방송에서 다루어지는 한국 사회에서 본 연구자는 남북 관계의 모습들과 북한에 대한 이미지들이 초등학생들에게 어떻게 인식되고 자리 잡고 있는지를 고민하였다.

〈그림 1〉 수풍댐 주변의 북한 풍경
(2016년 12월)

〈그림 2〉 압록강변의 북한 트럭
(2016년 12월)

우리는 세상을 '있는 그대로 본다'고 생각하지만 사실은 '배운 대로 본다'고 하는 편이 더 적절한 표현이다. 눈을 뜨면 물체가 보이기 때문에 어느 누구도 보는 법이 배움이 결과라고 생각하지 않을 뿐이다.[3]

위에서 언급한 문화인류학의 시각과 더불어 본 연구자의 답답한 마음은 2010년 중·고등학교를 다니던 학생들이 20대 혹은 대학생이 되었다는 생각까지 하게 되었다. 그렇다면 한국 사회와 기성세대는 과

연 그동안 그들에게 남북 관계를 말 그대로 '있는 그대로 보게 하였을까? 아니면 '배운 대로 보게 하였을까? 이러한 생각의 꼬리 물기는 이어져서 본 연구자가 참여관찰한 북·중 국경지역인 단둥에서의 경험이 다시 생각났다.

2016년 12월 겨울, 북한 전공자인 다른 연구자들과 함께 본 연구자는 압록강에 위치한 수풍댐(단둥에서 압록강 상류 방향으로 약 85㎞)을 보기 위해서 유람선을 타고 가고 있었다. 답사팀은 북한 의주와 삭주 지역의 압록강변의 변화상을 바라보고 있었다. 그때 십년 넘게 북한을 공부하고 있다는 30대 초반의 연구자가 "강박사님, 저기 보이는 북한의 마을과 건물들 그리고 화물트럭들이 생각보다 너무 깨끗하고 신형이네요! 모두 선전마을과 선전물이죠?"라고 질문을 하였다.

그는 본 연구자의 초등학교 시절(80년대 초반)에 배웠던 낯익은 단어이자 몇 년 전 한 방송 프로그램에서 노년의 학자가 압록강변의 북한 아파트(만포지역)를 가리키면서 말했던 "북한의 선전마을과 선전물"이라는 단어를 똑같이 사용하였다.[4] 너무나 당연하다는 표정 앞에 잠시 할 말을 잃은 본 연구자를 대신해서 동행을 했던 40대 초반이면서 단둥이 고향인 조선족(그는 단둥에서 북한사람과 한국사람을 상대로 무역업을 20년 넘게 하고 있다)은 한마디 했다.

"한국 휴전선의 북한 마을은 그럴 수 있겠지만, 북한사람들이 압록강에 기대어 어울려 사는 중국사람들에게 왜 보여주기를 합니까? 여기(압록강변)는 그럴 이유가 없습니다. 선생님이 방금 이야기를 한 것처럼, 한국 사회에서 (압록강과 북한) 배운 대로 보지 말고 있는 그대로 보세요! 왜 한국사람들은 이곳에서 북한 사람들의 모습과 건물들에 대해서 선전이라는 똑같은 말을 하는지 모르겠습니다. 제가 그 단어를 한국사람들에게 이십 년 넘게 듣고 있습니다. 압록강에서 중국과 북한사람들이 함께 어떻게 사는지 모르는 한국사람들이 참답답합니다. 한국 언론의 보도와 다르게, 강 건너 북한사람들도 중국뿐만 아니라 외부 세계와 연결되어 살고 있습니다."

이 이야기를 듣는 순간 유람선 주변에 모여 있던 한국 연구자들은 침묵을 하였고 본 연구자는 한국 사회에 자리 잡고 있는 높고 견고한 장벽들 앞에 서 있는 기분이었다. 하나는 넓게는 중·조 국경지역, 좁게는 중국의 국경 도시, 단둥에 대한 한국 언론의 오보와 왜곡이다. 다른 하나는 단둥에 대해서 한국 연구자들은 북·중 관계를 들여다보는 거울이자 연구지역으로만 인식하는 경향이 강하다는 것이다.

한편, 본 연구자는『압록강은 다르게 흐른다』(2016)에서 "한국 사회는 이 국경(압록강과 단둥) 지역을 있는 그대로 바라보고 있는 것일까?"는 질문을 하면서 "압록강에서 쏘아올린 작은 공"을 설명하고자 노력을 했다.[5] 이러한 작업의 연장선상과 앞에서 언급한 유람선의 경험담에서 얻은 문제의식을 뼈대로해서 이 글을 구성하겠다.

우선 한국 사회가 북한 신의주와 압록강을 맞대고 있는 중국 단둥에 대해서 놓치고 있는 국경도시이자 해항도시의 역할을 들여다보겠다. 다음으로 2010년 이후, 한국 연구자들의 논문과 저서들에서 단둥을 어떻게 다루고 있는지를 들여다봄으로써, 여기에서 나타나는 경향과 문제점 그리고 시사점을 언급하겠다. 이 연구에서 기본적인 분석 틀로 염두에 두고 있는 '해항도시'의 정의는 다음을 따르고 있다.

해항도시는 항구도시 중에서 일정한 권역과 권역을 연결하여 이들 권역들 간의 네트워크의 결절점으로 기능하는 도시들이며, 따라서 이 해항도시들은 두 가지 권역에 동시에 연결되어 있는 도시들이다.[6]

이와 더불어 해항도시 문화교섭의 시각과 연구 방법론을 통한 고찰은 현재(2017) 북한에 대한 대북제재의 실상뿐만 아니라 삼국(중국, 북한, 한국) 관계를 둘러싼 현안들을 환황해권의 해항도시이자 국경 도시인 단둥을 통해서 들여다보는 거울을 제공할 것으로 기대한다. 또한 한반도의 통일 관련 정책에 기여하는 바가 있을 것으로 판단한다.

이를 위해서 본 연구자는 인류학의 현지조사 및 참여관찰을 연구 방법으로 선택하고 있다. 박사논문 작성 이전, 본 연구자는 이 글의 주 연구지역인 단둥 국경지역에서 거주하면서 수행한 15개월(2006년-2007년)의 참여관찰 이외에도 2000년부터 2016년 여름 이전까지 중·조 국경지역(단둥 포함)에 대한 총 26번의 현지조사를 수행하였다. 이를 바탕으로 특히 이 글은 2017년 전후, 4번의 현지조사(2016년 12월 4박 5일, 2017년 1월 4박 5일, 2017년 6월 4박 5일과 7월 5박 6일)를 통해서 얻은 내용을 중심으로 작성하였다.

한편, 〈그림 3〉 단둥과 신의주 지도에 대한 간략한 설명은 다음과 같다. 조선족거리는 1992년 한·중 수교 전후부터, 북한사람·북한화교· 조선족·한국사람이 더불어 살아가는 터전이자 삼국 경제 교류의 장이다. 단둥 세관은 북·중 무역의 메카로 알려진 곳이지만 이곳은 삼국(북한·중국·한국) 무역을 연결하는 고리 역할도 한다. 근처에 평양행 국제 열차가 출발하는 기차역이 있다. 중조우의교는 일제강점기 말에 완공된 다리다. 일방통행 방식으로 차량이 통과한다. 중국과 북한을 연결하는 역할만 하는 것은 아니다. 이 다리를 건너는 차량과 사람을 통해서 북한 물건은 한국으로, 한국 물건은 북한으로 보내진다. 압록강단교는 1910년 전후 다리가 놓여지면서 단둥과 신의주 도시의 역사가 시작되었다. 한국전쟁 당시 끊어진 이 다리 위에서 한국사람은 신의주를 쳐다보면서 단절의 휴전선을 떠올린다. 한국 언론이 북한 관련 뉴스를 보도할 때 배경화면으로 자주 등장한다. 신압록강대교는 2010년 12월 착공,

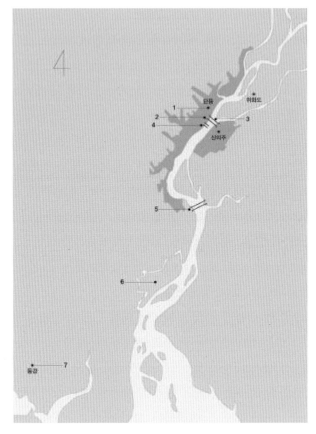

〈그림 3〉 단둥과 신의주 지도
1. 조선족거리, 2. 단둥 세관, 3. 중조우의교, 4. 압록강단교
5. 신압록강대교, 6. 황금평, 7. 둥강

2014년 완공되었지만 2016년 아직 개통을 하지 않았다. 그러나 이 다리가
시작하는 중국 지역은 단둥의 신시가지로 2010년 전후부터 북한 해외노동
자들이 일을 하는 중국 공장들이 산재해 있다. 황금평은 단둥시내로부터
약 15km 거리에 있는 북한 섬이다. 넓이는 서울 여의도의 약 1.7배다. 퇴적

작용으로 중국에선 걸어서 갈 수 있다. 이 때문에 중국과 북한 땅을 구분하기 위해 철조망이 세워졌다. 하지만 이를 두고 한국사람은 탈북자 방지용 혹은 북·중 관계 악화와 단절이라는 이야기를 상상한다. 둥강은 북한과 한국을 연결하는 물류의 핵심인 단둥 항이 있는 곳이다. 1998년부터 단둥페리호가 일주일에 세 번 단둥과 인천을 왕복한다.[7]

II. 단둥에 대한 이해를 막는 장벽들

1. 국경도시이자 해항도시의 역할 간과

앞에서 언급한 바와 같이 단둥은 "중국의 최대 국경도시이면서, 삼연의 지리적 특성 즉 국경, 서해바다, 압록강의 가장 자리에 위치한 국경 도시이자 해항도시이다.[8] 이 가운데 단둥을 해항도시의 문화교섭 연구의 관점에서 바라본 공간적 특징과 연관지어 구체적으로 설명한다면, 다음과 같다.

> 해항도시 문화교섭 연구는 바다로 향해 열린 해항도시가 주된 연구대상이다. 해항도시는 해역을 구성하는 요소로서 그 자체가 경계이면서 동시에 원심력과 구심력이 동시에 작동하는 공간으로 배후지인 역내의 각지를 연결할 뿐만 아니라 먼 곳에 있는 역외인 해역의 거점과도 연결된 광범한 네트워크가 성립된 공간이다.[9]

우선 박지원이 『열하일기』에서 묘사한 압록강의 도하장소였던 북한의 의주 지역은 현재 단둥 시내에서 압록강 상류 방향으로 약 12㎞

위치한 곳이다. 즉 19세기 말까지 의주 너머 압록강변에는 고려촌이
라는 마을 정도가 있었다. 오늘날 단둥 시내가 위치한 곳은 갈대숲이
었다. 20세기 초 간도협약과 압록강철교 건설 과정에서 단둥과 신의
주는 태동을 함께한 도시다.[10] 이와 관련되어 이종석(2017)은 "신의주
는 의주 안에 새로 생긴 마을이라는 뜻에서 붙여진 이름으로 일제가
경의선 철도를 개설하면서 빠르게 발전한 도시이다. 1906년 경의선이
개통되어 종착역이 되었으며 1911년 압록강철교가 완공되면서 중요
한 국경도시가 되었다."라고 설명하고 있다.[11]

차창 너머에는 중국이 투자한 신압록강대교와 함께 대북제재의 반대어로
느껴지는 "國門(국문)" 즉 나라의 문이라는 문구가 선명한 대형 건물이 보였다.
앞으로 이 지역에서 "국문"의 성격이 열림과 닫힘 중에서 어떻게 변화될지 그
려보았다.[12]

위의 인용문에서 언급된 신압록강대교는 단둥시내에서 압록강 하
류 방향으로 약 15km에 거리에 위치해 있다. 이 지역 명 자체가 국문
이다. 이곳에서 항구가 있는 지역까지는 약 25km 더 하류 방향으로 차
로 약 20분이면 도달한다.

현재 단둥시에는 북한을 잇는 국경통과지점이 네 군데 있다. 대표적인 곳이
중조우의교를 통해 신의주와 연결되는 철도교·인도교 국경통과지점이며 수
운 통과지점으로 평안북도 삭주군 방산리를 잇는 타이핑완 국경통과지점과 신
의주항을 잇는 단지부두 그리고 압록강 하구 북한의 비단섬과 중국 영토 사이
를 흐르는 좁은 수로변에 위치한 다타이즈 국경통과지점 등이 있다. 현재 단둥
시와 신의주를 잇는 신압록강대교가 완공단계에 접어들었기 때문에 조만간 국
경통과지점이 추가 신설될 것으로 보인다.[13]

여기에 추가적으로 해항도시 단둥의 공간·지리적 특징으로 본 연구자가 주목하는 것은 중국 단둥이 압록강을 사이에 두고 북한의 도시 신의주만 연결되어 있지 않다는 것이다. 우영자(2013)는 중국 국가 중점 프로젝트에 포함된 단둥과 관련된 교통망의 건설 현황을 아래와 같이 서술하고 있다.

> 단둥항은 중국대륙 해안선 최북단의 천연 부동항으로, 일본, 한국, 북한, 러시아, 홍콩 등 50여 개 국가 및 지역의 70여 개 항구와 벌크 화물, 컨테이너 및 여객 항로를 개통하였고 동북·동부 경제벨트 3성, 13개 도시의 목재, 곡물, 석탄, 철강 등이 이곳을 통해 바다로 나가게 된다.…단둥시의 국경무역 운송 선박은 168척, 국경무역선 정박 항구는 6개이다.[14]

이와 더불어 본 연구자는 한국과 관련된 상황을 구체적으로 설명하면 다음과 같다. 단둥은 항구를 통해서 한국의 해항도시 인천과 주 3회 왕복 이어주는 정기노선(단둥페리)이 있을 뿐만 아니라,[15] 2015년 12월에 완공한 다롄과 단둥 간 고속철도를 이용하면 약 2시간 이내에 중국의 해항도시인 다롄의 공항에 도착한다.[16] 다롄 공항에서 한국의 인천공항까지는 비행기로 약 1시간 거리이다. 이런 연결 방식은 단둥 - 선양공항 - 인천공항도 있다.

이러한 단둥의 지리적 위치와 한반도와 연결되는 교통을 고려할 때, 본 연구자는 단둥은 휴전선 때문에 육로인 서울 - 단둥(420㎞)은 막혀있지만, 배와 비행기를 통해서 한국의 해항도시와도 연결되어 있다는 점을 놓쳐서는 안 된다고 생각한다. 여기에다 단둥이 좁게는 북한의 신의주, 넓게는 평양과 어떻게 연결되어있는지는 설명이 필요 없을 것이다.

〈그림 4〉 신압록강대교 전경   〈그림 5〉 신의주 전경
(2015년 2월)   (2017년 6월)

그렇다면 단둥은 중국과 남북을 동시에 잇는 열린 네트워크의 성격을 띤 해항도시이다.[17] 즉 단둥을 신의주와 맞대고 있는 국경도시로만 보는 것은 단둥 도시의 기능과 역할을 반만 이해하는 것이다. 한편 국경도시이자 해항도시로서의 단둥을 파악하기 위해서는 이 공간에 거주하고 있는 네 집단을 놓쳐서는 안 된다.

네 집단의 규모는 2000년대 이래, 북한사람과 북한화교가 2천 명 이상, 조선족 8천 명 이상, 한국사람이 2천 명 전후로 추산되고 있다. 조선족이 꾸준히 증가하는 것 이외에는 약 십 년 동안 이러한 상황은 큰 변동이 없었다. 하지만 2010년 전후 네 집단 가운데 북한사람과 한국사람의 규모가 변화하고 있다. 북한사람들이 단둥의 공장들에 대규모로 취업을 하고 있다. 2016년 5월 현재, 단둥사람들은 이들의 규모만 2만 여명이 넘는 것으로 파악하고 있다. 2010년 5.24 조치 이후, 한국사람은 실질적으로 1천여 명으로 감소하였다고 보는 시각이 우세하다.[18]

이처럼 해항도시, 단둥에는 본 연구의 연구대상이기도 한 한국어를 공유하는 네 집단, 즉 북한사람. 북한화교, 조선족, 한국사람들이 거주를 하고 있다. 인류학의 방법론으로 이들의 관계맺음을 들여다보면 단둥이 해항도시로서 어떤 역할을 하는지를 알 수 있다. 그들은 단둥에서 살고 있지만 삶의 수단은 삼국을 연결하는 경제활동이 주를 이룬다.[19]

한편, 단둥에는 교통편만이 삼국을 연결하는 기능을 하고 있지 않다. 강주원(2016)의 "오늘 부친 한국 물건, 모레 평양에서 받는다"라는 소제목에서 보여주듯이, 단둥을 매개로 하는 사람들의 왕래, 인편, 송금, 통신도 북한과 한국을 이어주는 수단이다.[20] 이중에서 송금과 관련되어 다른 연구자가 언급한 사례는 아래의 인용문과 같다.

> 한국으로 탈출한 후 다른 친척의 탈북 지원이라는 특정 목적을 가지고 북한 집으로 돈을 보낼 수 있다.[21]
> 중국-북한 국경에는 허점이 아주 많다. 북한 주민에게 비무장지대(DMZ)가 '적절한' 국경이라면 북쪽 국경은 그보다 경제적 구획에 가깝다. DMZ에는 수백 마일에 걸쳐 철조망과 장벽, 지뢰가 설치돼 있어 남북한 사람이 서로 반대편으로 넘어갈 수 없다. 하지만 중국-북한 국경을 넘나드는 것은(공식적으로 허가 받은 것이든 다른 것이든) 흔한 일이다.[22]

위의 후자의 인용문에서 말해주는 바와 같이, 중·조 국경은 남북 사이에 존재하는 휴전선의 성격이 아니다.[23] 하지만 한국 사회는 중·조 국경의 기능에 대해서 "가로막기 기능"[24]으로 바라보는 인식하는 경향이 강하다. 이로 인해 국경도시이자 해항도시로서의 단둥의 역할과 기능을 간과하는 측면이 있다. 나아가 단둥이 한반도를 연결하는 매개 역할을 하는 상황을 놓치는 우를 범한다.

따라서 본 연구자는 네 집단의 삶을 통해서 해항도시, 단둥에 대한 이해를 막는 장벽들을 이 글의 후반부에서 구체적으로 서술하겠다. 즉 삼국이 만나고 연결되는 단둥 연구를 통해서 한국 사회에 던지는 시의성과 시사성을 찾는 작업을 하겠다.

2. 북·중 관계 중심으로만 바라보는 분석들

사람들에게 인식되는 국경의 압도적 이미지는 차단과 경계의 상징이다. 그러나 국경을 차단과 경계의 상징으로만 본다면, 그것은 우리가 국경의 한쪽 측면만을 보는 것이다. 국경은 '분리'를 의미하지만, 다른 한편으로 두 나라가 인접해 있는 곳이다. 따라서 국경은 크고 작음의 차이는 있으나, 기본적으로 서로 다른 정치·사회·문화·경제 제도가 만나는 곳이다.[25]

1) 단둥은 북·중 관계에 대한 사례만 있을까?

2010년 전후, 남북 관계가 경색 및 대립 국면이 반복되는 상황이다. 연구자들은 한국이 배제된 상황에서 진행되고 있다는 전제와 선입견 하에서, 북·중 관계 또는 북·중 무역에 대해서만 초점을 맞추는 경향이 있다.[26]

다른 시각 즉, 중국의 국경도시 단둥이 북·중 관계만이 존재하는 공간이 아니고, 삼국 관계에서 한국의 역할이 존재하는 지역이자 삼국이 관련된 경제 구조와 토대가 지난 20년 동안(1992년 한중수교 전후) 존재한다는 연구는 인류학 연구들[27] 이외에 찾기가 쉽지 않다.[28]

예를 들어, 북한에서 중국으로 수출된 의류 혹은 수산물이 중국에만 소비되지 않고 제 3국(한국)으로 수출되고 있음을 간과하고 있다. 반대로 "북한 시장 물품의 약 90%가 중국제"라는[29] 언급은 2010년 전후 연구자들 사이에 북·중 간의 경제를 표현할 때 상징적으로 인용하는 내용이지만 재고의 여지가 있다.

단둥의 국경 무역의 특징을 들여다보면 한국사람이 개입된 물건들과 한국산 제품들이 북·중 무역에서 중국산으로 포장되어 북한으로 수출되는 상황을 통계 혹은 설문지 답변에 반영이 안 되는 측면이 존재하기 때문이다.[30]

나아가 넓게는 중·조 국경지역, 좁게는 단둥 국경지역에 대한 연구자들의 결론 가운데, 한국의 역할과 관계는 미래 담론인 경우가 많다.[31] 이러한 연구 흐름은 최근 연구자의 글에도 이어지곤 한다.

> 앞으로 북-중 경제협력의 새로운 추세는 결국 한국경제에도 상당한 영향을 미칠 것이다. 북한과 중국이 초국경 경제협력에 눈을 뜸으로써 남북경제협력은 물론이거니와 남북중 경제협력의 공간도 크게 열릴 가능성이 높아졌다. 예컨대, 한국경제도 의지만 있다면 광저우-상하이-베이징-셴양을 거쳐 단둥까지 연결되어 있는 중국의 고속철과 고속도로를 남한과 쉽게 연결시킬 수 있는 기회를 맞이하게 되었다. 이런 상황이 현실이 되면 한국이나 중국, 북한 모두 엄청난 경제적 이익을 향유할 수 있을 것이다.[32]

한편, 2010년 5.24 조치 이후, 북·중 경제협력에 관련된 연구들은 무역 통계 혹은 설문지를 통해서 분석하고 있는 논문들이 주를 이루고 있다.[33] 이 가운데 김병연·정승호(2015)의 연구에서 어떻게 어떤 방식으로 단둥을 북중 무역의 현장으로만 분석하는지를 살펴보겠다. 그들의 저서 제목은 『중국의 대북 무역과 투자: 단둥시 현지 기업 조사』이고 결론의 주요 부분을 정리하면 다음과 같다.

> 중국과의 경제협력은 북한 경제에서 절대적인 중요성을 가지게 되었다.… 북·중 경제 관계에서 단둥은 가장 중요한 중국 도시이다.…이 연구는 현지 기업 조사를 통해 수집한 설문조사 결과를 이용하여 북중 경제거래의 방식과 사업 환경, 기업 성과 등을 구체적으로 분석하고 있다.…첫째, 북한과의 무역 혹은 투자 사업을 진행하는 기업 소유자의 국적, 민족적 특징을 한족, 조선족, 북

한화교와 기타로 분류할 때 이 각각의 형태에 따라 무역과 투자의 패턴에 일정한 차이가 존재한다.[34]

이처럼 그들은 단둥의 무역 현황을 북·중 무역으로만 해석하고 있다. 이러한 분석을 하기 위해 그들은 설문지 연구대상 가운데, 기업 실소유주의 민족배경에 따라 한족(76%), 조선족(23%), 북한화교(20%) 기업으로 분류 한 뒤, "한국계를 비롯한 기타 기업 25개(14%)"에 대해서는 이를 "기타" 항목으로 처리한다. 또한 86%를 차지하는 중국 기업 가운데 실소유주 혹은 주 거래처가 한국 기업인지를 구분하지 않고 있다. 그러나 이를 토대로, 중국 기업의 대북무역과 투자를 분석한다.[35]

이와 같은 연구의 내용은 해항도시 단둥이 중국기업만을 위해서 존재하는 것으로 해석하는 한계가 있다. 나아가 그들은 단둥에서 한국을 지우고 있는 셈이다. 하지만 단둥의 국경무역에서 한국사람은 기타가 아니고 주체이다.[36]

따라서 지금까지 살펴본 북·중 무역의 중심지로만 단둥의 현장을 분석하는 연구들이 놓치고 있는 부분들을 재고찰 할 여지가 있다. 이런 점들을 고려하면서, 해항도시, 단둥에 대한 연구는 이곳에서의 한국 역할에 대한 미래 전망만을 하거나 북·중 관계에 대한 사례만을 보여주는 연구 현장이 아님을 보여 줄 필요가 있다.

2) 2016년 1월 북한의 4차 핵실험, 1년 뒤 한국 사회의 모습

2016년 1월 6일, 북한은 4차 핵실험을 했다. 그 이후 한국 정부는 "개성공단 폐쇄" 이외에도 다양한 대북제재 조치를 꾸준히 발표하고 있다. 딱 1년이 지난 2017년 1월 6일 아침, 본 연구자는 중국 단둥에 가기 위해 인천공항행 버스에 몸을 실었다. 일부러 맞춘 것은 아니지만 나름 의미 있는 날짜라고 생각했다. 작년에 7번 갔지만 2017년에는 처음으로 대북제재의 현주소를 파악할 수 있는 단둥과 압록강에 간다는 사실에 설레었다.

버스 안에서 한 시간 남짓 "북한 4차 핵실험"과 "대북제재" 등의 키워드를 활용해서 뉴스를 검색했다. 그런데 능력 부족인지 아니면 "최순실 사태" 이후로 북한과 대북제재 관련 뉴스 비중이 확연히 줄어든 여파인지, "내일 北 4차 핵실험 1년…출구 없는 '남북 단절'"[37] 보도 이외에는 검색되는 뉴스를 찾기가 힘들었다.

> 북한은 지난해 1월 6일 기습적으로 4차 핵실험을 감행한 데 이어 한 달 후인 2월 7일 장거리 로켓(미사일)을 발사했다. 이에 따라 우리 정부는 남북교류 협력의 마지막 보루였던 개성공단 가동 중단을 선언했다.…정부는 국제사회의 대북제재와 발맞춰 독자 제재안을 발표하며 북한을 압박하고 있다.[38]

위의 뉴스는 중국 다롄에서 단둥행 고속열차에서 그나마 검색한 몇 개의 뉴스 가운데 하나이다. 본 연구자만의 관심사일까? 그래도 북한의 4차 핵실험은 지난 1년 동안 한국 사회 그리고 남북 관계에 영향을 준 사건이자 다양한 대북제재 조치의 빌미를 제공하였다. 그렇다면 "2017년 1월의 한국 사회는 남북 관계에 어떤 선택을 해야 할지 고민을 해야 되는 것이 아닐까?"라는 자문을 했고 삼국을 연결하는 해항도시 단둥을 통해서 한국 사회는 무엇을 보아야하는지를 고민하였다.

3) 개성공단 폐쇄가 남북교류 협력의 완전 중단일까?

2016년 이후, 지난 1년 동안의 남북 관계를 정리한 위의 기사를 읽으면서 본 연구자는 또 다른 문제의식을 가져보았다. 북한의 4차 핵실험, 개성공단 폐쇄, 대북제재안 발표는 사실이다. 하지만 2017년 1월 6일 이후에도, 한국의 언론은 개성공단 폐쇄가 북한뿐만 아니라 한국 사회에 어떤 영향을 미쳤는지? 혹은 가장 강력하다고 한국 정부가 주장하는 대북제재안들이 어떤 효과가 있었는지에 대한 관심은 없어 보인다.

이와는 별도로 남북 관계를 연구하고 있는 연구자로서 안타까운 내용이 하나 있다. 그것은 "개성공단 폐쇄"가 "남북교류 협력의 완전 중단"을 의미하는 것으로 연구자들이 언급할 뿐만[39] 아니라 이를 한국 언론은 보도를 하고 한국 사회는 인식하고 있다는 것이다. 이 분야에서 종사하는 남북경협기업인들의 표현도 다르지 않다.

> 정부의 '5.24조치'와 금강산관광 중단으로 피해를 입은 남북경협기업인들의 서울 정부종합청사 앞 100일 철야농성이 11일 막을 내렸다.…이들은 성명서에서 1998년 남북경협 시작을 되새기며, "남북경제협력은 남과 북의 정치군사적 긴장에 흔들리며 요동쳤다. 2016년 2월 드디어 마지막 남은 개성공단마저 중단되며 이로써 모든 남북 관계는 단절되었다"고 꼬집었다.[40]

과연 마지막 문장은 사실일까? 그동안 남북경협에서 일했던 그들의 말은 반은 맞고 반은 놓치고 있는 것이 있다. 한국 정부가 쓴 공식적 역사와 시각 그리고 휴전선만을 놓고 보면 2017년 모든 남북 관계는 단절되었다. 하지만 1998년(금강산 관광사업 협의)이 아닌 1988년(북한 교역품목 최초 반입 승인)부터 공식적인 남북경협의 역사는 시작되었다.

또한 2010년 5.24 조치, 2016년 2월 개성공단 폐쇄 이후에도 남북 관계가 단절되지 않은 공간이 있다.[41] 남북 관계를 이어주고 있는 그곳은 압록강을 사이에 두고 신의주와 삶을 공유하는 해항도시 단둥이다.

"북쪽에 신흥 강대국을 둔 신의주, 혜산, 회령 같은 국경 도시의 사람들은 지난 15년 동안 중국 이동통신망에 접속할 수 있는 전화 덕분에 팔자를 고 쳤다. 이들은 이곳에서 중국산 전화로 중국과 한국에 사는 가족과 통화를 하고, 무역을 주선하고 정보를 주고받거나 심지어 탈북을 알선하는 데도 사용해 왔다."[42]

이러한 분석은 한국 연구자의 연구물에서 찾기가 힘들다. 하지만 위의 인용문에서 표현된 바와 같이, 최근 외국 언론인들의 글에서는 북한, 중국, 한국이 핸드폰을 통해서 어떻게 연결되고 있는지를 분석한 글을 읽을 수 있다.[43]

4) 국경 너머 삶을 공유하는 단둥과 압록강의 일상 모습들

1992년 한중 수교 전후부터 단둥을 방문하거나 살고 있는 남북의 사람들이 기록하고 있는 비공식적인 남북 관계와 경협 그리고 공존과 공생의 삶은 멈춘 적이 없다. 남북 관계에서 개성공단의 상징성을 강조하는 것도 중요하다.

하지만 본 연구자는 이로 인해 한국 사회에 망각되고 주목받지 못하는 해항도시 단둥의 역사와 역할에 대한 집중적인 연구가 필요하다고 본다. 그곳에는 1992년 한중 수교 전후부터 현재진행형으로 진행되고 있는 남북 만남의 현장들이 산재해있다. 2017년 인류학의 기록남기기 작업은 단둥 호텔 프런트의 문구(본 호텔에 숙박하는 조선 손님들은 여권으로 작은 선물을 받아갈 수 있습니다)를 촬영하는 것으로 시작했다.

1월 6일 오후에 도착한 단둥 호텔 로비에는 중국 사업 파트너들을 기다리는 북한사람들뿐만 아니라 아랍권 사람들이 섞여있었다. 북한

사람들이 선물한 여러 종류의 북한 달력을 주겠다고 했던 북한화교 지인도 나를 기다리고 있었다. 그의 손에는 고려항공 승무원들이 등 장하는 달력도 들려있었다.

본 연구자는 북한 달력을 한국에 가지고 가지 못한다. 하지만 단둥 사람들에게 선물한 한국 달력은 2017년 한 해 내내, 북한 주재원들의 왕래가 빈번한 조선족과 북한화교의 대북사업 사무실의 한 면을 차지 하고 있을 것이다. 남북을 연결하는 사업을 하는 그들에게 한반도 의 두 개의 달력은 사업 일정을 계획할 때 요긴하게 사용될 것이다.

호텔 직원은 여권을 흔들면서 북한사람들에게만 선물을 준다고 설 명을 하였다. "이 호텔의 주 고객은 북한사람인 것을 안다. 그래도 나 역시 7년 넘게 이 호텔에 다니는 사람인데"라는 말을 하자, 직원은 "당 신에게만!"이라고 하면서 작은 선물을 주었다.

〈그림 6〉 국문만 표지판
(2011년 7월)

〈그림 7〉 단둥 호텔의 풍경
(2017년 1월)

2000년대 북·중(중·조) 간 교역의 지속적인 증가 및 대중 교역의존도 심화 그리고 남·북 교역의 감소가 북·중 교역의 증가로 귀결되었다는 시각이 주 를 이룬다. 즉 북·중 경협의 확대 및 남·북 경협의 위축이라는 상호대립적

관계로 바라보는 시각이 강하다.[44]

2017년 북한과 한국 달력이 공존하는 단둥, 한국 정부의 대북제재와 상관없이 북한 여권이 제재의 대상이 아닌 선물을 받는 기준이 되는 공간이 단둥이다. 본 연구자는 호텔 프런트 문구를 보면서 휴전선만을 상정한 "남북교류 협력의 완전 중단"이라는 한국 사회의 시각과 역사가 놓치고 있는 것이 무엇일까를 생각했다.

한편, 압록강은 중국과 북한을 가로막는 경계가 아니고 공유하는 공간이기[45] 때문에 중국 배와 북한 배들이 공존을 한다. 그들은 압록강만을 공유하는 것이 삶의 공유한다. 2017년 7월, 압록강에서 보트를 운전하는 중국사람을 만나 대화가 가능한 그의 한국어 실력의 비결을 물어보았다. 그의 보트는 인공기가 달린 북한 어선 옆을 지나가고 있었고, 배 위의 북한사람들이 그에게 손을 흔들고 있었다.

그는 "낮에는 그들(북한사람)과 함께 물고기를 잡고, 밤에는 강 건너(북한)에 가서 물물교환을 하면서 술 한 잔을 하다 보니 조선말을 자연스럽게 배웠다. 우리들은 이렇게 살고 있다. 저기 보이는 배에 있는 조선사람(북한사람)은 내 친구이다. 그들이 잡은 고기를 가지고 와서 요리해서 파는 식당을 저기 보이는 압록강변에 나는 4개나 가지고 있다."라고 간단히 대답했다. 단둥과 압록강은 삶을 공유하는 그런 곳임을 재확인하는 만남이었다.

Ⅲ. 나오며

아래의 글은 중국인민대학의 강희정 연구자가 2002년 발표한 논문에 수록된 글이다. 그는 국경무역의 방식 가운데 하나인 보세무역의 통계를 보여주면서, 1990년대 후반의 단둥의 지정학적 위치와 경제 현황에 대해서 설명하고 있다. 여기에서 본 연구자가 눈여겨보는 대목은 그가 중국과 북한뿐만 아니라 이 두 나라와 함께 한국을 포함해서 설명하고 있다는 것이다.

> 단둥시는 중국 최대의 변경 개방도시로서 북한의 최대 육로출구인 신의주와 인접하고 있다는 점이다.…단둥시의 이러한 지정학적 위치는 단지 단둥-신의주 구역의 국경 무역뿐만 아니라 단둥시의 보세구를 활용한 북한 상품의 한국수출중개기지로 활용되고 있다. 九五기간(1996~2000년) 단둥시의 對韓수출입총액은 1억 9170만달러(동기간 연평균성장률 81.5%)인데, 이중 수출총액은 1억1832만달러(연평균성장률 75.9%)의 규모로써 급속한 신장세를 보이고 있으며, 이는 대부분 북한상품의 중개무역에 해당된다.[46]

또한 강주원은 "2016년 남북 교류는 미래인가?"라는 질문을 제기하면서, "중·조 국경, 단둥 그리고 네 집단은 삼국을 연결하는 디딤돌"임을 "국경 넘나들기 방식"에 대한 인류학의 참여관찰 내용들을 통해서 설명하고 있다.[47]

하지만 위의 두 논문의 내용과 분석틀보다는 이 글의 본론에서 언급한 바와 같이, 1990년대 중반부터 중국의 국경도시이면서 한반도의 북한과 한국을 동시에 연결하고 있는 해항도시, 단둥에 대한 이해를 막는 장벽들이 한국 사회에 더 자리를 잡고 있고 또 다른 영역에 영향을 미치고 있다.

이러한 흐름에서 본 연구자가 주목하는 예는 다음과 같다. 단둥에 대한 국경도시이자 해항도시의 역할 간과, 단둥을 통해서 북·중 관계 중심으로만 바라보는 분석들은 한국 사회에 논의되고 있는 통일

정책에도 반영되고 있다. 이로 인해 다른 문제점을 드러내고 있다.

> 통일부는 이미 한반도 신경제지도 구상을 뒷받침하기 위해 내년도 경제협
> 력기반 세부사업 예산을 1천억 이상 증액 편성, 2천480억 원으로 책정해두고
> 있다.⋯통일부 내에 '한반도 신경제지도 TF'가 운영되고 있으며 연내 '추진 계
> 획'을 작성할 예정이라고 처음으로 밝혔다.[48]
> 국정기획자문위원회는 한반도 신경제지도 실현을 통일 분야 중점 과제로
> 제시했습니다. 동해권에는 금강산에서 러시아까지 이어지는 에너지 · 자원 벨
> 트를, 서해안에는 남쪽의 수도권에서 신의주까지 올라가는 물류 · 교통 벨트를
> 조성하고, 비무장지대는 환경 · 관광 벨트로 꾸려 이른바 남북 경제협력 'H 벨
> 트'를 구축한다는 구상입니다.[49]

이와 같이 2017년 문재인 정부는 '한반도 신경제지도'를 구상하고 추진하고 있다. 이러한 통일 정책 내용에는 한반도와 연관된 러시아 지역의 미래 역할에 대한 고려는 포함되어있다. 그러나 중국 단둥지역에 대한 내용은 보이지 않는다. 남북 관계의 한 축을 담당했고 담당하고 있는 단둥이 빠진 배경은 무엇일까?

이는 단둥에 대한 이해를 막는 장벽들이 남북 관계의 미래 청사진을 그리는데 빈 여백을 만들고 있음을 보여준다. 뿐만 아니라 남북 관계의 역사와 현재를 모두 반영하지 못하는 원인으로도 작동하고 있음을 파악할 수 있다. 이로 인해 '한반도 신경제지도'는 지난 20여년이 넘게 단둥 공간에 투영되고 응축된 남북 관계의 궤적을 담아내지 못한 채 미래에 대한 희망만을 담은 모양새이다.

예를 들어, '한반도 신경제지도'가 구상하는 "서해안에는 남쪽의 수도권에서 신의주까지 올라가는 물류 · 교통 벨트를 조성" 즉, 신의주와 한국 사회의 연결은 미래가 아니다. 이미 단둥을 통해서 연결되어 있다.

　따라서 단둥에 대한 이해를 막는 장벽들을 하나하나 허무는 작업이 필요하다. 다시 말해 해항도시 문화교섭의 연구 시각과 방법론을 통해서 단둥을 이해하는 시도들이 요구된다. 이는 삼국이 만나고 연결되고 있는 네트워크 현상에 대한 다양한 학제 연구, 특히 해항도시 문화교섭 연구의 확산 도모이다. 나아가 한국 사회의 분단 상황을 극복 혹은 통일 준비와 관련된 또 다른 출발점이다. 단둥은 삼국이 만나고 연결되는 국경도시이자 해항도시이다.

강주원 ｜ 서울대학교 사회과학연구원 선임연구원

▣ 주

1) 정문수 외 3인((2014),『해항도시 문화교섭 연구 방법론』, 도서출판 선인, 98쪽.

2) 강주원(2012),「중조 국경도시 단둥에 대한 민족지적 연구: 북한사람, 북한화교, 조선족, 한국사람의 관계맺음을 통해서」, 서울대학교 인류학과 박사학위논문, 74쪽. 단둥지역에 대한 기본적인 설명은 위의 논문 10-13쪽 참고. 한편 위의 논문에서는 단둥을 단동으로 표현하고 있다. 마찬가지로 다양한 기사와 논문에도 본 연구지역의 지명은 단둥 혹은 단동으로 표현되고 있다. 이러한 점들을 감안하여 다양한 글을 인용할 때, 지명을 통일하기보다는 단동으로 표현되어 있는 부분은 그대로 인용하였다. 이 글은 기본적으로 단둥으로 표기하고 있다.

3) 한국문화인류학회(2003),『처음 만나는 문화인류학』, 일조각, 22쪽.

4) 압록강변에서 북한을 바라보면서 보이는 이런 반응들은 북·중 국경 답사와 관련된 기사와 블로그 글에서도 쉽게 접할 수 있다. 예를 들어 "압록강 건너 북한 사람들과 선전용 건물을 보며 다양한 생각을 하게 됐다" 등이 있다. (한국일보) 2017.8.1.

5) 한편, 이 글은 본 연구자의 박사논문, 두 권의 단독 저서, 두 권의 공저가 밑바탕이 되고 있다. 박사논문은「중조 국경도시 단둥에 대한 민족지적 연구: 북한사람, 북한화교, 조선족, 한국사람의 관계맺음을 통해서」(2012), 단독 저서들은『나는 오늘도 국경을 만들고 허문다』(2013a),『압록강은 다르게 흐른다』(2016), 공저 하나는『'나'를 증명하기: 아시아에서의 국적·여권·등록』(2017)이다. 그리고 이 글의 머리말과 본문의 일부분은 다른 공저인 피스레터』(2017)에 실린 두 편의 기고를 수정 및 보완한 내용이다.

6) 정문수 외 3인(2014), 앞의 책, 279쪽을 참고.

7) 〈그림 3〉에 대한 설명은 강주원(2016), 앞의 책, 18쪽을 인용함.

8) 해항도시의 입지와 공간 특징은 정문수 외 3인(2014), 위의 책, 94-108쪽을 참고.

9) 권경선·구지영 편(2016),『다롄, 환황해권 해항도시 100여 년이 궤적』, 도서출판 선인, 5쪽.

10) 강주원(2013a), 앞의 책, 179쪽.

11) 신의주의 역사를 보면 단둥과 신의주가 쌍둥이 도시 성격임을 알 수 있다. 이와 관련되어 이종석(2017),『북한-중국 국경: 역사와 현장』, 세종연구소, 171쪽을 참고.

12) 강주원(2016), 앞의 책, 185쪽.

13) 이종석(2017), 앞의 책, 169쪽.

14) 우영자(2013),「요녕 연해경제벨트 개발·개방 및 단둥-신의주 접경지역 경제협력」,『KDI 북한경제리뷰』, 2013년 2월호, 71쪽.

15) 이와 관련된 내용은 강주원(2012), 앞의 논문, 131쪽 참고.

16) 이 글은 삼국 관계를 함께 들여다보는 거울로서의 단둥을 주목하고 있다. 이를 위해서 본 연구자는 환황해권 해항도시 다롄을 한중일 간 인적 물적 이동과 사회 변용의 역사를 해명하고자 시도한 다음의 책에서 다양한 관점과 방법론을 고민하였다. 권경선·구지영 편(2016), 앞의 책.

17) 우영자(2013), 「요녕 연해경제벨트 개발·개방 및 단둥-신의주 접경지역 경제협력」, 『KDI 북한경제리뷰』, 2013년 2월호, 71~73쪽.

18) 강주원(2017), 앞의 책, 302~303쪽.

19) 이들에 대한 구체적인 내용은 강주원(2012), 앞의 논문을 참고.

20) 강주원(2016), 앞의 책, 36~48쪽 참고.

21) Tudor, Daniel and Pearson, James, 전병근(2017), 『조선자본주의 공화국』, 한길사, 37쪽.

22) Tudor, Daniel and Pearson, James, 전병근(2017), 위의 책, 36쪽.

23) 강주원(2016), 앞의 책, 73~84쪽 참고.

24) "가로막기 기능"에 대해서는 정문수 외 3인(2014), 앞의 책, 258쪽 참고. "국민국가들 사이의 국경을 포함한 모든 경계란 단순히 가로막기의 기능을 하는 무엇이기보다 교섭과 상호작용에 통제성을 부여하는 무엇이라 할 수 있다. 물론 이 통제성의 강약은 시대에 따라, 지역에 따라, 문화·전통에 따라 다를 수 있다."

25) 이종석(2017), 앞의 책, 15~16쪽. 이러한 국경에 대한 관점은 해항도시 문화교섭 연구에서도 찾을 수 있다. "가장 강고한 강제력과 폭력성·인위성을 지난 경계는 국민국가의 경계이다. 그렇지만 영역을 형성하는 개인이나 집단은 타자와의 교섭 내지 상호작용을 위해 영역을 둘러싼 경계에 모종의 투과성을 부여할 수밖에 없으며 국민국가의 경계 또한 예외가 될 수 없다. 근대적 국민국가도 그 강고한 경계에 투과성을 부여해서 다른 국민국가들을 포함한 여러 유형의 타자와 교섭을 수행할 수밖에 없다." 정문수 외 3인(2014), 앞의 책, 257~258쪽.

26) 이희옥(2006), "중국의 대북한정책 변화와 함의: 동북 4성론 논란을 포함하여", 『현대중국연구』, 제8집 1호, 76쪽. 이동률(2011), 「중국의 대북전략과 북중관계: 2010년 이후 김정일의 중국방문 결과를 중심으로」, 『세계지역연구논총』29집 3호, 318쪽, 원동욱(2011), 「북중경협의 빛과 그림자: 창지투 개발계획과 북중 간 초국경 연계개발을 중심으로」, 『현대중국연구』제13집 1호, 67~68쪽. 김수한(2013), 「북중 접경협력 분석과 인천시의 대응방향」, 『IDI 연구보고서』, 인천발전연구원, 94쪽, 이종운·홍이경(2013), 『북중 접경지역 경제교류 실태와 거래관행 분석』, 연구자료 13-04, 대외정책연구원, 3~6쪽.

27) 2010년 이전에 단둥에 대한 한국 인류학계의 연구는 1997년에 발표된 『중국 요녕성 한인동포의 생활문화』가 유일하다. 약 20년 전에 발표된 위의 보고서에 서술된 중국 정부 자료와 단둥 조선족 연구에 대한 주의할 점, 한국뿐만 아니라

북한의 영향을 받고 있는 단둥과 조선족, 북한 이야기에 대한 조선족의 회피 이유, 북한과 관련된 해상무역의 존재, 문화혁명의 영향으로 한국어가 사라진 배경과 한국어의 활성화 계기, 국경과 관련된 조선족 국민 정체성의 변화, 국경 무역과 조선족의 역할, 국경 개념이 없던 단둥의 국경지역 등은 여전히 2017년 현재 해항도시로서의 단둥을 연구하는 방법과 방향을 제시하고 있다. 김광억 외 (1997), 『중국 요녕성 한인동포의 생활문화』, 국립민속박물관.

28) 강주원은 단둥이 네 집단이 관계맺음을 통해서 삼국 무역의 현장임을 보여주고 있다. 강주원(2012), 앞의 논문, 129~153쪽.

29) 정은이(2013), 「접경지역 단둥에 대한 현지조사」, 『KDI 북한경제리뷰』, 2013년 4월호, 73쪽.

30) 구체적인 내용은 강주원(2013b), 「삼국(북한, 중국, 한국) 무역의 중심지로서의 중국 단둥: 중·조와 남·북 무역의 교차점의 역할과 현황에 대한 분석」, 『현대중국연구』, 제 14집 2호, 294~298쪽을 참고.

31) 이옥희(2011), 『북·중 접경지역: 전환기 북·중 접경지역의 도시네트워크』, 푸른길.

32) 이종석(2017), 앞의 책, 216쪽.

33) 김상훈(2010), 「최근 북중 경제협력 현황」, 『북한경제리뷰』, 2010년 8월호, 김상기(2011), 「북중무역동향」, 『북한경제리뷰』, 2011년 12월호, 만하아펑(2012), "북중 관계 정립의 중요성: 상생하는 북중 국경 경제협력의 미래를 위하여", 『KDI 북한경제리뷰』, 2012년 2월호, 김영근(2012), "동북아시아 경제협력 방안에 관한 일고찰", 『중국학논총』, 임강택(2013), 「최근 5년간 북한 대외무역의 주요 특징 및 전망」, 『KDI 북한경제리뷰』, 2013년 2월호, 김철(2013), 「김정은 시대의 북중 관계와 경제협력」, 『KDI 북한경제리뷰』, 2013년 1월호 등이 있다.

34) 김병연·정승호(2015), 『중국의 대북 무역과 투자: 단둥시 현지 기업 조사』, 서울대학교출판문화원, 118~120쪽.

35) 강주원(2017), 앞의 책, 314쪽.

36) 강주원(2016), 앞의 책, 116쪽.

37) 〈뉴스1〉 2017.1.5.

38) 〈KBS NEWS〉 2017.1.6.

39) 일반적으로 연구자들은 2010년 전후의 상황에 대해서, 개성공단을 제외한 남북교역의 감소 혹은 실종 그리고 북·중 무역의 증가로 정리를 한다. 이석은 "남북 경협은 개성공단에서의 생산을 제외하고는 사실상 모두 사라진 상태에 놓여 있다"라고 분석한다. 이석(2013), 「한국의 대북정책과 남북경협: 회고와 전망」, 『KDI 북한경제리뷰』, 2013년 4월호, 34쪽. 그리고 이재호도 "당연히 5.24 조치가 실제로 그리고 완벽하게 목표된 남북교역, 즉 일반교역과 위탁가공무역을 중단시켰음을 의미하는 것이다"라고 설명한다. 이재호(2013), 「2012년 남북교역 및 교류협력동향과 2013년 전망」, 『KDI 북한경제리뷰』, 2013년 1월호, 84쪽.

40) 〈통일뉴스〉 2017.1.11.

41) 이와 관련된 구체적인 내용은 강주원(2016), 앞의 책을 참고

42) Tudor, Daniel and Pearson, James, 전병근(2017), 앞의 책, 36쪽.

43) 이 글을 번역한 역자는 "정치에서 그렇고 국제 정치에서 그렇고 남북 관계에서 특히 그렇다. 보고 싶은 대로 보고, 바라는 대로만 보고, 봐오던 대로만 봐오던 것을 이제 한 번쯤 탈피해보면 어떨까." Tudor, Daniel and Pearson, James, 전병근(2017), 위의 책, 256쪽.

44) 임수호(2010), 「북·중 경제밀착의 배경과 시사점」, 『Issue Paper』 10월호, 삼성경제연구소, 27~29쪽.

45) 강주원(2012), 앞의 논문을 참고.

46) 강희정(2002), 「중국 단동시경제의 전략적 특수성과 신의주-단동지역개발」, 『經濟論叢』 21권 2호, 명지대학교 경제연구소.

47) 강주원(2017), 「국경도시 중국 단둥의 중첩되는 경계: 2010년 전후를 통해서」, 『'나'를 증명하기: 아시아에서의 국적·여권·등록』, 한울아카데미, 313~323쪽.

48) 〈통일뉴스〉 2017.8.30.

49) 〈YTN〉 2017.7.19.

12.

단둥, 창지투, 나선특구의 접경도시 연결

우양호

I. 들어가며: 왜 접경도시를 주목하나?

　근대 이후부터 지금까지 우리나라, 중국, 북한이 속한 동북아시아의 여러 접경지역에서는 제국주의, 식민지 지배, 냉전과 대립, 이념적 분단 등의 역사적 경험을 공유하고 있다. 1980년대 사회주의가 붕괴된 이후에 세계적으로 탈냉전의 흐름이 시대적 대세를 이루었지만, 한반도를 중심으로 한 동북아시아 해역에는 지금도 여전히 냉전과 갈등의 잔재가 남아 있다. 즉 동북아시아는 지정학적 중요성으로 인하여 국제질서 상에서 중요한 영향력을 행사하려 하는 글로벌 세력들의 이해관계가 맞물려 불안정한 안보상황이 이어지고 있는 것이다.[1]

　이런 가운데 최근 중국이 북한의 압록강과 두만강 접경지역인 단둥 - 창춘 - 지린 - 투먼 - 훈춘을 전진기지로 삼고, 북한 신의주, 나진항과 선봉항 등의 사용권을 얻어 각각 서해와 동해 바다를 통해 해양네트워크 확장을 기도한 하나의 커다란 사건이 나타났다. 중국이나 러시아의 입장에서 단둥과 신의주, 창지투 지역과 나선특구는 분명 각각 서해와 동해로 나가는 중요한 출구가 될 수 있다. 그러므로 중국이나 러시아는 무엇보다 접경지역을 통한 출해권(出海權) 확보에 초점을 맞추고 있으며, 북한은 이에 협조하여 경제적 실리를 취하는 계산인 것이다.[2]

여기에 일본은 환동해권의 경제적 장악과 대륙으로의 입구전략을 생각하고 있으며, 미국은 중국에 대한 견제와 북한의 핵개발 저지를 위한 제재의 효과와 연동한 자세를 취하고 있다. 우리나라의 경우, 단둥과 창지투 및 나선특구가 기존의 개성공단에 비해 열악한 환경이라는 점과 불안정한 남북관계의 특성, 북한의 도발과 상시적인 투자불안 때문에 참여에 미온적 태도를 견지하고 있다. 무엇보다 접경지역에 대한 국제정세의 변동이 지속적으로 발전과 교류에 많은 영향을 주고 있는 것은 사실이다.

일각에서는 압록강과 두만강 유역의 단둥, 창지투 지역과 나선특구 개발에 일부 '허수(imaginary)'가 포함되어 있고, 그 성과나 파급효과가 다소 과장된 내용들이 많다고 하는 견해들이 있기는 하다. 중국과 북한의 최근 상황으로만 보면, 이것은 일견 타당성 있는 지적이기는 하다. 그러나 최근 압록강과 두만강 주변 북·중 접경지역에서의 초국경 개발은 동북아시아 국제질서의 새로운 화두가 되고 있는 것은 확실해 보인다. 근래에 시작된 이 지역의 개발은 당초 동북아시아에서 미국과 일본 중심의 국제질서 구도를 중국 중심의 국제정치경제 구도로 전환시키고자 하는 의도가 내포되어 있었다. 중국과 북한, 러시아 사이의 초국경 통합경제권의 출현과 중국의 바다로의 출구 확보는 동북아시아의 지정학적 측면은 물론 전반적인 정치, 경제, 안보에 영향을 미칠 수밖에 없기 때문이다.

이러한 배경들에 따라 이 글에서는 지금 동북아시아에서 접경된 해항도시(海港都市)로서 핵심적 의미를 갖는 중국의 '단둥(丹東) 및 창

지투(長吉圖) 선도구'와 북한의 '나선특구'를 논의의 대상으로 삼고자
하였다. 그리고 이들 지역을 둘러싼 우리나라 및 동북아시아 인접국
가들의 정치경제와 대외교섭의 상황을 국경을 넘은 이른바 '월경적
지역개발'의 관점에서 분석하려 한다. 중국의 단둥 및 창지투와 북한
의 나선특구 이슈가 우리나라의 대북정책과 동북아시아의 미래에 미
치는 중요성을 감안할 때, 이들 변경(邊境)의 정치경제와 대외교섭의
본질을 연구하는 것은 시의적으로 중요한 의의를 가질 것으로 생각된
다. 또한 국익을 위한 향후 우리나라의 관심과 행보에 있어서도 이러
한 현상의 분석은 중요한 시사점을 줄 수 있을 것으로 생각된다.

Ⅱ. 북중 접경지역의 전체 개관 및 특성

지난 2009년 중국의 원자바오 전 총리가 북한의 평양을 전격 방문
하여 북·중 경협을 위한 외교각서를 체결했는데, 그 골자에는 양국
간 접경지역인 단둥과 신의주 개발, 나선특별시와 창지투(창춘-지린-
두만강 유역) 개발의 연계가 구체적으로 포함되어 있었다. 이는 북한
과 중국을 연결하는 압록강과 두만강 유역에서 북·중 경제협력을 통
한 국경의 상호 연계 개발계획을 장기적으로 추진하겠다는 의미로 풀
이된다. 이에 여기서는 이러한 북·중 경협의 지리적 범주로서 북·중
접경지역의 전체 개관 및 특성을 먼저 살펴보기로 하겠다.

1. 단둥(丹東)

단둥은 중국 랴오둥 반도의 동남부에 있으며, 랴오닝 성(遼寧省)에

속한 도시이다. 단둥은 북한의 평안북도 신의주와 마주한 곳으로 중
국과 한반도 역사의 연결고리이다. 또한 단둥은 압록강을 경계로 둥
강 시 지역과 북한 평안북도 신도군의 비단섬이 서로 접하고 있으면
서 경계를 이루고 있다. 이에 단둥은 압록강 하류에 위치한 중국 쪽의
국경도시로서, 현재 북·중 교역 총량의 액 80% 이상을 차지하고 있
다. 단둥은 압록강을 건너 신의주를 거치면 곧바로 평양까지 갈 수 있
어, 현재 북중 교역의 상징과도 같은 지역이 되었다.

　단둥은 현재 북한의 체제 동향과 그 정치적 변수에 가장 민감한 도
시이기도 하다. 현재 북한 노동자 5만 정도가 단둥에 거주하고 있으
며, 북한 주재원과 정보원 수천 명이 상주하는 사실만으로도 북중 관
계에서 이 도시의 위상을 짐작할 수 있다. 장기적으로는 북한의 개
혁·개방을 이끄는 도시일 수 있으며, 한반도 안정을 위한 지역의 전
략적 가치도 높은 것으로 평가되고 있다.

　접경도시인 단둥의 개발계획은 이른바 중국의 '일교양도(一橋兩島)'
전략을 기본으로 삼고 있다. 여기에서 일교는 하나의 대교라는 뜻으
로 '신압록강대교(新鴨綠江大橋)'를 지칭하고, 양도는 두 개의 섬이라
는 뜻으로 북한령의 '위화도'와 '황금평' 지역의 접경개발을 의미한다.
이 중에서 신압록강대교는 중국의 손에 의해 평양과 베이징을 연결하
는 국제적 교통인프라 역할을 담당할 것이라 홍보되었다. 2016년 말
을 기준으로 사실상 개통이 이루어진 신압록강대교는 길이 3,030m,
폭 33m인 사장교로서, 왕복 4차선의 중국 내에서도 1급 도로 규모로
크게 건설되었다. 최근 단둥의 신압록강대교 건설에 전액을 투자한
중국은 북한 쪽 진입로 쪽의 미비한 문제도 스스로 해결하였다.

　하지만 2011년 김정일 위원장의 사망과 김정은의 후계자 집권, 2013
년 장성택 처형 사건이 이어지면서 단둥을 중심으로 한 북·중 경제

협력의 큰 틀이 흔들리게 되었다. 특히 북한 장성택의 처형은 북한과 중국 간의 경제협력 사업 전반에 악영향을 미쳤고, 국제사회의 대북 제재에 대한 중국의 동참방침도 이 지역에 좋지 않은 상황을 지속시키고 있다. 또한 단둥과 연결되는 신압록강대교의 북한측 도로는 북한의 장거리 미사일 발사기지가 있는 평안북도 철산군 동창리 부근을 지나고 있어, 아직 북한측에서는 군사보안의 이유로 인프라 건설을 계속 미루고 있다.

그럼에도 불구하고 단둥을 중심으로 한 중국의 기 계획된 랴오닝 (遼寧)성 인프라는 현재까지 조금씩 완공되어 온 것도 사실이다. 예를 들어, 2015년 8월 30일에는 랴오닝성 선양(瀋陽)~단둥(丹東) 간의 고속 철로가 개통되었다. 또한 2015년 10월에는 단둥~다롄(大連) 간의 고속 철도가 개통되었다. 이로 인해 중국의 선양과 단둥, 그리고 다롄 간의 광역 순환 고속철도 라인이 형성되었으며, 신다. 또한 이 지역들 사이 의 고속도로가 이미 완공되어 운영 중이어서, 중국은 랴오닝성 전체 의 전반적인 교통 인프라 상황이 개선되어 있는 상황이다. 따라서 단 둥은 중국의 보다 장기적인 교역의 포석 하에 지속적으로 투자가 진 행 중인 도시로 볼 수 있다.

2. 창지투(長吉圖)와 훈춘(琿春)

1) 창춘(長春)

창지투(長吉圖)에서 '창(長)'은 지린성(吉林省) 소재지 창춘시(長春 市)를 말하며, '지(吉)'는 지린시(吉林市) 일부 지역과 옌볜조선족자치 주를 일컫는다. '투(圖)'는 투먼시(圖們市)와 옌볜조선족자치주가 위치한 두만강 접경지역을 지칭한다. 지리적으로 북한 쪽의 접경지역에서 출발하면 창지투(長吉圖) 구역은 지안(集安) → 지린(吉林) → 창춘(長春) → 하얼빈(哈爾濱) → 무단장(牡丹江) → 투먼(圖們) → 훈춘(琿春)으로 연결되는 광대한 지역이다. 다소 좁게 보더라도 창·지·투(長·吉·圖, 창춘·지린·투먼)의 해당 면적은 약 73,200㎢로 지린성 전체 면적의 39.1%를 차지하며, 해당 인구는 약 1,100만 정도로 지린성 총 인구의 40%를 차지한다. 보다 구체적인 접경 도시들의 개관은 다음과 같이 소개된다.[3]

먼저 '창춘(長春)'시는 중국 지린성에 있는 부성급시이다. 지린성의 성도(省都)이며, 정치, 경제, 문화의 중심을 담당하고 있다. 창춘의 인구는 720만 정도이고, 주민은 한족, 만주족, 조선족, 후이족, 몽골족, 시보족 등으로 구성되어 있다. 역사적으로 창춘은 옛 부여국(夫餘國)의 수도였고, 엄밀히는 우리나라 영토였다. 발해시대에는 부여부의 선주에 속해 있었으나, 이후 중국의 요나라, 금나라, 원나라, 1800년대에는 청나라에 속해 있으면서 중국의 영토가 되었다.[4]

1905년부터 1935년까지 창춘은 일본 소유의 남만주철도(南滿州鐵道)와 러시아 소유의 둥칭철도(東淸鐵道)의 교차점으로 빠르게 도시가 성장하였다. 1930년대 창춘은 만주국의 수도가 되었고, 당시에는 '신징(新京)'이라고 불리기도 했다. 1950년대부터는 창춘이 중국 자동차 산업의 중심지로 지정되었고, 창춘영화제작소를 중심으로 영화제작의 중심지가 되었으며, 2007년에는 동계아시안게임을 개최하기도 했다.[5]

현재 도시의 주력산업은 식료품, 자동차, 광전자, 정보산업, 생물의료산업 등이다. 현재의 창춘시는 공업분야에서 기존 전통산업을 기반으로 자동차·농산물가공 및 식품제조업 등을 발전시키고, 기존에 우위인 기술개발 및 궤도열차 기술을 활용해 장비제조업·전자정보·바이오·신소재 등 신흥공업을 크게 발전시키고 있다. 이 밖에 최근에는 접경의 편리한 교통과 이동여건을 활용해 물류·문화산업·관광산업·금융보험업 등의 서비스업을 집중적으로 발전시키고 있다.

창춘은 동북아시아의 기하학적인 중심에 자리잡고 있는데, 남쪽으로는 랴오둥 반도의 해안선과 대한민국 및 북한, 북쪽으로는 러시아, 서쪽으로는 몽골이 있다. 그래서 창춘은 예로부터 교통과 통신의 중추적 역할을 해왔고 많은 성장의 잠재력을 가지고 있다. 지금도 창춘은 지린성의 핵심도시로 정치·경제·문화 중심지의 우위를 충분히 발휘하는 중이다. 하지만 다른 동북3성의 기존 도시들처럼 경제구조와 산업환경에서 많은 어려움은 있었으며, 점차 주변 도시들과의 경쟁에 직면하면서 현재 새로운 활로를 모색하기 위해 노력하고 있는 것으로 보인다.

2) 지린(吉林)

‘지린(吉林)’시는 창춘 다음으로 지린성에서 두 번째로 큰 도시이고, 성(省) 명칭의 유래가 된 도시이기도 하다. 지린성 중앙부에 위치하며, 쑹화강(松花江) 연안에 자리하고 있다. 이 강은 동해에 연결되는 수로이기 때문에, 지린에서는 예로부터 조선업 및 해운과 같은 바다 관련 산업들이 번창했다.

지린시의 민족적 색채는 중국 한족이 전체의 90% 이상을 차지하고 있으며, 인구는 720만 정도이다. 지린시는 중국의 국가급 ‘하이테크기술산업개발구’와 ‘경제기술개발구’가 소재하고 있어, 상대적으로 튼튼한 공업기반을 가지고 있다. 즉 자원우위 및 전통산업을 기반으로 석유화학·야금·자동차·농산물가공 등의 산업구조 고도화를 가속화하고 있다. 동시에 대체에너지·탄섬유·장비제조·전력전자·바이오 및 제약 등 신흥 전략산업을 크게 육성하고 있다.[6]

최근에 지린시는 인근 창춘시와 산업의 상호보완을 강화하고 산업 구조 고도화를 실현해 나가기 위해 노력하고 있다. 농업분야에서는 자연자원의 우위를 살려 친환경농업, 목축업에서의 우량종 개발 등 현대농업을 강조하고 있다. 서비스분야에서는 비즈니스타운, 관광산 업개발을 추진해 비즈니스·무역·관광을 아우르는 통합 서비스체계 를 형성하기 위해 노력하고 있다.

3) 투먼(圖們)

'투먼(圖們)'시는 지린성 옌볜조선족자치주에 위치한 작은 도시이다. 인구는 약 14만 정도이고, 이 중에서 약 60%가 조선족이다. 투먼은 '두 만강'을 중국어로 부른 것에서 유래되었다고 한다. 즉 투먼시는 두만강 을 사이에 두고 남쪽으로 북한의 함경북도 온성군과 이웃하고, 동쪽은 훈춘(琿春), 서쪽은 연길(延吉), 북쪽은 왕청현(汪淸縣)에 접해 있다.

투먼시는 중국에서 유일하게 북한의 노동력 수입과 고용이 공식적 으로 허용된 '조선(북한)공업원구'를 가지고 있으며, 이러한 막대한 이 점을 도시의 발전에 적극 활용하고 있다. 즉 두만강을 사이에 두고 북 한과 직접 마주한 투먼시는 최근 국경다리를 건너 경제협력사업을 적 극적으로 벌이고 있다. 또한 2020년까지 국제물류 및 수출입가공 중 심지로 도약한다는 목표를 세우고, 장기적으로 북한의 나진·청진항 과 연결하여 열차와 선박을 이용한 중국 내륙 화물의 육·해 복합운 송사업을 추진하고 있다.[7]

4) 훈춘(琿春)

훈춘(琿春)시는 창지투(長吉圖) 지역의 동쪽 끝점에 위치하고 있으며, 러시아 및 북한과 접경하고 있다. 훈춘은 북한의 나진·청진항 및 러시아 포시에트(Posyet)·자루비노(Zarubino)항을 모두 반경 100㎞ 미만 거리에 두고 있는 창지투 지역의 최종적인 대외 관문이다. 현재 훈춘에는 항구는 없지만, 이른바 '내륙의 항구도시'를 꿈꾸고 있다. 그이유는 이미 4개의 북한·러시아 통상구가 운영되고 있으며, 옌벤조선족자치주와 북한의 나진·선봉, 러시아 하산스키(Khasansky) 지역과 초국경 철로 및 도로연결을 완료했기 때문이다.[8]

훈춘시는 2012년 중국 국무원의 '훈춘경제특구'가 최종 승인되면서, 중국 동북부 및 북한 러시아간에 이뤄져온 경제교역을 이제 우리나라와 일본을 포함한 전 동북아시아 전역으로 확대하고 있다. 중국은 북·중·러 3국간 국경무역이 이뤄지던 훈춘을 국가급 경제특구로 지정함으로써, 자국의 토지와 자본, 러시아의 풍부한 자원, 북한의 값싼 노동력을 결합시킨 것이다.

장기적으로는 아시아의 가장 이상적인 국제도시로 평가받는 '홍콩'을 모델로 하여, 이러한 글로벌 교류시스템을 지향하는 "동북아 최대의 경제금융자유도시"로 발전시키는 비전이 훈춘시 정부 당국에서 추진 중이다. 2014년부터는 다국적 물류기지 건설도 가속화되고 있으며, 최근 우리나라 포스코·현대그룹이 협력하여 '훈춘포스코현대물류단지'를 조성한 바 있다. 따라서 일각에서 주장하는 바와 같이 조만간 훈춘을 중심으로 한 중국 북방의 경제물류지도는 전면적으로 재구성될 것으로 예측된다.

3. 나선특별시

나선특별시는 북한 북동쪽 끝에 있는 특별시로 서쪽과 북쪽으로는 함경북도와 중국, 남쪽으로는 동해, 동쪽으로는 두만강변 러시아 연해주와 맞닿아 있다. 나선은 나진과 선봉의 첫 글자를 합친 명칭이며, 인구는 약 20만 정도이다. 나선은 1993년에 북한이 함경북도에서 행정적으로 분리한 특별구역이다. 원래는 함경북도의 일원이었지만 경제특구로 지정되면서 떨어져 나왔고, 나진시와 선봉군이 통합되는 과정에서 현재와 같은 구역이 되었다.

이 지역은 2005년에 나선특급시로 격상되었고, 2006년에 직할시로 다시 격상되었으며, 2010년에는 현재의 특별시가 되었다. 2012년에 북한 고위층(장성택 등)은 국가채무를 해결하기 위해 중국에게 나선경제무역지대를 50년 동안 임차하기로 합의했고, 이는 김정은에 의한 대대적인 숙청과 처형의 근거가 되기도 했다.

나선특별시는 도시의 경제체제에서도 북한의 다른 지역과 명확히 구분되는데, 그것은 사회주의가 아닌 자본주의 경제체제를 제한적으로 적용하고 있다는 점이다. 즉 집단농장과 배급제도가 없으며, 월급으로 생활하고 합법적인 시장에서 물건을 구매한다. 그래서 나선특별시는 북한에서 평양 다음으로 주민소득이 가장 높다. 북한 화폐보다 오히려 달러와 위안화의 유통량이 많고, 북한의 신흥 부자들이 많이 거주한다. 그런데 경제가 안정되고 소득수준이 높아지면서 오히려 사회주의식 도시관리와 통제는 원활하며, 최근 중국의 관광수요도 여전한 것으로 알려지고 있다.[9]

또한 중국 훈춘과 약 50km 거리에 불과한 나진항은 연중 부동항이자, 천혜의 심수항으로 알려져 있다. 나진항은 인근 중국과 러시아 항

만의 얕은 수심, 노후화된 항만시설, 복잡한 육로통관 및 운송비 문제
를 일거에 해결할 수 있는 곳이다. 나선지역에는 항구뿐만 아니라 북
한 최대의 석유화학시설이 있어 유조선들은 대부분 여기로 입항하며,
여기를 기점으로 해서 북한 전 지역으로 에너지를 운송하고 있다. 따
라서 현재 나선특구는 유라시아 대륙과 시베리아횡단철도의 기착지
로서, 당장이라도 환동해권 물류와 경제중심지의 가능성을 가진 항만
도시로 평가되고 있다. 북한이 이 지역의 대외개발과 합작개발에 공
을 들이고 있는 이유도 바로 여기에 있는 것으로 생각된다.[10]

III. 북중 접경지역의 개발과 연결의 정치경제

1. 중국의 동북지역과 접경지역 개발

1) 개발의 배경과 정치경제

먼저 지정학적으로 중국 동북지방의 지린성은 지리적으로 랴오닝
성과 헤이룽장성의 중간에 위치하며, 북한 및 러시아와 접경하고 있
다. 또한 풍부한 산림자원과 광물자원을 보유하고 있으며, 자동차산
업을 비롯해 석유화학산업, 식품산업, 제련산업이 발달해 일찍부터
중국의 대표적인 중공업기지로 자리 잡았다. 중국 동북지방은 과거
근대화의 효자노릇을 했던 중화학 산업이 몰려 있었으나, 1980년대
이후 개혁개방의 과정에서 상대적으로 낙후되었다.[11]

랴오닝성에서 시작되어 지린성으로 이어지는 동북지방의 소위 '노
공업(老工業)' 지대는 2000년대부터 오히려 중국 경제의 부담으로 작

용하기 시작했고, 지속적인 고도성장을 위해 이 지역의 풍부한 천연
자원을 적극 활용할 필요성이 제기되기도 했으나, 전반적으로 낙후된
교통과 수송인프라가 걸림돌로 부각되었다. 또한 동북지역 전체에서
랴오닝성 안에 있는 대련(大連)을 제외하고는 항구가 전혀 없다는 점
도 발전에 치명적인 약점이 되었다. 이에 중국은 국경을 넘은 발상의
전환을 꾀하였고, 그 중심에는 동북지역 양쪽 끝자락의 단둥, 신의주,
창지투와 나선특구 등 북한 접경지역이 자리하고 있다.

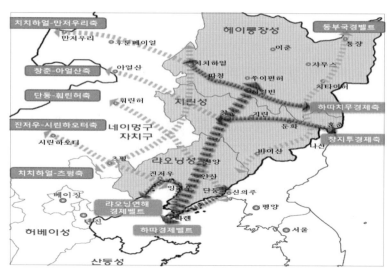

〈그림 1〉 중국 동북지역의 장기 인프라 구축의 회랑

* 자료: 中朝經濟貿易合作(http://www.idprkorea.com).

　　다른 한편으로 중국은 1978년부터 경제발전 위주의 국가목표를 수
립하고, 약 30년 동안 자본주의식 고도성장의 길을 달려왔다. 이른바
'선부론(先富論)'과 '점-선-면(點-線-面)'으로 이어진 연해개방정책의 결
과는 동·남부의 연안경제를 급성장시켰지만, 반대로 중·서부 내륙

및 동북지역과는 심각한 발전상의 지역격차를 불러 왔다.[12) 또한 1990년대까지 중국은 북경, 상해, 대련 등 대도시 개발로 여력이 없어, 동북지역과 압록강, 두만강 접경에 대한 관심은 가질 수조차 없었다. 그러던 중국이 2000년대에 들어 그간의 개혁개방을 통해 무역흑자와 경제국력이 대폭 상승하고, 막대한 재정적 여력이 생긴 것은 2009년 단둥과 창지투 개발이 본격적으로 진행된 또 다른 배경으로 생각할 수 있다. 최근의 이 지역의 다수 전문가들은 중국의 경제가 성장가도를 달리는 범위에서 이 지역에 대한 중앙의 막대한 투자는 앞으로도 계속 이어질 것으로 내다보고 있다.[13)

2) 국가의 개입과 투자규모의 변화

1860년 연해주를 잃은 중국은 오랫동안 동해로 나가는 부동항을 얻기 위해 노력을 기울여왔는데, 부강해진 지금 동북지역과 남부를 연결하는 해상수송로를 확보할 경우에 한반도 주변의 환동해권과 환황해권을 마치 내해(內海)처럼 사용할 수 있기 때문이다. 이런 배경에 따라 중국은 2009년 중국 국무원은 국가급 전략으로 창지투(창춘시 ↔ 지린시 ↔ 투먼시)를 핵심지역으로 한 중국 '투먼장지역 협력개발계획강요-창지투개발개방선도구(中國圖們江區域合作開發規劃綱要-以長吉圖爲開發開放先導區)'를 발표하였다.

원래 창지투 개발사업은 동북3성 가운데 경제규모가 가장 작은 지린성 중심의 지역단위 개발전략으로 구상되었다. 물론 최초에 랴오닝성에 위치해 있었던 단둥 및 황금평 개발과 창지투는 서로 그 구상이 분리되어 있었다. 초기에 동북 지린성과 창지투 선도구는 내장된 천연자원이 풍부하고 기술력이 뛰어난 데 비해서 인건비가 저렴하다는

416 단절과 이음의 해항도시 단둥

점, 유럽과 아시아 육로운송의 대륙종착역으로 발전시킬 수 있는 전략적 위치라는 점, 유럽에서 극동지역을 잇는 에너지 수송로역할을 한다는 점 때문에 많은 전문가들의 주목을 받았기 때문이다. 그러나 창지투를 중심으로 한 지린성의 발전구상은 2009년에 갑자기 국가급 개발사업으로 승격되어 그 추진이 가속화되었다.[14]

단둥 지역을 제외하고 최초 지린성이 자체적으로 생각한 창지투 개발예산은 약 40조 가량이었으나, 중앙정부 격인 중국 국무원은 이를 전격적으로 100조원 이상으로 늘렸다. 두만강과 단둥의 압록강 지역을 같이 염두에 둔 것이다. 그런데 이는 철도와 도로 등 교통이나 수송인프라에 투자할 돈을 제외한 직접투자금액으로, 실질적으로는 2010년부터 지금까지 기존에 책정된 100조원의 돈 보다 더 막대한 예산을 투자하고 있다. 이와 동시에 중국은 두만강 창지투 계획의 중점 공정 내용으로 두만강자유무역지대 건설, 국제내륙항구건설(훈춘↔하산, 훈춘↔나진), 창춘 중심의 과학창업지대 건설, 국제합작산업지대 건립(한국, 일본, 러시아), 현대적 물류지대건설(창춘연길공항과 훈춘통상구의 일체화, 중몽대통로), 서비스업 집중지대 건설, 생태관광지대 건립, 현대농업시범지구 건립 등을 표명하였다.[15]

실제적으로 중국은 2010년부터 2016년까지 100억 위안(약 1조 8000억원)을 투자해 북·중·러 접경도시인 훈춘(琿春)에 '동북아변경무역센터'를 건립하였으며, 2020년까지 창춘과 지린, 투먼 지역을 '동북아국제물류기지'로 개발하여, 이 지역의 경제규모를 10년 간 약 4배 이상으로 늘리는 것으로 목표하고 있다. 즉 동북지역 끝자락에서 두만강 일대를 아우르며 동해로 빠져나오는 연면적 3만㎢의 창지투 선도구를 일단 만드는 것이다. 그리고 2020년 이후에는 단둥과 신의주 접경지역을 여기에 연결하여, 이들 접경지역을 "미래 동북아시아 최대

의 자유무역지대"로 키우겠다는 야심을 보이고 있다.[16]

〈그림 2〉 중국 동북진흥계획의 장기개발과 접경 연계지역
* 자료: 한겨레신문(http://www.2korea.hani.co.kr)

그래서 중국 입장에서 압록강 단둥 황금평과 두만강 접경지역으로서의 창지투 사업에 대한 투자조건은 북한, 러시아 접경과의 원활한 월경협력으로 보인다. "우리는 항구를 빌려 바다로 나아갈 것이다(차항출해, 借港出海)"라는 중국의 선언은 이를 잘 말해준다. 과거 민감했고 해결되지 못하던 접경지역의 정치와 안보문제를 새로운 경제문제로 전환시켜 다른 관점의 돌파구를 마련한 것이다. 물론 이는 압록강의 단둥과 창지투 및 나선특구 지역의 장기적인 연계를 염두에 둔 포석으로 해석된다. 중국의 입장에서는 막대한 공적 자금을 지금 당장 투입하더라도, 향후 50년을 내다보면 이 지역들이 중국의 21세기 일대일로(一對一路) 및 신실크로드의 핵심을 맡을 것이라는 기대를

하고 있는 것이다.

최근의 행보를 보면 압록강 단둥과 두만강의 창지투, 나선특구를 중국식 개혁개방모델로 만들고자 하는 의도가 다분하게 드러난다. 중국은 이미 자체적으로 황금평과 나선시에 대사관 형태의 '경제대표부'를 설치했고, 통행, 통신, 통관 문제를 유리한 방향으로 타결한 것으로 전해진다. 그리고 중국은 두만강 유역에서 단둥과 창지투 연결지역의 고속도로 유지보수 비용을 전액 부담하고 있을 뿐만 아니라, 신의주와 나선의 전력을 공급하는 시스템 지원까지도 고려하고 있다. 이런 상황에서 장기적으로 중국은 북한의 대중의존도를 더욱 심화시킬 의도도 없지 않은 것으로 해석된다. 단둥과 창지투 등으로 이어진 북·중 접경지역에 대한 중국 국무원과 중앙의 최근 일방적 시책들이 막대한 자금력을 앞세운 자원확보 트랙을 답습하고 있기 때문이다. 이는 중국이 베트남, 중앙아시아, 미얀마 등의 여타 접경지역 및 소수민족지구에 취한 개발정책과 크게 유사한 측면을 가지고 있기도 하다.

3) 파급효과와 대외관계의 변화

단둥과 신의주 지역에 대응된 초기 창지투 계획은 접경지역에 대한 중국의 국가급 개발계획이었지만, 장기적으로는 초국경 연해지역과 접경도시를 내륙의 배후지와 연동하는 새로운 개혁개방모델로 평가된다. 즉 이는 소위 "육로와 항만과 구역의 3자 통합(路港區一體化)" 구상에 따른 것으로, 자국과 인접해 있는 접경국가(몽골, 러시아, 북한)의 지역경제와 연계되는 초국경(월경) 지역경제협력 모델이다. 그리고 중국 영토뿐만 아니라 인접 국가들과의 인프라 및 교통망 연결을 통해 사람과 물자의 이동도 일체화시켜 나가는 협력모델이 다층적

으로 총합된 이른바 '초국적 월경개발계획'으로도 평가될 수 있다.[17]

결과적으로 단둥 라인과 창지투 라인의 투자계획은 시행된 직후부터 지금까지 상당한 성과를 거두어 왔다. 중국의 동북진흥(東北振興) 10년(2003년~2012년) 동안 지린성의 연평균 경제성장률은 약 19%에 달해 동북 3성중에서 가장 높게 나타났으며, 이러한 성장세는 2010년 이후에도 자동차 및 에너지 산업을 중심으로 계속 유지되고 있다. 이는 랴오닝성의 경우도 비슷하다. 즉 계획의 실행 덕택에 최근까지 지린성과 랴오닝성의 경제의 평균 성장률은 약 8~10% 수준 정도로 나타나고 있다. 이는 물론 최근 10년 동안 기록된 매년 중국 전체의 성장률보다도 수준이나 속도가 훨씬 높고 빠르게 나타나고 있다. 지금까지의 상황만 보더라도 전경지역 계획은 경제적으로 낙후지역이던 중국 동북지역의 기류를 일거에 바꾼 것이다.[18]

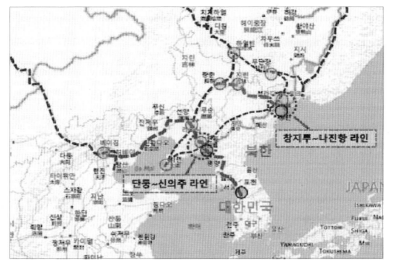

〈그림 3〉 단둥-신의주와 창지투-나진항 축선 연결의 개요도

* 자료: 통일뉴스(http://www.tongilnews.com)

게다가 중국은 접경지역 투자 계획 수립에 있어서 북한 북부경제권과의 연계, 특히 단동 접경의 황금평과 나진 및 청진항만을 활용하고 두 지역을 연결하는 특구를 형성하고자 하는 내용이 담고 있다. 그리고 이것은 과거보다 진일보한 대북 지역정책의 성격도 가지고 있다. 북한에 개혁개방을 일방적으로 요구하기보다는 지경학적 접근을 통해 배후의 경제성장지대를 먼저 마련하고 자연스럽게 북한을 끌어당기고자 하는 보이지 않는 이중적 의도가 담겨 있는 것이다. 또한 중국은 최근 나선특구와 나진·청진항을 통해 동북지방의 지하자원과 농산물을 국외로 수출할 해양물류망 확보에 주력하고 있다. 단동~신의주와 창지투와 훈춘 및 나선특구 간의 통로를 더 확장시키면, 이 주변에 남·북한의 과거 개성공단과 같은 합작구도 자연히 추가될 수 있는 것으로 생각하고 있기 때문이다.[19]

Ⅳ. 나오며: 앞으로의 전망

최근 단동(丹東)과 창지투의 연계적 개발은 중국이 각각 서해와 동해로의 진출로 개척을 위한 북한의 항구 확보가 핵심이다. 그래서 2010년 이후부터 가장 최근까지 진행된 단동과 창지투 개발의 방향은 주로 '사회기반시설(SOC)' 건설에 주로 집중되고 있다. 중국 정부차원에서 막대한 재정투자를 통한 기반시설 확충은 내륙에서 두만강과 동해로의 연결이 핵심인 것이다. 예컨대, 대련에서 단동, 통화, 백두산, 연길, 목단강을 잇는 동변도철도, 창춘과 훈춘간 고속철도, 동북3성을 남북으로 종단하는 대련과 하얼빈간 고속철도 등이 그것이다. 중국은 단동과 창지투 프로젝트를 통해 몽골~동북3성~남북한~일본 등으로 이어지는 '동북아시아권 연계발전전략'을 구상하고 있다. 이는 비단 경제적 환경뿐만 아니라, 동북아시아 전체와 한반도 정세에도 큰 영향을 미칠 변수가 아닐 수 없다.[20]

앞으로의 압록강 단둥 및 두만강 창지투 개발은 중국 연해지방과 연결될 뿐만 아니라 중국 중남부, 한국, 일본, 미국 등과 연결되는 교통과 물류의 대동맥이 될 소지가 충분하다. 현재 랴오닝성의 다롄항은 이미 포화상태인 데다가, 철로를 이용한 물자수송은 물동량이 쏠리는 시기에 심각한 체증을 빚을 수 있다. 2011년 중국이 북한의 신의주와 나선특구로 연결되는 도로포장 등 보수비용 전액을 부담하면서까지, 접경지역의 본격적인 가동을 기획한 것은 이러한 배경에 기인하고 있다.[21] 또한 중국은 단둥 접경지역의 황금평 임차사용권, 그리고 나진항과 청진항 부두에 대한 50년 사용권을 이미 확보했으나, 국가규모로서는 이것이 아직 부족하기에 신의주와 나선특구의 전면적인 경제개방을 통한 확장된 협력을 원하고 있다. 그렇지만 북한으로서는 이러한 급진적인 요구에 부담을 느끼고 있어, 향후 장기적으로 지켜볼 사안이다.

주목되는 것은 최근 단둥 지역과 창지투 개발과는 별개로 중국 정부는 동북3성 지역 전체의 장기개발과 관련된 인프라 구축에 막대한 자금을 책정하거나 추가하고 있다는 점이다. 이는 근래에 들어 일본이 니가타(新潟)항에서 러시아 자루비노항을 거쳐 훈춘과 창춘 및 단둥, 외몽골을 배와 기차로 연결하려는 구상과 무관치 않다. 그리하여 러시아와 유럽까지 들어가는 소위 '신유라시아대륙교(The New Landbridge) 구상'의 발표에 자극을 받은 측면도 있는 것이다.[22] 하지만 러시아의 자루비노항은 부동항이 아니어서 북한의 나진, 선봉, 청진 등의 항구와는 비교가 되지 않는다. 이에 중국은 나선특구와 인근

항구까지의 초국경 연결인프라 구축에 막대한 공적 자금을 투자하여 광역개발의 이익을 러시아와 일본보다 선점하고자 계획을 짜고 있는 것이다.[23)]

2016년까지 이미 북한은 4차례에 걸친 핵실험, 상시적으로 빈번한 미사일 발사 등으로 국제사회의 압박이 심해지고 있으며, 고질적인 경제난은 여전하다. 이런 상황에서 개성공단까지 폐쇄된 북한은 접경지역인 압록강의 단둥지역이나 두만강의 나선특구의 개발을 통해서 경제난 타결의 돌파구를 마련하려는 의도를 더욱 분명하게 드러내고 있다. 물론 현재진행형인 유엔(UN) 차원의 전방위적인 대북제재, 그리고 최근까지 부침이 심했던 중국과 러시아와의 외교적 교섭관계 등은 접경지역 개발 성공의 가장 중요한 변수로 남아 있다. 나아가 향후 미국이 주도한 '고고도방어미사일(사드, THAAD: Theater of High Altitude Area Defense)'의 한반도 배치가 기존에 원만했었던 우리나라의 대(對)중국관계 악화 가능성 및 새로운 북·중 접경지역 화해교류가 재개될 길마저 열어주고 있는 것으로 판단된다. 여하튼 이 연구가 주목하는 단둥 및 창지투와 나선지역은 어떠한 '경우의 수'를 따지더라도, 시기와 형태에 상관없이 미래 동북아시아 발전의 핵심거점이 될 것이라는 사실은 확실해 보인다.

장기적으로 압록강과 두만강을 사이에 둔 접경지역들인 중국 단둥 및 창지투(長吉圖) 선도구, 북한 나선특구와 그 주변지역은 현재 중국, 북한, 러시아 사이의 치열한 '이익의 각축장'이라고 해도 과언이 아니다. 물론 최근 유엔(UN) 차원의 대북제재가 이어지고 있으며, 중국과 러시아도 안보리 상임이사국으로서 여기에 소극적이나마 동참을 하고 있는 상황이어서, 정확한 접경지역에 대한 성공의 확신은 아직 힘들다. 그러나 장기적으로는 이 지역들이 동북아시아의 요충지로서 무한한 발전의 가능성 갖고 있음을 결코 간과해서는 안될 것이다. 북·중 접경지역이 성공적으로 개발될 경우, 한반도와 동북아시아에는 여러 긍정적 효과 및 부정적 영향들이 동시에 미칠 것으로 예상되고 있기 때문이다. 따라서 보다 멀리 내다보는 심정으로 우리나라는 북·중 접경지역의 개발상황을 새롭게 바라보되, 이것을 그저 남의 일처럼 그냥 내버려두는 것은 올바르지 않다는 것이 이 글의 결론이다. 특히 이들 지역의 변동에 따라서 앞으로 전개될 한반도와 환동해권의 상황이 크게 달라질 것이라는 점, 동북아시아의 주변부에서 새로운 중심부로 떠오를 가능성을 우리는 지속적으로 염두에 두고 있어야 할 것이다.

우양호 | 한국해양대학교 국제해양문제연구소 인문한국(HK) 교수

▣ 주

1) 우양호(2012), 「동북아시아 해항도시의 초국경 교류와 협력방향 구상: 덴마크와 스웨덴 해협도시의 성공경험을 토대로」, 『21세기정치학회보』22(3), 375~395쪽; 우양호(2013), 「해항도시의 월경협력모델 구축에 관한 연구: 한·일 해협의 초광역 경제권을 토대로」, 『해항도시문화교섭학』9, 186~219쪽.

2) Moore, G. J.(2008), How North Korea Treats China's Interest: Understanding Chinese Duplicity on the North Korean Nuclear Issue. International Relations of the Asia-Pacific. Vol. 8, No. 1, pp.1~29.

3) 중화인민공화국 지린성인민정부(2016), http://www.jl.gov.cn; 중조경제무역합작망(2016), http://www.idprkorea.com.

4) 이진영(2013), 「중국의 창지투계획과 조선족: 변방에서 중심으로 이동하는 디아스포라」, 『디아스포라연구』7(2), 7~26쪽.

5) Deas, I. and Lord, A.(2006), From a New Regionalism to An Unusual Regionalism?: The Emergence of Non-Standard Regional Spaces and Lessons for the Territorial Reorganization of the State. Urban Studies. Vol. 43, No. 10, pp.1847~1877.

6) Behrstock, H. A.(1995), Prospects for Northeast Asian Economic Development: UNDP's Conceptual and Practical Perspective. Conference Proceedings of Fifth Meeting of Northeast Asian Economic Forum, Niigata 16-17 February, pp.1~22.

7) UNDP.(2002), Tumen NET Strategic Action Programme: Eco-regional Cooperation on Biodiversity Conservation and Protection of International Waters in NE Asia, pp.1~96.

8) 러시아연방정부통계청(2016), http://www.gks.ru.

9) 중화인민공화국 연변조선족자치주(2016), http://www.yanbian.gov.cn; 통일뉴스(2016), http://www.tongilnews.com.

10) 최영진(2013), 「중국의 동북지역 개발과 환동해권 진출의 교두보: 훈춘과 쑤이펀허 통상구의 비교 연구」, 『중소연구』37(1), 129~168쪽.

11) 최우길(2010), 「중국 동북진흥과 창지투(長吉圖) 선도구 개발계획: 그 내용과 국제정치적 함의」, 『한국동북아논총』57, 35~59쪽.

12) 김주삼(2010), 「중국 동북진흥계획이 한국에 미치는 영향: 창지투개발계획을 중심으로」, 『동북아연구』25(1), 115~140쪽.

13) Marton, A., McGee, T. and Paterson, D. G.(1995), Northeast Asian Economic Cooperation and The Tumen River Area Development Project. Pacific Affairs. Vol. 68, No. 1, pp.8~33.

14) 김천규·이상준·임영태·이백진·이건민(2014), 「동북아 평화번영을 위한 두만

강유역 초국경협력 실천전략 연구」. 『국토연구원 연구보고서(2014-37)』, 1~195쪽.

15) 중화인민공화국 국무원(中國國務院)(2009), 『東北振興規劃』; 『中國圖們江區域合作開發規劃綱要-以長吉圖爲開發開放先導區』.

16) 중화인민공화국 국가통계국(國家統計局)(2016), http://www.stats.gov.cn.

17) 이와 비슷한 초국적 월경개발 사례로는 유럽의 발트해와 중앙아시아의 흑해지역이 이미 나와 있다. 자세한 내용은 우양호(2014),「유럽 해항도시 초국경 네트워크의 발전과 미래: 외레순드에서 페마른 벨트로」. 『해항도시문화교섭학』 10, 239~264쪽; 우양호(2015),「초국적 협력체제로서의 '해역(海域)': '흑해(黑海)' 연안의 경험」. 『해항도시문화교섭학』 13, 209~246쪽을 참조.

18) Lee, N. J.(2011), Northeast Asian Economic Cooperation and the Korean Peninsula Economy: The Impact of the Changjitu Development Plan. Korea Journal. Vol. 51, No. 2, pp.130~163.

19) 신범식·박상연(2015),「러시아와 중국의 나진항 3호 부두 사용권 협상전략 비교」. 『중소연구』 39(2), 153~190쪽.

20) 일본해학추진기구(2016), http://www.nihonkaigaku.org.

21) Reilly, J.(2014), China's Market Influence in North Korea. Asian Survey. Vol. 54, No. 5, pp.894~917.

22) 일본 니가타현(2016), http://www.niigata.or.kr.

23) Kim, J. C.(2006), The Political Economy of Chinese Investment in North Korea: A Preliminary Assessment. Asian Survey. Vol. 46, No. 6, pp.898~916.

13.

"소프트 변경" 시각으로 본 단둥-신의주
초국경 도시 발전에 대한 새로운 접근

예동근

Ⅰ. 들어가며

"소프트 변경(Soft border)"은 중국 초국경 연구를 확대하는 중요한 영역으로 부상할 것이다. 중국 주변의 14개 국가는 22,117킬로미터에 이르는 세계에서 가장 긴 육지 변경이 일대일로라는 무대로 전시되는 전시대이며, 또한 초국경 항구 도시가 변경지역에서 6대 경제회랑으로 전환되는 전초기지이기도 하다. 기존에 낡고 협소했던 교량과 도로가 이미 신속하게 새롭고 넓은 도로로 변경되고 있으며, 서남·서북의 중요한 변경도시 쿤밍(昆明)과 난닝(南寧)은 이미 고속철도를 부설하고, 공항을 보수하고 있으며, 고속도로가 원활하게 구축되어 있다. 중국 남부와 서남부 지역의 중요한 변화는 동남아시아와 남아시아 중심의 시대가 도래될 것을 보여주고 있으며, 이러한 지역은 이미 중국-파키스탄 경제회랑(中巴經濟走廊)과 중아경제회랑(中亞經濟走廊)

의 시작점이 되었다.

그러나 "하드 변경(hard border)"은 여전히 현실 국경에서 간과해서는 안 되는 현상이다. 중국-인도경제벨트 건설과정에서 나타난 영토국경문제는 점차 격화 되고 있으며, 양국 군대의 대치가 지속적으로 이어져 일촉즉발의 상황에 처해 있다. 또한 북핵 문제는 이미 중국 국방 안보 영역, 나아가 전세계의 다양한 문제 중에서도 가장 어려운 문제로 부상하였으며, UN의 제8차 경제제재는 이미 시작되었다. 국경교류가 날로 감소되고 있는 상황 속에서 지역분쟁을 완화하고, 지역 안전망을 구축하는 것은 이미 국경 문제에서의 핫 이슈로 부상하였다.

그렇다면 "소프트 변경"이라는 시각에서 동북아 초국경 도시 문제를 접근하는 이유는 무엇인가? 특히 북한과 관련된 안보 문제가 이미 반군사화관리 문제로 변모되고, 글로벌 거버넌스가 대세가 된 상황 속에서 "소프트 변경"이라는 시각으로 북한과 중국의 국경관계를 검토하는 것은 어떤 의미가 있는가?

이 글은 우선 중국이 주도하는 "일대일로" 전략은 아시아뿐만 아니라, 전 세계의 글로벌화에 영향을 미치는 핵심이며, "일대일로" 6대 경제회랑의 발전과 함께 중국이 주도한 다층화, 다각화 경제무역 전략 그룹화 국가의 출현은 이미 기존의 "하드 변경"이라는 구조를 변화시켰다는 것을 논증하고 있다. 다음, 전반적인 변경지역의 구조적 특징이 변화되고 있다는 것이다. 협력과 경쟁이 공존하고 있고, 조화와 충돌이 함께하고 있으며, 변경지역의 유동성과 안정화가 병행되고 있다. 시공간이 더욱 빠르고 작게 압축된 초글로벌화가 곧 중국의 변경지역에 나타날 것이다. 마지막으로, 북한의 초국경 항구 도시는 지정학적 정치는 물론, 지정학적 경제로부터 고려할 때도 그 중요성은 아주 명확하다. 따라서 지정학적인 위기 상황을 완화하기 위해서는 새로운 접근이 필요하다.

　이러한 맥락에서 이 글은 우선 일대일로와 "소프트 변경"을 분석하고, 역사 문헌으로부터 "소프트 변경"의 경험을 습득하며, 이를 기반으로 현실의 국경 경직화를 해소하고, 초국경 도시의 통합을 재구성하며, 소프트 국경을 추진하기 위해 대안을 모색하고자 한다.

Ⅱ. 일대일로와 "소프트 변경"

　2017년 5월에 개최한 "일대일로" 국제협력 심포지엄은 중국이 일대일로를 전면적으로 가동한 상징적인 사건이며, 또한 중국이 피동적으로 글로벌화에 융합되는 것에서 주동적으로 "슈퍼 글로벌화"에 융합되는 것으로 전환되는 대표적인 사건이다. 6대 경제회랑은 "일대일로"의 핵심 장치이며, 동시에 무역경제를 중심으로 한 6대 국제경제국가 그룹을 구축하는 기반이기도 하다.

　인도 총리 만모한(Manmohan)과 파키스탄 대통령 페르베즈 무샤라프(Pervez Musharraf)는 인도와 파키스탄의 변경 충돌을 완화하기 위해 각각 2004년과 2005년에 "소프트 변경"이라는 개념을 제시하였다.[1] 이에 따라 소프트 변경(소프트 국경)은 점차 국경문제를 해결하는 중요한 접근법으로 자리 잡기 시작하였다. 따라서 전통적인 적대국가, 관계가 악화된 국가도 변경정치를 활용 하여 변경 충돌을 완화하고, 군사 충돌 위기를 해소하고 있으며, 더욱 효과적으로 변경을 관리하고 있다.

　세계 이민국가 미국은 일찍부터 "소프트 변경"이라는 개념을 제시하여 캐나다, 멕시코와 "북미자유무역협정"을 체결함으로써 인구이동과 물품유통을 관리하고 있다. 멕시코와 미국 변경에는 해마다 3억 5천명에 이르는 사람들이 합법적으로 국경을 통과하고 있다. 이는 전 세계에서 국경 통과율이 가장 높은 국가이지만, 국경은 중국 국경의 7분의 일에 불과하다. 중국이 전면적으로 "일대일로"를 가동한 이후, 국경지역의 인적 교류가 점차 활성화되고 있는데, 이는 효율적인 관리 시스템을 필요로 한다.

"일대일로"의 매개체는 6대 경제회랑이다. 아울러 각각의 경제회랑을 지탱하는 핵심 버팀목은 중심도시이다. 특히 변경 중심 도시와 육지 및 항구를 쌍방향으로 통과할 수 있는 초국경 도시는 더욱 중요한 위치를 차지한다. 따라서 이 연구는 우선 6대 경제회랑에 대해 간략하게 소개하고, 다음 해당 회랑과 밀접한 연관이 있는 항구도시와 해양의 중요성에 대해 간단히 검토하고자 한다.

1. 6대 경제회랑

1) 중국 – 몽고 – 러시아 경제회랑

중국 국가발전개혁위원회(國家發改委)가 확정한 중국-몽고-러시아 경제회랑은 두 개의 노선으로 구분된다. 하나는 화북지역 베이징 · 톈진 · 허베이(京津冀)로부터 후허호터(呼和浩特)까지, 다시 몽고와 러시아에 이르는 노선이고, 두 번째는 동북지역의 다롄(大連), 선양(沈陽), 창춘(長春), 하얼빈(哈爾濱)으로부터 만주리(滿洲里), 러시아의 치타까지이다. 두 경제회랑은 상호보완적으로 새로운 개방개발 경제벨트를 조성하여 중국-몽고-러시아 경제회랑으로 지칭된다.

중국 - 몽고 - 러시아 경제회랑은 실크로드의 경제벨트와 러시아 유라시아 횡단철도, 몽고초원루트를 연결하였으며, 철도·도로 건설을 강화해 통관과 운수의 간편화를 추진하였다. 이는 초국경 운수협력을 추진할 수 있을 뿐만 아니라, 3개 국의 초국경 송전망 건설, 여행·싱크탱크·미디어·환경보호·재난 감소 및 구재 등 영역에서의 협력을 추진함에 있어서도 큰 역할을 행사할 수 있다.

2) 제2의 유라시아대륙교

새로운 유라시아대륙교는 "제2의 유라시아대륙교"로 불리기도 한다. 이는 장쑤 성(江蘇省) 롄윈강 시(連雲港市)에서 네덜란드 로테르담 항구에 이르는 국제화 철도교통노선이다. 중국 국내에서는 룽하이철도(隴海鐵路)와 란신철도(蘭新鐵路)로 구성되었으며, 대륙교는 장쑤, 안후이(安徽), 허난(河南), 산시(陝西), 간쑤(甘肅), 칭하이(靑海), 신장(新疆)의 7개 성을 지나, 중국과 카자흐스탄 변경에 있는 아라산커우(阿拉山口)에서 중국 국경을 벗어난다. 국경을 지난 이후에는 3개의 노선을 거쳐 네덜란드 로테르담 항구에 도착할 수 있다. 그 중 하나는 러시아철도 우의역(友誼站)과 연계되어 러시아 철도망과 연결되었으며, 스몰렌스크·브레스트·바르샤바·베를린을 거쳐 네덜란드 로테르담에 도착한다. 이 노선의 길이는 총 10,900킬로미터에 이르며, 30여 개 국가와 지역이 포함된다.

3) 중서아시아 경제회랑

신장(新疆)으로부터 시작해 각각 페르시아만, 지중해 연안과 아랍반도를 경유해 주로 중아시아 5개 국(카자흐스탄, 키르키즈스탄, 타지키스탄, 우즈베키스탄, 투르크메니스탄), 이란, 터키 등 국가와 연계된다.

4) 중남반도 경제회랑

동쪽 주삼각경제구(珠三角經濟區)로부터 시작해, 남광고속도로 · 남광고속철도를 따라 난닝(南寧), 핑샹(憑祥), 하노이를 거쳐 싱가포르에 이른다. 중남반도 경제회랑은 중심도시에 의지해 철도, 도로를 연결고리로 하여 인구이동, 물류, 자금류, 정보류를 기반으로 상호보완적이고 분공이 명확하며, 협력하여 개발하고, 공동으로 발전하는 지역경제체를 조성하였다. 이는 새로운 전략통로와 전략공간을 개척하는데 중요한 역할을 담당하였다.

5) 중국–파키스탄 경제회랑

신장 카스(喀什)를 시작점으로 하고 파키스탄 구와다루 항구를 종점으로 하는 이 경제회랑은 총 길이가 3,000킬로미터로, 남북 실크로드를 관통하는 중요한 중추역할을 하고 있다. 이 경제회랑은 북쪽으로 "실크로드 경제벨트"와 접해 있고, 남쪽으로는 "21세기 해상실크로드"를 연결하고 있다. 이는 도로, 철도, 석유와 가스, 광케이블 통로가 포함된 무역 회랑이다. 2015년 4월 중국과 파키스탄 양국 정부는 신장 카스시에서 파키스탄 구와다루 항구까지 도로, 철도, 석유 · 가스도관, 광케이블이 보급된 "사위일체(四位一体)" 통로를 건설할 비전을 초보적으로 확정하였다. 이 기간 동안 중국과 파키스탄이 체결한 51개 협력 항목과 비망록 중에서 30개 이상이 모두 중국-파키스탄 경제회랑과 관련이 있다.

6) 방글라데시 – 중국 – 인도 – 미얀마 경제회랑

2013년 5월 국무원 총리 리커챵(李克强)이 인도를 방문하는 기간에 경제회랑 과 관련된 제안을 하였으며, 인도·방글라데시·미얀마 3개 국의 적극적인 호응을 받았다. 2013년 12월 방글라데시·중국·인도· 미얀마 경제회랑 연합업무팀 제1차 회의가 곤명에서 개최되었다. 각 측은 회의기요와 방글라데시·중국·인도·미얀마 경제회랑 연합연 구계획서에 사인함으로써 4개국 정부가 협력하는 기제를 공식적으로 확립하였다.

  6대 경제회랑 중에서 중국-파키스탄 경제회랑과 방글라데시-중국-인도-미얀마 경제회랑은 우선적으로 추진하는 두 개의 프로젝트로, 중국과 중앙아시아, 남아시아, 중남아시아 각국이 긴밀하게 연결되는 대통로이다. 중국-파키스탄 경제 회랑을 예로 들면, 이는 "일대일로" 교향악의 "제1악장"으로 불린다. 중국과 파키스탄 정부의 협력의지가 강한 관계로 이 경제회랑은 가장 우선적으로 추진되는 프로젝트이자 시범 프로젝트(선행 프로젝트)가 되었다. 이 경제회랑에는 중국과 파 키스탄의 철도, 도로, 항구 및 일부 공원단지 건설이 포함되어 있으며, 기타 경제회랑의 건설에 경험을 제공할 수 있다. 이와 반대로 방글라 데시-중국-인도-미얀마 경제회랑은 어려운 문제에 직면하였다. 인도 측에서는 파병하여 중국의 도로 건설을 저해했으며, 양국 협상이 순 조롭지 않아 양국 군대가 대치하는 상황에 이르렀으며, 양국관계는 일촉즉발의 위기에 처하였다.

  중국과 파키스탄의 경제무역이 우선적으로 추진되는 것은 양국 국 민의 양호한 관계와도 밀접한 연관이 있다. 세계적인 조사기구 "Pew Research Center"가 발표한 2015년도 아시아 각국 호감도 조사보고서에 따르면, 중국과 파키스탄 양국의 호감도는 아주 높게 나타났다. 특히 파키스탄과 말레이시아가 중국에 대한 호감도가 가장 높게 나타났으 며, 반대로 대오위다오(釣魚島), 난사 군도(南沙群島) 분쟁으로 인해

일본과 베트남의 중국에 대한 호감도는 현저하게 하락된 것으로 나타
났다.

아시아 정세에서 중국의 "일대일로"전략이 전면적으로 가동됨에 따
라 중국과 일본의 경쟁이 격화되었다. 또한 신흥대국 인도가 일본과
연합하여 "자유회랑"을 제시함으로써 중국의 남진(南進)전략을 억제
하려고 시도하고 있다. 이와 동시에 미국도 아시아 전략을 조정하고
있다. 미국은 전략 중심을 다시 아시아로 회귀하여 일본과 인도를 지
지하는 "인도-태평양" 이념을 제시하였다. 따라서 "일대일로"는 중국부
흥전략에서 지역질서와 정세를 변화시키는 핵심이라는 것을 알 수 있다.

요컨대, 미국-일본-인도를 중심으로 한 아시아정세와 중국-파키스
탄-러시아를 중심으로 한 아시아정세가 대치하는 국면이 조성되고
있으며, 한국과 북한은 새로운 지역질서 변화에 피동적으로 휩싸이고
있다.

2. 해외 중심 사고와 북한 항구도시 전략적 지위의 변화

해양은 전 지구 총 면적의 70%를 차지하고 있으며, 유동되는 영역
이다. 대륙은 지구 총면적의 30%를 차지하고 있으며, 인류가 고정적
으로 거주하고 있는 장소이다. 근대 주권국가가 형성되는 과정에서
해양의 역할이 점점 커지고 있다. 식품, 에너지, 물류, 관광 등 영역은
물론, 안보와 군사영역에서도 해양의 중요성이 점차 더 부각되고 있다.

대륙의 주권은 영구적이고 확고한 주권이지만, 해양 주권은 유동성
이 있는 주권이다. 그 중 해운은 경제권력의 중요한 표현형식이다.
1,000년 이래 해운은 늘 대륙 간 운수의 주요한 교통수단이다. 현재
세계 상품 무역의 90%은 여전히 해운을 통해 완성된다. 따라서 주요

한 해운통로에 위치해 있는 도시의 발전 잠재력은 거대하다. 예컨대 싱가포르가 신속하게 발전할 수 있었던 것은 말라카 해협에 의해서이다. 세계 원유의 50%, 중·일·한 90%의 원유가 이 지역을 통과하며, 일 년 간 통과하는 선박은 5만여 척에 이르러, 수에즈운하의 1.5배를 초과한다.

수에즈운하는 영국이 세계 해양 패권을 유지하는 중요한 상징이다. 이집트가 주권을 회수한 이후, 매년 징수하는 통행료 수입이 54.1억달러 이상이며, 이는 매년 재정수입의 13%를 차지한다. 수에즈운하는 현대 해운을 변혁시키는 첫 혁명적 사건이다. 수에즈운하를 벤치마킹한 파나마운하도 운명을 바꿨다. 이로 인해 미국은 중남미를 확고하게 장악하였고, 가장 가난한 나라를 부유한 나라로 바꿨으며, 어느 정도 발전했던 니카라과를 가난한 나라로 전락시켰다.

현재 중국은 세계물류시스템을 변경하려고 시도하고 있다. 중국은 강대한 경제규모의 물류를 기반으로, 일대일로의 방식으로 항로를 변경해, 중국이 주도하는 해양 무역 판도를 구축하고자 한다. 첫째, 2014년부터 2019년까지 5년동안 400억을 투자해 니카라과운하를 완성하며 운영권은 100년에 해당된다. 이는 영국이 수에즈운하를 운영하고, 미국이 파나마운하를 운영하는 뒤를 이은 세 번째 거대한 사건이다. 둘째, 인도양을 주도하는 국가 인도의 세력을 피해 말라카 해협에 대한 과도한 의존도를 감소한다. 파키스탄과 협력하여 3,000 킬로미터에 이르는 육지 철로를 건설하여 과다르항구에 이르도록 하고, 과다르 항구의 장기 사용권을 확보하여 중동의 원유를 순조롭게 중국대륙에 운수할 수 있도록 한다.

따라서 중국은 인도양 영역에서 미얀마, 태국, 방글라데시와의 협력을 강화함으로써 해당 국가의 항구를 활용하여 인도양에서의 해양

권력을 확보하는 동시에 확대하고자 노력하고 있다. 중국과 마찬가지로 아시아지역에서 해양의 중요성을 인식하고 있는 국가는 일본이다. 일본은 100여 년 전부터 동북아의 해양항구도시를 식민통치하기 시작하였고, 치밀하게 대동아통치를 계획하고 있었다. 그 중에서 두말 할 것 없이 항구도시가 중요한 역할을 담당하였다. 현재의 "대륙성 주권 사고"의 한계를 극복하기 위해 우리는 "해양-소프트 변경"이라는 접근 방식을 비판적으로 검토할 필요가 있다.

중국의 서부 진출이든 남부 진출 전략이든 항구를 확보하는 것이 무엇보다 중요하다. 현실 중에서 북한의 항구도시는 전략적 지위가 특히 중요하다. 중국과 러시아는 물론, 한국과 미국도 일정 기간 동안 통제 혹은 협력하는 방식으로 항구도시를 선점하고자 한다. 한국은 2013년 10월에 '유라시아 계획'을 발표해 러시아와의 협력을 강화하였다. 특히 러시아와 함께 시베리아 석유에너지를 공동으로 개발하여 북한의 철도와 항구도시를 통해 유럽에 수출하고자 한다. 이는 북한 각 항구도시의 지리적 우세가 점차 각광 받고 있다는 것을 충분히 설명하고 있다.

따라서 새로운 지정학적 정치·경제가 변화되고 있는 상황 속에서 북한 항구도시의 잠재적 전략 가치는 급격히 상승하고 있다. 이에 따라 중국은 북한의 항구도시를 활용하여 출해구를 확보할 필요가 있으며, 심지어 제7의 경제회랑을 구축하여 동북아를 포용할 필요성이 있다. 아울러 북한에 대한 중국의 태도 즉 충돌보다는 협력, 제재보다는 지원이 많은 전반적인 정세는 변화가 없을 것이며, 동북아 정세가 안정적으로 전환되는 시점에서 중국은 필연적으로 북한을 지지하여 전략적 협력을 강화할 것으로 추정할 수 있다.

Ⅲ. 100년 전의 "소프트 국경" 경험: 변경 소도시에서 동북아 요충지로

단둥과 신의주는 오랜 기간 동안 사람들에게 잊혀져 있던 지역이다. 1860년의 단둥(안둥) 인구는 만 명을 초과하지 않았으며, 신의주의 인구는 5천 명 미만이었다. 오직 조선사신과 당시 지식인이 작성한 "연행록"만이 단둥과 신의주의 지리환경, 풍속인정 및 양국 교류와 상인들의 물품교류를 기록하였다. 이 지역은 북경으로 가는 중요한 통로와 역참이었지만, 경제 무역 왕래가 활발하지 않아, 정치·경제적으로 이 시기의 단둥과 신의주는 변경지역의 작은 도시에 불과하였다.

해양과 수상운수의 시각으로 역사자료를 검토할 경우에도 청나라 광서(光绪) 년간 안둥이 조운항구로서의 일부 역할을 수행했다는 것을 알 수 있다. 중국 청나라 광서 원년(1875년), 수정한 안둥현지에는 안둥이 항구로서의 역할을 명시하였다. 다만 기록한 주요 내용은 대부분 수리공사의 내용으로 안둥 하천이 장기간 범람하여 순조롭게 바다로 합류하기 어렵다는 등 내용을 기록하였다.[2] 이러한 상황은 다리를 놓고 철도를 부설하면서 큰 변화가 나타났다.

안봉철도와 경의철도의 연결은 압록강유역의 경제가 한동안 신속하게 발전하고 번영하도록 하였다. 역사 기록에 따르면, "대정(大正) 6년(1917년), 안둥을 거쳐 조선으로 향하는 승차 인원 규모(대부분이 조선인·일본인이고, 중국인과 기타 국가 사람이 소수임)는 76,019명, 티켓 영업액은 198,973.71위엔이다. 안둥을 거쳐 만주리, 하얼빈, 장춘, 봉천으로 향하는 승차 인원(대부분이 중국인)이 2%를 차지하고, 영업액이 3,748.92위엔이다. 대정 7년(1918년) 안둥철도를 거쳐 한반도를 향해 일본으로 운수하는 물품은 쌀 4,344톤, 목재 522,480톤, 콩기름 47,276톤, 석유 1,611톤, 금속제품 858톤에 이른다. 이로부터 알 수 있다시피, 철도운수로 인해 단둥과 신의주는 날로 번화한 교통 중심이 되었다."[3]

　기초시설 건설 시, 두 초국경 도시의 연합효율문제를 고려하였을 뿐만 아니라, 경제영역에서 가장 중요한 에너지 개발과 사용, 토지, 노동력 배치 등에서도 치밀하게 계획하였다. 일본은 한반도와 중국 동북지역을 침략한 이후, "만선일여(滿鮮一如)", "만선합일(滿鮮合一)" 이라는 명목 하에 두 지역을 통일적으로 기획하고 종합적으로 개발하기 시작하였다.따라서 일본은 "만주-조선 서부지역 종합 개발" 계획을 작성하여 두 지역의 자원, 노동력, 토지 등 경제요소를 최대한 통합 조정하여 더욱 많은 상품을 생산하고 전략물자를 비축하고자 하였다. 일본 점령시기 일본은 또 선후로 "산업5년계획"을 실시하여 압록강 양안과 그 주변지역에서 차량, 선박, 제철, 채굴 등 공업을 발전시켰다. 아울러 안둥에서 은행과 상품 교역소를 설립하여 주식, 상품, 금전 등 금융업무를 경영하였다. 1937년 일본 "조선압록강수력발전주식회사" 와 "만주압록강수력발전 주식회사"가 함께 출자하여 압록강에서 당시 아시아에서 규모가 가장 큰 중력식 저수댐-수풍댐(水豐大壩)을 건설하였다. 또한 수풍에서 안산(鞍山), 수풍에서 안둥, 수풍에서 다롄, 대풍만에서 펑톈, 수풍에서 신의주에 이르는 고압송전선로를 구축하였다.[4] 아울러 운봉(雲峰), 의주(義州), 환인(桓仁) 등 지역에 수력전기 시설을 건설하였는데, 이러한 시설은 지금까지도 사용하고 있으며, 두 초국경 도시에서 공유하고 있다.

　1911년 압록강대교가 개통된 이후, 양국의 무역도 이에 따라 확대되었다. 1920~1930년대, 단둥-신인주의 무역은 빠른 속도로 증가하였

다. 이 시기 조선 상인들이 단둥에서 개설한 상호는 70여 개에 이른
다.[5] 1918-1931년 안둥과 조선의 수출입 무역액은 매년 평균 27,312,487
해관량(海關兩)에 이른다.[6] 안둥과 신의주가 통상한 이후, 일본 식민
주의자는 두 항구를 통일로 관리하기 시작하였다. 두 도시는 동북아
지역에서 가장 중요한 해상교통 중심지가 되었다. 1926~1928년, 단둥
항의 대외무역은 전성기에 이르렀다. 안둥해관의 통계에 따르면, 해
마다 안둥 항구를 왕래하는 선박은 1,196척에 이르고, 대외무역 총액
이 10,701만 해관량에 이르러, 잉커우 항(營口港)을 초과하였다. 안둥
항구는 동북지역에서 다롄 다음으로 제2의 무역항과 랴오둥(遼東)의
상업무역 중심지로 부상하여, "국제도시"로 자리매김하였다.[7]

  신의주의 부흥과 대규모 건설도 일본 식민지 통치시기에 진행되었
다. 1904년 2월 일본은 러시아와의 전쟁을 위해 서울에서 압록강까지
이르는 군사용 철도를 부설하기 시작하였는데, 철도 노선의 북쪽 기
차역이 바로 신의주이다. 일본은 신의주를 대동아의 관문으로 간주하
고, 러일전쟁, 청일전쟁 시기에 모두 중요한 군사보급소로 활용하였다.
  1905년 일-러전쟁 이후, 일본은 임시 군사용 철도를 경의철도노선으
로 개량하였다. 이에 따라 신의주 기차역을 중심으로 주변에 거주하
는 주민이 점차 많아졌으며, 주변지역으로 확산되었다. 일본은 끊임
없이 신의주에 우체국과 세관 등 행정기구를 설치하여 도시의 기능과
행정적 지위를 향상시켰다. 1910년 일본은 또 평안북도의 도청을 의
주에서 신의주로 옮겼다. 1911년 『안봉철도와 조선철도 국경 개통 협
정』을 체결한 이후, 신의주는 압록강유역과 중국 동북지역 자원의 운
수 중심지이자 화물 집산지로 자리잡았다. 1914년 행정구획을 조정한
이후 신의주는 평안북도의 수부(首府)가 되었다. 당시 신의주의 인구
규모도 급격히 증가하였는데, 1907년 1,398가구 5,981명에서 1940년 11

만 명으로 증가하였다. 신의주는 당시 규모가 비교적 큰 공업항구도
시로 발전하였으며, 현재 북한 제2의 대도시로 발전하는 기반을 마련
하였다.[8]

　메이지 40년(1907년)의 인구구조는 아래와 같다. 일본인(내륙사람)
522가구 1,535명, 조선인 766가구 3,929명, 중국인 110가구 1,398명이
다. 당시 안둥의 인구구조도 아주 다양하였다. 일본은 끊임없이 도시
를 확장하여 일본인 규모를 확대하였고, 황무지를 개간한다는 명목
하에 조선인을 이주시켰다. 이로 인해 두 초국경 도시는 다국적, 다민
족의 국제도시로 변모하였다. 당시 신의주에서 상업활동에 종사하는
화교들이 아주 많았으며, 그들이 운영하는 상가도 상당수 있었다. 일
본인은 고급 호텔을 운영하였고, 1936년에 통항된 이후에는 관광업도
발전하기 시작하였다. 당시 신의주-봉천의 항공권은 17원, 신의주도
쿄 130원, 신의주-후쿠오카 65원, 신의주-평양이 12원이었다.[9]

　1938년 12월 일본은 안둥 항구에 신의주항구를 통합하여 운영하기
시작하였다. 신의주항구가 내륙하천 항구인 관계로 해안 항구의 기능
을 강화하기 위해 다사도(多獅島)항구를 건설하였다. 1939년 일본식
민기구 조선총독부는 "4개 계획령"을 발표해 다사도를 신의주와 만주
를 종합적으로 개발하는 임시항구 공업도시 건설계획에 포함시켰다.
이는 또한 "신의주-다사도 개발계획"으로 불린다. 같은 해 7월, 39.5킬
로미터에 이르는 신의주와 다사도를 연결하는 철도가 개통되었다.
1941년 수풍수력발전소 송전선로가 다사도에 연결되었다. 조선노동
자, 일본주민, 화교·화상이 증가함에 따라 신의주는 점차 조선 서북
지역 경제·정치·무역 영역에서 중요한 교통 중심지로 발전하였다.[10]

Ⅳ. 단둥-신의주 국경교류에 대한 새로운 접근

1. 국가전략으로서 단둥발전모델은 성공할 수 있는가?

2003년 중국은 "동북지역 등 노공업기지의 조속한 조정과 개조를 지지한다"는 전략을 제시하였다. 같은 해 10월, 중공중앙과 국무원에서는 『동북지역 등 노공업기지 진흥전략에 대한 몇 가지 의견』을 발표하였으며, 2007년에는 『동북지역 진흥 계획』을 작성하였다. 그 이후 2009년, 2012년, 2013년에는 또 선후로 『동북지역 등 노공업기지 진흥 전략을 한층 더 깊이 실시하는 몇 가지 의견』, 『동북진흥 "125" 계획』, 『전국 노공업기지 조정 개조 계획(2013-2022년)』을 발표하였다. 또한 국무원에서는 『동북 노공업기지의 대외개방을 진일보로 확대하는 의견』, 『중국 도문강 지역 협력 개발 계획 강요』, 『요녕 연해 경제지역 발전 계획』 등 3개의 국가정책을 통과시켰다. 따라서 중조 변경지역 단둥과 연길의 개발 개방이 모두 국가전략에 포함되었다.

비록 단둥, 연길 등 변경지역 도시가 큰 발전을 이루었지만, 국가전략 발전 대상으로서 다른 연해도시와 비교할 때 여전히 발전속도가 느리고, 발전규모와 질적인 차원에서 큰 차이를 보이고 있다. 단둥은 독특한 지리적 우세로 인해 괄목할 만한 성과를 이룬 경험이 있지만, 전반적인 발전전략이 요녕 경제를 기반으로 하고 있기에 내향성 지역 발전모델에서 벗어나기 힘들다.

2. 북한의 "학습모방"은 성공할까?

단둥의 발전 속도는 건너편의 신의주에 비해 아주 월등하다. 북한

은 신의주를 발전시키기 위해 다양한 노력을 하였으며, 중국의 개혁
개방 모델을 벤치마킹하여 특구를 설립하였다. 심지어 일부 조치는 이
미 개혁개방 초기의 특구 경제 모델을 뛰어넘어 과감하게 권력을 아래
로 이양시키고, 외국인을 특구 행정 장관으로 임명하는 등 괄목할 만
한 행보를 보였다.

1990년대부터 2000년대 초반까지 일련의 정책 변화를 자세히 검토
해보면 알 수 있다시피, 북한은 적극적으로 세계경제체제에 융합되려
고 노력하였으며, 어느 정도의 성과를 취득하였다. 예컨대 1991년 나
진-선봉자유경제무역지대 설립을 발표하였으며, 청진항을 자유무역항
으로 지정하였다. 1992년에 헌법을 수정하여 기관, 기업단체가 해외의
법인 혹은 개인과 기업 합병, 협력을 추진하도록 독려하였고, 경제특
구에서 다양한 기업을 설립할 것을 지지하였다. 또한 1992년과 1993년
에는 『외국인독자기업법』, 『합작법』, 『외국인소득세법』 『외국인투자
법』, 『외화관리법』등 일련의 법률 법규를 제정하여 자유경제무역 지
대가 해외투자를 유치할 수 있도록 우월한 제도적 기반을 마련하였
다. 1997년 6월 북한은 또한 항구도시 남포와 원산에서 면세구역을 개
설하기로 결정하였다.

2000년 북한 최고 지도자 김정일이 중국을 방문하였다. 방문기간
그는 상해 포동신구 등 경제특구를 시찰하였고, 귀국 후에는 북한의
발전전략을 조정하였 다. 2001년 북한 신년사설은 "새로운 사고"를 제
시하였다. "새로운 사고"는 "새로운 시대의 요구에 적응해야 하고, 사
상관념 · 사고방식 · 투쟁기조 · 업무태도에서 근본적인 변화를 가져와
야 하며, 이것이 우리 앞에 놓인 가장 시급한 문제이다"라고 지적하였
다. 2004년 북한은 『사회주의상업법』을 개정하 여 상업운영기제를 "배
급제"에서 "유통제"로 전환시켰다.[11]

북한은 아주 강력하게 대외개방 영역에서의 정책 조정을 추진하였다. 2002년 하반기 북한은 선후로 신의주(2002년 9월), 금강산(2002년 10월), 개성(2002년 11월) 3개 경제특구를 개설하였다. 이와 동시에 대외무역 권한을 점차 중앙정부에서 시, 군, 기업으로 이양하였으며, 출입국 수속 등도 기존의 당과 정부 각 부서에서 통일로 무역성으로 변경하였다.

2002년 9월 12일 북한 최고인민회의 상임위원회에서는 『신의주특별행정구 기본법』을 통과시켰는데 이는 신의주 특별행정구의 정식 성립을 의미한다. 네덜란드국적의 화인(華人) 양빈(楊斌)이 첫 신의주 특별행정구 행정장관으로 임명되었다. 그러나 양빈이 범죄사건에 연루되어 중국 공안부서에게 체포되자 신의주특구의 건설은 정체되었다. 2002년 8월 북한 내각에서는 신의주 특별 행정구를 폐쇄한다는 명령을 발표하였으며, 동시에 신의주 특구창설준비위원 회를 민족경제협력연합회로 합병시켰다. 이에 따라 야심 차게 개설했던 "특구 경제"가 막을 내렸다.

이상으로 단둥과 신의주의 일련의 적극적인 개방정책을 간략하게 검토하였다. 비록 두 도시 모두 국가전략발전계획에 따라 실제 행동으로 옮겼으나, 그 결과는 100년 전의 모습과 사뭇 다르다. 이러한 시도의 실패는 2005년 후진타오(胡錦濤)가 북한을 방문하여 양국 변경 도시의 발전을 조정하는 협의안에서 그 실마리를 찾을 수 있다.

3. "해양-소프트 변경" 이라는 시각으로 초국경 도시를 공동으로 설계하고 개발한다.

단둥과 신의주는 두 쌍둥이 남매와 같이 중국과 한반도를 연결하는 연결 고리이며, 동북아의 중요한 요충지이다. 1939년 2월 16일, 일본 총무청에서는 『대동항도읍계획』을 제정하여 랑터우(浪頭)에서 산다오거우(三道溝)까지 동항시 동사무소 안강촌을 인구규모가 200만 명에 이르는 공업도시로 건설하고자 하였으며, 1969년까지 계획을 실현하고자 하였다. 현재의 단둥 발전계획도 1939년의 모습에서 벗어나지 못하였다. 단둥뿐만 아니라, 신의주의 경제, 도시기획도를 검토해 본다면, 신의주도 마찬가지로 철도로 연결한 다사도를 포함한 일본인의 설계도를 기반으로 신의주가 기획되었다는 것을 알 수 있다. 일본인이 출중한 것이 아니라, 식민통치자로서 두 도시를 하나의 경제영역 범주에서 도시 발전을 기획하였기에 최종적으로 지정학적 우세를 활성화 시켰기 때문이다.

일본 항복 이후, 양 국가의 두 도시는 각자 독립적으로 발전하여 교류가 점차 감소되었다. 두 도시는 각자 국가주권경제, 계획경제에 편입되어 진정한 변경이 되었다. 현재 중국의 경제무역은 신속하게 발전하고 있지만, 동북지역은 여전히 낙후하다. 또한 북한은 "특구"가 실패한 이후 더욱 신중해졌다. 설상가상으로 국제환경도 열악한 현실이다. 2017년 UN의 제8차 경제제재가 진행 중에 있으며, 양국의 경제교류는 축소되고 있는 실정이다.

요컨대 중국의 "일대일로" 대전략 하에 "해양"이 점차 핵심주권으로 부상하고 있다. 따라서 평화공영의 방식으로 변경도시를 개발하고 발전시키는 것은 주변 국가의 인정과 신뢰를 얻을 수 있다. 국제질서가 변화되고 각 국의 이익이 조정되고 있는 가운데, 중국과 인도·일본·베트남의 충돌이 격화되고 있고, 유럽·남미·서아시아·동남아 국가와의 협력이 갈등보다 많은 상황이다. 이러한 상황 속에서 한반도의 지정학적 위치는 특히 중요하며, 장기적이고 근본적인 이익에서 고려할 때 북한과의 협력을 강화해야 할 것이다.

서론에서 언급했다시피, 우리는 인도-파키스탄 지도자가 제시한 "소프트 변경" 이념을 활용해 변경지역의 경제·문화·정치 교류를 확대할 필요가 있다. 따라서 중국 단둥과 북한 신의주를 시작점으로 북한 핵심도시의 철도와 도로, 석유수송통로를 연결하여 개성을 관통해 한국 서울까지 연결해야 한다. 또한 해상통로를 건설하여, 육지와 해양을 병행함으로써 동북아 각국과 함께 "국제 제7의 경제회랑"을 건설해야 할 것이다.

V. 나오며

초국경 시각에서 볼 경우, 단둥과 신의주는 쌍둥이 도시이며 해양전략의 산물이다. 식민지시기 일본은 적극적으로 식민지국가의 연해도시를 발전시켰으며, 동시에 식민지 전통지역의 핵심지역을 와해하고 약화시켰다. 공업화, 근대화를 구축하는 과정에서 "문명"의 명목하에 식민지화를 합법화시켰다. 동아시아 각국 식민지에서 이렇듯 식민해양도시를 발전시키고, 전통 내륙도시를 약화시키는 현상이 비일비재하였다. 조선에서 "주(州)"자가 붙은 내륙 각 지 수부(진주, 상주, 전주 등)의 지위는 급격하게 하락하였고, 반대로 연해지역의 인천, 부산, 청진, 신의주(의주를 대체함), 대만의 가오슝(高雄), 중국의 다롄, 안둥(단둥) 등 근대 항구도시가 신속하게 발전하여 식민통치의 경제기반을 마련하였다.

"일대"는 중국에게만 속하는 것이 아니라, 전 세계의 것이다. "일대"는 국가 간의 연계일 뿐만 아니라, 전 세계에 영향을 미치는 경제 도시 간의 연계이다. 다만 해양 국경도시의 발전기회가 더 많은 것이다. 따라서 중국 동북지역은 열악한 국제환경과 장기간 주도해왔던 대륙형 변경이념에서 벗어나 해양 발전관을 양성하고, "소프트 변경" 관리 능력을 향상시켜야 만 어려움을 극복하고, 주도권을 장악할 수 있을 것이다.

예동근 ┃ 부경대학교 중국학과 교수

◼ 주

1) In 2005, shortly after a bus service from Srinagar and Muzaffarabad had started, Pakistan's former President Pervez Musharraf had called the opening of cross-border transport routes as "the first step towards converting [the Line of Control] into a soft border". His remarks followed similar observations by former Prime Minister Manmohan Singh. "Short of secession, short of re-drawing boundaries, the Indian establishment can live with anything," he told columnist Jonathan Power in a 2004 interview. He added that "we need soft borders"

2) 金元亮(1875), 『重修安東縣誌』, 成文出版社有限公司印行.

3) 曹陽, 〈丹東日報〉, '安奉線鐵道修建始末', 2007.11.02.

4) 解學詩(1995), 『僞滿洲國史新編』, 人民出版社.

5) 金哲主編(2010), 『遼寧省與朝鮮經濟合作研究』, 遼寧民族出版社, 115쪽.

6) 丹東市地方誌辦公室(1993), 『丹東市誌 (1876~1985)』, 遼寧科學技術出版社, 3쪽.

7) 丹東市地方誌辦公室(1993), 위의 책, 7쪽.

8) 新義州商工會議所(1942), 『新義州商工安內』, 174쪽.

9) 新義州商工會議所(1942), 위의 책, 331쪽.

10) 李海英,李翔宇主編(2013), 『西方文明的沖擊與近代東亞的轉型』, 中國海詳大學出版杜, 40쪽.

11) 국제정보연구원(2004), 『2004년 북한경제총람』, 793쪽.

출전

단절과 이음의 결절, 해항도시 ｜ 권경선
　신고(新稿)

1. 근대도시 단둥의 형성과 발전 ｜ 장샤오강
　신고(新稿)

2. 식민지도시 안둥의 도시 건설과 공간 구조 ｜ 사카노 유스케
　신고(新稿)

3. 근대 해항도시 안둥의 산업구조 ｜ 권경선
　권경선(2017), 「근대 해항도시 안둥의 산업구조」,
　『해항도시문화교섭학』16, 249~287쪽.

4. 전근대 국경도시 의주 지역의 교통로 변화와 의미 ｜ 김강식
　신고(新稿)

5. 식민지 시기 신의주의 일본 제지업 ｜ 이수열
　이수열(2017), 「식민지 시기 신의주의 일본 제지업」,
　『해항도시문화교섭학』17, 71~101쪽.

6. 근대 해항도시 안동의 일본불교 | 김윤환

김윤환(2017), 「근대 해항도시 안동의 일본불교」,
『해항도시문화교섭학』 17, 33~70쪽.

7. 대한민국임시정부의 안동교통국과 이륭양행 | 류빙후

유병호(2010), 「대한민국임시정부의 안동교통국과 怡隆洋行 연구」,
『한국민족운동사연구』 62, 77~102쪽.

8. 일본 군의의 눈으로 본
청일전쟁 무렵의 안동과 그 주변 지역 | 히구치 다이스케

신고(新稿)

9. 일제 강점기 안동을 통한 조선인의 이주와 기억 | 최낙민

최낙민(2017), 「일제 강점기 安東을 통한 조선인의 이주와 기억」,
『해항도시문화교섭학』 16, 35~72쪽.

10. 현경준의 작품을 통해 본 국경도시 투먼 | 최낙민

최낙민(2017), 「玄卿駿의 작품을 통해 본 國境都市 圖們」,
『중국학』 61, 195~214쪽.

11. 삼국이 만나고 연결되는 도시 단둥 | 강주원

강주원(2017), 「삼국(중국, 북한, 한국)이 만나고 연결되는 단둥」,
『해항도시문화교섭학』 17, 1~31쪽.

12. 단둥, 창지투, 나선특구의 접경도시 연결 **|** 우양호

신고(新稿)

13. '소프트 변경' 시각으로 본 단둥–신의주 초국경 도시 발전에 대한 새
로운 접근 **|** 예동근

예동근(2017), 「"소프트 변경" 시각으로 단둥-신의주 초국경 도시 발
전에 대한 새로운 접근 」,『중국학』61, 367~381쪽.

찾아보기

저자 소개(가나다 순)

❖ 강주원(姜柱源)
서울대학교 사회과학연구원 전임연구원
전공 및 관심분야: 사회인류학, 중조국경지역, 통일과 평화, 남북교류

❖ 권경선(權京仙)
한국해양대학교 국제해양문제연구소 전임연구원
전공 및 관심분야: 역사사회학, 동아시아 이민사, 동아시아 도시사

❖ 김강식(金康植)
한국해양대학교 국제해양문제연구소 인문한국 교수
전공 및 관심분야: 한국근세사, 한일문화교섭사, 임진왜란사, 조선정치사

❖ 김윤환(金潤煥)
한국해양대학교 동아시아학과 박사후연구원
전공 및 관심분야: 일본근대사, 지역사, 종교사

❖ 류빙후(劉秉虎)
중국 다롄대학(大連大學) 교수
전공 및 관심분야: 한국근현대사, 재만한인역사(이주사), 재만한인독립운동사,
북한경제문제

❖ 사카노 유스케(阪野祐介)
일본 나가사키대학 다문화사회학부(長崎大學 多文化社會學部) 객원연구원
전공 및 관심분야: 인문지리학, 근대 동아시아, 도시공간, 지도

❖ 예동근(芮東根)
부경대학교 중국학과 교수
전공 및 관심분야: 사회학, 중국사회, 조선족문제

❖ 우양호(禹良昊)

　　한국해양대학교 국제해양문제연구소 인문한국 교수

　　전공 및 관심분야: 행정학, 해양정책, 거버넌스, 네트워크, 글로벌지역연구

❖ 이수열(李秀烈)

　　한국해양대학교 국제해양문제연구소 인문한국 교수

　　전공 및 관심분야: 일본사상사, 동아시아사

❖ 장샤오강(張曉剛)

　　중국 창춘사범대학(長春師範大學) 교수

　　전공 및 관심분야: 일본사, 동북아시아사, 비교도시사

❖ 최낙민(崔洛民)

　　한국해양대학교 국제해양문제연구소 인문한국 교수

　　전공 및 관심분야: 중국 고전문학, 지역학

❖ 히구치 다이스케(樋口大祐)

　　일본 고베대학 인문학연구과(神戸大學 人文學研究科) 교수

　　전공 및 관심분야: 일본중세문학, 동아시아비교문학